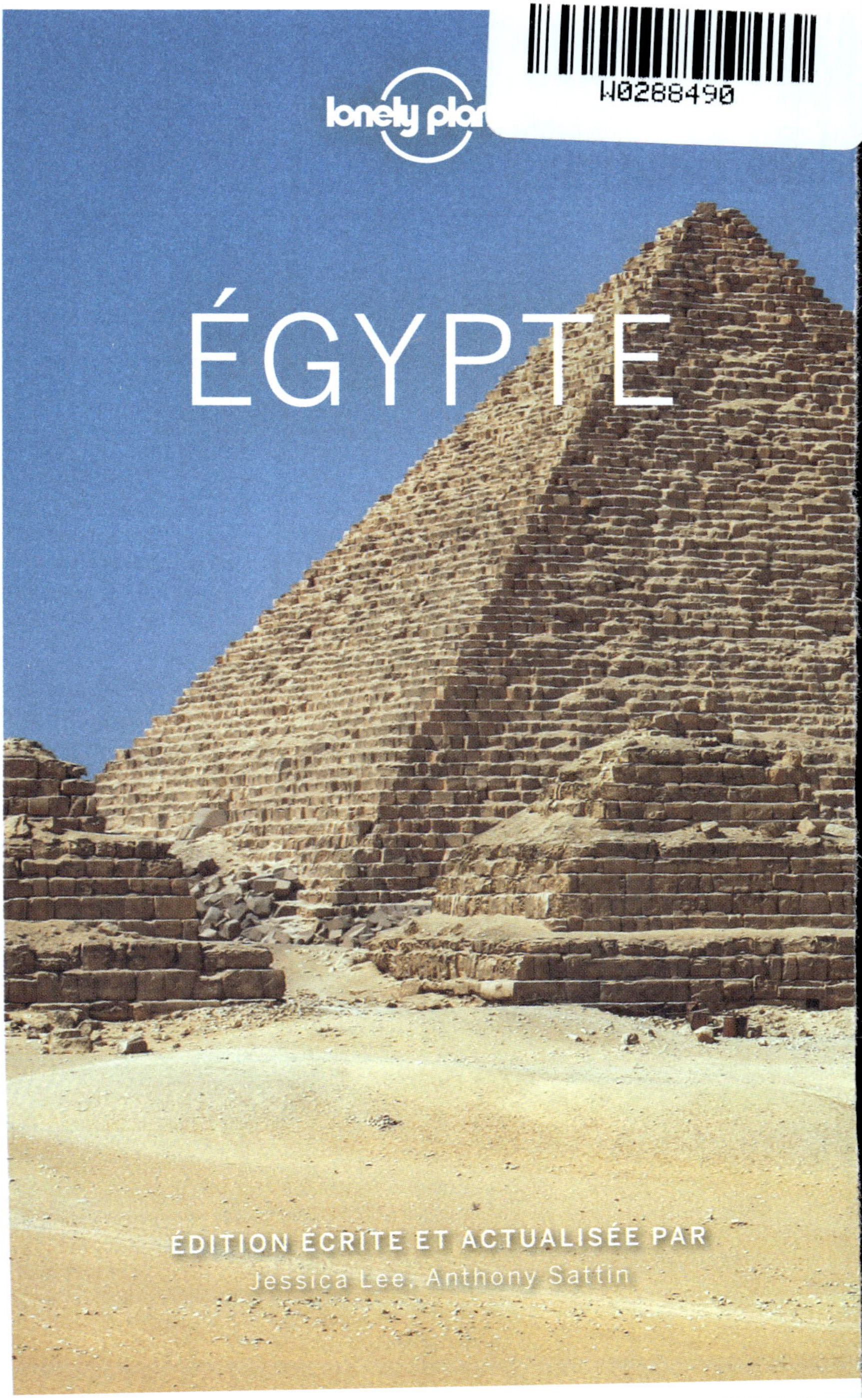

lonely planet

ÉGYPTE

ÉDITION ÉCRITE ET ACTUALISÉE PAR

Jessica Lee, Anthony Sattin

Sommaire

Avant le départ

13 expériences incontournables 4
Ce qu'il faut savoir 16
Envie de... 18
100% égyptien 20
L'agenda 22
En avant-goût 25
Itinéraires 26
Voyager en famille 32

Le Caire 35

Musée égyptien 40
Le Caire islamique 48
Le Caire copte 56
À voir 62
Activités 65
Circuits organisés 68
Achats 68
Où se restaurer 70
Où prendre un verre et faire la fête 74
Où sortir 74
Où se loger 77

Pyramides de Gizeh et environs du Caire 79

Pyramides de Gizeh 82
Saqqarah 90
Dachour 94
Gizeh 97
Saqqarah sud et Memphis 98

Louxor 101

Karnak 104
Temple et musées de la rive est 110
Vallée des Rois 116
Temples et monuments de la rive ouest 122
À voir 126
Activités 130
Circuits organisés 134
Achats 134
Où se restaurer 135
Où prendre un verre et faire la fête 137

Vallée du Nil 141

Croisières sur le Nil 144
Edfou 148
Kom Ombo 152
Abydos 156
Dendara 160
Esna 162
Djebel Silsila 162

Assouan et le lac Nasser 165

Philae 168
Abou Simbel 172
Les îles d'Assouan 176
Assouan 180
Lac Nasser 186

Alexandrie et la côte méditerranéenne 191

Bibliotheca Alexandrina 194
Sites romains antiques 198
Rosette (Ar-Rashid) 200
El-Alamein 202
À voir 204
Activités 205
Circuits organisés 205
Achats 205
Où se restaurer 208
Où prendre un verre et faire la fête 210
Où sortir 211

Avertissement

Le ministère des Affaires étrangères français déconseille les déplacements dans la péninsule du Sinaï, la zone désertique depuis la frontière libyenne à l'ouest jusqu'à la frontière soudanaise au sud, le delta du Nil, la Moyenne Égypte du Fayyoum jusqu'à Sohag. Par conséquent, cette édition de *L'Essentiel de l'Égypte* a choisi de ne pas traiter ces régions.

ANÉE
Jérusalem
tim
Gaza
Damiette
Port-Saïd
Rafah
Al-Arish
Mansoura
ISRAËL ET
LES TERRITOIRES
PALESTINIENS
Canal de Suez
CANAL DE SUEZ
p. 212
JORDANIE
Zagazig
Ismaïlia
Suez
arah
our
Ain
Sukhna
Péninsule
du Sinaï
Taba
Aqaba
Zafarana
Nuweiba
Beni-Souef
Golfe de Suez
Golfe d'Aqaba
Dahab
Ras Gharib
Al-Tor
ya
Charm el-Cheikh
ARABIE SAOUDITE
MER ROUGE
p. 217
Désert
Oriental
(Arabique)
Assiout
Hourghada
Nil
Safaga
Sohag
Al-Balyana
Qena
Al-Quseir
Abydos
MER
ROUGE
Dendara
Qus
LOUXOR p. 101
arga
Esna
Marsa Alam
Edfou
VALLÉE DU NIL
p. 141
Assouan
ASSOUAN
ET LE LAC NASSER
p. 165
Berenice
Lac
Nasser
Frontière
administrative
Abou
Simbel
Frontière
politique
Wadi Halfa

Bienvenue en Égypte

L'Égypte vous invite à découvrir le Nil majestueux et son delta luxuriant, ses splendides monuments, son désert envoûtant, sa riche histoire et son peuple accueillant.

Avec ses tombeaux couverts de sable, ses austères pyramides et ses imposants temples pharaoniques, l'Égypte réveillera votre côté aventurier. Visitez la Vallée des Rois à Louxor d'où fut exhumé le tombeau de Toutankhamon et découvrez les merveilles du Musée égyptien du Caire. Débarquez de votre felouque pour visiter les temples de Dendara ou d'Edfou sur les berges du Nil et traversez le lac Nasser pour admirer le chef-d'œuvre de Ramsès II à Abou Simbel .

Superbes plages désertes, récifs coralliens abritant une riche vie aquatique : vous êtes bien en Égypte. La côte qui longe la mer Rouge laisse apparaître un désert d'une beauté sauvage et, sous l'eau, les fonds marins sont psychédéliques. Offrez-vous une excursion-plongée de plusieurs jours dans l'un des plus beaux endroits du monde ou simplement une après-midi snorkeling sur la barrière de corail.

Autrefois, l'Égypte dirigeait son empire depuis Al-Qahira – Le Caire, la "Victorieuse". La métropole regorge de minarets, mosquées et madrasa figurant parmi les plus beaux exemples d'architecture islamique médiévale. Parallèlement, les coptes, chrétiens d'Égypte, ont eux aussi conservé leurs traditions héritées des pharaons. Les églises du Caire ainsi que les monastères reculés du désert Oriental vous offriront un véritable voyage à travers l'histoire.

En Égypte,
il y a toujours plus
à découvrir.

Pyramides de Gizeh (p. 82)

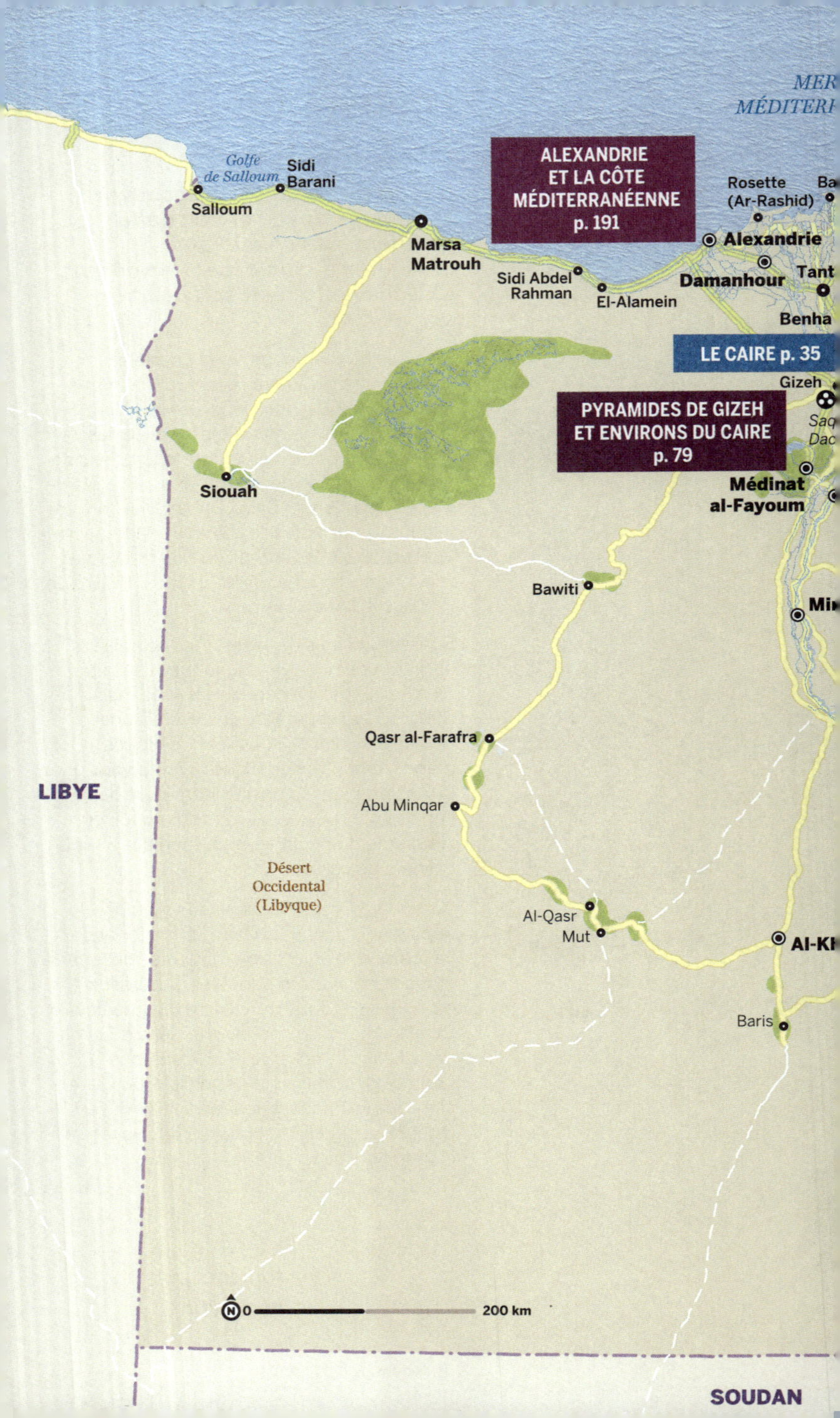
MER MÉDITERI
ALEXANDRIE ET LA CÔTE MÉDITERRANÉENNE p. 191
LE CAIRE p. 35
PYRAMIDES DE GIZEH ET ENVIRONS DU CAIRE p. 79
Golfe de Salloum
Sidi Barani
Salloum
Marsa Matrouh
Sidi Abdel Rahman
El-Alamein
Rosette (Ar-Rashid)
Alexandrie
Damanhour
Tant
Benha
Gizeh
Saq
Dac
Médinat al-Fayoum
Siouah
Bawiti
Mi
Qasr al-Farafra
Abu Minqar
LIBYE
Désert Occidental (Libyque)
Al-Qasr
Mut
Al-Kh
Baris
0
200 km
SOUDAN

Canal de Suez 212

Mer Rouge 217

Plongée à Hourghada 220

Monastères de la mer Rouge....222

Désert Oriental (Arabique)....226

Plaisirs balnéaires à Charm el-Cheikh....228

Hourghada.... 232

Al-Quseir.... 236

Charm el-Cheikh....237

En savoir plus 243

L'Égypte aujourd'hui..244

Histoire 246

L'Égypte pharaonique...257

La société égyptienne....267

Arts 271

La cuisine égyptienne....275

Environnement....279

Carnet pratique 283

Infos utiles 284

Transports 297

Langue 305

En coulisses.... 312

Index 313

Comment utiliser ce guide 321

Nos auteurs 322

Vendeur de poussins, Le Caire
EDDIE GERALD/LONELY PLANET ©

Avant le départ
13 expériences incontournables

IRAKLI SHAVGULIDZE/SHUTTERSTOCK ©

Louxor

Musée à ciel ouvert

Louxor (p. 101) concentre le plus de monuments de l'Égypte ancienne dans le pays. Ne manquez surtout pas de déambuler dans les temples de Karnak et de Louxor sur la rive est du Nil et de gravir les tombes des pharaons, reines, courtisans et ouvriers dans les montagnes de Thèbes. De là, contemplez le soleil se coucher sur le Nil. Des moments inoubliables. De gauche à droite : colonnes du sanctuaire de Karnak (p. 104) ; peintures murales dans le temple d'Hatshepsout (p. 125)

1

PATRYK KOSMIDER/STOCK.ADOBE.COM ©

MF/STOCK.ADOBE.COM ©

PETER SEAWARD/LONELY PLANET ©

Pyramides de Gizeh

Demeures des phararons pour l'éternité

Les pyramides de Gizeh (p. 82) figurent, à juste titre, en tête de tous les guides touristiques. Vestiges emblématiques de l'Antiquité égyptienne, elles sont époustouflantes et leur visite fascinera petits et grands. Pour jouir d'un spectacle panoramique sur les trois pyramides et le Caire au loin, n'hésitez pas à vous éloigner un peu à dos de chameau. De haut en bas : Sphinx (p. 87) et pyramide de Kheops (p. 84) ; chamelier et sa monture sur le plateau de Gizeh (p. 85)

2

MARK READ/LONELY PLANET ©

Croisière sur le Nil

Voyage dans le voyage, au fil de l'eau

Le Nil (p. 141), qui traverse le pays du nord au sud, est le fleuve nourricier d'Égypte. Ce n'est qu'en glissant au fil de l'eau que vous pourrez apprécier son importance et sa beauté. Une croisière, particulièrement à bord d'une *dahabiyya*, est le meilleur moyen de se relaxer et de voyager en prenant son temps. Mais soyez rassurés : même à bord d'un bateau plus gros, le Nil vous révèlera sa magie et sa beauté. Ci-dessus : felouque sur le Nil (p. 145)

3

4

Mosquées du Caire

Loin de l'agitation du monde moderne

Les mosquées médiévales du Caire ne sont pas seulement des lieux de culte : elles sont autant d'endroits calmes où échapper au bruit de la ville. Sous leurs arcades paisibles et ombragées, de nombreux Cairotes y viennent pour papoter tranquillement ou faire une sieste. Certaines mosquées grouillent d'étudiants en théologie, d'autres font figure de monuments nationaux, comme celle du sultan Hassan. Déchaussez-vous, prenez place et savourez ces trop rares moments de tranquillité.

À droite : intérieur de la mosquée-madrasa du sultan Hassan (p. 55)

5

Abou Simbel

Temples sauvés des eaux

Ramsès II a fait édifier Abou Simbel (p. 172) loin au sud d'Assouan, le long de la frontière avec le Soudan, juste au-dessus du tropique du Cancer. Mais ces deux superbes temples sont aussi des merveilles d'ingénierie moderne : ils furent déplacés, bloc par bloc, dans les années 1960 pour être sauvés de l'inondation suite à la mise en eau du haut barrage d'Assouan. Passez une nuit à bord d'un bateau sur le lac Nasser ou au centre culturel nubien et écolodge Eskaleh à Abou Simbel pour profiter pleinement de cet isolement.

À droite : temple d'Hathor (p. 175)

ANTON IVANOV/SHUTTERSTOCK ©

MATIPLANAS/STOCK.ADOBE.COM ©

KRISTINA VACKOVA/SHUTTERSTOCK ©

Mer Rouge

Sites de plongée exceptionnels

Le littoral égyptien de la mer Rouge (p. 217) abrite une vie aquatique fantastique. Que vous soyez un plongeur du dimanche ou un explorateur chevronné des fonds marins, les récifs coralliens, les poissons multicolores et les épaves tapies sous les eaux ne manqueront pas de vous ébahir. Et, si vous n'êtes pas féru de plongée, un masque et un tuba devraient suffire à votre bonheur sous-marin. Ci-dessus : récif corallien, parc national Ras Mohammed (p. 231)

6

Monastères coptes

Sites aux origines du monachisme

7

Berceaux de la tradition monastique chrétienne, les monastères comme ceux de Saint-Antoine (p. 224) et de Saint-Paul (p. 225) occupent encore aujourd'hui une place importante pour les coptes. Arpentez ces lieux au cœur de montagnes désolées pour comprendre la puissance de la foi qui poussa jadis les hommes à délaisser le confort de la ville pour la nature sauvage. Ci-dessus : intérieur du monastère Saint-Antoine (p. 224)

8

Assouan

Culture nubienne et douceur de vivre

Frontière du royaume d'Égypte ancienne et avant-poste le plus méridional pour les Romains, Assouan (p. 165) demeure la porte d'accès à la Nubie, une région où les cultures se mêlent pour créer une atmosphère décontractée à ne pas manquer. Ici plus qu'ailleurs, la manière dont le Nil louvoie à travers les massifs rocheux, la proximité du désert, les monuments funéraires oubliés rendent le voyage particulier. À droite : coucher du soleil sur le Nil

ANDERS BLOMQUIST/GETTY IMAGES ©

9

Musée égyptien du Caire

Richesses historiques nationales

Le Musée égyptien du Caire (p. 40) est tentaculaire. Les salles, très vastes, regorgent des trésors les plus fascinants : bijoux en or brillant de mille feux, masque funéraire de Toutankhamon ou encore momies des grands pharaons. Vous y verrez aussi tous les objets qui devaient accompagner les hommes dans leur seconde vie : des tables d'offrandes en albâtre, des statues en bois à taille humaine, des maquettes d'armées, fermes et bateaux et même des animaux momifiés. De gauche à droite : façade du Musée égyptien ; sarcophage (p. 40)

DEA/G. DAGLI ORTI/GETTY IMAGES ©

10

Art de l'Ancien Empire

Des chefs-d'œuvre millénaires

Les murs qui bordent le complexe funéraire de Djeser (p. 90) sont ornés d'œuvres d'art parmi les plus vieilles au monde. Et dans les premières salles du Musée égyptien du Caire (p. 40) sont exposées les plus belles réalisations de l'Ancien Empire. Il est impératif de les voir pour comprendre le développement artistique qui suivit. À gauche : peinture murale, complexe funéraire de Djeser (p. 93)

KRECHET/SHUTTERSTOCK ©

Alexandrie

Ville au charme suranné face à la Méditerranée

La deuxième ville du pays (p. 191), héritage d'Alexandre le Grand et de la puissante Cléopâtre, est riche d'histoire ancienne et contemporaine. Ne ratez pas la Bibliotheca Alexandrina construite à l'emplacement de l'antique bibliothèque d'Alexandrie. Promenez-vous dans les marchés plein de charme du quartier d'Anfushi. Et, surtout, ne manquez pas de de savourer poisson et fruits de mer dans un restaurant de la Corniche, en bord de mer. Ci-dessus : Fort Qaït Bey (p. 204)

11

JUERGEN RITTERBACH/GETTY IMAGES ©

Souks

Véritables institutions du marchandage

12

L'art du commerce des Égyptiens se vit pleinement dans les nombreux souks du pays. Commencez par visiter les plus anciens, comme le Khan al-Khalili (p. 50), qui ont servi de modèle à tous les autres, y compris aux marchés d'appoint installés près des sites touristiques. Au gré de vos flâneries, n'hésitez pas à acheter de vieux objets, de jolies cotonnades égyptiennes, des gadgets à l'effigie de Toutankhamon, tout en sirotant un thé brûlant.

DENNIS K. JOHNSON/GETTY IMAGES ©

Abydos

Site unique aux édifices peu communs

13

Les touristes pressés veulent d'abord voir les pyramides de Gizeh, l'or de Toutankhamon et la Vallée des Rois. Pour autant, vous vivrez les plus beaux moments de votre voyage loin des foules, en visitant des monuments moins fréquentés. Abydos (p. 156), un lieu de pèlerinage majeur pour les Égyptiens de l'Antiquité, fait partie de ces endroits. Au nord de Louxor, le site abrite de somptueuses sculptures murales. Ci-dessus : intérieur du temple de Séti Ier (p. 158)

Avant le départ

Ce qu'il faut savoir

Quand partir

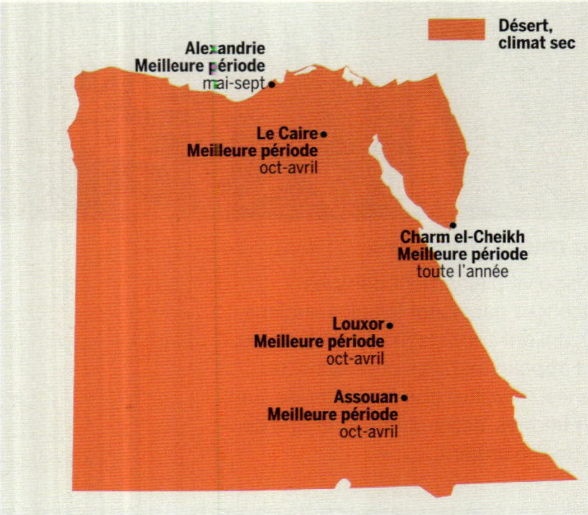

Haute saison (oct-fév)

- L'hiver égyptien est chaud et ensoleillé et la pluie est rare (plus fréquente sur les rives de la Méditerrannée).
- Dans les hôtels non chauffés, en particulier à Alexandrie où le climat est humide, préparez-vous à avoir froid.

Saison intermédiaire (mars-mai, sept-oct)

- Les tempêtes de sable qui se produisent parfois au printemps perturbent le trafic aérien.
- La chaleur peut durer jusqu'à octobre et le pays est moins fréquenté à ce moment de l'année.
- En Méditerranée, l'eau est toujours bonne et les plages sont moins fréquentées en automne.

Basse saison (juin-août)

- Seuls les touristes les plus aguerris osent visiter la Haute Égypte durant les mois les plus chauds.
- Évitez le désert Oriental.
- Haute saison en Méditerrannée quand il y fait plus frais que partout ailleurs. La côte est prise d'assaut.

Monnaie
Livre égyptienne (£E)

Langue
Arabe

Visas
Le visa tourisme 30 jours à entrée simple coûte 25 $. L'Égypte a mis en place une procédure de visa électronique en 2017. Un grand nombre de ressortissants peuvent en bénéficier, voir le site www.egyptvisa.com. Sinon, le visa est délivré à l'aéroport.

Argent
On trouve des DAB partout. Les cartes bancaires sont de plus en plus acceptées dans de nombreux endroits. Les petites coupures sont rares ; sachez qu'il est parfois difficile de faire de la monnaie sur les grosses coupures.

Téléphone portable
Le réseau GSM égyptien dispose d'une bonne couverture. Pour acheter une carte SIM locale (15 £E), il faut présenter son passeport. L'accès au réseau Internet coûte 5 £E par jour ou 50 £E par mois.

Heure locale
GMT/UTC + 2 heures

Budget quotidien

Moins de 600 £E

- Chambre double basique : 170 £E
- Sandwich falafel : 2,50 £E
- Billet de train Le Caire-Louxor 1re cl : 113-203 £E

600 £E-1800 £E

- Chambre double climatisée, moyenne gamme : 540 £E
- Repas pour 2 au restaurant : 120 £E
- Vol Le Caire-Louxor : à partir de 650 £E

Plus de 1800 £E

- Chambre dans un hôtel de luxe : 130 €
- Repas pour 2 au restaurant : 300 £E
- Croisière de luxe sur le Nil : à partir de 150 €/pers par nuit

Sites Web

Egypt Tourism (www.egypt.travel). Site touristique officiel qui propose des outils pour préparer son voyage.

Bureau culturel égyptien en France (www.bureauculturelleg.fr). Bibliographie en ligne et activités du centre culturel égyptien à Paris.

Lonely Planet (www.lonelyplanet.com/egypt). Informations et conseils, réservations d'hôtels, forum de voyageurs.

Thotweb (www.thotweb.com). Encyclopédie en ligne, idéale pour les néophytes en égyptologie.

Al-Ahram Hebdo (hebdo.ahram.org.eg). Hebdomadaire francophone en ligne.

Heures d'ouverture

Les jours de week-end sont le vendredi et le samedi ; certains commerces ferment le dimanche. Pendant le ramadan, les horaires sont réduits.

Banques 8h30-14h30 dimanche à jeudi

Administrations 8h-14h dimanche à jeudi ; les offices du tourisme ferment plus tard en général.

Cafés 7h-13h

Restaurants 12h-minuit

Bars et clubs Début de soirée à 3h du matin ou plus tard (en particulier au Caire)

Magasins 9h-13h et 17h-22h juin à septembre, 10h-18h octobre à mai ; au Caire, les magasins sont en général ouverts de 10h à 23h.

À l'arrivée

Aéroport international du Caire Vous pouvez réserver un taxi (environ 150 £E) ou bien négocier directement sur place (120 £E).) ; il faut 30 minutes à 1 heure pour se rendre au centre-ville. Bus 4 £E ; il met jusqu'à 2 heures pour gagner le centre.

Aéroport d'Hourghada Idéalement, une course pour le quartier central d'Ad-Dahar devrait coûter autour de 80 £E.

Aéroport de Charm el-Cheikh Il y a peu de chances pour qu'un taxi vous dépose à Na'ama Bay pour moins de 100 £E. Organisez votre transport à l'avance.

Aéroport de Louxor Optez pour les transferts proposés par les hôtels plutôt que d'avoir à négocier avec les chauffeurs de taxi à l'aéroport.

Comment circuler

Sachez que, pour des raisons de sécurité, certaines zones et certains modes de transport sont interdits aux étrangers.

Avion La plupart des vols intérieurs passent par Le Caire. En naviguant sur le site Internet d'EgyptAir, n'oubliez pas de changer votre zone géographique et de choisir Égypte pour obtenir les meilleurs tarifs de vols intérieurs.

Train L'option la plus confortable pour se rendre à Alexandrie, Louxor et Assouan. La 1re classe est à privilégier pour avoir la climatisation et des toilettes propres.

Bus De nombreux bus circulent entre les villes du pays. Ils sont confortables et fiables. Réservez vos billets.

Voiture Il est facile de trouver une voiture avec chauffeur et les prix sont raisonnables.

Pour en savoir plus, voir la section Transports p. 297 ➡

Avant le départ

Envie de...

AYMAN KHOURY / STOCK.ADOBE.COM ©

Faune et flore

Entre le Nil et les lacs, voici le paradis des oiseaux tandis que les fonds marins abondent de couleurs, entre coraux et poissons

Assouan (p. 180). Levez-vous avant l'aube pour observer les hérons, huppes et autres espèces avec un ornithologue.

Guide Adressez-vous à Mohamed Arabi, "Monsieur Oiseau". (p. 181)

Parc national Ras Mohammed (p. 231). Le premier parc du pays recèle la plupart des 1 000 espèces de poissons de la mer Rouge.

Excursions de plongée Sinai Divers est un opérateur reconnu. (p. 238)

Lac Nasser (p. 186). Partez à la pêche pour attraper votre dîner ou profitez simplement de la vue sur l'un des plus grands bassins artificiels du monde.

En bateau Réservez une sortie pêche avec l'opérateur African Angler. (p. 189)

MRAHMO / STOCK.ADOBE.COM ©

Architecture islamique

Les siècles de domination des sultans sur l'Égypte ont produit parmi les plus beaux exemples d'architecture islamique.

Bein al-Qasreen (p. 50). Un ensemble de bâtiments majeurs de l'époque mamelouke aujourd'hui transformé en musée de plein air.

Madrasa-mausolée de Qalaun Le complexe le plus ancien et le plus beau. (p. 51)

Rosette (p. 200). La ville possède de magnifiques demeures ottomanes aux menuiseries travaillées, restaurées avec soin.

Maison Amasyali Admirez ses grandes fenêtes à moucharabiehs. (p. 200)

Cité des Morts (p. 64). La grande nécropole d'Al-Qarafa est devenue une ville dans la ville, bien vivante avec ses dizaines de milliers d'habitants.

Mosquée Qaït Bey L'édifice possède l'un des plus beaux dôme du Caire. (p. 65)

Achats

Les souks égyptiens sont parfaits pour acheter des souvenirs ou faire du lèche-vitrines, le tout en s'amusant. Sans oublier les litres de thé que l'on vous proposera !

MILADRUMEVA / STOCK.ADOBE.COM ©

Khan al-Khalili (p. 50). Centre d'échange médiéval du Caire, ce souk est aujourd'hui encore un noyau commercial fort actif.

Notre conseil L'endroit idéal pour exercer ses talents à marchander (p. 20)

Souk al-Attarine (p. 205). Un incontournable d'Alexandrie où l'on peut dénicher des pépites du milieu du XXe siècle.

Sayed El Safty Cette boutique vaut vraiment le coup d'oeil. (p. 208)

Louxor (p. 101). La ville propose un large choix pour trouver le meilleur de l'artisanat égyptien.

Caravanserai Khairy vend des objets fabriqués par des femmes de la région. (p. 134)

Vestiges du passé

Dans l'Égypte des pharaons, tout est chargé d'histoire. Voici cependant quelques suggestions un peu plus hors des sentiers battus.

ICON72 / STOCK.ADOBE.COM ©

Dachour (p. 94). Vous serez probablement l'unique visiteur de ces édifices qui constituent les premières pyramides construites en Égypte

Pyramide Rouge Explorer ses tunnels est une expérience palpitante. (p. 94)

Djebel Silsila (p. 162). C'est ici, dans la vallée du Nil, qu'était extrait le grès nécessaire aux constructions du Nouvel Empire.

Spéos d'Horemheb Un petit sanctuaire royal creusé dans le grès. (p. 163)

Désert Oriental (p. 226). La région recèle quantité de traces d'une histoire millénaire : inscriptions rupestres, mines de métaux précieux, sanctuaires religieux.

Wadi Hammamat Parcourez l'antique route reliant la mer Rouge au Nil. (p. 227)

Avant le départ
100% égyptien

PETER SEAWARD/LONELY PLANET ©

Activités

Un circuit organisé peut permettre d'amortir le choc culturel et de mieux comprendre l'Égypte, en particulier l'histoire et les monuments pharaoniques. Vous pouvez passer par un tour-opérateur avant votre départ ou bien vous renseigner une fois sur place.

Parmi les incontournables, figurent évidemment les croisières sur le Nil, suivant diverses formules et itinéraires. La plongée et le snorkeling en mer Rouge constituent une autre activité prisée en Égypte, et inoubliable tant les fonds marins sont impressionnants.

Vous pourrez également profiter très aisément de balades à cheval ou à dos de chameau sur certains sites dont le plateau de Gizeh, ou encore vous échapper quelques heures en felouque au soleil couchant au Caire, à Louxor ou à Assouan.

Achats

Les souks et les marchés sont une véritable institution en Égypte et, que vous le vouliez ou non, il vous sera difficile de ne pas être entraîné dans le marchandage de quelconque souvenir ou marchandise.

Acheter de cette manière peut sembler gênant, mais c'est également amusant. Deux techniques existent : soit proposer un montant largement inférieur à la moitié du prix de départ, soit annoncer un montant légèrement inférieur au prix que vous avez en tête. Négociez ensuite en sachant que cris d'indignation et plaintes font partie du jeu.

À noter que le meilleur prix n'est pas forcément le plus bas, c'est celui qui satisfait acheteur et vendeur. Et n'oubliez pas que, pour vous, 5 ou 10 £E de plus ou de moins ne font pratiquement aucune différence.

Sortir

Entre la musique traditionnelle, la danse orientale, le théâtre de marionnettes, sans compter les multiples salles de concerts, de l'opéra à l'underground, le choix de sorties est vaste. C'est en particulier le cas au Caire, mais Alexandrie n'est pas en reste grâce à la Bibliotheca Alexandrina notamment.

Un bon plan consiste aussi à assister à un spectacle son et lumière sur un site historique. Si le résultat peut être parfois kitsch et les commentaires désuets, l'impression qui en résulte reste forte et

ADWO/ STOCK.ADOBE.COM ©

vous aurez parfois l'occasion de déambuler dans la pénombre entre les temples.

Se restaurer

Des stands de rue aux restaurants chics des hôtels internationaux, vous aurez l'occasion de faire différentes expériences culinaires en Égypte. La cuisine y est robuste et authentique, entre *kushari* (mélange de nouilles, riz, lentilles noires, oignon frit et sauce tomate), *ta'amiyya* (falafels), *molokhiyya* (soupe de feuilles de corète) et *mahshi* (légumes farcis). Si vous séjournez sur les côtes des mers Méditerranée et Rouge, ne manquez pas poissons et fruits de mer fraîchement pêchés.

Par ailleurs, toutes les cuisines moyen-orientales sont présentes dans le pays et vous pourrez déguster mezze libanais, kebabs turcs, *polo* iraniens et jusqu'aux tandoori indiens. Et, pour ceux qui sont en manque, on trouve nombre de pizzerias.

Prendre un verre et faire la fête

Les *ahwa* font partie intégrante du paysage urbain en Égypte. Quelques tables installées à même le trottoir, des chichas (pipes à eau) multicolores suffisent à transformer un coin de rue en un lieu de convivialité et d'échanges.

À côté des *ahwa* traditionnels, quantité d'établissements plus modernes et clinquants ont fait leur apparition. On peut même y croiser des jeunes filles et des femmes fumant la chicha.

Ouverts toute la journée et jusque tard dans la nuit, les *ahwa* ne servent que très rarement de l'alcool. Si vous vous essayez à la chicha, n'oubliez pas qu'il s'agit de tabac, nocif pour la santé.

★ Les meilleurs restaurants

Abu Tarek (p. 70)
Sofra Restaurant & Café (p. 136)
1902 Restaurant (p. 184)
Kadoura (p. 209)
Star Fish (p. 233)
Fairuz (p. 239)

De gauche à droite : à bord d'une felouque sur le Nil ; stand de chicha sur un marché, Le Caire.

Avant le départ
L'agenda

CJPHOTO/STOCK.ADOBE.COM ©

Janvier

Salon international du livre du Caire

Événement culturel majeur de la ville, le salon se tient durant la dernière semaine de janvier et la première de février à la foire de Nasr City (www.cairobookfair.org.eg). La plupart des conférences, livres, etc. sont en arabe.

Marathon de Louxor

Les coureurs commencent et terminent le marathon au temple d'Hatshepsout et longent la rive ouest du Nil, près de Louxor, entre fin janvier et début février. L'événement est suivi du semi-marathon de Charm el-Cheikh en mars. Se renseigner sur Internet pour les dates.

Février

Ascension de Ramsès II

Elle se tient le 22 février. C'est l'une des deux dates dans l'année (l'autre est en octobre) où le soleil entre à l'intérieur du sanctuaire du Grand Temple d'Abou Simbel, illuminant les statues des divinités. L'événement attire de nombreux curieux et des "savants" de tous bords.

Tournoi international de pêche

Des pêcheurs venus du monde entier participent à ce tournoi qui se tient à Hourghada sur la mer Rouge.

Mars

D-CAF

Surnommé D-CAF, le festival international d'art contemporain du Caire est multidisciplinaire et offre beaucoup de distractions. Il constitue en outre un très bon moyen de découvrir les lieux délabrés du centre-ville.

Avril

Cham el-Nessim

Cette fête rituelle copte se tient le lundi suivant la Pâque copte (29 avril 2019, 20 avril 2020, 3 mai 2021). Cham el-Nessim signifie "respirer la brise". La célébration est une tradition héritée des pharaons. Les Égyptiens la célèbrent en pique-niquant partout, notamment sur les berges du Nil.

TRAVELGAME/GETTY IMAGES ©

Mawlid d'Abou el-Haggag

Durant la 3e semaine du mois musulman de *chaabane* (aux alentours des 20 avril 2019, 8 avril 2020 et 28 mars 2021) se tient à Louxor ce festival soufi où l'on propose un aperçu des traditions religieuses rurales. Certains villages célèbrent des *mawlid* (festivals religieux) durant cette même période de l'année.

Mai

Ramadan

C'est le 9e mois du calendrier islamique, constitué d'un jeûne durant la journée et d'un festin dès le coucher du soleil (débute le 5 mai 2019, le 23 avril 2020 et le 12 avril 2021). Les gourmets adoreront, mais les touristes risquent d'être frustrés.

Juin

Aïd el-Séghir

Rupture du jeûne à la fin du ramadan. Il dure 3 jours et il doit y avoir, si cela est possible, plus de nourriture que toute celle du mois réunie !

★ Les plus belles fêtes

Ascension de Ramsès II, février
D-CAF, mars
Ramadan, mai
Aïd el-Kebir, août
Festival international du film du Caire, novembre

Août

Aïd el-Kébir

Lors de cette fête du sacrifice (fête musulmane et nationale s'étendant sur 4 jours fériés), un mouton, ou une chèvre, est abattu dans chaque famille. Le sang coule littéralement dans les rues et l'air sent la viande rôtie. Elle se tiendra le 11 août 2019, le 30 juillet 2020 et le 19 juillet 2021. Végétariens s'abstenir !

De gauche à droite : grand temple de Ramsès II, Abou Simbel (p. 174) ; jeunes femmes fêtant l'Aïd el-Kébir, Le Caire.

Septembre

Festival de la citadelle

Dix jours de musique classique et de musique traditionnelle arabe. L'événement se tient au centre de la citadelle et à l'Opéra du Caire, en août ou septembre ; plus d'informations sur www.cairoopera.org.

Octobre

Naissance de Ramsès

Le 22 octobre est le deuxième jour de l'année (l'autre est en février) où le soleil pénètre dans le temple de Ramsès II à Abou Simbel.

Festival international du théâtre expérimental

Cet événement se déroule sur plusieurs jours et se tient dans différents endroits du Caire, aussi bien sur une scène traditionnelle que chez un antiquaire. Les spectacles sont adaptés aux touristes qui ne parlent pas l'arabe. Plus d'informations sur www.cdf-eg.org.

Novembre

Festival international du film du Caire

Ce grand festival se tient de fin novembre à début décembre et propose une vaste sélection de films arabes et internationaux. Exceptionnellement, les œuvres présentées ne sont pas censurées. Les billets pour les films controversés sont d'ailleurs ceux qui se vendent en premier. Plus d'informations sur www.ciff.org.eg.

Mawlid an-Nabi

On célèbre la naissance du prophète Mohammed par une grande fête nationale avec des cadeaux pour les enfants. Midan al-Hussein, dans le quartier islamique du Caire, accueille un grand nombre de spectacles soufis durant la semaine précédente.

Décembre

Biennale internationale du Caire

Cette biennale, assez conservatrice et sponsorisée par le gouvernement, ne rend pas suffisamment hommage à la scène artistique contemporaine égyptienne ; mais elle vaut cependant le détour, d'autant que son avenir semble compromis. La manifestation débute habituellement fin décembre. Plus d'informations sur www.cairobiennale.gov.eg.

Avant le départ
En avant-goût

Livres

La Trilogie du Caire (Naguib Mahfouz, 1956-1957). L'histoire épique d'une famille cairote sur trois générations, au début du XXe siècle, par le lauréat du prix Nobel.

Mort sur le Nil (Agatha Christie, 1937). Une lecture incontournable si vous voguez au fil du Nil.

Taxi (Khaled Al Khamissi, 2006). Des conversations avec des chauffeurs de taxi du Caire.

L'Immeuble Yacoubian (Alaa El-Aswany, 2006). Un best-seller qui dépeint la société égyptienne des années 1990.

La ville gagne toujours (Omar Robert Hamilton, 2017). Un premier roman éblouissant sur Le Caire pendant les soulèvements de 2011.

Films

Gare centrale (Youssef Chahine, 1958). Chef-d'œuvre du réalisateur égyptien le plus connu à l'étranger.

L'Immeuble Yacoubian (Marwan Hamed, 2006). Une grosse production égyptienne adaptée du roman éponyme.

In Search of Oil and Sand (Mahmoud Sabet, 2012). Cet excellent documentaire raconte la chute du roi Farouk.

The Square (Jehane Noujaim, 2013). Un documentaire qui fait la lumière sur les troubles de la période 2011-2013.

Le Caire confidentiel (Tarik Saleh, 2017). Un thriller dans lequel un policier est amené à enquêter sur un meurtre perpétré au Caire.

Musique

Inta Omri (Oum Kalsoum). Une heure avec la plus grande chanteuse égyptienne.

Zakhma (Ahmed Adawiyya). Ce musicien a créé un nouveau genre musical, le *jeel*.

Layli Nahari (Amr Diab). L'album le plus entraînant de l'idole égyptienne.

Taam al-Beyout (Mohammed Mounir). Fusion entre tradition arabe et jazz.

Irhal (Ramy Essam). Une chanson d'une des figures de la révolution de 2011.

Eïd fi eïd (The Arabian Knightz). Les événements de 2011 scandés par un groupe de rap.

Ci-dessus : affiches de cinéma, Le Caire.

Avant le départ

Itinéraires : 5 jours

Grands classiques

Du Caire à Louxor, ce circuit au rythme soutenu vous fera découvrir les monuments emblématiques de l'Égypte pharaonique.

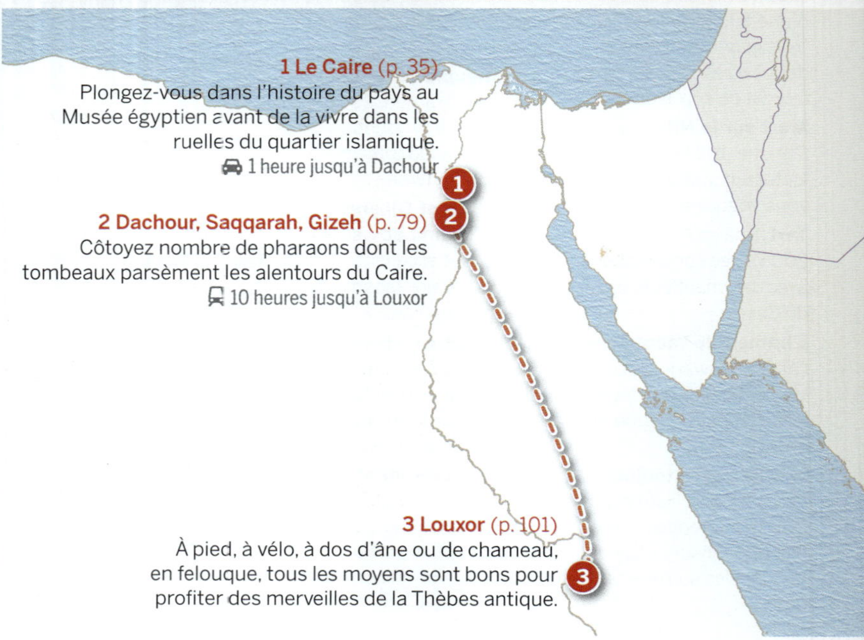

1 Le Caire (p. 35)
Plongez-vous dans l'histoire du pays au Musée égyptien avant de la vivre dans les ruelles du quartier islamique.
1 heure jusqu'à Dachour

2 Dachour, Saqqarah, Gizeh (p. 79)
Côtoyez nombre de pharaons dont les tombeaux parsèment les alentours du Caire.
10 heures jusqu'à Louxor

3 Louxor (p. 101)
À pied, à vélo, à dos d'âne ou de chameau, en felouque, tous les moyens sont bons pour profiter des merveilles de la Thèbes antique.

Escapades urbaines

Les deux plus grandes villes du pays, Le Caire et Alexandrie, vous donneront un bel aperçu de la vie urbaine moderne à l'égyptienne.

1 Le Caire (p. 35)
Expérimentez la variété des quartiers : islamique, copte, suranné, branché ; et profitez de la vie nocturne de la capitale.
1 heure jusqu'à Saqqarah

2 Saqqarah et Gizeh (p. 79)
Admirez les richesses pharaoniques de ces deux sites, avant de terminer par un son et lumière sur les pyramides.
3 heures jusqu'à Alexandrie

3 Alexandrie (p. 191)
Choisissez vos musées à la Bibliotheca Alexandrina, et profitez de l'air marin à la terrasse d'un restaurant de fruits de mer.

DE GAUCHE À DROITE : ZBRUCH/GETTY IMAGES © ; FRANZ MARC FREI/GETTY IMAGES ©

Itinéraire : 10 jours

Trésors du Nil

Arrivez directement à Louxor, le plus grand musée à ciel ouvert du monde, et poursuivez votre voyage avec une croisière sur le Nil, résolument la manière la plus relaxante de visiter le pays, avant d'atteindre Abou Simbel.

1 Louxor (p. 101)
Les deux rives du Nil rivalisent de sites majeurs, entre temples, musées, tombes et monuments.
1 heure jusqu'à Esna

2 Croisière sur le Nil (p. 144)
Remontez le fleuve en passant par Esna, Edfou et Kom Ombo.
Au choix : confortable bateau de croisière, luxueuse *dahabiyya* ou simple felouque.
4 jours jusqu'à Assouan

3 Assouan (p. 165)
Après la découverte du temple d'Isis, contemplez le haut barrage d'Assouan, avant de paresser sur les îles du Nil.
4 heures jusqu'à Abou Simbel

4 Abou Simbel (p. 172)
Dominant le lac Nasser, les temples d'Abou Simbel constitueront l'étape ultime de votre périple.

RAFAL CICHAWA/SHUTTERSTOCK ©

ANTON_IVANOV/SHUTTERSTOCK ©

MATIPLANAS/STOCK.ADOBE.COM ©

Itinéraire : 2 semaines

Du nord au sud

Cet itinéraire vous permettra de profiter de la mer Rouge, sans oublier de voir les plus beaux monuments le long du Nil et de goûter à la délicieuse agitation du Caire.

1 Le Caire (p. 35)
Remontez le temps, des pyramides de Gizeh aux *ahwa* (cafés) autour de la place Tahrir en passant par les mosquées fatimides et ottomanes.
14 heures jusqu'à Assouan

2 Assouan (p. 165)
Découvrez la culture nubienne et offrez-vous une excursion jusqu'à Abou Simbel sur le lac Nasser.
4 jours jusqu'à Louxor

3 Louxor (p. 101)
Après les temples le long du Nil, l'émerveillement se poursuit, entre Karnak et la Vallée des Rois, et plus loin Abydos.
5 heures jusqu'à Hourghada

4 Hourghada (p. 220)
La mer Rouge offre parmi les plus beaux récifs coralliens du monde et des occasions de plonger inoubliables.
9 heures jusqu'à Alexandrie

5 Alexandrie (p. 191)
Musées et cafés vous combleront avant une dernière soirée face à la mer Méditerranée.

1

4

2

Avant le départ
Voyager en famille

KANUMAN/SHUTTERSTOCK ©

Visiter l'Égypte avec des enfants a quelque chose de délicieux. Ils s'émerveillent à la vue des monuments anciens... ou d'un simple chameau.

Comportement et attitudes

Si le pays manque d'installations pratiques quand on voyage avec des enfants (aires de jeux, tables à langer), la bienveillance des Égyptiens à l'égard des plus petits compense largement les déconvenues. Dans tous les restaurants à l'exception des plus chics, les serveurs sont ravis de voir des enfants. Ne soyez pas surpris si votre bébé passe de bras en bras ou si l'on offre des sucreries à votre progéniture (même avant d'aller au lit...).

Les adolescents font moins l'objet de ce genre d'attentions, bien que les Égyptiens du même âge aient l'air d'être plus jeunes et plus couvés par leurs parents. À partir de l'adolescence, filles et garçons se retrouvent en groupes distincts, ce que les adolescents étrangers doivent respecter s'ils interagissent avec des Égyptiens.

Normes de sécurité et d'hygiène

Les normes de sécurité égyptiennes peuvent crisper : ne vous attendez pas à trouver des sièges auto (ou même des ceintures de sécurité) dans les taxis ou les voitures particulières, ni de gilets de sauvetage pour enfants à bord des bateaux.

Les normes d'hygiène dans la restauration peuvent varier d'un établissement à l'autre, et vos enfants pourraient avoir la diarrhée ou avoir mal au ventre de temps en temps. Vous trouverez des solutés de réhydratation peu chers dans les pharmacies (demandez du Rehydran). Ces produits peuvent "sauver la vie" dans un pays où la chaleur peut vite conduire les enfants à la déshydratation. Si vous-même êtes cloué à l'hôtel pour cette raison et que vos enfants trépignent, prévoyez des activités.

Tenez les enfants éloignés des animaux errants, ils peuvent transmettre des maladies. Les chats de rues sont susceptibles de griffer quand on les approche imprudemment.

VINCENT POMMEYROL/GETTY IMAGES ©

Informations pratiques

Dans les villes touristiques, vous trouverez facilement du lait maternisé et des couches jetables, mais ce ne sera pas le cas dans les endroits plus éloignés. Vous pourrez acheter partout des en-cas comme les cacahuètes, les barres de céréales au sésame, les fruits secs et les dattes. Faites-en des provisions pour les sorties, car il arrive de se trouver sur un site où l'on ne vend que des boissons sucrées, des glaces et des chips.

Dans les restaurants d'une certaine catégorie, on vous fournira souvent des sièges enfant. En général, seuls les hôtels de catégorie supérieure proposent des services de garde.

Si vous cherchez à occuper vos enfants, les librairies qu'on trouve dans tous les hôtels cinq étoiles vendent en général des jouets en rapport avec l'Égypte ancienne.

Pour plus de conseils pratiques, procurez-vous un guide *Voyager avec ses enfants* aux éditions Lonely Planet rédigé par une équipe de parents baroudeurs.

★ Les meilleures activités pour enfants

Chameau à Gizeh (p. 85)

Musée de la Momification (p. 113)

Felouque sur le Nil (p. 179)

Vélo à Louxor (p. 139)

Snorkeling en mer Rouge (p. 220)

Avant de partir

Avant le départ, vérifiez que les vaccins de vos enfants sont à jour et demandez à votre médecin s'il faut en faire d'autres.

N'oubliez pas d'emporter un kit de premiers secours, des chapeaux qui protègent bien du soleil, une bonne crème solaire et des sels de réhydratation. Si vous voyagez avec des tout-petits, oubliez les poussettes et emportez une écharpe de portage ou un porte-bébé de randonnée, voire votre propre siège auto.

De gauche à droite : chameaux sur le plateau de Gizeh (p. 82) ; poissons-clowns en mer Rouge (p. 217)

LE CAIRE

Dans ce chapitre

Musée égyptien 40
Le Caire islamique 48
Le Caire copte 56
À voir 62
Activités 65
Circuits organisés 68
Où se restaurer 70
Où prendre un verre et faire la fête .. 74
Où sortir 74

Le Caire

Le Caire, c'est le chaos dans ce qu'il peut avoir de plus magnifique et de plus exaspérant : les grésillements des haut-parleurs appelant à la prière d'un minaret à l'autre ; la cacophonie des klaxons de voitures coincées dans les bouchons le long d'avenues à la splendeur fanée ; et ces charrettes attelées à des ânes allant cahin-caha dans la poussière des rues entre de grandioses édifices fatimides et mamelouks.

Ce tumulte incessant, c'est celui d'une mégalopole de quelque 22 millions d'habitants. Une population à l'étroit dans une ville aux services insuffisants, mais toujours prête à rebondir grâce à un humour peu ordinaire.

Le Caire en 1 jour

Priorité matinale au magnifique **Musée égyptien** (p. 40), avant de sauter dans le métro pour découvrir **Le Caire copte** (p. 56) et ses églises chrétiennes. L'après-midi sera consacrée au quartier islamique, en commençant par le **musée d'Art islamique** (p. 53). Passez ensuite la porte **Bab Zuweila** (p. 53) pour longer la **Sharia al-Muizz li-Din Allah** (p. 50), rue bordée de splendides édifices. Déployez vos talents de marchandeur en arpentant les allées du **Khan al-Khalili** (p. 50). Le soir, laissez-vous emporter par le tournoiement des danses soufies à la **Wikala al-Ghouri** (p. 52).

Le Caire en 2 jours

Le second jour, pénétrez plus avant dans le labyrinthe du Caire islamique. Rendez-vous en métro à la **mosquée Ibn-Touloun** (p. 52) avant de longer la Sharia al-Saliba jusqu'à la **mosquée-madrasa du sultan Hassan** (p. 55), puis contemplez Le Caire du haut de la **citadelle** (p. 54). Revenez ensuite à notre époque : après un déjeuner chez **Zööba** (p. 72), promenez-vous entre Zamalek et Gezira où vous pourrez faire du **shopping** (p. 68) et jeter un œil au **musée d'Art moderne** (p. 62). En fin d'après-midi, oubliez le chaos urbain le temps d'une **balade en felouque** (p. 65) sur le Nil.

Intérieur de la madrasa-mausolée de Qalaun (p. 51)

Comment s'y rendre

L'**aéroport international** du Caire (p. 298) se trouve à 20 km au nord-est du centre-ville. Comptez 120 £E pour rejoindre le centre en taxi, et de 20 minutes à 1 heure selon les embouteillages.

La gare Ramsès (p. 76), principale gare ferroviaire du Caire, dessert en particulier Alexandrie et la Haute-Égypte. Descendez à la station de métro Al-Shohadaa.

La gare routière **Cairo Gateway** (p. 76) est à 400 m à l'ouest de la station de métro Orabi. De la place Tahrir ou de la Sharia Talaat Harb, la course en taxi revient à quelque 5 £E.

Où se loger

Les logements pour budgets modestes abondent au Caire, certains de bonne qualité d'ailleurs. Le milieu de gamme est en revanche plus rare. Quant à la catégorie luxe, elle aligne ses rutilantes adresses sur les rives du Nil.

Le centre-ville est plutôt le fief des hôtels petits budgets, mais ceux-ci peuvent se révéler bruyants. Garden City et Zamalek peuvent alors constituer des options plus calmes, mais plus onéreuses.

Pour plus de détails sur l'hébergement par quartiers, reportez-vous p. 77.

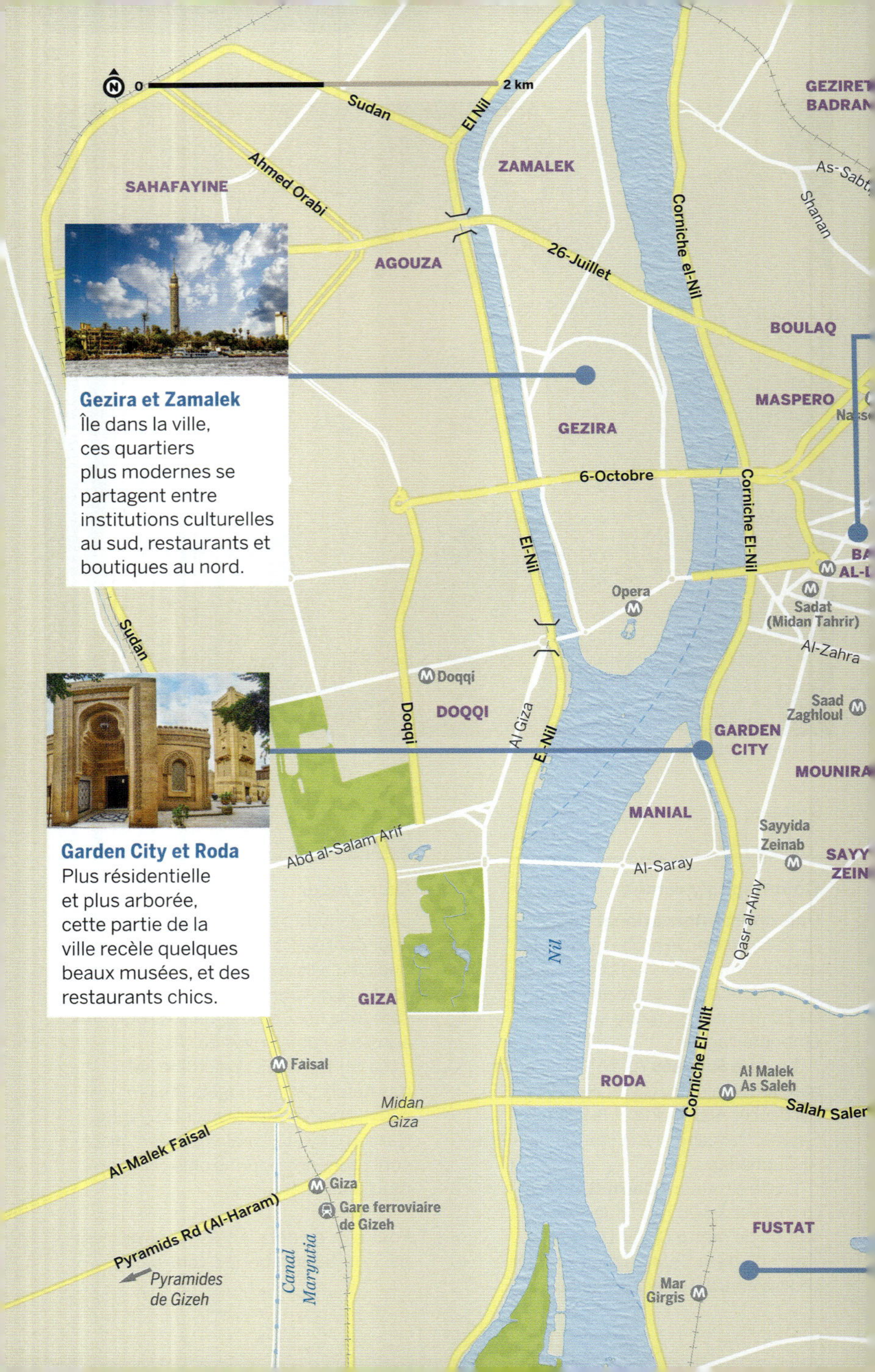

Gezira et Zamalek
Île dans la ville, ces quartiers plus modernes se partagent entre institutions culturelles au sud, restaurants et boutiques au nord.

Garden City et Roda
Plus résidentielle et plus arborée, cette partie de la ville recèle quelques beaux musées, et des restaurants chics.

Centre-ville
Du Musée égyptien partent de grandes avenues, quelque peu délabrées, animées de jour comme de nuit.

Le Caire islamique
Perdez tout sens de l'orientation, et du temps, dans ce lacis de ruelles au cœur de la partie plus traditionnelle de la capitale égyptienne.

Le Caire copte
Découvrez une facette plus inattendue du Caire : son héritage chrétien, dans un havre de paix qui contraste avec le reste de la ville.

Carte Centre-ville p. 60
Carte Le Caire copte p. 64
Carte Le Caire islamique p. 66

Façade principale du Musée égyptien

Musée égyptien

Riche d'une collection d'antiquités de première importance, le Musée égyptien est un monde à lui seul. Le faste et l'or des pharaons y côtoient mobilier funéraire, momies, bijoux, vases ou jouets d'Égyptiens dont l'histoire n'a pas retenu le nom.

Pour ceux qui aiment

Infos pratiques

Musée égyptien (tarif plein/étudiant 120/60 £E, après 17h30 dim et jeu 180/90 £E, salle des Momies royales 150/75 £E, app photo 50 £E ; 9h-19h lun-mer, 9h-21h dim et jeu, 9h-16h ven-sam ; MSadat)

Bon à savoir

Le règlement du droit photo se fait à l'achat du ticket d'entrée.

LEXAN/SHUTTERSTOCK ©

Fondé en 1858 par l'archéologue Auguste Mariette, le musée a ouvert en 1902… et n'a pas beaucoup changé depuis ! En fin d'après-midi, la faiblesse de l'éclairage oblige dans certaines salles à plisser les yeux pour distinguer les détails et déchiffrer les cartels des objets phares (les seuls commentés). Il faut donc garder l'esprit en éveil, voir quelques chefs-d'œuvre de l'art égyptien, mais aussi se laisser porter au gré de sa propre attirance pour un objet ou un autre. Quitte à revenir une deuxième fois dans ce qui est indéniablement l'un des plus grands et des plus fascinants musées d'histoire ancienne du monde.

Rez-de-chaussée

Salle 43 — Atrium

L'atrium central est rempli d'une collection d'antiquités égyptiennes de toute taille. Une vitrine de la salle 43 abrite la **palette de Narmer** à double face. Il s'agit de l'une des pièces maîtresses du musée. Datant de 3100 av. J.-C., elle montre le pharaon Narmer (également connu sous le nom de Ménès) portant la couronne de la Haute-Égypte sur une face et celle de la Basse-Égypte sur l'autre, évoquant ainsi la première unification du pays sous la férule d'un seul souverain. Les égyptologues considèrent cet épisode comme le point de départ de la civilisation égyptienne antique et le règne de Narmer comme le premier de la Ire dynastie (voir p. 258).

Salles 42, 37 et 32 : chefs-d'œuvre de l'Ancien Empire

Dressée au centre de la salle 42, la **statue de Khephren** (2558-2532 av. J.-C.) en diorite noire est l'une des gloires du Musée égyptien. Assis sur son trône, le père de la deuxième pyramide de Gizeh est placé sous la protection du dieu faucon Horus aux ailes déployées (voir p. 260).

Face à Khephren, sur le mur gauche, on est hypnotisé par le regard de la **statue de Ka-Aper**, taillée d'une pièce dans un tronc de sycomore. Incrustés de quartz blanc opaque (blanc de l'œil), de cristal de roche (iris) et de pierre noire (pupille), ses yeux donnent réellement vie au jovial visage du prêtre. Derrière vous, à gauche de la porte, les mains du **scribe assis**, magnifique statue en calcaire peint, semblent attendre la dictée, les yeux pleins d'expression.

Dans la salle 32, la pureté de ligne des **statues de Rahotep et de Nofret**, couple aristocratique de l'époque archaïque des pyramides Rhomboïdale et Rouge de Dachour construites par Snéfrou (IVe dynastie), leur confère une présence quasi actuelle malgré leur 4 600 ans.

Dans une vitrine à gauche, la mise en scène du groupe calcaire représentant **Seneb**, chef de la garde-robe royale, et sa famille est touchante : devant le nain assis en tailleur ont été adroitement disposés pour cacher ses courtes jambes.

Dans cette même salle, les fameuses **oies de Meïdoum** proviennent d'une fresque pleine de fraîcheur qui a été déposée d'un mastaba en terre crue (vers 2500 av. J.-C.) retrouvé près de l'oasis d'Al-Fayoum, à Meïdoum,

Il faut traverser la salle 32 pour atteindre la salle 37 et se retrouver sur le plateau de Gizeh dans le **tombeau de la reine Hetepherès**, épouse de Snéfrou. Ironie du sort, la seule représentation connue à ce jour du constructeur de la Grande Pyramide, leur fils Khnoum Khoufou, à savoir Kheops, est cette figurine en ivoire de moins de 8 cm que l'on remarquera dans une vitrine voisine.

Salle 3 : salle de Tell el-Amarna

La nouvelle capitale choisie par Akhénaton (1352-1336 av. J.-C.) donne son nom à cette salle témoignant de la liberté et du réalisme artistiques qui ont marqué le règne de ce pharaon monothéiste (voir p. 249), soucieux de modifier le côté hiératique des représentations de Pharaon.

Le portrait de son épouse taillé en quartzite brun, ou **tête inachevée de Néfertiti** (alcôve de gauche), exalte la grande beauté de la reine par un rendu des plus sensibles et délicats.

Musée égyptien

Premier étage

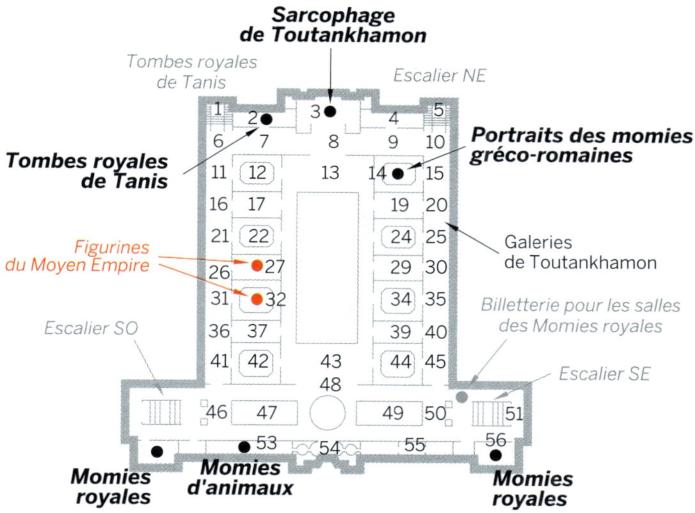

Rez-de-chaussée

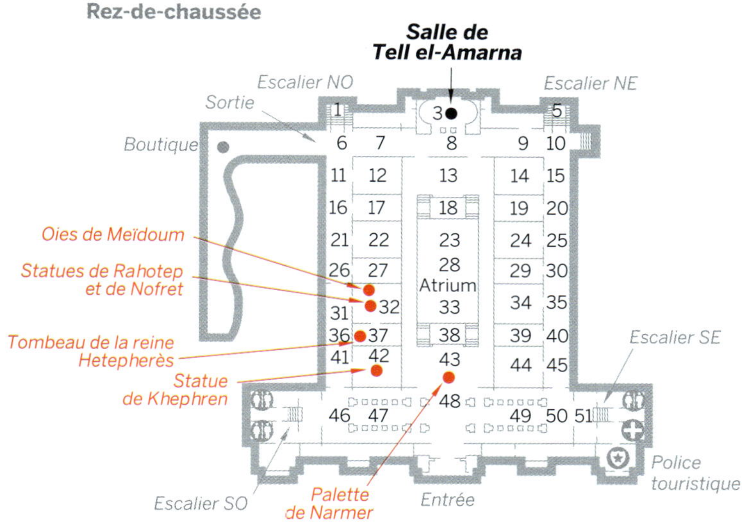

Premier étage

Salles 56 et 46 : salles des Momies royales

Ces salles (tickets spéciaux en vente à l'étage, près de la salle 56) renferment les dépouilles de pharaons et de reines d'Égypte parmi les plus illustres de la XVIIe à la XXIe dynastie (de 1650 à 945 av. J.-C.).

La visite commence par la salle 56 et le pharaon **Séqénenrê Taâ II**, décédé de mort violente vers 1560 av. J.-C. comme en témoignent ses blessures encore visibles. Les momies parfaitement enveloppées de la **reine Mérytamon** et d'**Amenhotep Ier** (1525-1504 av. J.-C.) montrent à quoi ressemblaient initialement les momies royales, portant notamment des guirlandes de fleurs autour du cou.

De l'autre côté de la salle, **Thoutmosis II** (1525-1504 av. J.-C.) repose près de sa sœur et épouse **Hatchepsout**, reine-pharaon. Leur fils **Thoutmosis III** (1479-1425 av. J.-C.) occupe la dernière vitrine.

Au centre de la pièce, **Ramsès II**, étonnamment bien conservé, affiche un profil hautain et le nez aquilin caractéristique de sa famille, des cheveux gris teintés de henné et de longs ongles. Son 13e fils et successeur, **Mérenptah** (1213-1203 av. J.-C.), a un aspect très blanc dû à la momification. Viennent ensuite **Amenhotep II**, **Thoutmosis IV**, joliment coiffé, et **Seti Ier** (1294-1279 av. J.-C.), à la peau noire et au menton carré.

De l'autre côté du bâtiment, près de la salle 47, se trouve la seconde salle (salle 46, même ticket) où sont exposées des momies royales des XXe et XXIe dynasties.

Effigies dorées

Vous trouverez d'abord **Ramsès III** (1184-1153 av. J.-C.) et **Ramsès IV** (1153-1147 av. J.-C.), puis, à l'angle, **Ramsès V** (1147-1143 av. J.-C.) au visage grêlé (vraisemblablement par la variole). Au centre de la pièce, **Nedjemet** (vers 1070-946 av. J.-C.) porte une superbe perruque ondulée encadrant ses yeux en pierre blanche et noire. À côté repose **la reine Honttouï** (vers 1025 av. J.-C.). Pour finir, la momie de la **reine Neskhons** montre encore nettement les traits de la souveraine, tandis que **la reine Maâtkarê** repose avec son babouin familier.

☑ Ne ratez pas

Dans les galeries de Toutankhamon, admirez l'étonnante garde-robe du pharaon, déployée le long du mur sud.

Masque funéraire de Toutankhamon

CHRIS MELLOR/GETTY IMAGES ©

Galeries de Toutankhamon

Découverte en 1922, la richissime sépulture du jeune pharaon du Nouvel Empire qui régna seulement neuf ans (1336-1327 av. J.-C.) contenait un mobilier funéraire d'une telle opulence qu'on l'a appelé "trésor de Toutankhamon".

Encadrant l'entrée de la salle 45, deux **statues de Toutankhamon** grandeur nature (bois couvert de bitume) le représentent la peau noire, forme d'identification à Osiris et à l'épais limon noir du Nil, symbole de fertilité et de renouveau pour les Égyptiens.

Pièce-phare du musée, le **trône aux lions du pharaon** (salle 35) est en bois doré à la feuille et incrusté de lapis-lazuli et de cornaline entre autres pierres semi-précieuses. Reposant sur des pattes de lion, le dossier du trône royal représente face à face le pharaon et son épouse vêtus de leurs attributs en argent martelé et coiffés de perruques en pâte de verre.

Face au trône, contre le mur est, le coffret à perruques de **Toutankhamon** est en bois plaqué d'ivoire où viennent s'incruster différents motifs dans des tons orangés et bleus. La courte perruque ondulée du pharaon reposait sur le support intérieur en forme de champignon.

La salle 20 expose de délicats **vases en albâtre**, mais aussi une barque funéraire miniature dans le même matériau, avec son décor d'animaux.

Finement ouvragés, les trois **lits funéraires** du pharaon occupent l'extrémité est de la galerie. L'un est soutenu par la déesse-vache Methyer, un autre par deux représentations de la déesse Ammout, "la dévoreuse" qui mangeait les cœurs des damnés, et le troisième par la déesse-lionne Mehyt.

Une petite faim ?

Le **café**, qui sert boissons, glaces et sandwichs, était fermé lors de notre passage. Assurez-vous d'avoir de l'eau avec vous.

À l'extrémité ouest de la salle 9, un coffre en albâtre renferme quatre **vases canopes**, dont les bouchons représentent la tête de Toutankhamon. Ils contenaient quatre sarcophages miniatures en or (exposés dans la salle 3), lesquels renfermaient les viscères du pharaon.

Les salles 8 et 7 suffisent tout juste à contenir quatre imposantes **chapelles en bois doré**. Emboitées l'une dans l'autre, elles enveloppaient les trois sarcophages gigognes protégeant la momie du pharaon.

Saint des saints, la salle 3 expose le sarcophage en or et les bijoux du pharaon. Inutile de préciser que vous devrez patienter pour y pénétrer aux heures de pointe. Sans pareil, le **masque funéraire** de Toutankhamon est devenu une icône de l'Égypte, comme de l'égyptologie mondiale. Ce masque en or massif de 11 kg couvrait la tête de la momie. C'est un portrait idéalisé du jeune pharaon ; les yeux sont en obsidienne et en quartz, tandis que leurs contours et les sourcils sont en lapis-lazuli.

Non moins extraordinaires sont les deux **sarcophages dorés** que contenait le premier sarcophage. Le plus petit, comme le masque, est en or massif ; décoré de même façon, il pèse 110 kg. Le plus grand est en bois doré.

Salle 2 : tombes royales de Tanis

Ces objets étincelants incrustés d'or et d'argent proviennent de six tombes des XXIe et XXIIe dynasties retrouvées intactes sur le site de Tanis, dans le delta du Nil. On peut voir le **masque funéraire de Psousennès Ier** (1039-991 av. J.-C.), en or, aux yeux bordés de noir, ainsi que son sarcophage intérieur en argent et un autre

Barque funéraire

CHRIS MELLOR/GETTY IMAGES ©

sarcophage d'argent orné d'une tête de faucon, celui du pharaon Sheshonq II (vers 890 av. J.-C.).

Salle 14 : portraits des momies gréco-romaines

Cette salle expose un petit échantillon des fascinants portraits retrouvés sur des momies gréco-romaines et communément appelés **portraits du Fayoum**. Peints sur des supports en bois, souvent du vivant des personnes, puis disposés sur le visage embaumé de leur momie, ils expriment la personnalité du défunt.

Salle 53 : momies d'animaux

Vénérés dans l'Égypte ancienne, chats, chiens, crocodiles, oiseaux, singes et chacals étaient eux aussi momifiés.

Salles 32 et 27 : figurines du Moyen Empire

Souvent placés aux côtés du défunt pour le servir dans l'au-delà, ces **modèles réduits** très ressemblants dévoilent la vie quotidienne il y a près de 4 000 ans. Serviteurs (surtout dans la salle 32), bateaux de pêche, cuisines, ateliers de menuiserie et de tissage dévoilent un pan ou un autre des activités antiques. Dans la salle 27, la maquette de la maison du chancelier Méketrê montre un jardin avec des figuiers et une scène de 1,5 m de long où l'on voit Méketrê assis occupé à compter le bétail avec ses fils, quatre scribes et d'autres personnages.

Momie gréco-romaine

Le Grand Musée égyptien

En 2002, Hosni Moubarak, alors président de la république d'Égypte, posait la première pierre du **Grand Musée égyptien** (GEM), élément essentiel d'un ambitieux projet culturel autour du plateau de Gizeh. Implanté à 2 km des pyramides, le GEM se veut en effet un complexe muséal dernier cri mettant en valeur les plus belles antiquités égyptiennes.

Malheureusement, depuis la révolution de 2011, il a connu bien des retards. Peu à peu cependant, des pièces sont transférées du vieux au "grand" musée, ou acheminées depuis divers autres sites. D'après les derniers communiqués officiels, le GEM devrait ouvrir en partie à la mi-2019 avec l'installation du "trésor de Toutankhamon", et dans sa totalité en 2020 ou en 2022.

Consultez le site internet du GEM (www.gem.gov.eg) pour vous tenir au courant de la situation.

Madrasa-mausolée de Qalaun

Le Caire islamique

"Islamique" ne s'entend pas ici au sens purement religieux. Cette partie orientale du Caire, cœur du pouvoir fatimide puis ottoman, concentre l'essence même de l'architecture d'influence islamique.

Pour ceux qui aiment

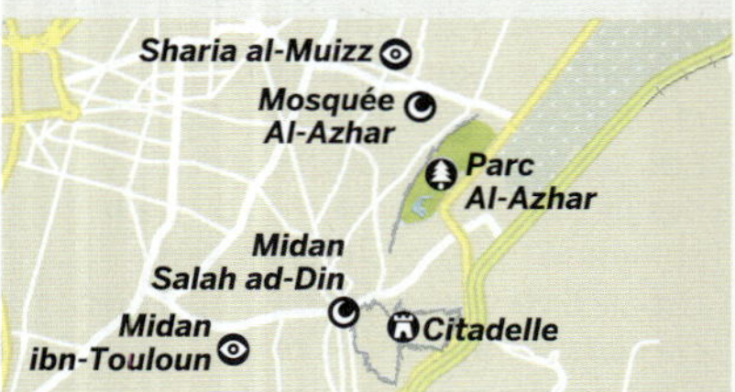

Infos pratiques

Les mosquées sont souvent fermées à la visite pendant la prière, surtout le vendredi.

EFESENKO/STOCK.ADOBE.COM ©

★ Bon plan

La concentration d'édifices clés et l'étendue du Caire islamique invitent à scinder sa découverte en différentes balades d'une demi-journée, proposées dans les pages qui suivent.

Midan al-Hussein et ses alentours

Midan al-Hussein

Midan al-Hussein (carte p. 66), jadis cœur du Caire mamelouk, reste un haut lieu des fêtes religieuses musulmanes, surtout les soirs de ramadan. Les terrasses de ses restaurants sont souvent bondées.

La **mosquée Sayyidna al-Hussein** (carte p. 66 ; Midan al-Hussein ; ⏲fermée au non-musulmans) est l'un des sites islamiques les plus sacrés d'Égypte, en raison du mausolée où repose la tête d'Hussein, petit-fils du prophète Mahomet. L'édifice date d'environ 1870 pour l'essentiel, mais les magnifiques panneaux en stuc ornant le minaret sont du XIVe siècle.

Les ruelles étroites du **Khan al-Khalili** (carte p. 66 ; près de Sharia al-Azhar et Sharia al-Gamaliyya) dessinent un lacis médiéval semé d'échoppes et de petites cours depuis sa construction au XIVe siècle. On y trouve de tout, de la lessive en poudre aux pierres semi-précieuses, sans compter les dromadaires en tissu et les pyramides en albâtre. Les Cairotes y commercent depuis sept siècles et certains secteurs comme le marché de l'or restent des références.

Sharia al-Muizz li-Dinh Allah

Grande artère commerçante de la cité médiévale, **Sharia al-Muizz** (carte p. 67) porte le nom du calife fatimide qui conquit Le Caire en 969. Conteurs, amuseurs et échoppes alimentaires s'y succédaient alors à touche-touche. La partie qui s'étend juste au nord du marché de l'or du Khan al-Khalili est appelée **Bein al-Qasreen** (promenade du Palais ; carte p. 66), en souvenir

Échoppes autour de Midan al-Hussein

EFESENKO/SHUTTERSTOCK ©

des grands palais qui la bordaient à l'époque fatimide. Ces vastes constructions mamelouks font aujourd'hui du quartier l'une des plus fortes concentrations de minarets, de coupoles et de façades en pierres bicolores du Caire.

Plus ancien et plus bel ensemble religieux de la rue, la **madrasa-mausolée de Qalaun** (carte p. 66 ; Sharia al-Muizz li-Din Allah ; ticket combiné tarif plein/étudiant 100/50 £E ; 9h-17h) fut achevée en 1279, 13 mois après le début des travaux. Le mausolée, à droite, affiche un assemblage particulièrement complexe d'incrustations de pierre et de stucs, de motifs d'étoiles et de fleurs, éclairé par des vitraux.

Un unique billet combiné donne accès à tous les sites de l'artère : la **madrasa-mausolée d'As-Salih Ayyub,** premier exemple connu de mausolée pourvu d'une madrasa ; la **madrasa-mausolée d'An-Nasir Mohammed**, construite en 1304 en réutilisant le portail gothique d'une église de Saint-Jean-d'Acre ; la **madrasa-mausolée de Barqouq**, dont le somptueux plafond bleu et or est soutenu par quatre colonnes pharaoniques en porphyre ; le **sabil-kuttab d'Abdel Rahman Katkhuda**, édifice emblématique du quartier islamique.

★ Bon à savoir

Prévoyez de la menue monnaie à la mosquée pour gratifier les gardiens, au dépôt de vos chaussures, pour des explications ou l'accès au minaret.

Portes de la madrasa-mausolée de Barqouq

Partie nord du quartier

Le long de l'exiguë Darb al-Asfar, les premiers bâtiments que l'on longe font partie de la **Beit al-Suhaymi** (carte p. 66 ; Darb al-Asfar ; tarif plein/étudiant 50/25 £E ; 9h-17h), une demeure familiale avec caravansérail datant des XVIIe et XVIIIe siècles. Passé l'étroit couloir d'accès, on débouche dans une cour paisible entourée de salles de réception majestueuses, de chambres, de celliers et de bains.

En lisière nord du quartier se dressent les deux plus anciens minarets de pierre encore debout au Caire, ceux de la vénérable **mosquée Al-Hakim** (carte p. 66 ; Sharia al-Muizz li-Din Allah ; 9h-17h) GRATUIT construite en 1013. On atteint enfin les deux principales portes nord de la cité fortifiée d'Al-Qahira à l'époque fatimide, **Bab al-Futuh** (carte p. 66 ; Sharia al-Muizz li-Din Allah), porte à tours rondes dotée d'une arche en pierre finement ciselée, et **Bab an-Nasr** (carte p. 66 ; Sharia al-Gamaliyya), construite en 1087 et encadrée de tours carrées.

Une petite soif ?

Le café **Fishawi** (carte p. 66 ; Khan al-Khalili ; 24h/24, pendant le ramadan 17h-3h). Probablement le plus vieil *ahwa* du Caire et certainement le plus célèbre.

Al-Azhar, entre mosquée et parc

Autour de la mosquée Al-Azhar

Fondée en 970, **Al-Azhar** (Gami' al-Azhar ; carte p. 66 ; Sharia al-Azhar ; 24h/24) GRATUIT est l'une des plus anciennes mosquées du Caire. Sa madrasa, établie en 988, est aujourd'hui l'une des plus grandes universités du monde musulman. L'édifice offre un harmonieux mélange de styles architecturaux. À noter que, dans la grande salle de prière, le mihrab (niche indiquant la direction de la Mecque) est situé au milieu, du fait d'un agandissement du bâtiment.

Construit en 1504 par le sultan mamelouk Al-Ghouri, la **Wikala al-Ghouri** (carte p. 66 ; 2511 0472 ; Sharia Mohammed Abduh ; 40 £E ; 9h-17h sam-jeu) était un caravansérail fréquenté par les caravaniers venus de tout l'Orient. Les chambres de l'étage sont devenues des ateliers d'artistes et le patio accueille le soir des spectacles de danse soufie (p. 74).

Le sultan fit élever la même année le **mausolée Al-Ghouri** (carte p. 66 ; Sharia al-Muizz li-Din Allah ; tarif plein/étudiant 30/20 £E ; 9h-17h) pour y être inhumé. Mais il fut décapité en Syrie et son corps ne fut jamais retrouvé. Un concert a lieu chaque dimanche à 21 heures.

Face au mausolée se dresse la **mosquée-madrasa Al-Ghouri** (carte p. 66 ; Sharia al-Muizz li-Din Allah ; 9h-17h) GRATUIT. Lambris en bois peint et doré, mosaïques de marbre noir et blanc aux murs, hauts plafonds et dallages aux motifs géométriques complexes en font un petit bijou. Quatre iwans (porches voûtés) entourent une petite cour plus basse. On peut grimper jusqu'au sommet du minaret.

Parc Al-Azhar

Partie sud de Sharia al-Muizz

Édifiée au XIe siècle, **Bab Zuweila** (carte p. 66 ; Sharia al-Muizz li-Din Allah ; tarif plein/étudiant 30/15 £E ; 8h30-17h) est la seule porte de la cité médiévale encore debout. Du sommet, on bénéficie d'une vue panoramique jusqu'à la citadelle.

Le musée d'Art islamique (carte p. 66 ; 2390 1520 ; www.islamicmuseum.gov.eg/museum.html ; Midan Bab al-Khalq ; tarif plein/étudiant 100/50 £E, app photo 50 £E ; 9h-17h sam-jeu, 9h-12h et 14h-17h ven) renferme l'une des plus belles collections d'art islamique au monde. Seule une infime partie des 80 000 objets des collections est exposée, mais ils sont sensationnels.

Remontant au Moyen Âge, le **marché des fabricants de tentes** (carte p. 66 ; Sharia al-Khayamiyya ; 9h-18h lun-sam) doit son nom aux artisans fabriquant les tissus de couleur vive utilisés pour les tentes cérémonielles lors des veillées funèbres, mariages et festins.

★ Bon à savoir

Pour entrer dans les mosquées, couvrez-vous jambes et épaules. On doit aussi se déchausser : prévoyez donc des chaussures aisées à retirer.

Darb al-Ahmar et parc Al-Azhar

La richesse de la fin de la période mamelouk se mesure parfaitement le long de la "rue Rouge", Darb al-Ahmar (carte p. 66-67 ; Sharia At Tabana ; 9h-17h) GRATUIT, jalonnée d'édifices historiques. D'une belle simplicité, le minaret et la façade de la **mosquée Qijmas al-Ishaqi**, construite en 1481, figurent sur les billets de 50 £E. Illustration parfaite des savoir-faire de l'époque comme des réemplois, la **mosquée Al-Maridani** intègre une large palette d'éléments architecturaux anciens : pharaonique, romain, chrétien et islamique. Reconnaissable à sa haute façade rayée rouge et blanc, la **mosquée-madrasa Umm Sultan Sha'aban** présente à l'entrée un bel exemple de voûtes à muqarna (motif architectural en forme de stalactites répétées). Enfin, le minaret de la **mosquée Bleue**, construite en 1347 et restaurée en 2015, offre une belle vue sur la citadelle.

Grâce à des fonds de l'Aga Khan Trust for Culture, une montagne d'ordures amassées au fil des siècles a fait place en 2005 au **parc Al-Azhar** (carte p. 67 ; 2510 3868 ; www.azharpark.com ; Sharia Salah Salem ; lun-mer/jeu-dim 7/10 £E ; 9h-22h). Les Cairotes y retrouvent un souffle entre pelouses vert émeraude, fontaines et plan

✕ Une petite faim ?

Au parc Al-Azhar, vous aurez le choix entre le **Studio Masr** (plats 70-250 £E ; 10h-1h) qui surplombe la cité médiévale et le **Lakeside Cafe** (02-2510-9162 ; mezze 15-30 £E, plats 35-90 £E) paisiblement niché au bord du lac.

d'eau. Ils s'assoient au bord du lac ou aux terrasses des restaurants pour admirer la vue superbe sur Le Caire. L'endroit est fort plaisant le week-end, quand les familles viennent y pique-niquer.

De la citadelle à Ibn-Touloun

La citadelle

Saladin lança en 1176 la construction de la **citadelle** (Al-Qala'a ; carte p. 67 ; 02-2512-1735 ; Sharia Salah Salem ; tarif plein/étudiant 120/60 £E ; 9h-17h, mosquées fermées pendant la prière ven) pour se défendre contre les croisés. Elle fut ensuite agrandie par les Mamelouks puis par les Ottomans, et demeura, sept siècles durant, la résidence des puissants.

Il fallut dix-huit ans (1830-1848) pour construire la **mosquée Méhémet Ali** (carte p. 67 ; fermée aux visiteurs pour la prière de ven midi). Inspirée des édifices byzantins les plus classiques, elle multiplie les coupoles, les lustres scintillants, un décor opulent jouant sur les contrastes colorés tel le somptueux vert émeraude de la grande coupole. Arrivé au pouvoir après l'expédition d'Égypte, le fondateur de l'Égypte moderne repose dans le tombeau de marbre blanc à droite de l'entrée. Dans la cour, l'horloge (qui ne fonctionne pas) est un cadeau de Louis-Philippe en remerciement de l'obélisque de Louxor dressé place de la Concorde à Paris.

Totalement éclipsée par les fastes et la taille de sa voisine, la **mosquée An-Nasir Mohammed** (carte p. 67) édifiée au début du XIVe siècle est le seul témoin de l'époque mamelouk dans la citadelle. Le sultan ottoman Selim Ier dépouilla l'intérieur de

Mosquées du sultan Hassan et Al-Rifai

ses marbres, mais le plafond en bois et les muqarnas ressortent joliment. À l'extérieur, remarquez les tuiles en céramique sur les minarets, une rareté en Égypte.

Jetez un œil au **musée de la Police** (carte p. 67 ; 9h-17h) pour ses témoignages, armes à l'appui, de célèbres assassinats politiques.

Midan Salah ad-Din

Chef-d'œuvre de la période mamelouk, la grandiose **mosquée-madrasa du sultan Hassan** (carte p. 67 ; Midan Salah ad-Din ; tarif plein/étudiant 60/30 £E mosquée Al-Rifai comprise ; 8h-16h30) fut édifiée entre 1356 et 1363. Après le porche, un couloir en double chicane mène à une lumineuse cour carrée, chaque côté abritant un haut iwan. Soutenu par des colonnes volées aux croisés, celui orienté à l'est possède un mihrab particulièrement beau. À droite, une porte de bronze conduit au mausolée du sultan.

Face à cette mosquée-madrasa grandiose, la tout aussi monumentale **mosquée Al-Rifai** (carte p. 67 ; Midan Salah ad-Din ; tarif plein/étudiant 60/30 £E mosquée du sultan Hassan comprise ; 8h-16h30) est le fruit de quatre décennies d'aménagements (1869-1912). Y sont inhumés des membres de la famille royale égyptienne, dont Ismaïl Pacha et le roi Farouk, ainsi que le dernier shah d'Iran.

☑ Ne ratez pas

Les superbes points de vue sur la ville depuis les terrasses de la Citadelle. Et même, par temps clair, sur les pyramides de Gizeh à l'horizon.

Mosquée Méhémet Ali

IZZET KERIBAR/GETTY IMAGES ©

Midan Ibn-Touloun

On doit la **mosquée Ibn-Touloun** (carte p. 67 ; Sharia al-Saliba ; 8h-16h) GRATUIT à l'envoyé du calife abbasside de Bagdad chargé de commander le poste avancé d'Al-Fustat, l'ancêtre du Caire. Ibn Touloun la fit construire entre 876 et 879 sur le modèle de l'antique mosquée de Samarra (Irak), dont elle copie le minaret en spirale et l'emploi de la brique. C'est aussi le premier édifice où l'on observe un arc brisé, deux bons siècles avant l'ogive gothique occidentale.

Un passage au sud de l'entrée principale de la mosquée Ibn-Touloun donne accès au **musée Gayer-Anderson** (Beit Aal-Kritliyya ; carte p. 67 ; 2364 7822 ; Sharia Ibn-Touloun ; tarif plein/étudiant 60/30 £E, app photo 50 £E ; 9h-16h). Médecin-major de l'armée britannique, John Gayer-Anderson fit de ces deux maisons attenantes du XVIe siècle restaurées entre 1935 et 1942 un petit sanctuaire où il réunit tout le mobilier islamique collecté au fil de ses voyages.

Infos pratiques

Au retour, traversez le quartier animé de **Sayyida Zeinab**, où se trouve une station de métro (900 m).

Église suspendue

Le Caire copte

Serré entre les murs de la Babylone romaine fondée au VIe siècle av. J.-C. puis agrandie en 98 par l'empereur Trajan, le quartier copte plonge le visiteur dans un monde en total contraste avec l'agitation cairote. Bienvenue dans un authentique labyrinthe d'églises et de monastères, anciens comme modernes.

Pour ceux qui aiment

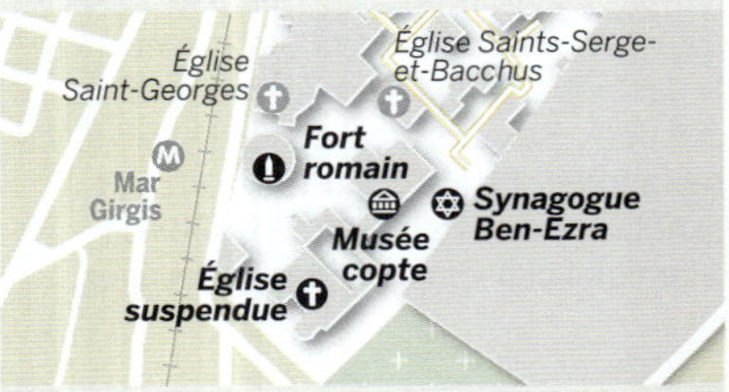

Infos pratiques

La station de métro **Mar Girgis** se trouve juste devant l'enceinte.

★ Bon à savoir

Pour visiter églises ou mosquées, veillez à couvrir épaules et jambes jusqu'au mollet.

Fort romain

Le visiteur est accueili par les vestiges de l'ancienne forteresse romaine dont subsistent une partie de la muraille et deux tours massives. Celle de gauche sert de fondations à l'église grecque orthodoxe Saint-Georges (carte p. 64 ; 8h-16h) GRATUIT.

Musée copte

Tant par son décor que par ses collections, ce musée (carte p. 64 ; 2363 9742 ; www.coptic-cairo.com/museum/museum.html ; 3 Sharia Mar Girgis ; tarif plein/étudiant 100/50 £E, app photo 50 £E ; 8h-16h) fondé en 1908 est passionnant. Des débuts du christianisme en Égypte à ceux de l'islam, ses riches collections (dont moins d'un dixième est exposé) se déploient sous de riches plafonds ouvragés : sculptures montrant une continuité avec la période ptolémaïque, somptueuses étoffes, pans entiers de fresques de monastères...

Église suspendue

Au sud du Musée copte, le long de Sharia Mar Girgis, une façade en pierre portant des inscriptions en copte et en arabe marque l'entrée de l'Église suspendue (Al-Kineesa al-Mu'allaqa ; carte p. 64 ; www.coptic-cairo.com/oldcairo/church/mollaqa/mollaqa.html ; Sharia Mar Girgis ; don apprécié ; 8h-16h, messe copte 8h-11h mer et ven, 9-11h dim) GRATUIT. Cette église du IXe siècle (du VIIe siècle selon certains) a pour fondations une partie de l'enceinte de la Babylone romaine, d'où son nom. Adoptant le plan de la basilique à trois nefs en plein cintre, ses voûtes de bois en vaisseau retourné

Synagogue Ben-Ezra

reposent sur 13 élégantes colonnes représentant le Christ et les apôtres (la plus foncée correspond à Judas).

Entre autres merveilles, on remarquera sa vénérable collection de 110 icônes, dont une série dépeignant la vie et le martyre de saint Georges et la vie de saint Jean-Baptiste, ainsi qu'un portrait très révéré de la Vierge appelé "la Joconde copte".

Église Saints-Serge-et-Bacchus

Dédiée à deux soldats chrétiens martyrs morts en Syrie en 296, Serge et Bacchus, la plus ancienne église (carte p. 64 ; Abou Sarga ; www.coptic-cairo.com/oldcairo/church/sarga/sarga.html ; près de Sharia Haret al-Kidees Girgis ; don apprécié ; 8h-16h) GRATUIT du quartier copte à l'intérieur des remparts remonte au XIe siècle mais incorpore des colonnes du IVe siècle. Le sanctuaire a été construit au-dessus de la grotte présumée où Joseph, Marie et l'Enfant-Jésus auraient trouvé refuge lors de la fuite en Égypte pour échapper aux persécutions d'Hérode, roi de Judée, déterminé à massacrer les premiers-nés juifs.

☑ Ne ratez pas

Au Musée copte, les manuscrits de Nag Hammadi, principale source du gnosticisme, et les Psaumes de David, le plus ancien psautier au monde.

Mosaïque, Église suspendue

RICHARD L'ANSON/GETTY IMAGES ©

Synagogue Ben-Ezra

Toujours dans l'enceinte romaine mais en limite de l'enclave copte, la synagogue du IXe siècle (carte p. 64 ; près de Sharia Haret al-Kidees Girgis ; don apprécié ; 8h-16h) GRATUIT repose sur les fondations d'une église chrétienne du IVe siècle. Selon la tradition, c'est ici que le prophète Jérémie aurait réuni les juifs au VIe siècle après la destruction du temple de Jérusalem par Nabuchodonosor. La source attenante correspondrait à l'endroit où la fille du pharaon aurait découvert Moïse dans les roseaux et où Marie aurait puisé de l'eau pour laver Jésus.

Mosquée Amr ibn al-As

Fondée en 642 par Amr ibn al-As, la première mosquée construite en Égypte (carte p. 64 ; Sharia Sidi Hassan al-Anwar) GRATUIT porte le nom de ce général qui conquit le pays pour y introduire l'islam. La partie la plus ancienne se trouve à droite. Prélevées en grande partie sur des sites antiques, quelque 200 colonnes différentes forment une véritable forêt architecturale.

Une petite faim ?

Côté ouest, au-delà de la ligne de métro, on peut se rassasier bon marché au fil des rues.

Centre du Caire
0
500 m
A
B
C
D
E
F
1
2
3
4
GEZIRET BADRAN
BOULAQ
MASPERO
ZAMALEK
AGOUZA
Nil
Gare ferroviaire Ramsès (100 m)
Left Bank (500 m)
Gazira Badran
Al-Sabtiah
Al-Sabtia
Nafak
Shanan
Bolak al-Gadida
Al-Matbaa Al-Ahlyah
Corniche El-Nil
Pont 26-Juillet
26-Juillet
Ramses
Autopont 6-Octobre (Galaa)
Abu Talib
Nasser
Misr Pharmacy
Sulieman Halabi
Midan Orabi
Mohammed Farid
Alfy
Ataba
Adly
Sherif
Harb
Midan Opera
Mohammed Anis
Mohammed Mazhar
Ahmed Hishmat
Taha Hussein
Al-Marashly
Mohammed Thakeb
Ismail Mohammed
Hassan Assem
Ahmed Sabry
Brazil
Yehia Ibrahim
Al-Shaer Aziz Abaza
Michel Lutfallah
Mahmoud Azmy
Sri Lanka
Hassan Sabry
Salah ad-Din
Baha ad-Din Qaragosh
Al-Saleh Ayoub
Shagaret ad-Durr
Mansour Mohammed
Al-Malek al-Afdal
Ibn al-Nabieh
Gezirat al-Wusta
Abu al-Feda
El-Nil
Umm Kolthum
Pont Zamalek
Mosquée Kit Kat
Midan al-Kit Kat
Cairo Marriott Hotel
Cheikh al-Marsafy
Al-Gezira
Saray al-Gezira
Parc et aquarium Gabalaya
Berlin (Gabaleyya)
Hôpital
Al-Ghayth
Bureau des visas
Ibrahim Khater
Mohammed Shahin
4
7
8
10
12
15
18
19
22
27
29
30
32
33
36
39
41
42

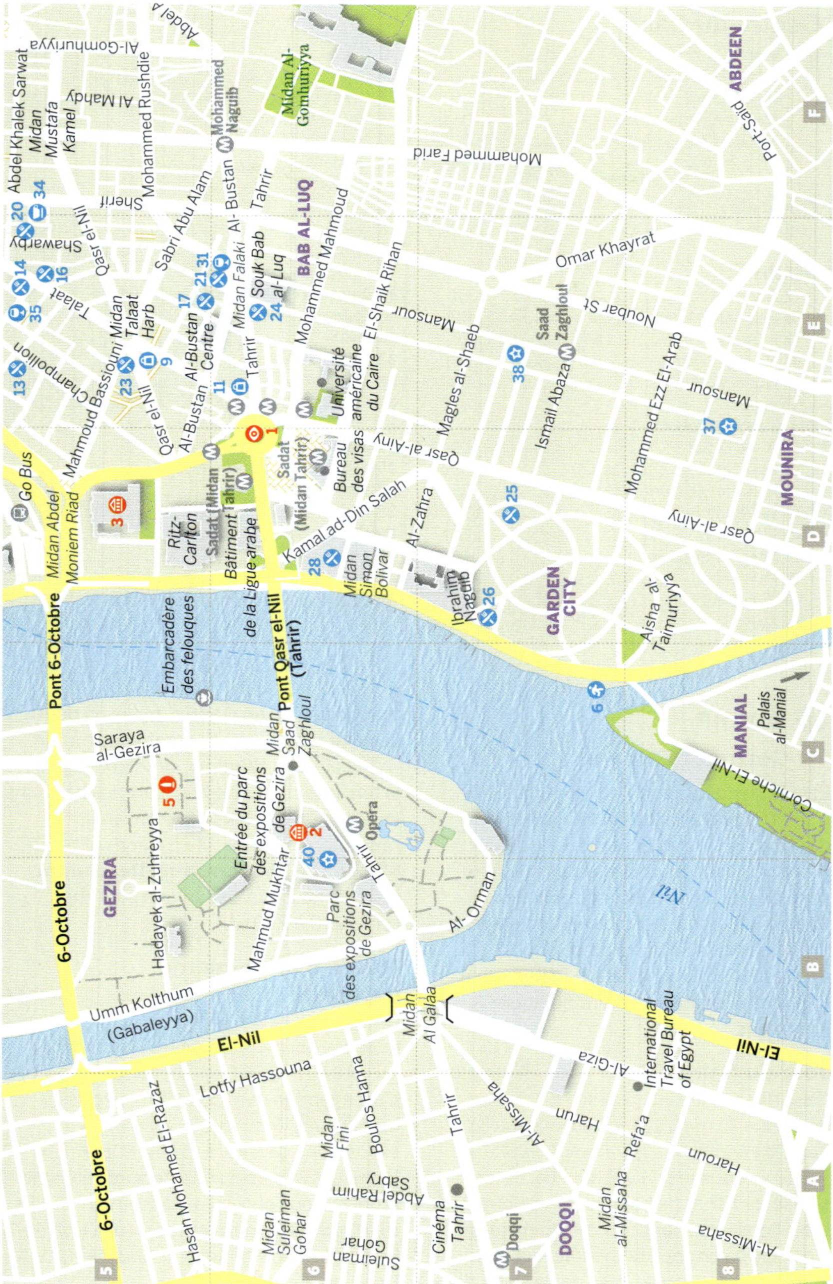

GEZIRA
BAB AL-LUQ
GARDEN CITY
MANIAL
MOUNIRA
ABDEEN
DOQQI
Nil
Pont 6-Octobre
Pont Qasr el-Nil (Tahrir)
6-Octobre
El-Nil
Corniche El-Nil
Midan Abdel Moniem Riad
Go Bus
Ritz-Carlton
Sadat (Midan Tahrir)
Bâtiment de la Ligue arabe
Kamal ad-Din Salah
Midan Simon Bolivar
Ibrahim Naguib
Al-Zahra
Qasr al-Ainy
Bureau des visas
Université américaine du Caire
Mohammed Mahmoud
El-Shaik Rihan
Mansour
Magles al-Shaeb
Saad Zaghloul
Ismail Abaza
Omar Khayrat
Noubar St
Mohammed Ezz El-Arab
Aisha al-Taimuriyya
Palais al-Manial
Mohammed Farid
Port-Said
Midan Al-Gomhuriyya
Al-Gomhuriyya
Abdel Khalek Sarwat
Midan Mustafa Kamel
Al Mahdy
Mohammed Rushdie
Sherif
Sabri Abu Alam
Al-Bustan
Mohammed Naguib
Midan Falaki
Tahrir
Souk Bab al-Luq
Al-Bustan Centre
Midan Talaat Harb
Talaat
Shawarby
Qasr el-Nil
Champollion
Mahmoud Bassiouni
Embarcadère des felouques
Saraya al-Gezira
Midan Saad Zaghloul
Entrée du parc des expositions de Gezira
Mahmud Mukhtar
Opéra
Parc des expositions de Gezira
Al-Orman
Hadayek al-Zuhreyya
Umm Kolthum (Gabaleyya)
Midan Al Galaa
Lotfy Hassouna
Hasan Mohamed El-Razaz
Boulos Hanna
Midan Fini
Abdel Rahim Sabry
Midan Suleiman Gohar
Suleiman Gohar
Cinéma Tahrir
Doqqi
Al-Missaha
Midan al-Missaha
Harun
Haroun
Refa'a
Al-Giza
International Travel Bureau of Egypt
1
2
3
5
6
9
11
13
14
16
17
20
21
23
24
25
26
28
31
34
35
37
38
40
A
B
C
D
E
F
5
6
7
8

Centre du Caire

À voir

1	Midan Tahrir	D6
2	Musée d'Art moderne égyptien	C6
3	Musée égyptien	D5
4	Palais d'Aïcha Fahmi	C3
5	Tour du Caire	C5

Activités

6	Débarcadère Dok Dok	C7

Achats

7	Azza Fahmy	B1
8	Fair Trade Egypt	B2
9	L'Orientaliste	E5
10	Nevin Altmann	B2
11	Oum El Dounia	E6

Où se restaurer

12	Abou El Sid	C3
13	Abu Tarek	E5
14	At Tabei Ad Dumyati	E5
15	Cairo Kitchen	B3
16	El-Abd	E5
17	Fasahat Soumaya	E5
18	Five Bells	A2
19	Four Fat Ladies	B2
20	Gad	E5
21	Gad	E6
22	Gad	F4
23	Greek Club	E5
24	Hati al-Geish	E6
25	Mahrous	D7
26	Osmanly	D7
27	O's Pasta	C3
28	Sabaya	D6
29	Sunny Supermarket	B3
30	Zööba	B2

Où prendre un verre et faire la fête

31	Cafeteria El Horreya	E6
32	Deals	C3
33	Garden Café	C3
34	Kafein	F5
35	Odeon Palace Hotel	E5

Où sortir

36	El Sawy Culture Wheel	A2
37	Institut français	D8
38	Makan	E7
39	Nile Maxim	C3
40	Opéra du Caire	B6
41	Shahrazad	F4
42	Théâtre de marionnettes du Caire	F4

À VOIR

Gezira et Zamalek

Étroite bande de terre au milieu du Nil, l'"île" (Gezira en arabe) est occupée dans sa partie sud nommée Gezira par des clubs sportifs et des parcs. Le tiers nord de l'île forme l'élégant quartier de Zamalek, aux rues semées d'anciennes ambassades et d'immeubles des années 1920. Un endroit où flâner, boire un verre, s'attabler ou faire quelques emplettes.

Tour du Caire — Monument

(Burg Misr ; carte p. 61 ; ☎2735-7187 ; Sharia Hadayek al-Zuhreya, Gezira ; adulte/moins de 6 ans 70 £E/gratuit ; 8h-minuit, 8h-1h été ; Ⓜ Opera). Poussé en 1961 sur l'île, ce lotus stylisé de 187 m de haut est enveloppé de croisillons dessinant comme un tressage d'osier. Du sommet, on bénéficie d'une vue à 360° sur la ville, plus nette en fin de matinée ou en fin d'après-midi ; on peut souvent distinguer les pyramides au loin.

Le café **Sky Window**, situé un étage sous la terrasse d'observation, sert des boissons et des en-cas à des prix relativement raisonnables (bière 47 £E, sandwichs 53-65 £E). The **360 Revolving Restaurant**, juste en dessous, est un peu plus cher (plats 210 à 220 £E).

Musée d'Art moderne égyptien — Musée

(carte p. 61 ; ☎2736-6667 ; parc des expositions de Gezira, Gezira ; 10h-14h et 17h-20h sam-jeu ; Ⓜ Opera). GRATUIT Cette belle collection d'art égyptien des XXe et XXIe siècles se trouve au sein du verdoyant parc des expositions de Gezira, face à l'Opéra du Caire. Les icones du musée sont l'élégant bronze *Arous el-Nil* (*La Fiancée du Nil*, vers 1929) de Mahmoud Mokhtar (un élève de Bourdelle), et le tableau *Al-Madina* (*La Ville*, 1937) de Mahmoud Saïd.

KHALED ELADAWY/SHUTTERSTOCK ©

Palais Al-Manial

Palais d'Aïcha Fahmi — Centre artistique

(Mogamma al-Fonoon ; carte p. 60 ; Sharia al-Shaer Aziz Abaza, Zamalek ; 9h-21h en période d'exposition). GRATUIT Ce palais construit en 1907 pour le chef des armées du roi Farouk, l'aristocrate Ali Fahmi a été fermé des années avant de rouvrir en 2017 comme centre artistique. Le superbe intérieur rococo, les murs habillés de soieries et de fresques, les cheminées en bois sculpté, les laques peintes et la splendide fenêtre à triple arche ornée de vitraux donnant sur le grand escalier, tout a été magnifiquement restauré. Des expositions temporaires sont organisées dans les salons.

Garden City et Roda

Les rues de Garden City et leurs architectures 1900 invitent d'autant plus à la promenade qu'elles sont toutes verdoyantes. L'île de Rodah aussi est un endroit calme.

Palais Al-Manial — Musée

(Mathaf al-Manial, palais-musée de Mohammed Ali ; carte p. 61 ; 2368 7495 ; 1 Sharia al-Saray, île de Rodah ; tarif plein/étudiant 100/50 £E ; 9h-16h ; M Sayyida Zeinab). Cet ensemble palatial construit au début du XXe siècle par le prince Mohammed Ali, régent et oncle du roi Farouk, résume tout un monde par son mélange éclectique de styles ottoman, mauresque, persan et rococo, au cœur d'un gigantesque parc (fermé) planté d'essences tropicales rares rassemblées par le prince. Dans le **palais du Trône**, la magnificence atteint son comble avec la salle du trône aux dorures tape-à-l'œil, ainsi que le salon Aubusson, extravagance rococo à la surcharge baroque.

Musée Oum Kalsoum et palais Manasterli — Musée

(carte p. 64 ; 2363 1467 ; Sharia al-Malek as-Salih, île de Rodah ; tarif plein/étudiant 6/3 £E, app photo 20 £E ; 9h-16h ; M Mar Girgis). Sis dans un paisible jardin au bord du Nil, le **palais Manasterli** fut construit en 1851 pour un pacha ottoman dont la famille était originaire de Monastir, en Macédoine. Le *salamlik* (salle de réception) prévu pour les cérémonies officielles prête désormais son cadre élégant à des concerts, tandis que l'autre partie constitue l'émouvant

Le Caire copte

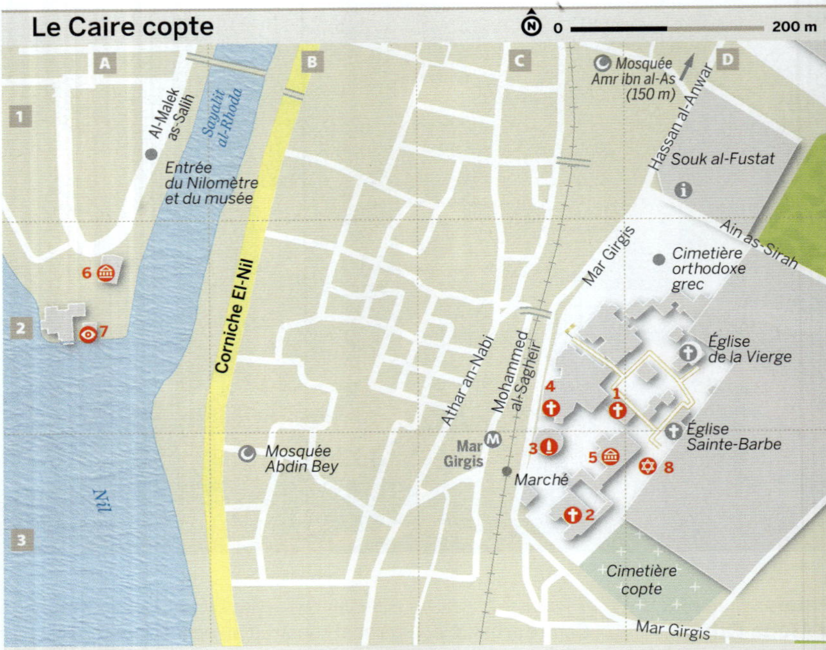

À voir

1 Église Saints-Serge-et-Bacchus......... C2
2 Église suspendue................................ C3
3 Fort romain C3
4 Monastère orthodoxe et église Saint-Georges.................... C2
5 Musée copte.............................. C3
6 Musée Oum Kalsoum et palais Manasterli A2
7 Nilomètre A2
8 Synagogue Ben-Ezra.................. D3

musée Oum Kalsoum, sorte de temple consacré à la plus célèbre diva arabe.

On peut écouter sa voix, regarder un film passionnant sur sa vie (sous-titré en anglais) et venir même rien que pour le documentaire sur ses funérailles en 1975, lorsque des millions d'admirateurs envahirent les rues du Caire.

Nilomètre — Site historique

(carte p. 64 ; Sharia al-Malek as-Salih, île de Rodah ; 15 £E ; 9h-16h ; Mar Girgis). Situé à l'extrémité sud de l'île de Rodah, dans l'enceinte du palais Manasterli, le nilomètre de 715 a été modifié en 861. Il servait à mesurer les crues et les décrues du Nil et à augurer des récoltes annuelles, lesquelles fixaient le niveau des impôts à payer. La coupole en pointe de crayon de style turc fut reconstituée à l'époque du roi Farouk, la précédente ayant été détruite par les troupes napoléoniennes.

Cimetière Nord

Ce cimetière représente la moitié de la grande nécropole appelée "Cité des morts" par les touristes. Al-Qarafa, son nom arabe, évoque de bas quartiers morbides, des tombeaux entourés de familles pauvres. Pourtant, ce quartier ressemble davantage à une ville qu'à un bidonville : il est équipé de lignes électriques, d'un bureau de poste, de bâtiments à plusieurs étages. Et, comme il n'y a pas de voiture, il y règne un calme bienvenu, contrastant dans le tumulte des autres quartiers du Caire.

Mosquée Qaït Bey Mosquée

(carte p. 66 ; 9h-16h) GRATUIT Le sultan Qaït Bey, dernier dirigeant mamelouk ayant eu un réel pouvoir en Égypte, fut un bâtisseur prolifique qui affina le style mamelouk. Passé la façade à larges rayures, sa mosquée construite en 1474 abrite quatre iwans entourant la cour centrale éclairée de grandes fenêtres à croisillons. L'intérieur tapissé de marbre et surmonté d'un dôme montre l'extrême maîtrise acquise par les Mamelouks dans le travail du bois (plafonds). Dans le mausolée reposent Qaït Bey et ses deux sœurs. L'élégant minaret élancé en pierre, décoré d'un motif d'étoiles sculptées et d'arabesques florales, est l'un des plus beaux au Caire. Grimpez-y pour admirer la vue.

Khanqah-mausolée de Faraj ibn-Barqouq Tombeau

(carte p. 66 ; 9h-16h) GRATUIT Partie intégrante de cet ensemble funéraire achevé en 1411, le *khanqah* (monastère soufi) a des allures de forteresse : hautes façades épurées, deux minarets et deux coupoles – les plus grandes coupoles en pierre du Caire.

Complexe du sultan Ashraf Barsbey Mausolée

(carte p. 66 ; entrée contre petit don). Si la majeure partie du complexe funéraire de Barsbey, qui régna de 1422 à 1438, est en ruine, la coupole de son mausolée est sculptée d'un beau motif étoilé. Remarquez aussi le beau dallage en marbre et le minbar (chaire) incrusté d'ivoire.

ACTIVITÉS

ART ET ARTISANAT

Art Cafe Art

(2380-1113 ; www.artcafe-egypt.com ; 10b Rd 11, Ma'adi ; 10h-22h sam-jeu). Entre autres ateliers, on enseigne ici la calligraphie arabe (4 cours mensuels 580 £E) de niveau débutant à avancé. Les enfants sont aussi initiés à l'art comme à l'artisanat, avec un programme allant des contes (en anglais, allemand et arabe) à la poterie.

Midan Tahrir : histoire d'un centre névralgique

C'est sur la **place Tahrir** (carte p. 61 ; M Sadat), ou place de la Libération, que bat le cœur du Caire depuis plus d'un siècle. Contemporaine de la construction du canal de Suez, elle a été baptisée dans ces années 1860 "place Ismaïlia", du nom du khédive (Ismaïl Pacha) de l'époque. L'armée égyptienne construisit une assez grande caserne entre la place et le Nil, qu'occupèrent les troupes britanniques après l'invasion de 1882. Le Musée égyptien ouvrit en 1902 et l'American University in Cairo (AUC) en 1920.

La place a été rebaptisée Tahrir lors de la révolution de 1952, époque où l'hôtel Nile Hilton (actuel Ritz-Carlton) remplaça la caserne, confirmant la volonté d'en faire le grand lieu de rencontre cairote. Depuis 2011 et les manifestations contre le président Moubarak – surtout celles qui débutèrent le 25 janvier –, puis contre le président Morsi en juin 2013, la place Tahrir a acquis une dimension politique, devenant l'incarnation des changements de régime.

Midan Tahrir
ANDERS BLOMQVIST/GETTY IMAGES ©

BALADES EN BATEAU

Par une chaude journée, il n'est rien de plus délicieux que de voguer sur le Nil en **felouque**, d'y paresser sous sa large voile en trapèze, avec quelques boissons fraîches et un pique-nique tandis que le soleil se couche. Les meilleurs endroits pour en louer une avec capitaine sont le

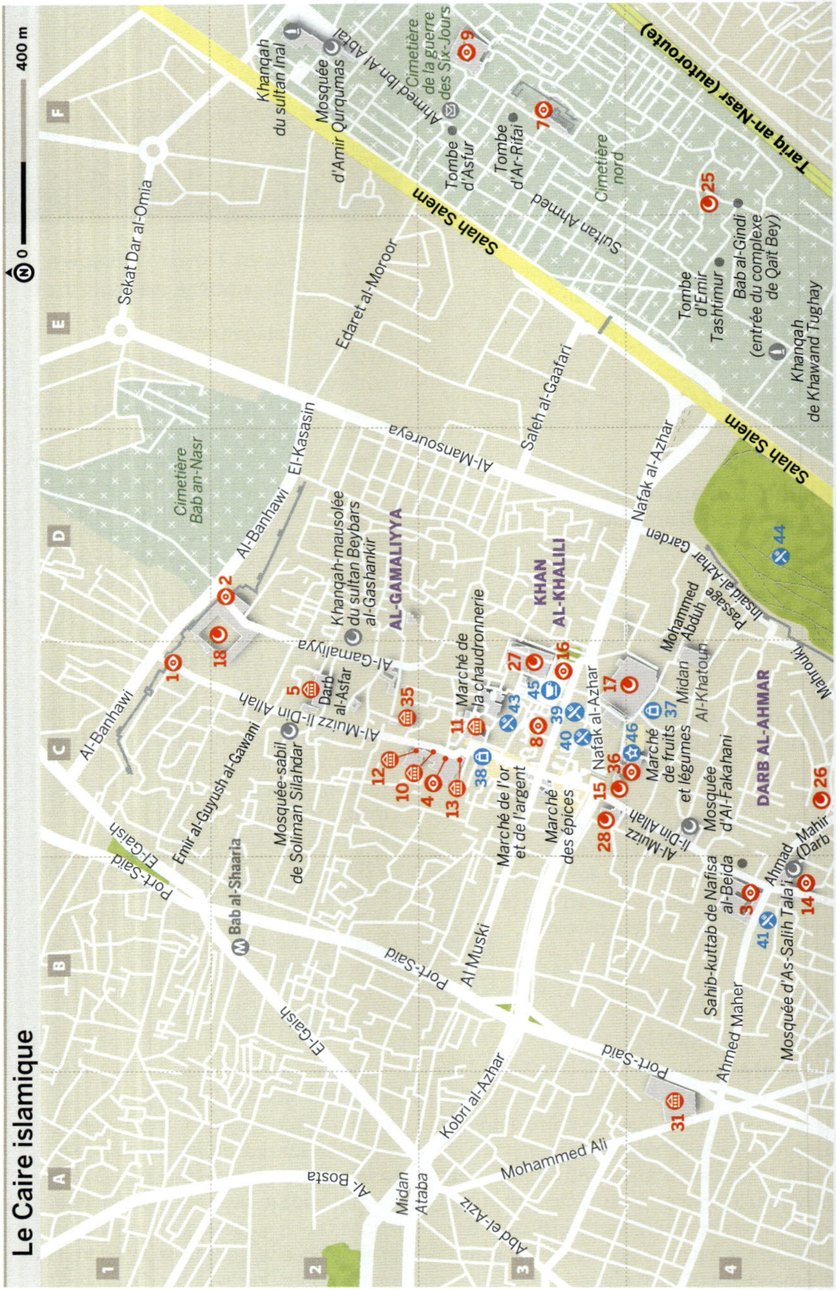
Le Caire islamique
0
400 m
A
B
C
D
E
F
1
2
3
4
Al-Banhawi
Sekat Dar al-Omia
Cimetière Bab an-Nasr
El-Kasasin
Khanqah du sultan Inal
Mosquée d'Amir Qurqumas
Ahmed Ibn Al Abdal
Cimetière de la guerre des Six-Jours
Tombe d'Asfur
Tombe d'Ar-Rifai
Cimetière nord
Sultan Ahmed
Salah Salem
Tariq an-Nasr (autoroute)
Edaret al-Moroor
Al-Mansoureya
Saleh al-Gaafari
Nafak al-Azhar
Tombe d'Emir Tashtimur
Bab al-Gindi (entrée du complexe de Qaït Bey)
Khanqah de Khawand Tughay
Al-Azhar Garden
Passage Insaid al-Azhar
Mahrouki
Khanqah-mausolée du sultan Beybars al-Gashankir
AL-GAMALIYYA
Al-Gamaliyya
Darb al-Asfar
KHAN AL-KHALILI
Marché de la chaudronnerie
Mohammed Abduh
Midan Al-Khatoun
DARB AL-AHMAR
Al-Muizz li-Din Allah
Mosquée-sabil de Soliman Silahdar
Emir al-Guyush al-Gawani
Port-Said
El-Gaish
Bab al-Shaaria
Marché de l'or et de l'argent
Marché des épices
Nafak al-Azhar
Marché de fruits et légumes
Mosquée d'Al-Fakahani
Sahib-kuttab de Nafisa al-Bejda
Ahmad Mahir (Darb
Mosquée d'As-Salih Talai
Ahmed Maher
Al Muski
Kobri al-Azhar
Mohammed Ali
Midan Ataba
Al-Bosta
Abd el-Aziz
1
2
3
4
5
7
8
9
10
11
12
13
14
15
16
17
18
25
26
27
28
31
35
36
37
38
39
40
41
43
44
45
46

Tariq an-Nasr (autoroute)
Sultan Ahmed
Salah Salem
Burg al-Haddad
Burg ar-Ramla
Burg at-Turfa
Statue d'Ibrahim
Bab al-Gabal (entrée)
Terrasse Gawahara
Bab al-Azab
Bab al-Mahruq
Mosquée d'Aslam al-Silahdar
Parc Al-Azhar
Cimetière
Complexe de Khayrbek
Bab al-Wadaa
Al-Mahgar
Bab el-Wazir
Midan Aslam
Al-Pasha
Al-Ahmar)
At-Tabana
Soug as-Silah
Al-Khayamiyya
El-Refaey
Midan Salah ad-Din
Salah el-Deen
Sayyida Aisha
El-Soultan Hassan
Mohammed Karim
Mosquée de Sheikhu
Sabil-kuttab de Qaït Bey
Al-Saliba
Khanqah de Sheikhu
Marché de fruits et légumes
Ibn-Touloun
El-Khalifa
Al-Qalaaha
Ali Basha
Suyufiyya
Sabil de Umm Abbas
Mosquée de Taghribardi
Mosquée de Sarghatmish
Midan Ibn-Touloun
Sayyida Zeinab (900 m)
Al-Marsud
Al-Hod
Port-Said
A
B
C
D
E
F
5
6
7
8
19
20
21
22
23
24
29
30
32
33
34
42
6

Le Caire islamique

À voir

1	Bab al-Futuh	C1
2	Bab an-Nasr	D1
3	Bab Zuweila	B4
4	Bein al-Qasreen	C3
5	Beit al-Suhaymi	C2
6	Citadelle	C7
7	Complexe du sultan Ashraf Barsbey	F3
8	Khan al-Khalili	C3
9	Khanqah-mausolée de Faraj ibn-Barqouq	F3
10	Madrasa-mausolée d'An-Nasir Mohammed	C3
11	Madrasa-mausolée d'As-Salih Ayyub	C3
12	Madrasa-mausolée de Barqouq	C2
13	Madrasa-mausolée de Qalaun	C3
14	Marché des fabricants de tentes	B4
15	Mausolée Al-Ghouri	C4
16	Midan al-Hussein	C3
17	Mosquée Al-Azhar	C3
18	Mosquée Al-Hakim	D2
19	Mosquée Al-Maridani	C5
20	Mosquée Al-Rifai	B6
21	Mosquée An-Nasir Mohammed	C7
22	Mosquée Bleue	C6
23	Mosquée Ibn-Touloun	A7
24	Mosquée Méhémet Ali	C7
25	Mosquée Qaït Bey	F4
26	Mosquée Qijmas al-Ishaqi	C4
27	Mosquée Sayyidna al-Hussein	C3
28	Mosquée-madrasa Al-Ghouri	C3
29	Mosquée-madrasa du sultan Hassan	B7
30	Mosquée-madrasa Umm Sultan Sha'aban	C5
31	Musée d'Art islamique	A4
32	Musée de la Police	C7
33	Musée Gayer-Anderson	A7
34	Parc Al-Azhar	C5
35	Sabil-kuttab d'Abdel Rahman Katkhuda	C2
36	Wikala al-Ghouri	C3

Achats

37	Abd El Zaher	C4
38	King Saleh Bazaar	C3

Où se restaurer

39	Al Halwagy	C3
40	Farahat	C3
41	Gad	B4
42	Lakeside Cafe	C5
43	Restaurant Khan al-Khalili et café Mahfouz	C3
44	Studio Masr	D4

Où prendre un verre et faire la fête

45	Fishawi	C3

Où sortir

46	Al-Tannoura Egyptian Heritage Dance Troupe	C4

débarcadère Dok Dok (carte p. 61 ; Corniche el-Nil) et à Gezira entre les ponts Qasr el-Nil et du 6-Octobre (carte p. 60 ; Gezira). Sujette à marchandage, la location devrait vous coûter 70 à 100 £E de l'heure, plus le pourboire (apprécié) au capitaine.

CIRCUITS ORGANISÉS

Cairo Urban Adventures — Circuits organisés
(☎010-9799-9534 ; www.urbanadventures.com/destination/Cairo-tours ; visites guidées du Caire 28-53 $US). Outre les excursions classiques : pyramides, quartier islamique..., le circuit Home Cooked Cairo vous invite à la table d'une famille cairote.

Manal Helmy — Circuits organisés
(☎012-2313-9045 ; noula.helmy@gmail.com ; guide 100 $US/jour). Une excellente guide pour les pyramides de Gizeh ou encore le Musée égyptien.

Samo Tours — Circuits organisés
(☎02-2187-8629, 012-2313-8446 ; www.samoegypttours.com ; 59 Sharia Aziz al-Masry, El-Nozha ; ⏱8h-16h dim-jeu). Guides, égyptologues et chauffeurs anglophones assurent des prestations de qualité, sorties à la journée comme croisières sur le Nil ou virées de plusieurs jours en Égypte.

Aton Amon — Taxi
Pour louer à la journée un taxi avec un chauffeur qui peut faire office de guide, adressez-vous à **Aton Amon** (☎010-0621-7674 ; aton_manos@yahoo.com ; journée à Saqqara, Memphis et aux pyramides de Gizeh 50 $US). Aton parle bien le français et l'anglais. Il peut aussi venir vous chercher à l'aéroport.

ACHATS

Oum El Dounia — Art et artisanat
(carte p. 61 ; ☎2393-8273 ; oumeldounia.com ; 1er ét, 3 Sharia Talaat Harb ; ⏱10h-21h). Cette boutique

centrale vend de l'artisanat local de très bon goût et d'un excellent rapport qualité/prix. Elle se double d'une petit librairie avec des ouvrages en français et en anglais.

L'Orientaliste Livres

(carte p. 61 ; ☎2575 3418 ; 15 Sharia Qasr el-Nil, centre-ville ; ⏲10h-20h). Livres rares sur l'Égypte et le Moyen-Orient, lithographies, cartes et gravures.

Fair Trade Egypt Art et artisanat

(carte p. 60 ; ☎2736-5123 ; 1er ét, 27 Sharia Yehia Ibrahim ; ⏲10h-20h). La vitrine du chef de file du mouvement équitable en Afrique s'applique à promouvoir quelque 2 000 producteurs et artisans isolés travaillant à la main dans le respect des traditions égyptiennes : coton tissé, poteries d'Al-Fayoum... Les tarifs sont raisonnables, les produits beaux. Un bon moyen de soutenir le marché local face à la concurrence des souvenirs "égyptiens" produits pour le tourisme de masse.

Azza Fahmy Bijoux

(carte p. 60 ; ☎010-6664-2365 ; www.azzafahmy.com ; 15c Sharia Dr Taha Hussein, angle Sharia Marashly ; ⏲10h-22h). Joaillière de renommée mondiale, Azza Fahmy crée des bijoux contemporains inspirés de modèles islamiques et pharaoniques. Elle organise aussi des ateliers pour concevoir et fabriquer son propre bijou.

Nevin Altmann Vêtements

(carte p. 60 ; ☎2736-5431 ; www.nevinaltmann.com ; 3 Sharia Hassan Assem ; ⏲10h-22h). Accessoires en coton ou en lin délicatement brodés, issus de différentes régions d'Égypte. Les belles poupées en chiffon sont idéales pour un cadeau.

Abd al-Rahman Harraz Épices, herboristerie

(☎2512-6349 ; 1 Midan Bab al-Khalq ; ⏲10h-22h). Cette maison fondée en 1885 est une des boutiques d'épices les plus renommées du Caire, doublée d'une herboristerie florissante (à l'étage, des herboristes diagnostiquent et prescrivent).

Abd El Zaher Papier

(carte p. 66 ; www.abdelzahers.com ; 31 Sharia Mohammed Abduh, quartier islamique ; ⏲9h-23h). Le dernier relieur en activité du Caire

Débarcadère Dok Dok

fabrique aussi de beaux cahiers, albums photos et journaux personnels parés de cuir et de papier marbré.

OÙ SE RESTAURER

Au Caire, on peut manger pour 5 £E comme pour 500 £E. Des cantines à *kushari* aux restaurants des hôtels de luxe, l'éventail est large.

Centre-ville

Abu Tarek Égyptien $

(carte p. 61 ;40 Sharia Champollion ; kushari 10-25 £E ; 8h-minuit ;). Ce temple du *kushari* s'accroche à son titre officieux de "meilleur *kushari*" du Caire. Commandez le *special* pour l'indispensable supplément de pois chiches et d'oignons frits.

Gad Égyptien $

(carte p. 60 ; 2576-3583 ; 13 Sharia 26-Juillet ; ta'amiyya et shawarma 2,50-24 £E, plats 15-46 £E ; 9h-2h ;). Tel le phare de son logo, Gad est une lumière dans la nuit pour les Cairotes affamés, qu'ils rêvent de *fiteer* (pizza floconneuse, salée ou sucrée), de *shawarma*, de salades ou de pizza à l'occidentale.

La succursale de Sharia Abdel Khalek Sarwat (carte p. 61 ; 02-2396-4621 ; Sharia Abdel Khalek Sarwat ; 9h-2h) est généralement moins bondée ; il y en a d'autres dans Sharia al-Azhar (carte p. 66 ; 9h-2h) et sur Midan Falaki (carte p. 61 ; 24h/24).

Greek Club Méditerranéen $

(carte p. 61 ; 2575-0822 ; 21 Sharia Mahmoud Bassiouni ; minimum 30 £E, couvert pour les non-Grecs 5 £E, plats 10-70 £E ; 17h-minuit). Véritable institution du centre-ville, ce restaurant est prisé des Égyptiens progressistes, des artistes et des résidents étrangers. Une bière en terrasse est un vrai plaisir en été. Cuisine honnête.

At Tabei Ad Dumyati Égyptien $

(carte p. 61 ; 2579-7533 ; 31 Sharia Orabi ; ta'amiyya, shawarma et sandwichs 2,50-23 £E, plats 4,50-51 £E ; 7h-1h ;). Le comptoir de vente à emporter situé à l'entrée fait des *shawarma* (kebabs) et des *ta'amiyya* (falafels égyptiens) à tour de bras. À l'arrière, la cantine des familles ne désemplit pas. Son bar à salades assure un des repas les plus économiques qui soient au Caire.

NIKLA/STOCK.ADOBE.COM ©

Khan al-Khalili (p. 50)

El-Abd Pâtisserie $

(carte p. 61 ; 35 Sharia Talaat Harb ; pâtisseries 2-10 £E ; 8h30-minuit). Royaume des douceurs orientales, c'est la pâtisserie vedette du Caire. Vous la reconnaîtrez aisément à la foule de gourmands mordant qui dans un croissant, qui dans une friandise juste devant.

Hati al-Geish Égyptien $$

(carte p. 61 ; 23 Sharia Falaki ; plats 30-180 £E ; 11h-23h). Ce temple de la grillade à la braise sert de délicieuses *kastileeta* (côtelettes d'agneau) et de tendres *moza* (jarret). Accompagné de riz et de pita, le *moza fatta* cuit au four ne laisse pas indifférent et il y a des tagines et de nombreux mezze et salades pour les solides repas en famille.

Boîtes traditionnelles en bois

Fasahat Soumaya Égyptien $$

(carte p. 61 ; ☎020-9873-8637 ; 15 Sharia Youssef al-Guindi ; plats 35-75 £E ; ⏲13h-22h30 ; ✍). Niché dans une petite rue piétonne au pied de quelques marches, ce restaurant en sous-sol concocte tous les classiques égyptiens, comme à la maison : légumes farcis divers, solides ragoûts et petits extras (saucisse au riz, jarret d'agneau) le jeudi. Enseigne verte en arabe se détachant sur un mur blanc.

Garden City

Mahrous Égyptien $

(carte p. 61 ; Sharia al-Haras, Garden City ; repas 20 £E ; ⏲16h-4h ; ✍). On y mange peut-être le meilleur *foul* du Caire, digne de constituer un dîner (même tardif !). Chaque assiette de haricots est accompagnée de plusieurs salades et de chips fraîches. Pour trouver ce petit stand situé au milieu du quartier résidentiel, tournez dans Garden City à hauteur de la station-service Co-op, prenez la première à gauche, puis encore à gauche au carrefour suivant.

Sabaya Libanais $$$

(carte p. 61 ; ☎2795-7171 ; Corniche el-Nil, Semiramis InterContinental ; mezze 40-95 £E, plats 145-265 £E ; ⏲13h-1h). Une délicieuse cuisine libanaise dans un cadre somptueux mais détendu. Il y a de nombreux plats de viande grillée mais les mezze sont les produits phares. Houmous, *sambousek* (samoussas), quelques salades, du *bel kawarma* (écrasé de pommes de terre à la graisse d'agneau) : un vrai festin levantin.

Osmanly Turc $$$

(carte p. 61 ; ☎2798-0000 ; Corniche el-Nil, Kempinski Nile ; mezze 45-65 £E, plats 160-200 £E ; ⏲12h-minuit ; ✍). Servie avec enthousiasme, une cuisine turque assez exceptionnelle. Après le rince-doigts parfumé au jasmin, viennent un assortiment étourdissant de mezze froids, des assiettes de viande de kebab impeccablement grillée et quelques surprises reprises des recettes princières ottomanes, telles les cuisses de poulet farcies au riz et aux pignons.

Zamalek

Zööba Égyptien $

(carte p. 60 ; ☎16082 ; www.facebook.com/ZoobaEats ; Sharia 26-Juillet ; plats 3-36 £E ; 8h-1h ;). Ce restaurant revisite les plats bon marché égyptiens dans un esprit contemporain : *kushari* au riz complet, pain *baladi* à la betterave, sandwichs au *ta'amiyya,* au citron confit et au poivre parfumé, salades et *shawarma* tout bonnement délicieux.

Four Fat Ladies Desserts $

(carte p. 60 ; ☎16679 ; 8 Sharia Brazil ; 9-30 £E ; 8h-minuit). Le paradis des becs sucrés porte bien son nom : "les quatre grosses dames". Outre biscuits et petits gâteaux, on résiste difficilement à ne pas accompagner son café de brownies ou de l'un des six gâteaux du jour. Gare à la ligne !

Abou El Sid Égyptien $$

(carte p. 60 ; ☎2735-9640 ; www.abouelsid.com ; 157 Sharia 26-Juillet ; mezze 19-58 £E, plats 56-120 £E ; 12h-1h). Le premier restaurant branché du Caire (devenu une franchise nationale) attire autant les touristes que les Égyptiens de la classe aisée. On mange de meilleures *molokhiyya* (soupe aux feuilles de corète et à l'ail, spécialité égyptienne) ailleurs mais, ici, on peut l'arroser d'un verre de vin ou de bière.

O's Pasta Italien $$

(carte p. 60 ; ☎2739-5609 ; www.facebook.com/ospasta ; 159 Sharia 26-Juillet, Zamalek ; plats 68-155 £E ; 16h-minuit ;). La carte est presque exclusivement vouée aux pâtes (aux calamars de la mer Rouge, aux épinards et à la crème, au poulet et au pesto noix de pécan-basilic), avec quelques salades en entrée, ainsi qu'une soupe à la patate douce assez savoureuse.

Cairo Kitchen Égyptien $$

(carte p. 60 ; ☎2735-4000 ; 118 Sharia 26-Juillet ; salades 15 £E, plats 21-79 £E ; 10h-minuit ;). Le cadre est coloré, les prix sont corrects et l'endroit est prisé des Cairotes. On commande au comptoir – *kushari* au riz complet, *molokhiyya* ou ragoût égyptien. Le bar à salades compose un des meilleurs menus végétariens du Caire.

Restaurants autour de la place Midan al-Hussein (p. 50)

Left Bank Brasserie $$

(carte p. 60 ; ☎2735-0014 ; www.leftbankonline.com ; 53 Sharia Abu al-Feda ; plats 35-195 £E ; ⌚8h-minuit ; P). La terrasse au bord du Nil est un délice au petit-déjeuner, qui se compose aussi bien de pain perdu que d'une assiette cairote complète avec *foul* et feta. Un peu plus tard dans la journée, on a le choix entre salades, pâtes et plats comme le loup grillé ou le poulet farci aux champignons et à la mozzarella.

Five Bells Égyptien $$

(carte p. 60 ; ☎2735-8980 ; 13 Sharia Ismail Mohammed ; mezze 29-88 £E, plats 77-165 £E ; ⌚12h30-1h). Bel endroit pour se reposer après une longue balade dans Zamalek, ce restaurant-jardin sert des mezze traditionnels égyptiens. Le bar offre un coin décontracté où grignoter des boulettes de viande et des frites accompagnées d'une bière fraîche.

Sunny Supermarket Supermarché

(carte p. 60 ; ☎16848 ; 11 Sharia Aziz Osman, Zamalek ; ⌚7h30-minuit tlj). Ce petit supermarché haut de gamme vendant de bons produits frais et d'importation possède un rayon boulangerie et un rayon traiteur. Smoothies maison sur place.

Le Caire islamique

Al Halwagy Égyptien $

(carte p. 66 ; ☎2591-7055 ; près de Sharia Gawhar al-Qaid ; plats 6-45 £E ; ⌚24h/24). En terrasse, à l'étage au calme comme sur le trottoir, une adresse ancestrale (l'ouverture remonte à un siècle quasiment !) pour le *ta'amiyya*, le *foul* et les salades.

Restaurant Khan al-Khalili et café Mahfouz Égyptien $$

(carte p. 66 ; ☎2590-3788 ; 5 Sikket al-Badistan ; sandwichs et plats 40-70 £E ; ⌚12h-3h ; ❄📶). De style mauresque, ce restaurant et son café à la climatisation efficace sont un refuge prisé à deux pas de l'agitation du souk. Goûtez les *hawawshi* (friands à la viande), les sandwichs au pain *baladi* (pita) fourrés de saucisses épicées et la version

À chacun son ahwa

Depuis des lustres, les Cairotes respirent un peu en allant à l'*ahwa* (café traditionnel), histoire de bavarder ou de fumer le narguilé. L'*ahwa* classique se reconnaît à son sol poussiéreux, à ses tables branlantes, au claquement des dominos et des dés de *tawla* (sorte de backgammon). Mais il en est de plus nets et plus modernes, où femmes et jeunes filles viennent aussi fumer la chicha. Bref le concept s'est élargi, et l'éventail des arômes du narguilé aussi, couvrant désormais toute une gamme de saveurs, de la mangue au chewing-gum.

Il y a un *ahwa* pour chacun, en fonction de ses goûts. Cherchez dans les ruelles du centre-ville. Les fans de sport se retrouvent au sud de Sharia Alfy, les intellectuels sur Midan Falaki. Il y a un joli café traditionnel au fond de la rue située derrière la mosquée al-Azhar et celui qui jouxte la Townhouse Gallery dans Hussein Basha al-Meamari attire une clientèle variée et décontractée

La plupart des *ahwa* ouvrent de 8h à environ 2h du matin. Outre le *shai* (thé) et le café, goûtez les multiples tisanes de *karkadai* (karkadé, de l'hibiscus servi chaud ou froid), *irfa* (cannelle), *kamoun* (cumin, excellent contre les refroidissements), *yansoun* (anis) et, en hiver, le *sahlab* chaud (boisson lactée à base de tubercules d'orchidée).

Terrasse d'un *ahwa*

maison de l'*oum ali*, le pudding égyptien. Les jus de fruits sont délicieux.

Farahat Égyptien $$

(carte p. 66 ; 126a Sharia al-Azhar, quartier islamique ; pigeons 55-60 £E ; 12h-4h). Dans une petite rue proche de la Sharia al-Azhar, ce restaurant est réputé pour ses pigeons farcis ou grillés. Avec ses quelques chaises en plastique dehors, il ne paie pas de mine mais il suffit de mordre dans ces délicieux volatiles épicés pour se rendre à l'évidence.

OÙ PRENDRE UN VERRE ET FAIRE LA FÊTE

Généralement, on ne boit pas de bière ou de boissons alcoolisées avant le soir. En dehors des bars de type occidental, plutôt onéreux, certains bars locaux, appelés *baladi* ("du pays"), offrent au Cairote moins fortuné un moment de détente autour d'une bière ou d'un alcool. Et au touriste une ambiance bien plus typique.

Kafein Café

(carte p. 61 ; 010-0302-5346 ; 28 Sharia Sherif ; 7h-1h30 ;). Niché dans une petite rue à quelques pas de Sharia Sherif, ce minuscule café-restaurant sert un bon café ainsi que de délicieux jus de fruits frais et milkshakes. On y fume aussi la chicha. Sa carte de sandwichs et de salades en fait aussi une bonne option pour le déjeuner. Climatisation et Wi-Fi gratuit.

Cafeteria El Horreya Baladi

(carte p. 61 ; 02-2392-0397 ; Midan Falaki, centre-ville ; 14h-1h). Ce *baladi* est une institution locale. Spacieux, fort éclairé, il accueille volontiers les femmes. On ne sert pas de bière dans la partie du bar où se retrouvent les joueurs d'échecs.

Odeon Palace Hotel Bar sur le toit

(carte p. 61 ; 02-2577-6637 ; www.hodeon.com ; 6 Sharia Abdel Hamid Said ; 24h/24). Le gazon synthétique a vécu… brûlé par les charbons des chichas, mais ce vieux toit-terrasse garde la faveur des gens de théâtre et de cinéma du Caire. Les contemplatifs y trouveront aussi leur bonheur au couchant, voire, plus tranquille, au lever du soleil.

Deals Bar

(carte p. 60 ; 2736-0502 ; 2 Sharia Sayyed al-Bakry ; 16h-2h ;). Souvent bondé et enfumé tard le soir, ce rendez-vous du quartier de Zamalek séduit par son ambiance informelle. Il a pour voisin le No Big Deal, son grand frère, plus récent.

Garden Café Café

(carte p. 60 ; 2728-3000 ; 16 Sharia Saray al-Gezira, Cairo Marriot ; 6h30-22h). La terrasse du Marriott est l'un des endroits les plus confortables au Caire pour se détendre devant un verre. Grands fauteuils en rotin, air frais, vins et bières de qualité justifient l'engouement dont l'endroit fait l'objet.

Fishawi Café

(carte p. 66 ; Khan al-Khalili ; 24h/24, ramadan 17h-3h). On y regarde défiler les passants depuis 1773. Tout en miroirs ternis et en dessus de table cuivrés, il fleure bon l'ancien temps. C'est un vrai *ahwa*, où les commerçants comme leur clientèle viennent boire du thé ou fumer la chicha.

OÙ SORTIR

Makan Musique traditionnelle

(carte p. 61 ; 2792-0878 ; www.egyptmusic.org ; 1 Sharia Saad Zaghloul, Mounira ; concert 40 £E ; concerts mar et mer ; M Saad Zaghloul). Scène du Centre égyptien pour l'art et la culture, cette salle intime est dédiée à la musique traditionnelle. Ne manquez pas, le mercredi soir, le traditionnel *zar* des femmes, tout à la fois transe musicale et rituel guérisseur.

Al-Tannoura Egyptian Heritage Dance Troupe Danse

(carte p. 66 ; 2512 1735 ; Wikala al-Ghouri, Sharia Mohammed Abduh, quartier islamique ; spectacle 30 £E ; représentations 19h30 lun, mer et sam). L'unique troupe de danse soufie d'Égypte propose un spectacle fascinant trois fois par semaine à la Wikala al-Ghouri.

Corniche El-Nil

El Sawy Culture Wheel Concerts
(El Sakia ; carte p. 60 ; ☎2736-8881 ; www.culturewheel.com ; Sharia 26-Juillet, Zamalek ; ⊙8h-minuit). Un complexe culturel très actif (12 salles et galeries cachées sous un passerelle autoroutière) où se produisent nombre de groupes de rock et de jazz.

Opéra du Caire Opéra
(carte p. 61 ; ☎2739-8144 ; www.cairoopera.org ; parc des expositions de Gezira, Gezira ; Ⓜ Opera). Les spectacles de l'Opéra du Caire et de l'Orchestre symphonique du Caire sont donnés dans la grande salle de 1 200 places (veste et cravate exigées pour les hommes, et prêtées sur place si besoin).

Théâtre de marionnettes du Caire Marionnettes
(carte p. 60 ; ☎2591 0954 ; Sharia Masrah al-Ara'is, centre-ville, derrière les jardins Ezbekiyya ; adulte/enfant 20/15 £E ; ⊙représentations généralement 18h30 jeu-ven ; Ⓜ Ataba). Le plus grand théâtre de marionnettes du monde arabe divertit les petits Cairotes depuis 1959. Les spectacles sont en arabe, mais les couleurs et l'animation amusent à eux seuls les spectateurs de tous âges.

DANSE ORIENTALE

Si vous ne devez voir qu'une danseuse orientale dans votre vie, mieux vaut que ce soit au Caire, vrai berceau de cet art. Les meilleures danseuses se produisent dans les cinq-étoiles comme le **Bab el-Nil** (☎02-2461-9494 ; www.fairmont.com/nile-city-cairo/dining/bab-el-nil ; Nile City Towers, 2005b Corniche El-Nil, Fairmont Nile City Hotel ; minimum 1 000-1 200 £E/pers ; ⊙spectacles 22h-1h), une des adresses les plus chics pour un spectacle de danse orientale.

Moins cher, **Nile Maxim** (carte p. 60 ; ☎2738-8888, 012-2241-9500 ; www.maximrestaurants.com/restaurant4.php ; Sharia Saray al-Gezira, Zamalek ; dîner-spectacle 480-730 £E ; ⊙départs 20h30 et 22h30) propose des croisières-spectacles en soirée.

On peut aussi découvrir cet art sous une forme moins nuancée dans certains clubs du centre-ville, comme le **Shahrazad** (carte p. 60 ; 1 Sharia Alfy, centre-ville ; 2 boissons incluses 150 £E ; ⊙22h-2h), dont l'intérieur somptueux (rénové il y a quelques années) vaut le déplacement à lui seul.

Institut français Centre artistique
(carte p. 61 ; 2791-5800 ; www.institutfrancais-egypte.com ; 1 Madrasset El-Huquq El-Frinseya, Mounira). L'Institut français propose un copieux programme de films d'art et d'essai, de concerts, de conférences et d'expositions.

RENSEIGNEMENTS

Office du tourisme principal (ministère du Tourisme ; carte p. 60 ; 2391-3454 ; 5 Sharia Adly, centre-ville ; 9h-18h)

DEPUIS/VERS LE CAIRE

L'**aéroport international du Caire** (p. 298) est à 20 km au nord-est du centre-ville. Il y a des DAB dans les terminaux d'arrivée.

La principale gare routière est **Cairo Gateway** (garage Turgoman ; Sharia al-Gisr, Bulaq ; M Orabi). De la **Go Bus Station** (carte p. 61 ; 19567 ; www.gobus-eg.com ; Midan Abdel Moniem Riad, centre-ville) partent des liaisons régulières pour Alexandrie, Hourghada et Louxor.

Principale gare ferroviaire du Caire, l**a gare Ramsès** (carte p. 39) possède une consigne à bagages, une poste, des DAB et un bureau d'information où l'on parle anglais. Il existe des gares secondaires, en particulier celle de **Gizeh** (Mahattat Giza ; Pyramids Rd, Giza ; M Giza), où font halte tous les trains depuis/vers la Haute-Égypte.

COMMENT CIRCULER

Les embouteillages sont le lot quotidien des rues du Caire ; prévoyez du temps pour vos déplacements. En dehors du métro, préférez les taxis aux transports en commun, bus et minibus étant peu pratiques pour les touristes.

Métro Efficace et économique (2 £E), le métro cairote (www.cairometro.gov.eg) est un vrai bonheur. Deux voitures sont réservées aux femmes au centre de chaque rame.

Taxi En dehors du pic d'affluence du milieu d'après-midi, on trouve aisément un taxi. Préférez les nouveaux taxis blancs avec taximètre. La prise en charge est de 2,50 £E, le tarif de 1,25 £E/km et de 0,25 £E pour l'attente. Un pourboire d'environ 10% sera très apprécié.

Taxi cairote

BRUCE YUANYUE BI/GETTY IMAGES ©

Où se loger

Il est bon de réserver pour la première ou les deux premières nuits car Le Caire n'est pas une ville où l'on se balade avec ses bagages pour comparer les tarifs hôteliers. Pour un établissement simple, louer en direct est souvent plus avantageux que passer par les centrales de réservation en ligne.

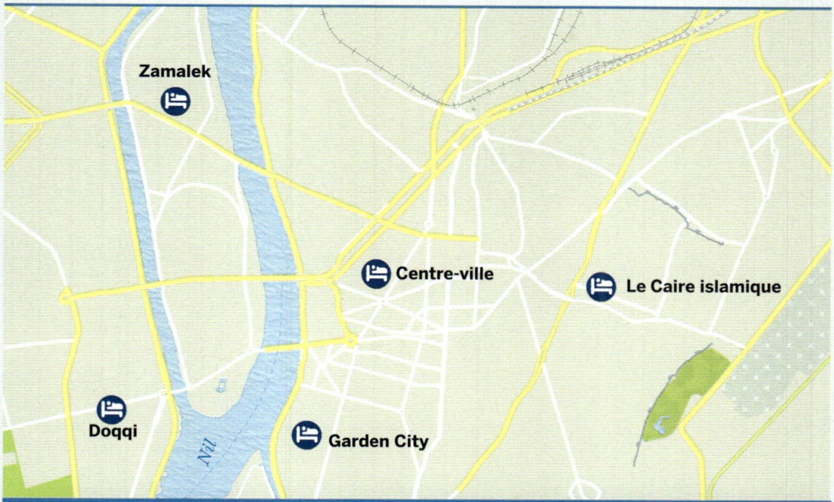

Quartier	Ambiance
Centre-ville	Au cœur de l'action cairote, on trouve ici nombre d'hôtels petits budgets, ainsi que quelques adresses haut de gamme. La plupart des hôtels occupent de vieux immeubles le long de Sharia Talaat Harb ou à proximité. Demandez une chambre à l'arrière.
Garden City	Juste au sud de la place Tahrir, c'est le quartier le plus calme et le moins encombré du Caire, mais le choix est restreint en dehors des hôtels de luxe.
Zamalek	Le calme relatif de ce quartier assure des nuits tranquilles tout en offrant parmi les meilleurs restaurants, cafés et boutiques du Caire. Inconvénients : des tarifs plus élevés et du temps perdu dans les embouteillages pour y aller.
Le Caire islamique	Points négatifs : l'absence de métro à proximité immédiate, des bonimenteurs en pagaille, pas un endroit pour prendre une bière et les haut-parleurs des mosquées. Mais c'est là que vous vivrez le plus intensément Le Caire.
Doqqi	Ce quartier résidentiel possède peu d'hôtels mais il permet d'être au calme tout en étant proche du centre-ville grâce au métro.

JOHN SMITH/STOCK.ADOBE.COM ©

PYRAMIDES DE GIZEH ET ENVIRONS DU CAIRE

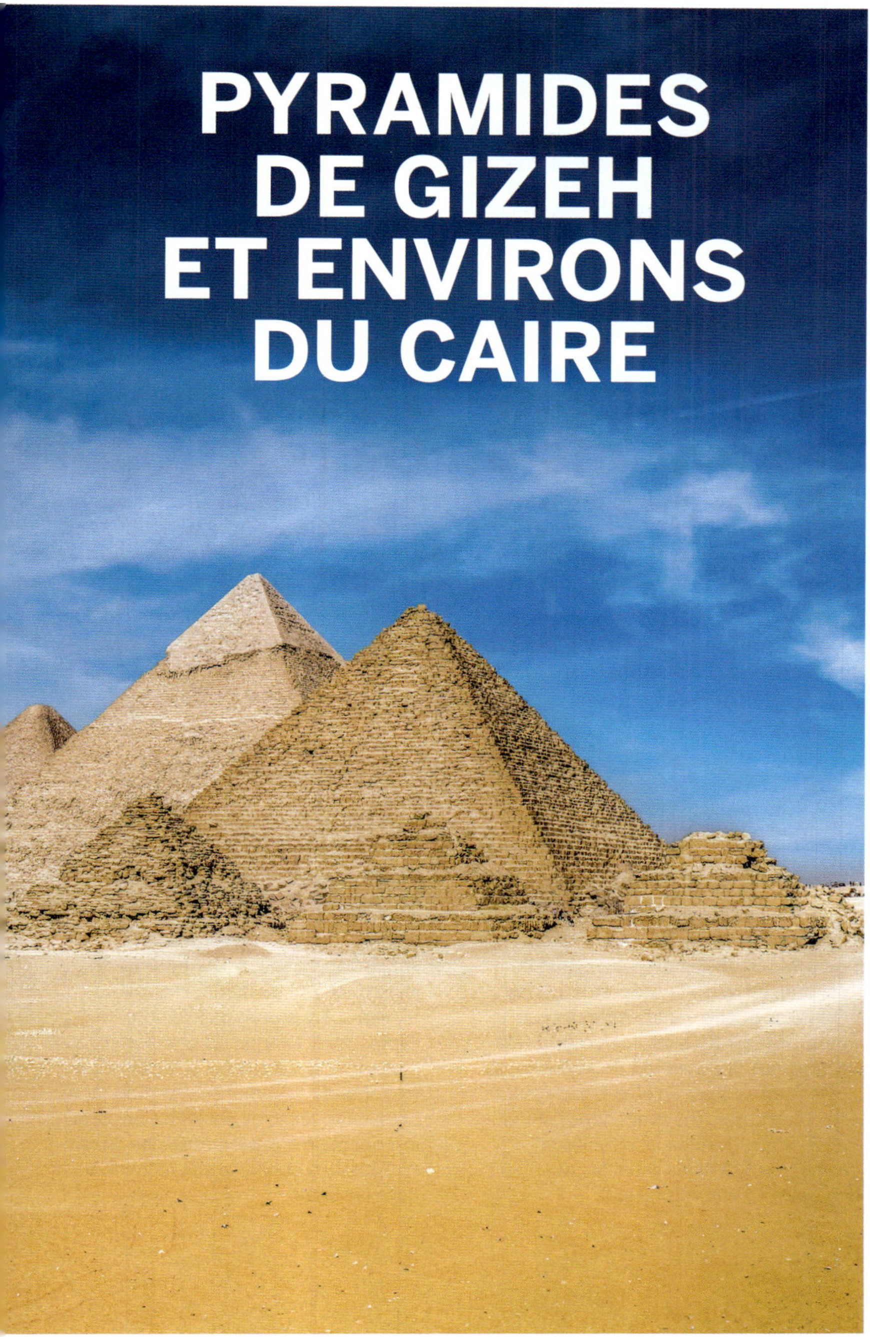

Dans ce chapitre

Pyramides de Gizeh 82
Saqqarah 90
Dachour 94
Gizeh 97
Saqquarah sud et Memphis 98

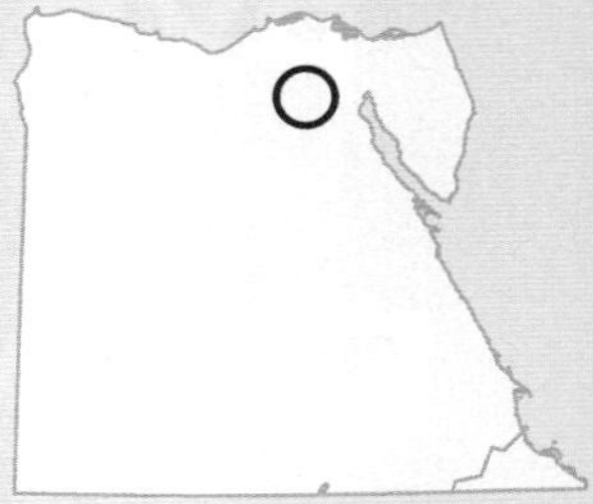

Pyramides de Gizeh et environs du Caire

Même si Gizeh couvre toute la partie du Caire située sur la rive ouest du Nil, les célèbres pyramides se trouvent en fait, en lisière du désert, à 9 km du fleuve. C'est là que se dresse, majestueuse, celle de Kheops, l'une des sept merveilles du monde antique.

Qui dit pyramides donc, dit Gizeh. Mais il n'en existe pas moins de 118 à ce jour à travers le pays, pour beaucoup dans les alentours du Caire, notamment à Saqqarah et Dachour.

Pyramides de Gizeh en 1 jour

Quatre à cinq heures suffisent pour la visite proprement dite du site des **pyramides de Gizeh** (p. 82), mais il est préférable d'y consacrer la journée. Outre les quatre vedettes du plateau, la **pyramide de Kheops**, la **pyramide de Khephren**, la **pyramide de Mykérinos** et le **Sphinx**, il est en effet enrichissant de s'aventurer plus avant dans l'étendue désertique. Tombeaux, temples en ruines et pyramides satellites ne cessent d'y être mis au jour.

Pyramides de Gizeh et environs du Caire en 2 jours

En hiver, quand les températures sont supportables, visitez **Dachour** (p. 94) le premier jour au matin. Ensuite, rejoignez **Saqqarah** (p. 90) dans l'après-midi, lorsque les groupes se font plus rares. En revanche, si la journée est très chaude, commencez par Saqqarah pour éviter le pic de chaleur. Consacrez le lendemain aux **pyramides de Gizeh** (p. 82), sans oublier le son et lumière dans la soirée.

Carte Plateau de Gizeh p. 96

Comment s'y rendre

Sharia al-Haram, la route des Pyramides, conduit tout droit du Caire aux pyramides de Gizeh et au village de Nazlet el-Samman, situé juste au sud de cette large artère. Du centre du Caire, le plus simple est de prendre le métro puis le taxi ou le bus.

Pour Saqqarah et Dachour, il est commode de suivre un circuit organisé par l'intermédiaire de votre lieu d'hébergement, mais louer un taxi à la journée donne plus de liberté. Sortir de la ville est toujours compliqué ; choisissez un vendredi ou un samedi lorsque la circulation est moins dense. Dans tous les cas, partez tôt le matin.

Où se loger

Gizeh, Saqqarah, Dachour comme le marché aux chameaux de Birqash sont aisément accessibles si l'on loge au Caire. Si vous optez pour un tour de deux jours incluant Saqqarah et Dachour, il peut être astucieux de ne pas revenir dans le centre du Caire mais de trouver un hébergement à proximité des pyramides de Gizeh.

Pyramide de Kephren et Sphinx

Pyramides de Gizeh

Par leur forme extraordinaire, leur impeccable géométrie et leur volume imposant, les pyramides de Gizeh affirment dans le paysage la toute-puissance des pharaons, l'efficacité de leur administration et les prouesses techniques de leurs architectes.

Pour ceux qui aiment...

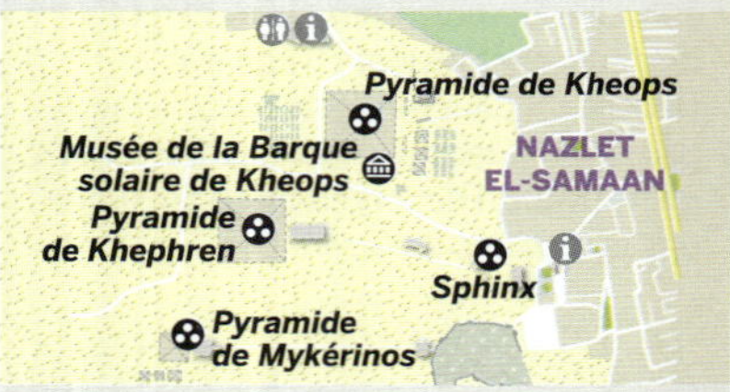

Infos pratiques

Pyramides de Gizeh (tarif plein/étudiant 120/60 £E ; 8h-16h)

★ Bon à savoir

La principale entrée se situe à l'extrémité de Sharia al-Haram. Si vous visitez le site en groupe, vous entrerez peut-être par la porte devant le Sphinx, dans le village de Nazlet el-Samman.

ANTON BELO/SHUTTERSTOCK ©

Ce ne sont ni l'obsession ni la crainte de la mort qui poussèrent les anciens Égyptiens à édifier ces gigantesques mausolées que vous pouvez voir sur le plateau de Gizeh, mais plutôt leur croyance en la vie éternelle et leur désir de ne faire qu'un avec le cosmos. Le sanctuaire était un rappel tangible de la puissance absolue des dieux et du pharaon pour lequel il avait été bâti.

Grâce aux fouilles sur le site, on dispose aujourd'hui d'indications plus précises sur le statut des bâtisseurs : loin d'être les esclaves représentés dans les péplums, ils formaient une main-d'œuvre organisée. On suppose que, durant la saison des crues, lorsque le Nil recouvrait leurs champs et empêchait tout travail agricole, les fermiers étaient affectés, par l'administration, aux chantiers d'édification des tombes pharaoniques.

Pyramide de Kheops

(carte p. 96 ; intérieur tarif plein/étudiant 300/150 £E ; ⏲8h-12h/13h-16h). C'est la plus ancienne pyramide de Gizeh et la plus grande d'Égypte. Elle mesurait 146 m à son achèvement vers 2570 av. J.-C., mais 46 siècles d'érosion éolienne lui ont fait perdre 9 m. Près de 2,3 millions de blocs de calcaire, pesant en moyenne 2,5 tonnes chacun, furent nécessaires à sa construction. S'il n'y a pas grand-chose à voir à l'intérieur, la sensation que l'on ressent à pénétrer dans ce géant de calcaire est inoubliable. Personnes âgées, claustrophobes, ou encore ceux pour qui l'effort physique est difficile, s'abstenir.

L'escalier rudimentaire d'accès se trouve sur la face nord, à gauche de l'entrée. Si vous avez un appareil photo, laissez-le au gardien avant de vous plier

Promenade à dos de chameau sur le plateau de Gizeh

en deux dans le boyau d'accès. Marchez jusqu'à l'intersection entre un passage menant plus bas à une chambre funéraire inachevée (fermée au public) et un couloir ascendant (1,3 m de haut sur 1 m de large) qui débouche, 40 m plus haut, à la grande galerie. Haute de 8,5 m, elle est étonnamment étroite (2 m environ) et longue (47 m). Au tout début, un petit passage horizontal mène à ce que l'on appelle la chambre de la reine.

En grimpant, observez l'ajustement précis des blocs du plafond construit en encorbellement. La galerie débouche alors sur la chambre du roi, tout en blocs de granit rouge. Couvrant 10 m de long, le plafond est composé de 9 énormes dalles, soit 400 tonnes de granit au total. Pour réduire la pression exercée par les assises supérieures, il a été prévu au-dessus une chambre de décharge structurée en différents niveaux par 4 autres dalles. Un système de ventilation moderne (utilisant 2 petites gaines d'aération de l'époque) assure une bonne circulation de l'air.

★ Bon plan

La distance entre les pyramides vous fera peut-être succomber à l'offre de rabatteurs proposant le trajet à dos de chameau (environ 50 £E les 30 min).

Autour de la pyramide de Kheops

À l'angle nord-est de la pyramide de Kheops a été édifiée en 1946 la **maison de repos du roi Farouk**, grand édifice néopharaonique réduit à l'état de ruine mais promis à la restauration selon une annonce du gouvernement (2017). Du jardin contigu, jolie vue sur la ville.

Le long de la face est se dressent 3 pyramides façon modèles réduits. Ces vestiges ne font guère que 20 m et n'évoquent pas grand-chose pour le néophyte. Ce sont les **pyramides des Reines**, à savoir les tombeaux des sœurs et épouse de Kheops. On peut entrer dans certaines mais l'intérieur est très humide.

Entre la face est et les pyramides satellites a été découverte la **fosse de la barque solaire** contenant l'embarcation pour l'au-delà désormais exposée au musée du même nom construit le long de la face sud.

De l'autre côté de la pyramide, le **cimetière ouest** aligne ses tombes, dont seules certaines sont ouvertes au public suivant un système de rotation. Parmi elles, la **tombe de Senedjemib-Inti** contient des inscriptions intéressantes, notamment un hippopotame d'aspect plutôt menaçant.

☑ Ne ratez pas

Le **spectacle son et lumière** raconté par le Sphinx (☎02 33857320 ; www.soundandlight.com.eg ; entrée à la porte devant le Sphinx ; 150-175 £E ; ⏲spectacles à 19h et 20h oct-avr, 19h30 et 20h30 mai-sept).

Musée de la Barque solaire de Kheops

(carte p. 96 ; tarif plein/étudiant 80/40 £E, app photo 50 £E ; ⏲9h-16h). Exhumée en 1954 tout près de sa pyramide, cette barque solaire de Kheops a fait l'objet d'une fouille minutieuse pour être ensuite remontée dans ce musée exceptionnel. Il aura fallu plus de dix ans pour assembler une à une les quelque 1 200 pièces de cette embarcation rituelle en cèdre libanais. Destinée à conduire le pharaon dans l'autre monde, elle avait été en partie démontée pour être enterrée près de la pyramide. Pour aider à sa préservation, les visiteurs sont priés d'enfiler des chaussons de protection afin d'éviter de faire entrer du sable dans le bâtiment du musée.

La présence de 5 grandes fosses identiques près de la pyramide de Kheops a révélé l'existence de plusieurs embarcations destinées à la traversée rituelle du Nil menant la momie du pharaon jusqu'au temple de la vallée, puis le long de la chaussée jusqu'à la chambre mortuaire. Les 4 autres ont été conservées dans leurs fosses après découverte.

Pyramide de Khephren

(carte p. 96 ; tarif plein/étudiant 60/30 £E; ⏲8h-16h). Quoique légèrement moins haute (136 m) que celle de son père Kheops, la pyramide de Khephren semble plus imposante du fait de sa position sur une proéminence. Surtout, elle a conservé son parement de pierre blanche calcaire au sommet, ce qui peut donner une vague idée de ce qu'étaient ses faces triangulaires étincelantes au soleil. Au fil des siècles

Musée de la Barque solaire de Kheops

et du prélèvement de matériaux pour réemploi, la pierre en-dessous est apparue.

Les chambres et couloirs de cette pyramide sont moins élaborés que ceux de la pyramide de Kheops mais tout aussi confinés. L'entrée se fait par un couloir descendant jusqu'à la chambre funéraire où se dresse le sarcophage en granit de Khephren. L'ouverture de la pyramide se fait en alternance avec celle de Mykérinos.

Il faut nremarquer ici la totalité du complexe funéraire avec la présence, à l'est de la pyramide, de la chaussée la reliant au temple bas proche du Nil.

Pyramide de Mykérinos

(carte p. 96 ;tarif plein/étudiant 60/30 £E ; 8h-16h). Avec ses 62 m (66,5 m à l'origine), cette pyramide est la plus petite des trois, soit environ 1/10e du volume de celle de Kheops. Fils de Khephren, le pharaon Mykérinos mourut avant la fin de la construction de sa pyramide – certains blocs de granit de la base sont restés bruts. Vous pourrez descendre 3 niveaux différents et observer la chambre funéraire principale.

On a exhumé du côté de la face est les vestiges du **temple funéraire de Mykérinos** et ceux du **temple de la vallée** en contrebas. Une partie des **pyramides des Reines** se trouve au sud. Ici, il vous sera proposé avec insistance de partir à dos de cheval ou de chameau sous prétexte de meilleures photos ; si vous acceptez, gardez bien votre billet d'entrée au cas où la police vous contrôle au retour.

Sphinx

L'Abou al-Hol ("père de la terreur") arabe, homme au corps de lion, est appelé Sphinx depuis que les Grecs anciens lui ont trouvé une ressemblance avec leur mythique créature ailée qui posait des énigmes et tuait ceux qui n'y répondaient pas. L'étude géologique de la colossale statue a montré qu'elle avait été sculptée à même la roche en place, pour le corps, sous le règne de Khepren dont elle serait le portrait avec son *nemes* rayé.

Les récits de voyageurs arabes rapportent à une période située entre le XIe et le XVe siècle l'amputation du nez du Sphinx. Certains en accusent Bonaparte, mais la barbe, elle, est propriété du British Museum. En tout cas, pollution et montée des eaux nécessitent des soins constants pour conserver cette incontournable figure de notre imagier égyptien.

Il existe de nombreuses légendes et superstitions autour du Sphinx. Le mystère entourant sa raison d'être est presque aussi intriguant que son apparence.

Une petite faim ?

Pour des **en-cas bon marché**, longez la grand-rue de Nazlet el-Samman au nord-est de la sortie du Sphinx : vous y trouverez de quoi vous sustenter.

Les pyramides de Gizeh

EXPLORER LE SITE

Quatre millénaires nous séparent de la construction des **pyramides** dont la plus grande est la seule des sept merveilles du monde antique encore debout, et la plus ancienne. Icônes de l'architecture monumentale, la grande pyramide de **Kheops** 1, celle plus modeste de **Khephren** 2 et la plus petite de **Mykérinos** 3 comptent ainsi souvent parmi les sites à voir au monde. Mais le plateau de Gizeh n'est pas évident à aborder, entre les petites **pyramides des Reines** 4 et tous les tombeaux, dont le **mastaba de Senedjemib-Inti** 5, éparpillés sous le soleil du désert.

Il faut imaginer ce vaste complexe religieux tel qu'il fut dans l'Antiquité, lorsque les rayons du soleil faisaient étinceler les lisses parois blanches de ces trois énormes mausolées de calcaire. Chacune dédiée à un pharaon, la pyramide n'est d'ailleurs que la partie visible d'un vaste ensemble funéraire destiné à son culte pour l'éternité. À l'est de chacune se dressait un "temple funéraire", où l'on déposait plusieurs fois par jour des offrandes destinées à nourrir l'âme du souverain décédé. En outre l'encadraient les fosses des "barques solaires" (chargées de provisions) destinées à transporter l'âme de Pharaon dans l'au-delà, comme le montre l'exemplaire remonté exposé au **musée de la Barque solaire** 6. Dernier élément reliant le temple funéraire du plateau au "temple de la vallée" : une longue chaussée.

Il existait en effet à la base du plateau (à l'emplacement actuel du village de Nazlet el-Samman) un lac alimenté par un canal que venaient grossir les crues annuelles du Nil. Dressé au bord de l'eau, le "temple de la vallée" accueillait les visiteurs. Et, juste à côté de celui de Khephren, le **Sphinx** 7 à corps de lion montait la garde.

Quelques mystères des pyramides restent à élucider, tel l'emplacement précis des sépultures. Mais il y a amplement de quoi réjouir le visiteur. Voici donc une vue d'ensemble du site et les petits détails à ne pas manquer, à commencer par la **billetterie et l'entrée** 8.

ATDIGIT/SHUTTERSTOCK ©

Pyramide de Khephren
Le fils de Kheops fit construire lui aussi sa pyramide, restée coiffée de son parement de calcaire au sommet. L'assise en blocs de granit noir contrastait avec le blanc du calcaire.

Sphinx
Cette bête à tête humaine (peut-être le visage de Khephren) est la gardienne du plateau de Gizeh et son attraction majeure : venez tôt ou en fin de journée pour éviter la foule. On y accède uniquement par le temple de la vallée de Khephren.

GURGEN BAKHSHETYAN/SHUTTERSTOCK ©

AMR HASSANEIN/SHUTTERSTOCK ©

Pyramide de Mykérinos

Ouverte alternativement avec celle de Khephren, la plus petite des pyramides affiche une grande balafre remontant au XIIe siècle. Le sultan Ousman Bey voulut en percer le secret de façon un peu expéditive.

Musée de la Barque solaire de Kheops

Découverte, en partie démontée, dans une fosse devant la Grande Pyramide, cette embarcation en cèdre vieille de 4 500 ans a été méticuleusement remontée tel un puzzle.

JEFF SCHULTES/SHUTTERSTOCK ©

Mastaba de Senedjemib-Inti

Le plateau de Guizeh est parsemé de tombes de dignitaires. Baissez-vous à l'intérieur pour admirer les délicats reliefs et profiter d'un peu d'ombre. Horaires variables d'une année à l'autre.

Billetterie et entrée

Le seul endroit (soyez vigilant !) où acheter son billet d'entrée portant obligatoirement un hologramme. À défaut, il s'agit de contrefaçon. À noter : rares toilettes nettes dans le bâtiment à l'est.

Grande pyramide de Gizeh (Kheops)

Pour mesurer la perfection technique, hissez-vous le long des galeries intérieures. Parfaitement jointifs, les blocs de pierre pèsent chacun 2,5 tonnes. Et il y en a 2,3 millions en tout…

Les pyramides des Reines

Bien plus petites, ces pyramides furent élevées pour les femmes de la famille de Kheops. En dépit de leur état, le parement de calcaire et l'assemblage parfait des blocs restent remarquables.

MICHAEL MILLARD/SHUTTERSTOCK ©

NICK BRUNDLE PHOTOGRAPHY/GETTY IMAGES ©

Hall hypostyle du complexe de Djeser

LEONID ANDRONOV/STOCK.ADOBE.COM ©

Saqqarah

Situé en plein désert à 15 km au sud-est de Gizeh, Saqqarah est le plus vaste site archéologique d'Égypte. Il s'agit de l'immense nécropole de l'ancienne capitale du pays, Memphis, soit plus de 3 500 ans d'architecture funéraire.

Pour ceux qui aiment...

☑ Ne ratez pas

Au musée Imhotep, vous pourrez compter les doigts de pieds du roi Mérenrê Ier !

Musée Imhotep

Situé sur la route menant à l'entrée du complexe funéraire, ce musée réunit les plus belles découvertes faites à Saqqarah. Il porte le nom du vizir et architecte du pharaon Djeser. Du fait de son génie, Imhotep fut vénéré comme un dieu.

Le très beau décor de faïence bleu-vert trouvé à l'intérieur de la pyramide de Djeser a été transféré ici. Et surtout y est exposée la plus ancienne momie royale de l'Ancien Empire qui soit conservée : celle du roi Mérenrê Ier (environ 2250 av. J.-C.). Portraits, bustes et statues témoignent des multiples campagnes de fouilles menées sur le site.

Pyramide à degrés de Djeser

Vers 2650 av. J.-C., le pharaon Djeser demanda à Imhotep de lui construire cette

Infos pratiques

Saqqarah (tarif plein/étudiant 120/60 £E ; parking 2 £E ; 8h-16h, 8h-15h pendant le ramadan).

Une petite faim ?

Prévoyez un pique-nique du type sandwichs car il n'y a pas vraiment d'endroits où se restaurer ici.

★ Bon à savoir

Les infrastructures sont limitées à Saqqarah, notamment les toilettes situées à l'entrée principale de ce secteur nord du site.

pyramide à degrés de 60 m de haut au cœur d'un vaste complexe funéraire ceint d'un long (1 645 m) mur de calcaire à redans et bastions. Une partie de l'enceinte tient encore debout et la section près de l'entrée a été restaurée afin de retrouver ses 10 m de hauteur originels.

Jusque-là, les temples étaient construits avec des matériaux dégradables et les tombes royales se trouvaient en général dans des chambres souterraines que venait recouvrir un mastaba (voir p. 265) en briques crues. Imhotep transforma le mastaba en pyramide, multipliant les niveaux et mettant en œuvre la pierre de taille. D'où cette pyramide à degrés considérée comme le plus ancien monument en pierre au monde.

On accède au complexe à l'angle sud-est de l'enceinte par un vestibule et un couloir bordé de 40 colonnes fasciculées évoquant des bottes de palmier ou de papyrus avant de déboucher sur une vaste salle hypostyle (voir p. 265). Le remontage des colonnes est l'œuvre de l'égyptologue Jean-Philippe Lauer (1902-2001). Pour protéger la salle, on a construit un plafond moderne imitant des rondins de bois.

Une immense cour bordée d'un mur surmonté de cobras, symboles de la royauté égyptienne, délimite l'espace au sud de la pyramide. Une partie de la frise est conservée au musée Imhotep.

Sur l'autre côté de la pyramide se trouve le serdab, lieu d'offrandes et de communication du défunt avec le monde des vivants. Cet édicule de pierre quasi aveugle était percé de deux orifices sur sa face nord. La statue grandeur nature de Djeser qui s'y trouvait a été remplacée par une copie, l'originale se trouvant au Musée égyptien du Caire.

Pyramide d'Ounas

Au sud-est du complexe funéraire de Djeser se dresse la pyramide d'Ounas, dernier pharaon de la Ve dynastie (2375-2345 av. J.-C.). Construite seulement trois siècles après l'inventive pyramide de Djeser, elle marque un changement significatif dans les pratiques funéraires, non pas à l'extérieur mais à l'intérieur. C'est la première fois que la chambre funéraire royale est décorée : le plafond est orné d'étoiles et ses murs blancs plaqués d'albâtre sont gravés de somptueux hiéroglyphes bleus.

On a donné à ces premiers exemples d'inscriptions funéraires le nom de Textes des pyramides (futur Livre des morts, voir p. 262), autant de litanies, formules magiques et invocations aux dieux disposées sur les parois des tombeaux pour déjouer les embûches sur le chemin de l'au-delà. Parmi les 283 locutions du tombeau d'Ounas, on compte une majorité de prières, d'hymnes et de listes d'articles (nourriture, vêtements, etc.) nécessaires au pharaon dans l'au-delà.

Serapeum

Nécropole consacrée au taureau sacré Apis, le Serapeum marque un temps fort dans la découverte de Saqqarah. Momifié à Memphis, le taureau sacré était transporté en procession jusqu'à ces galeries souterraines pour être placé dans l'un de ces gigantesques cercueils de granit et de calcaire pesant 80 tonnes. Cette pratique trouve son origine sous le règne d'Amenhotep III (1390-1352 av. J.-C.) et perdura jusqu'en 30 av. J.-C.

Selon les croyances, Apis était l'incarnation de Ptah, dieu de Memphis,

Scène de la vie quotidienne dans une tombe de Saqqarah

et le veau d'une vache fécondée par un éclair divin. Cette dernière ne mettait alors plus jamais bas tandis que son veau était gardé dans le temple de Ptah à Memphis et vénéré comme un dieu. Les Apis étaient systématiquement représentés avec un pelage noir, un triangle blanc sur le front, un signe en forme de faucon sur le dos et un autre de scarabée sur la langue.

Mastaba de Tî

La découverte et l'étude de ce grandiose tombeau privé ont dévoilé nombre d'aspects méconnus sur la vie sous l'Ancien Empire. Par ailleurs, sa structure et la qualité de ses décors en font l'un des plus beaux de la période. Ces derniers nous offrent beaucoup d'informations sur cette époque. Surnommé Tî le Riche de son vivant, le commanditaire de ce tombeau supervisait la pyramide d'Aboussir et des temples du soleil sous la Ve dynastie.

Une statue grandeur nature du défunt se dresse dans la salle des offrandes (l'originale est au musée égyptien du Caire). Dans la chapelle funéraire, Tî et son épouse la prêtresse Neferhotep sont représentés dans des scènes (notamment rurales) de la vie quotidienne aux côtés de leurs deux fils : préparation du repas, pêche, construction navale, danses, chasse au crocodile...

Pyramide de Téti

Premier pharaon de la VIe dynastie, Téti (2345-2323 av. J.-C.) se fit construire une pyramide à degrés qui se résume aujourd'hui à une petite butte du fait des pillages et autres prélèvements de pierre pour réemploi. L'intérieur a néanmoins conservé de beaux exemples de sortilèges en hiéroglyphes, une pluie d'étoiles au plafond et une chambre funéraire intacte avec le sarcophage en basalte du pharaon. Bien préservé, il offre un bel exemple de cercueil à inscriptions.

Mastaba de Kagemni

Juge en chef sous le règne de Téti, Kagemni est représenté dans son propre mastaba profitant des richesses de la terre, si l'on en croit les superbes scènes de vie ciselées en faible relief à l'intérieur. Poissons-chats et anguilles frétillent dans le Nil, on trait les vaches, les hommes nourrissent les chiots, libellules et autres insectes papillonnent, le crocodile affronte l'hippopotame pendant que danseurs et acrobates s'entraînent.

Des scènes également pleines de vie agrémentent le mastaba voisin de Mereruka (tarif plein/étudiant 80/40 £E).

★ Bon plan

À environ 1 km au sud de la pyramide de Djeser, l'ensemble des édifices de Saqqarah sud (p. 98) se visite sans billet d'entrée ni heures d'ouverture.

Pyramide Rhomboïdale

Dachour

Les deux premières pyramides construites en Égypte sont dues au père de Kheops, Snéfrou (2613-2589 av. J.-C.). Situées à 10 km au sud de Saqqarah, en plein désert, la pyramide Rouge et la pyramide Rhomboïdale se classent juste derrière celles de Gizeh par la taille.

Pour ceux qui aiment...

☑ Ne ratez pas

Les pyramides de Dachour fascinent d'autant plus qu'il n'y a pas foule ici.

Pyramide Rouge

(Pyramide nord). C'est la première vraie pyramide au monde et la dernière tentative menée par les architectes de Snéfrou pour obtenir la pyramide idéale. Elle doit probablement son nom au ton rougeâtre de son calcaire érodé, après disparition du parement de calcaire blanc. Fort de leur expérience décevante à la pyramide Rhomboïdale (voir ci-dessous), les architectes ont seulement conservé l'angle de 43° adopté pour le haut de cette dernière.

Un escalier raide donne accès à la "descenderie", long couloir en pente (63 m) menant aux deux antichambres couvertes d'un magnifique plafond en encorbellement (12 m de haut), puis à la chambre funéraire coiffée du même type de plafond un peu plus élevé (15 m) et

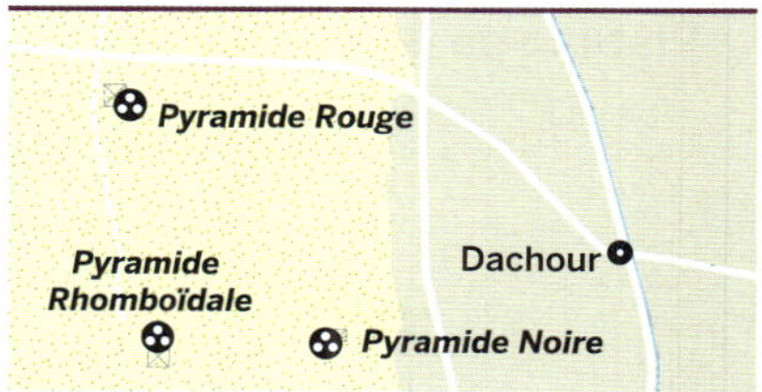

Infos pratiques

Dachour (tarif plein/étudiant 60/30 £E, parking 2 £E; 8h-16h, 8h-15h pendant le ramadan).

Une petite faim ?

Faites provision d'eau avant de vous rendre à Dachour.

★ Bon à savoir

Les billets d'entrée s'achètent uniquement dans une petite guérite en bordure du site.

censée être celle du pharaon même sans qu'on ait jamais retrouvé nulle part son sarcophage. Gardez votre billet jusqu'à la sortie et prévoyez un "pourboire" pour le gardien à l'entrée.

Pyramide Rhomboïdale

En voulant construire une pyramide à faces lisses, les architectes de Snéfrou ont commencé leur ouvrage en utilisant le même angle raide et la même trajectoire de pierres penchées vers l'intérieur que pour les pyramides à degrés. Mais, à mi-hauteur des 105 m envisagés, l'ouvrage a montré des signes de faiblesse. L'angle a alors été réduit, passant de 54 à 43°, et les pierres ont été posées en couches horizontales, ce qui explique la drôle de forme de l'édifice. Une grande partie de son revêtement est resté intact. L'intérieur, fermé aux visiteurs, abrite 2 chambres funéraires, la plus haute ayant conservé son échafaudage d'origine en poutres de cèdre pour contrer l'instabilité interne.

Il y a aussi une petite pyramide satellite au sud et les vestiges d'un temple funéraire à l'est. À mi-chemin vers l'est en direction des terres cultivées, les vestiges du temple de la vallée de Snéfrou conservent quelques reliefs intéressants.

Pyramide Noire

Visible uniquement depuis le parking de la pyramide Rhomboïdale, cette pyramide à la forme peu commune de tour est celle d'Amenemhat III (1855-1808 av. J.-C.) qui s'est effondrée. Les briques crues encore visibles cachent un labyrinthe de couloirs et de pièces destiné à brouiller les pistes afin de prémunir des vols. La chambre funéraire a néanmoins été découverte, mais seulement partiellement pillée comme l'a prouvé l'exploration de 1993 avec la mise au jour de nombreux objets.

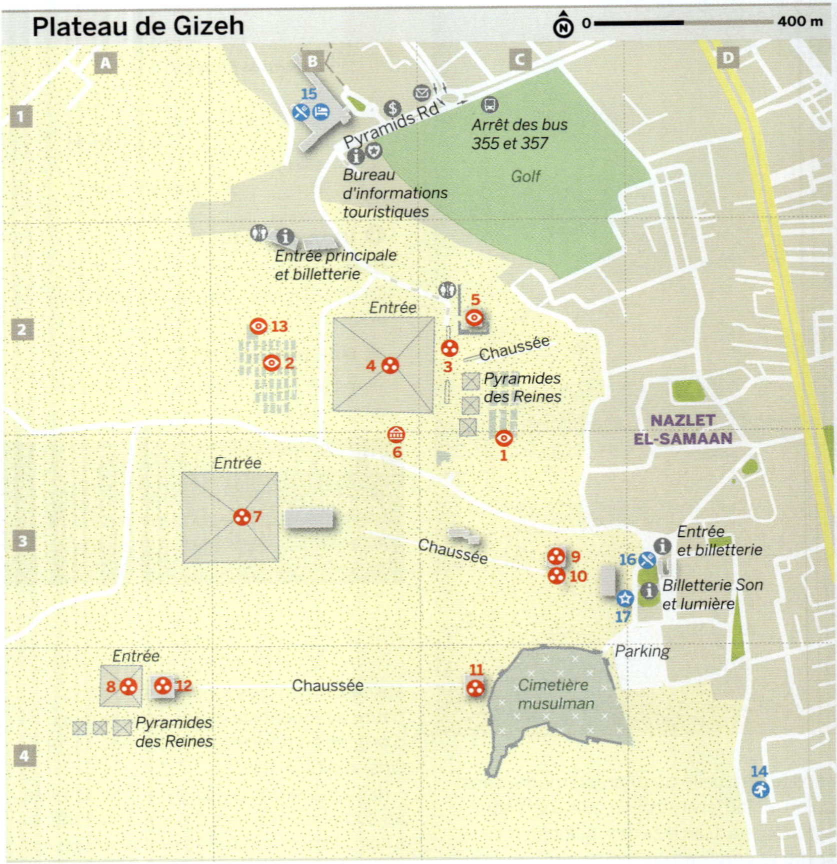

Plateau de Gizeh

À voir

1 Cimetière est ... C3
2 Cimetière ouest ... B2
3 Fosses de la barque solaire ... C2
4 Grande pyramide de Kheops ... B2
5 Maison de repos du roi Farouk ... C2
6 Musée de la Barque solaire de Kheops ... B3
7 Pyramide de Khephren ... B3
8 Pyramide de Mykérinos ... A4
9 Sphinx ... C3
10 Temple de la vallée de Khephren ... C3
11 Temple de la vallée de Mykérinos ... C4
12 Temple funéraire de Mykérinos ... A4
13 Tombe de Senedjemib-Inti ... B2

Activités

14 Écuries FB ... D4

Où se restaurer

15 Khan Al Khalili ... B1
16 Abou Shakra ... D3

Où sortir

16 Spectacle son et lumière ... C3

Gizeh

ACTIVITÉS

Une **balade à cheval** au coucher du soleil, avec les pyramides en arrière-plan, est un moment inoubliable.

Pour un service de qualité, comptez 150 £E l'heure pour 1 personne, à régler en fin de la balade chez tout opérateur sérieux. On peut trouver moins cher mais au détriment des soins apportés aux chevaux. Prévoyez 10-15 £E de pourboire pour le guide et ne jetez pas votre billet d'entrée sur le site pour ne pas avoir à le repayer. Les balades au clair de lune sont aussi très prisées, mais les nouvelles lois interdisent toute promenade près du site après 18 heures.

Pour les cavaliers émérites, l'itinéraire entre Gizeh et Saqqarah à cheval ou à dos de chameau (3 heures environ) est une belle promenade.

Écuries FB Équitation

(010 6507 0288 ; www.fbstablesgiza.co.uk ; Sharia Gamal Abdul Nasser ; balade 150 £E/h ; 24h/24). Ces écuries proposent des balades aux alentours des pyramides et prennent très bien soin de leurs chevaux. Vivement recommandé.

ACHATS

Centre culturel Wissa Wassef Arts

(02 3381 5746 ; www.wissawassef.com ; Saqqara Rd, Harraniyya ; 10h-17h mar-dim, lun sur réservation). GRATUIT Les artisans que l'on voit travailler au centre Wissa Wassef sont réputés pour leurs tapisseries typiques décrivant des scènes rurales. Les imitations que l'on trouve dans toutes les boutiques de souvenirs n'ont rien à voir avec la qualité de celles-ci, tout comme les peintures sur laine. Autres pièces d'artisanat de qualité fabriquées ici : les poteries et le batik. Il se dégage de ce lieu calme et rafraîchissant une atmosphère de sanctuaire.

Pour vous y rendre, prenez le microbus de Saqqarah (3 £E) ou un taxi de la route des Pyramides au canal Mariouteya traversé par un grand pont. Descendez au panneau bleu "harraniyya", à environ 600 m après le pont. Le centre se trouve près du canal, côté ouest de la rue.

Le marché aux chameaux de Birqash

Un petit village à 35 km au nord-ouest du Caire nommé Birqash (prononcez Bir'ach) accueille la plus grande foire aux camélidés d'Égypte. Sur ce marché (Souk el Gimal ; Birqash ; 25 £E, app photo 20 £E ; 6h-12h ven et dim), les chameaux ne sont pas vraiment traités tels des animaux de compagnie. L'ambiance est ici très animée et les photographes seront ravis d'immortaliser cette incessante cohue entre acheteurs et vendeurs au beau milieu des bêtes venues du lointain Soudan. Entre 7 et 10 heures du matin, ce sont des centaines de chameaux qui passent ainsi de main en main.

L'option la plus simple pour s'y rendre est de prendre un taxi privé depuis Le Caire et de demander au chauffeur de vous attendre sur place (une heure sur le marché suffit en général) pour un coût total d'environ 200 £E.

Chameaux à Birqash
PASTICA/STOCK.ADOBE.COM ©

OÙ SE RESTAURER

À Gizeh, le **café** à ciel ouvert (boissons 20 £E, sandwichs 25-65 £E) au pied du Sphinx n'était pas ouvert lors de notre dernier passage. Pour une pause pas cher,

CHRIS MELLOR/GETTY IMAGES ©

Tissage d'un tapis, Gizeh

on trouve un Pizza Hut et un KFC face à l'entrée du Sphinx.

Khan Al Khalili Égyptien **$$**
(route des Pyramides, hôtel Mena House ; plats 73-165 £E ; 13-15h et 19h30-22h). Le restaurant décontracté de l'hôtel Mena House dispose de grandes fenêtres donnant sur les pyramides, un endroit agréable pour se détendre et déjeuner après la visite. Au menu : mezze et plats traditionnels, pigeons farcis, *molokhiyya* (soupe égyptienne de feuilles de corète à l'ail) et perche du Nil poêlée.

Pour passer une unique nuit à Gizeh, la **Mena House** (3377 3222 ; www.marriott.com/hotels/travel/caimn-marriott-mena-house-cairoroute des Pyramides ; s/d à partir de 315-345 $;), ancien pavillon de chasse de khédive Ismaïl (1869), offre un décor de rêve, entre ors, entêtant parfum de jasmin et vue sur les pyramides depuis les chambres.

Abou Shakra Égyptien **$$**
(010 2555 7773 ; face à l'entrée du Sphinx ; plats 70-160 £E). Situé face au Sphinx et aux pyramides, ce restaurant propose kebab, kofta et autres viandes grillées, ainsi que des pâtes et des sandwichs pour les petites faims. Sa localisation en fait un endroit plaisant, et donc fort recherché.

DEPUIS/VERS GIZEH

Le meilleur moyen de se rendre aux pyramides de Gizeh est de prendre le métro jusqu'à Gizeh (2 £E), puis un taxi (environ 20 £E), ou un microbus (5 £E), ou encore les bus 355 ou 357 (2,50 £E).

Saqqarah sud et Memphis

À VOIR

Saqqarah sud Site archéologique
Au fin fond du secteur sud de Saqqarah, le **mastaba El-Faraoun** est un complexe funéraire insolite que l'on appelle parfois "banc du pharaon". Fils du plus célèbre Mykérinos (commanditaire de la plus petite pyramide de Gizeh), Chepseskaf (2503-2498 av. J.-C.), dernier souverain de la IVe dynastie, fit construire son

tombeau dans une vaste enceinte (700 m²). Tapissé de fin calcaire blanc raffiné superposé au granit rouge, cette sépulture creusée dans le calcaire a conservé sa chambre funéraire voûtée accessible au bout d'un long couloir.

En revenant vers le nord, la **pyramide de Pépi II** (2278-2184 av. J.-C.), pharaon qui régna pendant 94 ans (probablement le règne le plus long d'Égypte), conserve les proportions modérées (52 m) de celle de son prédécesseur, Pépi Ier. L'intérieur est gravé de quelques passages des Textes des pyramides.

Les pyramides de **Djedkarê**, **Merenrê** et **Pépi Ier** se situent également en lisière du désert. Aussi appelée "pyramide sentinelle", la pyramide de Djedkarê (25 m de haut) renferme la dépouille du dernier souverain de la Ve dynastie. On peut y entrer par le côté nord.

Mit-Rahineh (Memphis) Musée

Vers 3100 av. J.-C., le célèbre pharaon Ménès (ou Narmer) unifia les royaumes de Haute et Basse-Égypte et fonda la ville de Memphis symboliquement à l'entrée du delta du Nil. Memphis resta la capitale de l'Égypte pendant la quasi-totalité de la période pharaonique, bien que le siège du pouvoir fût déplacé à Thèbes (aujourd'hui Louxor) au Nouvel Empire.

La seule preuve attestant de Memphis est ce remarquable **musée à ciel ouvert** (tarif plein/étudiant 60/30 £E, parking 5 £E ; 8h-16h, 8h-15h pendant le ramadan), construit autour de la colossale statue couchée de **Ramsès II** en calcaire. Sa position sur le dos permet d'observer les détails de près – admirez la précision des tétons du pharaon ! Cette statue a un double qui se tenait sur la place Ramsès au Caire jusqu'en 2006 avant d'être déplacé pour monter la garde devant le chantier du Grand Musée égyptien.

Les autres richesses du lieu sont le sphinx en albâtre du Nouvel Empire, 2 statues de Ramsès II qui ornaient les temples nubiens et les très grands lits de pierre sur lesquels les taureaux Apis étaient momifiés avant d'être portés en procession jusqu'au Serapeum de Saqqarah.

DEPUIS/VERS SAQQARAH

Pour Saqqarah, comme d'ailleurs pour Dachour, les transports publics sont rares. Optez plutôt pour une sortie organisée ou un taxi privé à la journée au départ du Caire (350-450 £E, plus frais de parking sur chaque site).

TAKEPICSFORFUN/STOCK.ADOBE.COM ©

LOUXOR

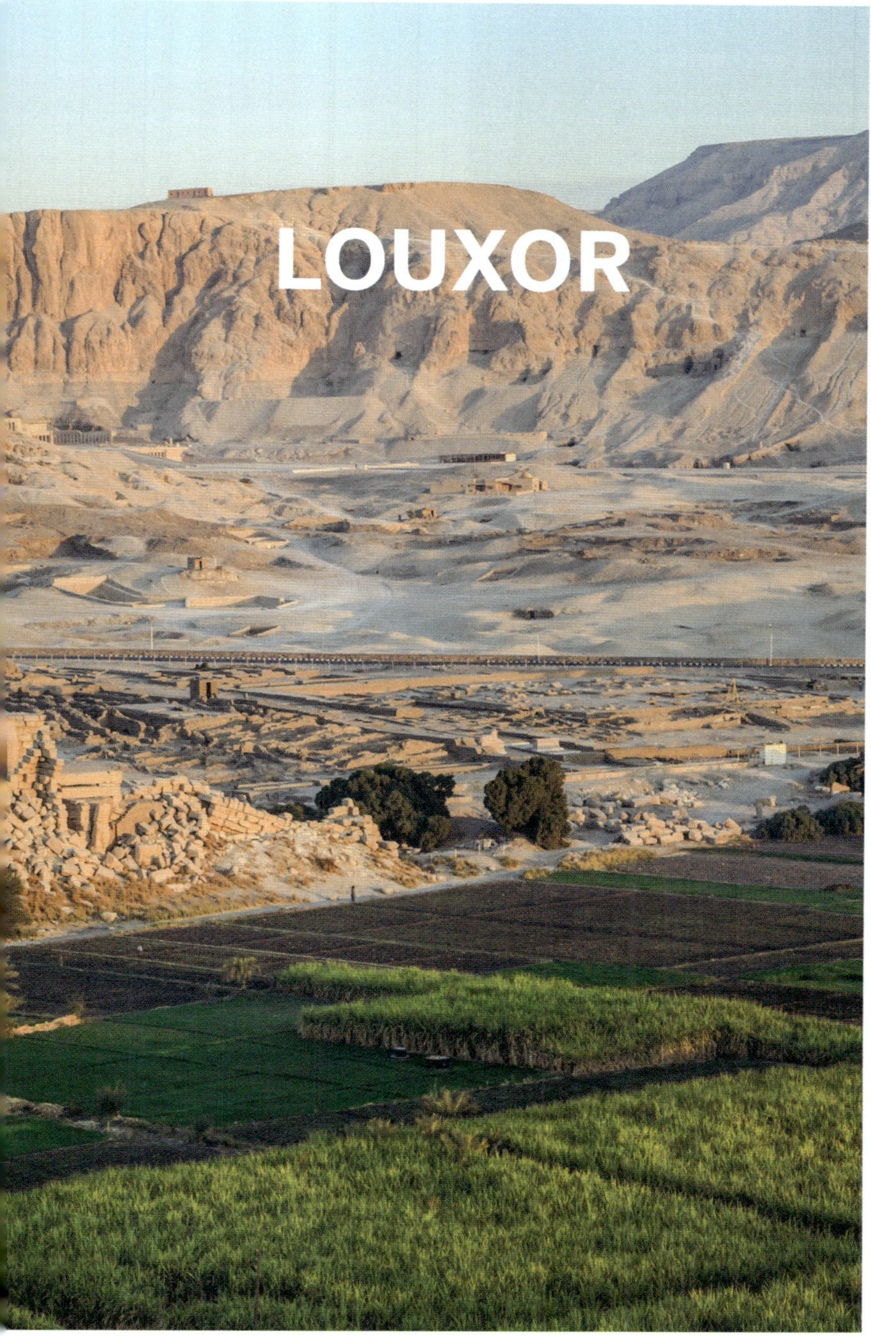

Rive ouest, Louxor

Dans ce chapitre

Karnak 104
Temple et musées de la rive est 110
Vallée des Rois 116
Temples et monuments
de la rive ouest 122
À voir 126
Activités 130
Circuits organisés 134
Achats 134
Où se restaurer 135
Où prendre un verre et faire la fête .. 137

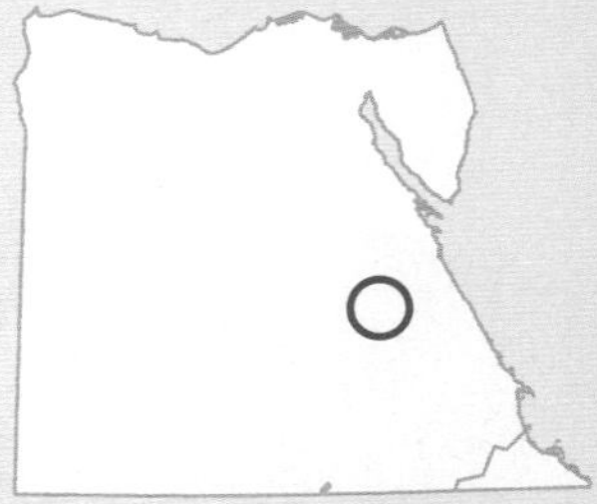

Louxor

On qualifie souvent Louxor de plus grand musée à ciel ouvert du monde : c'est peu dire pour décrire ce lieu extraordinaire. Aucun endroit ne rivalise avec les monuments de la Thèbes antique, uniques par leurs dimensions et par leur splendeur.

Dans un cadre époustouflant, le Nil s'écoule entre les somptueux temples de la rive est où s'étale la ville moderne et la vaste nécropole de la rive ouest enserrée par la mystérieuse montagne thébaine. Des deux côtés, ce ne sont que merveilles et beauté.

Louxor en 1 jour

Débutez la journée sur la rive est par une visite (très) matinale des **temples de Karnak** (p. 104). Gagnez ensuite la rive ouest du fleuve pour vous enfoncer dans la **Vallée des Rois** (p. 116) aux multiples tombeaux royaux. Après un déjeuner au **Hatshepsut Restaurant** (p. 138), partez explorer le **temple d'Hatshepsout** (p. 125) et **Médinet Habou** (p. 122). De retour sur la rive est, profitez de la nuit tombante pour visiter le **temple de Louxor** (p. 110).

Louxor en 2 jours

Si vous bénéficiez de deux jours sur place, dédiez chacun d'eux à l'une puis à l'autre des rives du Nil. Visitez les **temples de Karnak** (p. 104) puis le **musée de la Momification** (p. 113) et celui de **Louxor** (p. 112) avant de profiter de la fin de la journée au **temple de Louxor** (p. 110).

Le lendemain, explorez toutes les richesses de la "rive des morts", entre la **Vallée des Rois** (p. 116), les **temples et monuments** (p. 122) et les **tombes des Nobles** (p. 126). Terminez par une balade en felouque face au soleil couchant, puis un dîner égyptien au **Sofra Restaurant & Café** (p. 136).

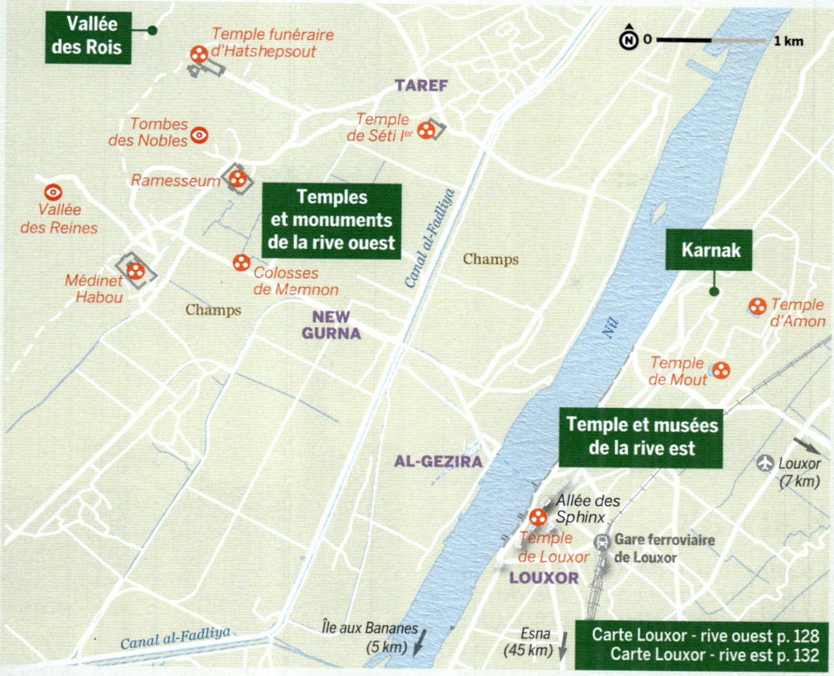

Carte Louxor - rive ouest p. 128
Carte Louxor - rive est p. 132

Comment s'y rendre

De l'**aéroport de Louxor**, à l'est, la course en taxi jusqu'au centre-ville coûte autour de 100 £E. Mieux vaut demander à votre hébergement d'organiser le transfert.

Depuis la **gare ferroviaire** et les **terminus des bus**, la course jusqu'au centre est facturée 25-35 £E.

Où se loger

D'un excellent rapport qualité/prix, les hôtels de la rive ouest présentent deux avantages : le calme et la possibilité d'authentiques rencontres avec les habitants. Sur la rive est, plus active, les établissements de catégorie moyenne sont bien équipés et pratiquent des prix attractifs.

Évitez de souscrire aux propositions des rabatteurs à votre descente du train ou du bus. Et sachez que votre transfert de l'aéroport ou de la gare est souvent gracieusement offert (ou facturé trois fois rien) par les adresses petits budgets ou de milieu de gamme.

Sanctuaire de Karnak

Karnak

Le sanctuaire de Karnak est un gigantesque ensemble de temples, chapelles, cours, salles, pylônes et obélisques dédiés à la triade thébaine. Mais également à la gloire des pharaons.

Pour ceux qui aiment...

Infos pratiques

Karnak (☎095-238-0270 ; Sharia Maabad al-Karnak ; tarif plein/étudiant 120/60 £E, musée en plein air inclus 150/75 £E ; 🕑6h-18h ; P)

★ Bon à savoir

C'est tôt le matin ou en fin d'après-midi que la lumière est la plus belle et que le site est le plus calme.

LEONID ANDRONOV/STOCK.ADOBE.COM ©

Principal lieu de culte sous le Nouvel Empire, Karnak n'a cessé d'être bâti, agrandi, démantelé, restauré et orné sur plus d'un millénaire et demi. Résidence terrestre d'Amon-Rê, dieu local devenu la divinité majeure d'Égypte, Karnak réunit en fait trois enceintes sacrées : celles d'Amon, de son épouse Mout et de son fils Khonsou.

Enceinte du temple d'Amon

Plus vaste édifice religieux jamais construit, le temple d'Amon employait à son apogée 81 000 personnes et possédait 421 000 têtes de bétail, 65 cités, 83 navires et 276 400 hectares de terres agricoles.

Pour les grandes cérémonies, une nef sacrée s'amarrait au **quai d'Amon** pour porter en procession jusqu'à Louxor ou sur l'autre rive la barque sacrée abritant la statue du dieu. À l'est de l'embarcadère, la procession avait quitté le temple par la majestueuse **allée des Sphinx à tête de bélier**, après avoir franchi l'imposant premier pylône, construit tardivement sous le règne de Nectanébo Ier (XXXe dynastie, voir p. 258) et resté inachevé.

Grande cour

Le **premier pylône** donne sur la grande cour, le plus vaste espace du sanctuaire. À gauche, les trois petites chapelles du **temple de Séti II** accueillaient un moment les barques sacrées d'Amon, Mout et Khonsou avant leur sortie pour la fête d'Opet. À droite (angle sud-est) s'ouvre le **temple de Ramsès III**. Au centre, la colonne à chapiteau papyriforme (21 m) et un petit autel d'albâtre sont les seuls vestiges du kiosque de Taharqa, pharaon nubien de la XXVe dynastie.

Allée des Sphinx à tête de bélier

La construction du **deuxième pylône** débuta sous Horemheb, dernier pharaon de la XVIIIe dynastie, et se poursuivit sous Ramsès Ier et Ramsès II, lequel fit encadrer l'entrée par trois colosses de granit rose à son effigie (il n'en reste que deux).

Grande salle hypostyle

Derrière le deuxième pylône se cache une gigantesque forêt de 134 immenses colonnes papyriformes supportant le toit qui couvrait les 5 500 m² de la grande salle hypostyle. Leur forme de papyrus évoque les marais si nombreux le long du Nil. Initiée par Ramsès Ier, la construction se déroula sous Séti Ier et Ramsès II. Les reliefs de la partie nord (sculptés sous Séti Ier) dépassent en finesse ceux de la partie sud (ajoutés par Ramsès II). Sur les parois extérieures, des scènes illustrent les exploits militaires (dont la bataille de Qadesh) et la puissance du pharaon.

☑ Ne ratez pas

Le spectacle son et lumière (✆02-3385-7320 ; www.soundandlight.com.eg ; 100 £E, caméra 35 £E ; ⌚ hiver 19h, 20h et 21h, été 20h, 21h et 22h) **plutôt kitsch présente l'avantage de donner accès de nuit au temple superbement éclairé.**

Grande salle hypostyle

PABLO CHARLÓN/GETTY IMAGES ©

Temple intérieur

Passé le quatrième pylône, on atteint la **salle hypostyle de Thoutmosis III** bâtie en bois précieux par Thoutmosis Ier et à laquelle Thoutmosis III ajouta 14 colonnes et un toit de pierre. Dans la cour, la reine Hatshepsout fit ériger deux superbes obélisques de 30 m à la gloire d'Amon, son "père". Si la partie supérieure du second gît désormais près du lac sacré, l'**obélisque d'Hatshepsout** resté en place est le plus haut d'Égypte. Son sommet était initialement recouvert d'électrum (alliage courant d'or et d'argent).

Cœur du temple, le **sanctuaire d'Amon**, salle sombre où se dressait la statue du dieu hissé sur sa barque sacrée, fut construit sous Thoutmosis III. Détruit lorsque le temple fut mis à sac par les Perses, il fut reconstruit en granit par le successeur et demi-frère d'Alexandre le Grand, Philippe Arrhidée (323-317 av. J.-C.).

Allée des Sphinx

La ville a décidé de dégager les 3 km de l'**allée processionnelle antique** reliant Karnak au temple de Louxor (carte p. 132). La plupart des bâtiments recouvrant les sphinx ont été démolis, dont certains immeubles emblématiques du développement de la ville aux XIXe et XXe siècles. Si l'objectif est de dégager entièrement ce qu'on appelle le *dromos*, on ignore encore combien de visiteurs seront prêts à le parcourir de bout en bout !

À l'est se situe la plus ancienne partie connue de Karnak : la **cour du Moyen Empire**, où ont été mises au jour les fondations d'un sanctuaire édifié sous Sésostris Ier. Du côté nord de la cour, le **mur des Registres** tient le compte des tributs que le pharaon exigeait de ses vassaux.

Grande salle d'apparat de Thoutmosis III

La cour du Moyen Empire débouche sur la grande salle d'apparat de Thoutmosis III. Cette structure inhabituelle aux colonnes de pierre sculptées en forme de piquets de tente évoque peut-être le campement du pharaon lors de ses fréquentes expéditions militaires à l'étranger. Au-delà, le vestibule à colonnade appelé "Jardin botanique" est tapissé de magnifiques bas-reliefs illustrant les espèces végétales et la faune de Syrie et de Palestine admirées par le pharaon lors de ses campagnes.

Deuxième axe de l'enceinte du temple d'Amon

La cour qui s'étend entre la grande salle hypostyle et le **septième pylône** construit par Thoutmosis III porte le nom de **cour de la Cachette** depuis qu'on y découvrit en 1903 des centaines de statues et des milliers d'objets devenus de "vieux meubles" et dont les prêtres se débarrassèrent vers 300 av. J.-C. en les enfouissant là. La plupart des statues ont été envoyées au Musée égyptien du Caire, mais quelques-unes se tiennent toujours devant le septième pylône. Sur la gauche, quatre d'entre elles représentent Thoutmosis III.

Détails de bas-reliefs

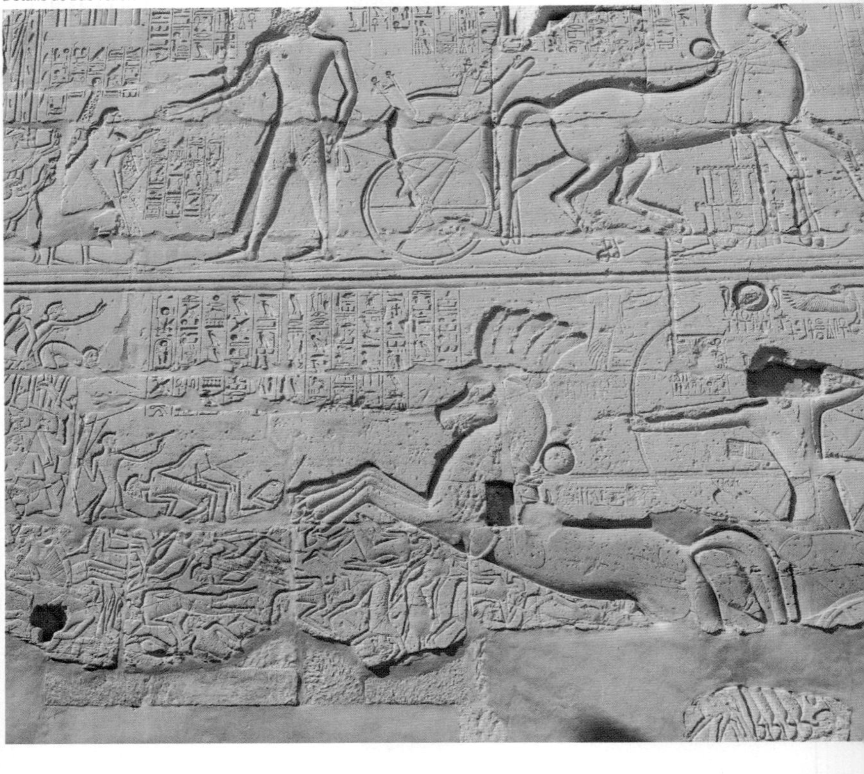

Édifié par la reine Hatshepsout et bien conservé, le **huitième pylône**, l'un des premiers construits à Karnak, constitue l'élément le plus ancien de l'axe nord-sud. Il porte une inscription, faussement attribuée à Thoutmosis Ier, justifiant l'accession d'Hatshepsout au trône.

À l'est de ces deux pylônes s'étend le **lac sacré** où, si l'on en croit Hérodote, les prêtres d'Amon venaient se purifier jour et nuit. Au nord-ouest du lac, on découvre le sommet du second obélisque de granit rose (brisé) d'Hatshepsout, ainsi qu'un énorme scarabée en pierre dédié par Aménophis III à Khepri, l'une des formes du dieu soleil.

Dans l'angle sud-ouest de l'enceinte du site, au nord de la porte d'Évergète se dresse le **temple de Khonsou**, dieu de la Lune, et fils d'Amon et de Mout.

Obélisque d'Hatshepsout

Essentiellement bâti sous Ramsès III, il fut ensuite agrandi par d'autres Ramessides. Passé l'allée de sphinx et le pylône, une cour péristyle mène à une salle hypostyle de huit colonnes gravées de représentations de Ramsès XI et du grand prêtre Hérihor, qui régnait alors sur la Haute-Égypte, puis au sanctuaire de la barque sacrée de Khonsou.

Enceinte du temple de Mout

Une allée de sphinx part du **dixième pylône** pour rejoindre, au sud de Karnak, l'enceinte, partiellement mise au jour, du temple de Mout (tarif plein/étudiant 40/20 £E). Édifié par Aménophis III, le sanctuaire de l'épouse d'Amon compte deux cours, une salle hypostyle et le naos (sanctuaire).

Le pharaon avait également érigé plus de 700 statues en granit noir de Sekhmet, la déesse à tête de lionne, équivalent de Mout dans le Nord. Elles formaient peut-être une sorte de calendrier, deux statues recevant matin et soir des offrandes. La grande allée des sphinx entre le temple de Louxor et le sanctuaire de Karnak débouche face au temple de Mout.

Musée en plein air

À gauche (au nord) de la première cour de l'enceinte du temple d'Amon, le musée en plein air de Karnak (plein tarif/étudiant 60/30 £E, temple de Karnak inclus 150/75 £E ; ⏲été 6h-17h30, hiver 6h-16h30) mérite la visite. Au nombre des édifices reconstitués ici : la **chapelle blanche de Sésostris Ier**, l'un des plus beaux et anciens monuments de Karnak, notamment par ses magnifiques bas-reliefs du Moyen Empire ; la **chapelle rouge d'Hatshepsout**, dont les blocs de quartzite rouge ont été réassemblés en 2000 ; et la **chapelle d'albâtre d'Aménophis Ier**.

★ Bon plan

Pensez au billet combiné pour le **musée en plein air** lorsque vous réglez votre entrée à la billetterie du temple d'Amon.

Temple de Louxor

Temple et musées de la rive est

Au cœur de l'agitation citadine, le sublime temple de Louxor offre un authentique moment de grâce. À prolonger au riche musée de Louxor, remarquable tant par ses collections que par sa muséographie et ses explications.

Pour ceux qui aiment...

☑ **Ne ratez pas**

Au musée de Louxor, des présentations multimédias expliquent la transformation du papyrus en support pour l'écriture.

Temple de Louxor

Les deux grands pharaons du Nouvel Empire, Aménophis III (1390-1352 av. J.-C.) et Ramsès II (1279-1213 av. J.-C.) présidèrent à la construction du temple de Louxor (carte p. 132 ; ☎095-237-2408 ; Corniche An-Nil ; tarif plein/étudiant 100/50 £E ; ⏲6h-21h), ce "sanctuaire sud" consacré, tout comme Karnak, au dieu Amon-Rê. Une fois l'an, lors de la fête d'Opet, les statues d'Amon, Mout et Khonsou descendaient en procession l'**allée des Sphinx** (p. 107) depuis Karnak pour être réunies dans ce temple lors de la crue du Nil.

Le magnifique ensemble que l'on découvre aujourd'hui a été réinvesti après son déclin : les Romains l'ont ceint d'un fort militaire ; au XIVe siècle, une mosquée fut érigée dans l'une des cours

Infos pratiques

Deux solutions pour visiter le temple de Louxor : dès l'ouverture, avant l'arrivée de la foule, ou tard, quand le soleil couchant rosit les pierres.

Une petite faim ?

L'**Oasis Palace Cafe** (p. 136) offre un cadre intime et un bon choix de plats.

★ Bon plan

Quel que soit votre choix pour visiter le temple, revenez-y à la nuit tombée, quand le jeu d'ombres et de lumières créé par les projecteurs plonge le site dans une ambiance irréelle.

intérieures ; et la ville s'y est installée... Depuis 1885, les fouilles restituent sa parfaite structure.

Au bout de l'allée des Sphinx, le gigantesque **premier pylône** (24 m de haut) dressé sous Ramsès II célèbre ses exploits militaires, notamment la bataille de Qadesh. Sur les six statues colossales du pharaon, encadrant l'entrée, seules trois (deux assises et une debout) subsistent. L'obélisque de granit rose placé en avant a perdu son jumeau, dressé place de la Concorde, à Paris. Derrière le pylône s'ouvre la **grande cour de Ramsès II**, ceinte d'une double rangée de colonnes à chapiteaux papyriformes fermés. Les reliefs des murs représentent le pharaon faisant des offrandes aux dieux. Adossée au pylône sur la droite en entrant, la chapelle des trois barques sacrées est antérieure à Ramsès II.

Au-delà de la cour, on pénètre sous la splendide **colonnade d'Aménophis III**. Les murs des deux côtés, décorés sous le règne du jeune Toutankhamon, célèbrent le retour à l'orthodoxie thébaine après le règne hérétique d'Akhenaton (voir p. 249). Des scènes vivantes et détaillées représentent la fête d'Opet avec sa grande procession, à laquelle se joignent le pharaon, la noblesse et le peuple.

Au sud de la colonnade, on accède à la **cour du Soleil d'Aménophis III**, jadis fermée sur trois côtés par une double rangée de colonnes papyriformes. Les mieux conservées, encore dotées de leur architrave, se dressent sur les côtés est et ouest.

Viennent ensuite la **salle hypostyle**, première pièce du temple d'origine, et ses quatre rangées de huit colonnes. Lui succèdent les salles principales du temple, dont la pièce centrale (au sud de la salle hypostyle) était le **sanctuaire d'Amon** (reconverti au IIIe siècle par les

Romains qui recouvrirent les murs de stuc et y peignirent leurs dirigeants), encadré de part et d'autre par les chapelles de Mout et de Khonsou. Suit une antichambre à quatre colonnes – lieu d'offrandes à Amon – donnant accès au **sanctuaire de la barque d'Amon**, qu'Alexandre le Grand fit reconstruire avec des bas-reliefs le représentant en pharaon.

Côté est, une porte mène à la "**salle de naissance**" (divine) d'Aménophis III, dont les reliefs figurent la conception, lorsque les doigts d'Amon touchent ceux de la reine et que sa "rosée pénètre son corps", selon les hiéroglyphes explicatifs. La dernière salle, le **sanctuaire d'Aménophis III**, conserve des vestiges du socle de pierre où trônait une statue d'Amon.

Musée de Louxor

Moment clé de votre voyage que la visite de ce musée de Louxor (carte p. 132 ; Corniche An-Nil ; tarif plein/étudiant 120/60 £E ; 9h-14h et 17h-21h) dont les collections et les explications éclaireront parfaitement votre découverte des sites.

La **galerie du rez-de-chaussée** expose plusieurs chefs-d'œuvre, dont un bas-relief en calcaire de Thoutmosis III, bien conservé ; une splendide statue en grauwacke (sorte de schiste vert) du même pharaon trouvée à Karnak ; un albâtre figurant Amenophis III sous la protection du dieu-crocodile Sobek ; et l'une des rares œuvres de l'Ancien Empire exhumées à Thèbes : un bas-relief provenant du tombeau d'Ounas-Ankh.

Inaugurée en 2004, la **nouvelle aile** a été construite pour accueillir deux pièces

Salle du musée de Louxor

d'exception marquant l'apogée de Thèbes sous le Nouvel Empire. Exposées sans bandelettes et très faiblement éclairées, ce sont la momie du pharaon Ahmosis Ier (fondateur de la XVIIIe dynastie) et celle supposée de Ramsès Ier (fondateur de la XIXe dynastie et père de Séti Ier).

Dans l'ancien bâtiment, la rampe menant au **1er étage** débouche sur une représentation en granit du célèbre scribe Amenhotep, fils d'Hapou, qui supervisa la construction de certains des plus grands monuments de Thèbes. Parmi les pièces les plus intéressantes figure le mur d'Akhenaton, une série de petits blocs de grès appelés *talatat* ("trois") par les ouvriers. Il fut érigé dans le temple de Karnak par Aménophis IV avant que le pharaon ne prît le nom d'Akhenaton et n'abandonnât Thèbes pour Tell el-Amarna.

La rampe vers le **rez-de-chaussée** vous conduit près d'une tête en bois noir et or de la déesse-vache Mehit-Weret (l'une des représentations de la déesse Hathor), trouvée dans la tombe de Toutankhamon.

À gauche, juste avant la sortie, une **petite salle** abrite 16 des 22 statues découvertes par hasard en 1989 dans la cour d'Aménophis III du temple de Louxor. Ce sont de splendides illustrations de la maîtrise incomparable acquise par les sculpteurs égyptiens, la place d'honneur revenant, au fond de la salle, au magnifique Aménophis III (2,45 m de haut) impeccablement musclé et vêtu du pagne plissé, statue quasi intacte de quartzite qui semble marcher vers vous.

L'embaumement

Dans l'Antiquité, les Égyptiens étaient les maîtres incontestés de cette technique éminemment complexe de conservation des cadavres (voir plus en détail p. 261).

Musée de la Momification

Installé dans l'ancien centre d'accueil des visiteurs, sur la Corniche, le musée de la Momification (carte p. 132 ; Corniche An-Nil ; tarif plein/étudiant 80/40 £E ; 9h-14h) présente une exposition didactique bien conçue sur l'art de l'embaumement. Y est exposée la momie de Maserharti, grand prêtre d'Amon sous la XXIe dynastie, ainsi que nombre de momies d'animaux. Instruments et substances employés pour l'embaumement, vases canopes destinés aux viscères, objets nécessaires au séjour du défunt dans l'au-delà... toutes les étapes et rites funéraires sont évoqués, avec quelques superbes sarcophages peints. Dans l'entrée trône une belle statue d'Anubis, le dieu à tête de chacal, divinité des embaumeurs, qui aida Isis à embaumer Osiris (son frère et époux), faisant de lui la première momie.

Louxor rive ouest

Sans garantie d'échapper aux foules de touristes comme aux rabatteurs, une visite la plus matinale possible de la Vallée des Rois vous évitera de trop souffrir de la chaleur, souvent étouffante. En chemin vers la billetterie, arrêtez-vous devant les **Colosses de Memnon** **1**, sentinelles placées à l'entrée du temple d'Aménophis III (fouilles en cours). Après la visite des tombeaux de la **Vallée des Rois**, contournez la montagne pour rejoindre l'impressionnant **temple d'Hatshepsout** **2** et ses immenses terrasses. En grande partie reconstruit, il reste le meilleur exemple d'architecture égyptienne classique à Louxor.

Plus au sud, les montagnes thébaines sont criblées de milliers d'entrées de tombeaux. Les **tombes des Nobles** **3**, dans l'ancien village de Gourna, tout comme les proches **tombes des Artisans** **4** à Deir al-Medina diffèrent beaucoup des sépultures royales tant par leur architecture que par leur décor intérieur. Les scènes du quotidien y sont bien plus poignantes que celles des tombes royales, plus hiératiques.

Dans l'après-midi, redescendez à la frontière entre désert et cultures pour visiter les monuments royaux. Au sein du grand temple de Ramsès II, le **Ramesseum**, gît sa colossale statue brisée. Puis, lorsque la lumière s'adoucit, ralliez **Médinet Habou** **5**, le temple funéraire de Ramsès III qui n'a presque rien perdu de sa splendeur. Dernier grand monument impérial bâti sous le Nouvel Empire, il affiche le récit détaillé (et parfois exagéré) du règne du pharaon.

BONS PLANS

- Prévoyez une bonne journée, voire plus, pour la visite.
- Les billets pour tous les sites, à l'exception de la Vallée des Rois, s'achètent à la billetterie.
- Prévoyez chapeau, écran solaire et beaucoup d'eau.
- Il est interdit de photographier l'intérieur des tombes, mais pas l'extérieur, souvent magnifique.

Médinet Habou
Plafonds et colonnes ont ici gardé trace des couleurs vives que revêtait le temple. Un décor vieux de 3 000 ans qu'a contribué à protéger l'occupation postérieure du site par les premiers chrétiens qui construisirent à l'intérieur maisons et chapelles (depuis détruites) en terre crue.

Colosses de Memnon
Les Grecs voyaient en eux Memnon, mais ces colosses gardaient l'entrée du plus grand temple funéraire de la rive ouest, celui d'Aménophis III. Il fait l'objet d'une vaste campagne de fouilles initiée au début des années 2000.

Tombes des Artisans (Deir al-Medina)

Vous vous demandez ce que faisaient les ouvriers de la nécropole thébaine de leur temps libre ? Certains se creusaient une tombe pour la décorer de tout ce qu'ils n'avaient pas eu dans la vie. Et tout cela est d'une fraîcheur incomparable.

Temple d'Hatshepsout

Le temple funéraire d'Hatshepsout ne ressemble à aucun autre à Louxor. Précédé de trois terrasses et adossé à la montagne de la Vallée des Rois, il devait impressionner tout autant que la reine elle-même.

Village de Gourna

Au début des années 2000, l'État égyptien a décidé de supprimer les dernières maisons du vieux Gourna pour pouvoir fouiller les tombes sous-jacentes. Les habitants récalcitrants ont été relogés au nouveau village de Gourna, en partie construit dans les années 1950 par l'architecte Hassan Fathy, précurseur du retour à la construction ancestrale en briques crues.

Décoration funéraire, Vallée des Rois

Vallée des Rois

Dans la "Grande Nécropole des millions d'années du Pharaon", dit aussi "Lieu de vérité", les pharaons du Nouvel Empire (1550-1069 av. J.-C.) ont décidé d'enfouir leurs dernières demeures au fond de profonds hypogées. 63 magnifiques tombeaux à l'abri de cette Vallée des Rois où le soleil, symbole de l'au-delà, est censé résider.

Pour ceux qui aiment...

Infos pratiques

Vallée des Rois (Wadi Biban al-Muluk ; carte p. 128 ; www.thebanmappingproject.com ; tarif plein/étudiant pour 3 tombes 160/80 £E ; 6h-17h, fermeture billetterie 16h)

★ Bon à savoir

Les tombes sont ouvertes alternativement afin de limiter les détériorations dues au souffle (carbone et humidité) des trop nombreux visiteurs. Une sélection en est présentée aux pages suivantes.

Tombe de Ramsès IV (KV 2)

Les plans prévoyaient bien plus grand, mais la mort prématurée de Ramsès IV (1147 av. J.-C.) avant son achèvement a réduit l'hypogée à 89 m. Ce qui devait être la salle hypostyle est devenue la chambre funéraire. Le massif sarcophage en granit rouge, vide, n'a pas bougé, sous le bleu profond du plafond où est figurée la déesse Nout. Proche de l'entrée de la vallée, cette tombe fut pillée dès l'Antiquité, occupée (on y trouve des graffitis grecs, romains et coptes) et même utilisée comme logement de fortune aux XVIIIe et XIXe siècles.

Tombe de Ramsès VI (KV 9)

Commencée par Ramsès V, la tombe de Ramsès VI (tarif plein/étudiant 80/40 £E ; 6h-17h) est l'une des plus spectaculaires de la vallée, de par la multiplicité de ses couloirs et puits, et surtout de la beauté de son décor. Une vraie merveille, recouverte en grande partie de hiéroglyphes et de peintures intactes.

Une splendide double image de Nout encadrée par les Livres du jour et de la nuit orne le plafond. Cette scène nocturne noir et or représente la déesse du Ciel avalant le soleil chaque soir pour l'enfanter chaque matin dans un cycle infini de renaissances destiné à ranimer les âmes des pharaons défunts. Les murs sont couverts de belles représentations de Ramsès VI avec diverses divinités et de scènes du Livre de la Terre, évoquant la progression du dieu-soleil à travers la nuit, les divinités qui l'aident et les forces des ténèbres qui tentent de l'empêcher d'atteindre l'aube.

Vallée des Rois

Tombe de Ramsès III (KV 11)

L'état de préservation exceptionnel et la beauté du décor attirent un maximum de visiteurs ici. Initiée par Sethnakht (1186-1184 av. J.-C.), sa construction fut abandonnée lorsque les ouvriers débouchèrent dans la salle du puits d'une autre tombe (KV 10). Les travaux reprirent sous Ramsès III (1184-1153 av. J.-C.), dernier pharaon guerrier. Le couloir fut alors dévié vers la droite, puis sur la gauche, s'enfonçant profondément (125 m en tout) dans la montagne jusqu'à une superbe chambre funéraire à huit colonnes.

Les scènes des bas-reliefs qui ont conservé en partie leurs couleurs présentent les textes rituels traditionnels (Litanies de Rê, Livre des portes, etc.) et Ramsès devant les dieux. Les petites chambres bordant le couloir d'accès sont décorées de scènes profanes inhabituelles : tribut des peuples étrangers (tel le détail des poteries importées de l'Égée), arsenal royal, bateaux et ces harpistes aveugles de la dernière salle qui expliquent le surnom de "tombe des Harpistes".

★ Bon plan

Un *tuf-tuf* (petit train électrique) transporte les visiteurs du centre d'accueil aux tombes (il fait parfois très chaud en été). Comptez 4 £E.

Tombe d'Horemheb (KV 57)

Général de Toutankhamon, Horemheb fut ensuite le pharaon qui restaura le culte d'Amon. Son tombeau est orné de superbes décorations, dont les premiers bas-reliefs réalisés dans la vallée. Longue de 128 m, cette sépulture présente un plan linéaire sans angle droit, ce qui est inédit pour l'époque.

De l'entrée, un escalier et un passage très raides mènent à une salle du puits dont le splendide décor montre Horemheb devant les dieux. Remarquez la perruque rayée bleu et noir d'Hathor et la couronne de lotus du jeune dieu Néfertoum se détachant sur un fond gris-bleu. La chambre funéraire, soutenue par six piliers, est ornée d'extraits du Livre des portes – une première dans la vallée. En partie inachevée, elle témoigne des différentes étapes de la décoration : les motifs étaient dessinés en noir sur un quadrillage tracé à l'encre rouge, avant d'être gravés et peints. Le sarcophage en granit rouge, sculpté de déesses protectrices aux ailes déployées, est toujours dans la tombe, mais la momie du pharaon a disparu.

ℹ Infos pratiques

Il faudra prendre des **billets d'entrée séparés** pour visiter les tombeaux de Ramsès VI, d'Aÿ, de Toutankhamon et de Seti Ier.

Tombe d'Aménophis II (KV 35)

Fils du grand Thoutmosis III, Aménophis II (aussi appelé Amenhotep II et mort vers 1400 av. J.-C.) régna 26 ans, ce qui laissa le temps aux ouvriers de creuser cette vaste (91 m de long) et complexe sépulture, l'une des constructions les plus profondes de la vallée. Plus de 90 marches mènent à la passerelle moderne placée au-dessus du "puits" censé protéger les salles inférieures des voleurs (en vain) et des crues subites.

Une salle à six piliers ouvre sur l'immense chambre funéraire au plafond constellé d'étoiles et aux murs déroulant, tel un gigantesque papyrus, le texte du Livre d'Amdouat. Si le tombeau présente surtout des personnages dessinés au trait, il est aussi le premier de la vallée à être orné de silhouettes plus arrondies, notamment sur les piliers de la chambre funéraire où figure le pharaon devant Osiris, Hathor et Anubis. Unique en son genre, la chambre funéraire comporte deux niveaux : des piliers occupent le niveau supérieur, celui du bas contient le sarcophage.

Tombe de Thoutmosis III (KV 34)

Thoutmosis III (1479-1425 av. J.-C.) cultivait le secret et son tombeau se découvre au prix d'une ascension aussi raide que la descente qui s'ensuit. Le "Napoléon de l'Égypte antique" choisit pour dernière demeure l'endroit le plus inaccessible, le dotant de passages aux angles surprenants et de fausses portes pour dérouter ou piéger les voleurs éventuels.

Le puits, que franchit aujourd'hui une étroite passerelle, conduit à une antichambre soutenue par deux colonnes

Intérieur de la tombe de Ramsès VI

JAKUB KYNCL/SHUTTERSTOCK ©

et aux murs ornés d'une liste de plus de 700 dieux et demi-dieux. Ce fut la première tombe peinte de la vallée, et ses parois ressemblent à des versions géantes de papyrus funéraire, avec des scènes peuplées de silhouettes simplement dessinées au trait. La chambre funéraire, ovale et aux murs incurvés, abrite le sarcophage en quartzite du pharaon, taillé en forme de cartouche.

☑ Faites l'impasse ?

Malgré son fabuleux trésor – exposé au Musée égyptien du Caire –, la tombe de Toutankhamon (tarif plein/étudiant 200/100 £E ; 6h-17h), dont les décorations sont très abîmées, est l'une des moins impressionnantes de la Vallée des Rois.

Guide local et ses ânes

DAVID ELSE/GETTY IMAGES ©

Tombe de Séti Ier (KV 17)

Le plus spectaculaire des tombeaux de la Vallée des Rois a des allures de cathédrale. Longtemps fermé, le tombeau de Séti Ier (1 000 £E ; 6h-17h) a réouvert. Son accès est onéreux, mais son décor et sa structure exceptionnels méritent la dépense.

Après la confusion causée par le règne d'Akhenaton, le règne de Séti Ier fut un âge d'or, marquant un retour aux traditions artistiques de l'Ancien Empire, dont les plus beaux exemples sont visibles à Abydos (p. 156) et dans la présente tombe. Ses murs sont couverts d'extraits magnifiques de nombreux textes anciens (Litanies de Rê, Livre des morts, Livre des portes, Livre de la vache céleste...). Le sarcophage, l'un des plus finement sculptés d'Égypte, est conservé au Sir John Soane's Museum de Londres, tandis que deux bas-reliefs peints figurant Séti et Hathor se trouvent au Louvre de Paris et au Musée archéologique de Florence.

Tombe d'Aÿ

Dans la chambre funéraire de ce tombeau (tarif plein/étudiant 40/20 £E ; 6h-17h), on voit le bref successeur de Toutankhamon, Aÿ (1327-1323 av. J.-C.) chassant l'hippopotame et pêchant dans les marais, et, sur une paroi, 12 babouins symbolisant les 12 heures de la nuit. Proche du pharaon "hérétique" Akhenaton et fidèle du dieu unique Aton imposé par ce dernier, Aÿ quitta Tell el-Armana et accompagna le jeune Toutankhamon dans son retour aux traditions thébaines, mais il resta considéré comme très "armanien".

On accède au tombeau par une piste sinueuse qui part du parking de la Vallée des Rois et traverse sur près de 2 km une gorge déserte et d'abruptes falaises rocheuses. Un parcours qui mérite à lui seul le détour !

Une petite faim ?

Sur la route de la Vallée des Rois, on peut acheter des boissons non alcoolisées, des glaces et des en-cas.

Ramesseum

Temples et monuments de la rive ouest

Dans la campagne luxuriante, entre champs de canne à sucre vert vif bordés de canaux et hameaux aux maisons colorées, se dressent de splendides temples funéraires. C'est là que prêtres et sujets se prêtaient avec dévotion au culte de Pharaon.

Pour ceux qui aiment...

☑ Ne ratez pas

Tout au nord de la nécropole thébaine, le **temple de Seti Ier** (carte p. 128 ; tarif plein/étudiant 60/30 £E ; h6h-17h), peu visité, abrite de superbes bas-reliefs.

Colosses de Memnon

Ces deux statues monumentales sans visage appelées colosses de Memnon (carte p. 128) GRATUIT qui représentaient Aménophis III sont les premiers monuments que l'on aperçoit en arrivant sur la "rive des morts" (ouest). Dominant la plaine du haut de leurs 18 m, ces splendides colosses monolithiques de 1 000 tonnes trônaient à l'entrée est du temple funéraire du pharaon. L'édifice, qui fut jadis le plus vaste sanctuaire de la rive ouest, fait actuellement l'objet de fouilles depuis 2000. Les découvertes des égyptologues sont visibles derrière les colosses de Memnon.

Médinet Habou

Le splendide temple funéraire de Ramsès III à Médinet Habou (carte p. 128 ;

Infos pratiques

Passé les colosses de Memnon en venant du Nil, on atteint la **billetterie de l'Inspection des antiquités** (carte p. 128 ; route principale, à 3 km de l'embarcadère vers l'intérieur des terres ; 6h-17h), où l'on acquiert les tickets d'entrée aux monuments.

Une petite faim ?

Le **Café & restaurant Maratonga** (p. 138) est idéal pour prendre une boisson fraîche ou déjeuner avant de visiter Médinet Habou.

Bon à savoir

Prévoyez de la petite monnaie (10 ou 20 £E), de quoi vous faire ouvrir une porte ou éclairer une peinture notable.

tarif plein/étudiant 40/20 £E ; 6h-17h) fut l'un des premiers sites de Thèbes associé au culte du dieu Amon.

Édifié par Hatshepsout et Thoutmosis III, le premier **temple d'Amon** qui s'y trouvait fut totalement occulté par l'énorme **temple funéraire de Ramsès III**, monument dominant de Médinet Habou. Une chapelle datant du règne d'Hatshepsout subsiste toutefois sur la droite, une fois passée l'enceinte extérieure.

Pour construire son sanctuaire, Ramsès III s'inspira du Ramesseum (p. 124) de son illustre ancêtre, Ramsès II. Une enceinte aux murs massifs entoure l'ensemble, dont le temple, plus modeste, dédié à Amon.

On pénètre dans le site par une unique entrée, la **porte de Syrie**, grand bâtiment de deux étages construit sur le plan d'une forteresse syrienne. Ornée de représentations du pharaon terrassant ses ennemis, elle honore les célèbres batailles menées contre les Hittites, notamment sous le règne de Ramsès II. En suivant le mur sur la gauche, vous trouverez un escalier conduisant aux niveaux supérieurs, d'où la vue est magnifique.

Une fois entré dans l'enceinte, on remarque, à gauche de la porte de Syrie, les **chapelles funéraires des Divines Adoratrices**, à savoir les princesses prêtresses d'Amon.

Bien conservé, le **premier pylône** affiche sur ses deux massifs reliefs les exploits guerriers de Ramsès III. Entre autres campagnes victorieuses, le pharaon est représenté, au revers du pylône, terrassant les Libyens (reconnaissables à leur longue robe, leurs cheveux bouclés et leur barbe). Une scène morbide montre des scribes comptant mains et organes génitaux tranchés pour établir le nombre de captifs ou de tués.

À gauche de la **première cour** se dressent les vestiges du **palais du pharaon**, dont les trois salles à l'arrière abritaient le harem royal. Entre la première cour et le palais, la **fenêtre des Apparitions** permettait au pharaon de se montrer à ses sujets.

Sur les bas-reliefs du **second pylône**, Ramsès III présente des prisonniers de guerre à Amon et à son épouse Mout, la déesse-vautour. Des colonnades et des bas-reliefs décrivant diverses cérémonies religieuses entourent la **deuxième cour**.

Ramesseum

Ce vaste temble funéraire construit par Ramsès II (carte p. 128 ; tarif plein/étudiant 60/30 £E ; 6h-17h) est très endommagé et a subi d'importants travaux de restauration. Sa célébrité, et son charme, tient aux fragments épars de statues brisées qui inspirèrent à Shelley son poème "Ozymandias", dans lequel, face à cette preuve de la mortalité de Ramsès II, le poète anglais raille les prétentions d'immortalité du pharaon.

L'entrée des visiteurs se fait dans la **deuxième cour**, par une porte à l'angle nord-est de l'enceinte. On tourne alors à gauche pour revenir jusqu'au premier pylône. Les **premier et deuxième pylônes** s'étirent sur plus de 60 m, développant les exploits militaires du pharaon, notamment contre les Hittites. Entre les

Médinet Habou

deux, l'immense **première cour**, en ruine, possède à l'ouest une double colonnade qui marquait l'entrée du palais royal.

Près des escaliers ouest, des fragments du **colosse de Ramsès II** (celui de l'"Ozymandias" de Shelley) gisent tristement sur le sol, là où, autrefois, la statue se dressait sur 17,5 m de hauteur. La **deuxième cour** conserve la tête d'une statue en granit de Ramsès II, qui a perdu sa jumelle. Plus loin, il ne reste aujourd'hui que 29 des 48 colonnes de la **grande salle hypostyle**. Derrière, une petite salle a conservé son plafond, orné de hiéroglyphes astronomiques.

Temple funéraire d'Hatshepsout

Inscrit dans un cirque au pied de la falaise, l'ensemble funéraire d'Hatshepsout (Deir al-Bahari ; carte p. 128 ; tarif plein/étudiant

Statue d'Hatshepsout

CAMERA WITH LEGS/STOCK.ADOBE.COM ©

80/40 £E ; 6h-17h) a été maintes fois vandalisé au fil des siècles, mais les fouilles et les travaux de restauration qui se succèdent depuis 1891 ont révélé un édifice unique dans l'architecture égyptienne.

On accède au site par la **grande cour**, où des racines d'arbres datant de la construction du temple sont toujours visibles. Sur la **colonnade sud**, à gauche de la rampe, de délicats bas-reliefs décrivent le transport, des carrières d'Assouan à Thèbes, de deux obélisques commandés par la reine Hatshepsout (1473-1458 av. J.-C.). La **colonnade nord** est ornée de scènes de capture d'oiseaux.

Une large rampe mène aux deux terrasses supérieures. La **terrasse du milieu** affiche les bas-reliefs les mieux conservés. Ceux de la **colonnade nord** décrivent la naissance divine d'Hatshepsout ; tout au bout, la chapelle d'Anubis arbore un décor coloré, en bon état, montrant la reine (défigurée) et Thoutmosis III en présence d'Anubis, de Rê-Horakhty et d'Hathor. Sur la **colonnade de Pount**, à gauche de l'entrée, des bas-reliefs relatent l'expédition menée en pays de Pount pour rapporter les balsamiers qui fournissaient l'encens des cérémonies. D'étranges animaux et plantes exotiques sont représentés aux côtés d'édifices, de paysages et de peuples étrangers. À l'extrémité de cette colonnade, la **chapelle d'Hathor** se présente tel un sanctuaire creusé dans la roche précédé de deux salles hypostyles à chapiteaux hathoriques, à l'image de la déesse Hathor, représentée sur le mur ouest (éclairez-le avec une lampe torche) sous les traits d'une vache léchant la main de la reine, et de cette dernière buvant aux pis de la déesse. Sur le mur nord, un bas-relief un peu effacé montre les soldats d'Hatshepsout portant leur uniforme naval en l'honneur de la déesse. Derrière, le naos représente la reine face aux divinités.

La **terrasse supérieure** a conservé quelques-unes des 24 gigantesques statues osiriaques qui l'ornaient. Au centre, une entrée en granit rose mène au **sanctuaire d'Amon**, creusé dans la falaise.

À VOIR

Tombes des Nobles

Près de 400 tombes se nichent dans les contreforts face au Ramesseum (p 124). Datant de la VIe dynastie à la période gréco-romaine, ces **tombes des Nobles** (carte p. 128 ; 6h-17h), peu visitées, forment pourtant l'un des sites les plus intéressants de la rive ouest.

Tombes de Khonsou, Ouserhat et Benia — Tombes

(carte p. 128 ; tarif plein/étudiant 20/10 £E ; 6h-17h). La plus colorée des trois est la tombe de Benia, élevé à la cour et devenu grand trésorier sous Thoutmosis III (XVIIIe dynastie). De nombreuses scènes y représentent des tables d'offrandes croulant sous la nourriture et les boissons. Dans une niche se dresse une statue de Benia, avec ses parents (les trois visages ont été détruits).

Khonsou était premier prophète du temple funéraire de Thoutmosis III. Le vestibule de son tombeau décrit la procession de la barque de Montou, dieu de la Guerre, tirée par deux embarcations plus petites. Osiris et Anubis sont également célébrés, Khonsou leur faisant des offrandes. Le plafond est orné de vols de canards et de nids d'œufs.

Juste à côté se trouve la tombe, moins bien conservée, d'Ouserhat, prêtre sous le règne de Séti Ier (1294-1279 av. J.-C.).

Tombes de Menna, Nakht et Aménémopé — Tombes

(carte p. 128 ; tarif plein/étudiant 60/30 £E ; 6h-17h). Très colorées, les superbes peintures murales des sépultures de Menna et de Nakht dépeignent la vie rurale sous la XVIIIe dynastie, avec des scènes agricoles, de chasse, de pêche ainsi que des banquets.

Le tombeau d'Aménémopé est l'un des derniers à avoir ouvert aux visiteurs. Son sarcophage a été hissé de la chambre funéraire inférieure au couloir supérieur.

Tombes de Ramose, Ouserhat et Khaemet — Tombes

(carte p. 128 ; tarif plein/étudiant 40/20 £E ; 6h-17h). La tombe de Ramose,

Peintures dans la tombe de Ramose

gouverneur de Thèbes sous Aménophis III et vizir d'Akhenaton (XVIIIe dynastie) qui suivit le pharaon "monothéiste" à Tell el-Armana, est l'un des rares monuments remontant à cette période charnière entre deux formes de cultes religieux. Ses superbes peintures et bas-reliefs, exécutés dans deux styles différents, chacun caractéristique d'un des deux pharaons, représentent l'enterrement de Ramose et ses relations avec Akhenaton.

À côté, le tombeau d'Ouserhat, scribe royal d'Aménophis II (1427-1400 av. J.-C.), conserve un cycle de peintures étonnamment fraîches montrant le quotidien de l'époque. On y voit Ouserhat présenter des cadeaux au pharaon, un barbier couper les cheveux, une scène de vinification ou encore cette chasse où le défunt sur son char poursuit des gazelles.

La tombe de Khaemet, inspecteur des greniers et scribe à la cour d'Aménophis III, montre le défunt en train de faire des offrandes, le pharaon étant représenté sous forme de sphinx. Y sont également consignés le rite funéraire d'Osiris, la vie rurale et les tâches officielles.

Tombes de Sennefer et Rekhmirê — Tombes

(carte p. 128 ; tarif plein/étudiant 30/15 £E ; 6h-17h). Sennefer fut intendant des jardins d'Amon sous Aménophis II (1427-1400 av. J.-C.). Les éléments les plus intéressants de sa sépulture sont profondément enfouis dans la salle principale. Au plafond d'élégants rinceaux de vigne sont chargés de lourdes grappes de raisin. Aux murs et sur les piliers, des scènes aux tons chatoyants où s'activent Sennefer, son épouse, ses filles et la nourrice royale.

La tombe de Rekhmirê, vizir sous Thoutmosis III et Aménophis II, est l'une des mieux conservées de ce secteur. Sur la paroi ouest, Rekhmirê inspecte la production de métaux, de briques, de bijoux, de cuir, de meubles et de statues, parmi des ouvriers et des échafaudages. Le mur est figure des scènes de banquet.

Deir al-Medina

Deir al-Medina (carte p. 128 ; tarif plein/étudiant 80/40 £E ; 6h-17h) est un village où vivaient les artisans et ouvriers qui œuvrèrent à la Vallée des Rois. Les archéologues y ont mis au jour plus de 70 maisons et nombre de tombes.

Le décor peint raffiné de la **tombe de Sennedjem** se déploie dans deux petites pièces où l'on découvre cet artiste, ayant vécu sous Séti Ier et Ramsès II (XIXe dynastie), cultiver la terre avec sa femme, puis être momifié. Le panneau blanc central représentant Osiris avec son sceptre et son *flagellum* est d'une grande pureté de trait.

Superbement décorée, la **tombe d'Inherka** était celle d'un contremaître également de la XIXe dynastie. Quelques belles scènes domestiques figurent Inherka avec son épouse et ses enfants. Sur la gauche, se trouve la plus célèbre d'entre elles représentant un chat (symbole du dieu-soleil Rê) en train de tuer un serpent (symbole d'Aphosis, serpent du Mal) sous un arbre sacré.

Dans la **tombe d'Ipouy**, sculpteur sous le règne de Ramsès II, les scènes rituelles habituelles ont été remplacées par des représentations de l'artiste cultivant la terre ou chassant. On y voit aussi sa maison et son jardin.

La **tombe de Pachedou** est célèbre pour la représentation de cet autre contremaître de la XIXe dynastie priant sous un palmier au bord de l'eau.

Vestiges du village de Deir al-Medina

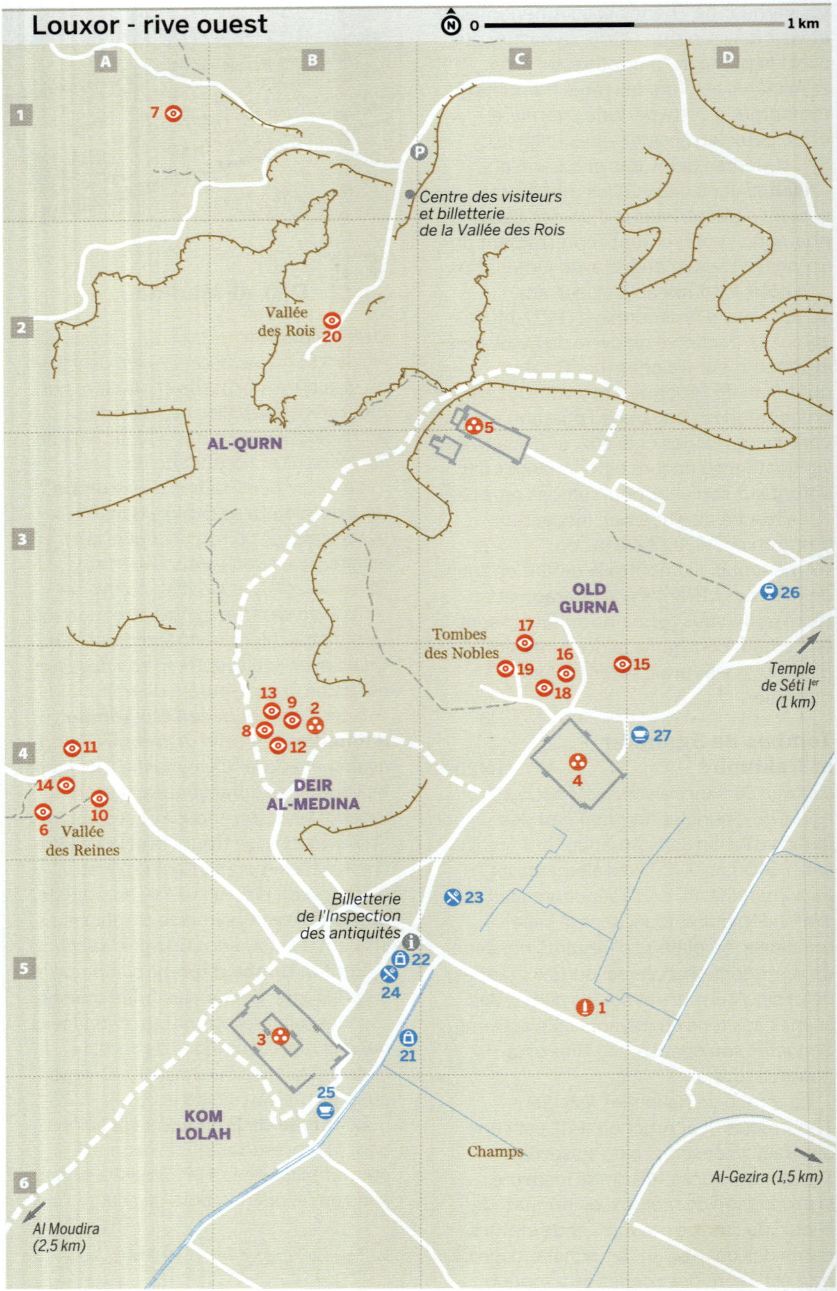
Louxor - rive ouest
0
1 km
A
B
C
D
1
2
3
4
5
6
Centre des visiteurs
et billetterie
de la Vallée des Rois
Vallée
des Rois
AL-QURN
OLD
GURNA
Tombes
des Nobles
Temple
de Séti Ier
(1 km)
DEIR
AL-MEDINA
Vallée
des Reines
Billetterie
de l'Inspection
des antiquités
KOM
LOLAH
Champs
Al-Gezira (1,5 km)
Al Moudira
(2,5 km)
1
2
3
4
5
6
7
8
9
10
11
12
13
14
15
16
17
18
19
20
21
22
23
24
25
26
27

Louxor - rive ouest

À voir
1 Colosses de Memnon ... C5
2 Deir al-Medina ... B4
3 Médinat Habou ... B5
4 Ramesseum ... C4
5 Temple funéraire d'Hatshepsout ... C2
6 Tombe d'Amonherkhepshef ... A4
7 Tombe d'Aÿ ... A1
8 Tombe d'Inherka ... B4
9 Tombe d'Ipouy ... B4
10 Tombe de Kam em-Waset ... A4
11 Tombe de Néfertari ... A4
12 Tombe de Pachedou ... B4
13 Tombe de Sennedjem ... B4
14 Tombe de Titi ... A4
15 Tombes de Khonsou, Ouserhat et Benia ... C4
16 Tombes de Menna, Nakht et Aménémopé ... C4
17 Tombes de Néferrenpet et Nefersekherou ... C4
18 Tombes de Ramose, Ouserhat et Khaemet ... C4
19 Tombes de Sennefer et Rekhmirê ... C4
20 Vallée des Rois ... B2

Achats
21 Caravanserai ... B5
22 Farouk Gallery ... B5

Où se restaurer
23 Marsam Restaurant ... C5
24 Restaurant Mohammed ... B5

Où prendre un verre et faire la fête
25 Cafe & Restaurant Maratonga ... B6
26 Hatshepsut Restaurant ... D3
27 Ramesseum Rest House ... D4

Tombes de Néferrenpet et Nefersekherou — Tombes

(carte p. 128 ; tarif plein/étudiant 30/15 £E). Révélée en 1915 et riche de couleurs, la tombe de Néferrenpet (aussi appelé Kenro), scribe du trésor sous Ramsès II (1279-1213 av. J.-C.), est devenue célèbre par sa scène où le scribe supervise la pesée de l'or du trésor. Par son style comme par son contenu, elle s'apparente à la tombe voisine de Nefersekherou, agent du trésor à la même période, dont le plafond est décoré d'une grande variété de motifs géométriques complexes.

Vallée des Reines

À l'extrémité sud des collines du massif thébain, la Vallée des Reines (Biban al-Harim ; carte p. 128 ; tarif plein/étudiant 80/40 £E ; 6h-17h) réunit pas moins de 75 sépultures royales des XIXe et XXe dynasties creusées pour des reines, des princesses et des princes ramessides.

Tombe de Néfertari — Tombe

(carte p. 128 ; 1 000 £E en supp du billet d'entrée de la Vallée des Reines ; 6h-17h). Cette sépulture est considérée comme l'une des plus belles réalisations de la nécropole thébaine, et par conséquent d'Égypte. Néfertari fut l'une des cinq épouses de Ramsès II (1279-1213 av. J.-C.). Désignée comme "la plus belle de toutes", elle est ici représentée portant une superbe robe blanche transparente et une coiffe dorée représentant un vautour dont deux longues plumes s'élèvent vers le ciel. Le plafond est orné d'étoiles dorées. En de nombreux endroits, la reine côtoie les dieux, entourée d'extraits du Livre des morts.

Tombe d'Amonherkhepshef — Tombe

(carte p. 128) Faute de visiter le tombeau de Néfertari, celui du fils de Ramsès III (1186-1069 av. J.-C.), Amonherkhepshef, mort avant ses 20 ans, est aussi une petite merveille. Sur les murs du vestibule, Ramsès tient son fils par la main et le présente aux dieux qui l'aideront à rejoindre l'au-delà. Le prince porte un pagne et des sandales, et arbore la mèche de cheveux caractéristique des jeunes garçons.

Le fœtus momifié présenté dans une petite vitrine a fait l'objet de maintes suppositions. Il ne faisait pas partie de ce tombeau et a en fait été retrouvé au sud de la Vallée des Rois.

GVICTORIA/SHUTTERSTOCK ©

Montgolfières au-dessus de Louxor

Tombe de Kam em-Waset Tombe

(carte p. 128) Comme Amonherkhepshef, dont la tombe est voisine (voir p. 129), Kam em-Waset était un fils de Ramsès III (1186-1069 av. J.-C.), mort jeune. Suivant un plan linéaire, sa tombe est magnifique, décorée de scènes bien conservées et colorées montrant Ramsès présentant son fils aux dieux et de scènes du Livre des morts. Le vestibule a un plafond couvert d'étoiles, Ramsès y apparaît en grand costume de cérémonie; à ses côtés, Khaem-Waset porte une tunique et une tresse qui retombe sur le côté de son crâne rasé, signe de sa jeunesse,

Tombe de Titi Tombe

(carte p. 128 ; tarif plein/étudiant 50/25 £E ; 6h-17h). Un couloir mène à une chapelle carrée, à côté de laquelle se trouvent une chambre funéraire et deux pièces plus petites. Les peintures ont perdu de leurs couleurs, mais on distingue, sur la paroi gauche du couloir, la déesse Maât (voir p. 260) ailée et agenouillée. Sur la paroi droite, la reine se tient devant Thot, Ptah et les quatre fils d'Horus. Dans la chambre funéraire, on retrouve une série d'animaux gardiens : un chacal et un lion, ainsi que trois singes (dont un doté d'un arc).

ACTIVITÉS

VOLS EN MONTGOLFIÈRE

Survoler la rive ouest en ballon pour contempler le lever du soleil sur les monuments antiques et la montagne thébaine est une merveilleuse façon de commencer la journée. Le vol dure habituellement une heure et le parcours varie en fonction du vent.

Alaska Balloon Montgolfière

(carte p. 133 ; 095-227-6651, 010-0568-8439 ; www.alaskaballoon.com ; Sharia Ahad, près de Sharia Televizyon ; à partir de 50 $US/pers). Les agences de survol en montgolfière de Louxor ont toutes des offres semblables. Alaska a bonne réputation (son nom lui vient du surnom local de la ville !).

Magic Horizon Montgolfière

(095-227-4060, 010-0568-8439 ; www. visitluxorinhotairballoon.com ; Sharia Khaled

Felouque sur le Nil

Ibn Al Walid ; à partir de 50 $US/pers). Cette agence, également reconnue, propose des vols en montgolfière permettant d'admirer les monuments de la rive ouest ainsi que les montagnes thébaines.

PROMENADES À CHEVAL, À DOS D'ÂNE OU DE CHAMEAU

C'est un bonheur de chevaucher au milieu des champs lorsque le soleil décline derrière la montagne thébaine. Près du débarcadère de la rive ouest, de jeunes garçons proposent pour 40 à 50 £E de l'heure une promenade à dos d'âne ou de chameau : attention aux suppléments demandés en fin de balade et à de possibles harcèlements auprès des femmes, comme il nous a été rapporté. Certains hôtels de la rive ouest organisent des sorties à dos de chameau entre 7h du matin (parfois 5h) et l'heure du déjeuner pour environ 100 £E/pers.

Nobi's Arabian Horse Stables Promenades à cheval
(carte p. 132 ; ☎095-231-0024, 010-0504-8558 ; www.luxorstables.com ; chameau ou cheval environ 50 £E/h bombe comprise, âne 40 £E ; 7h-coucher du soleil). Les chevaux du centre sont bien soignés. On y trouve aussi 25 chameaux et autant d'ânes. Outre les sorties à l'heure, vous pouvez partir en longues randonnées équestres – certaines avec nuit sous la tente dans le désert – ou en équipées d'une semaine le long de la rive ouest entre Louxor et Kom Ombo.

BALADES EN FELOUQUE

Comme ailleurs en Égypte, le plus bel endroit où être en fin de journée est sur le Nil. Prenez une felouque sur l'une des rives et naviguez pendant quelques heures, en profitant de la douce lumière de l'après-midi et du coucher du soleil.
Selon vos talents de négociateur, il vous en coûtera de 50 à 100 £E l'heure de navigation en felouque. La remontée du Nil jusqu'à l'île aux Bananes GRATUIT, un îlot planté de palmiers à 5 km environ au nord de Louxor, prend 2 à 3 heures aller-retour. C'est un des must.

Pour les croisières en felouque ou en *dahabiyya* sur le Nil entre Louxor et Assouan, voir p. 144.

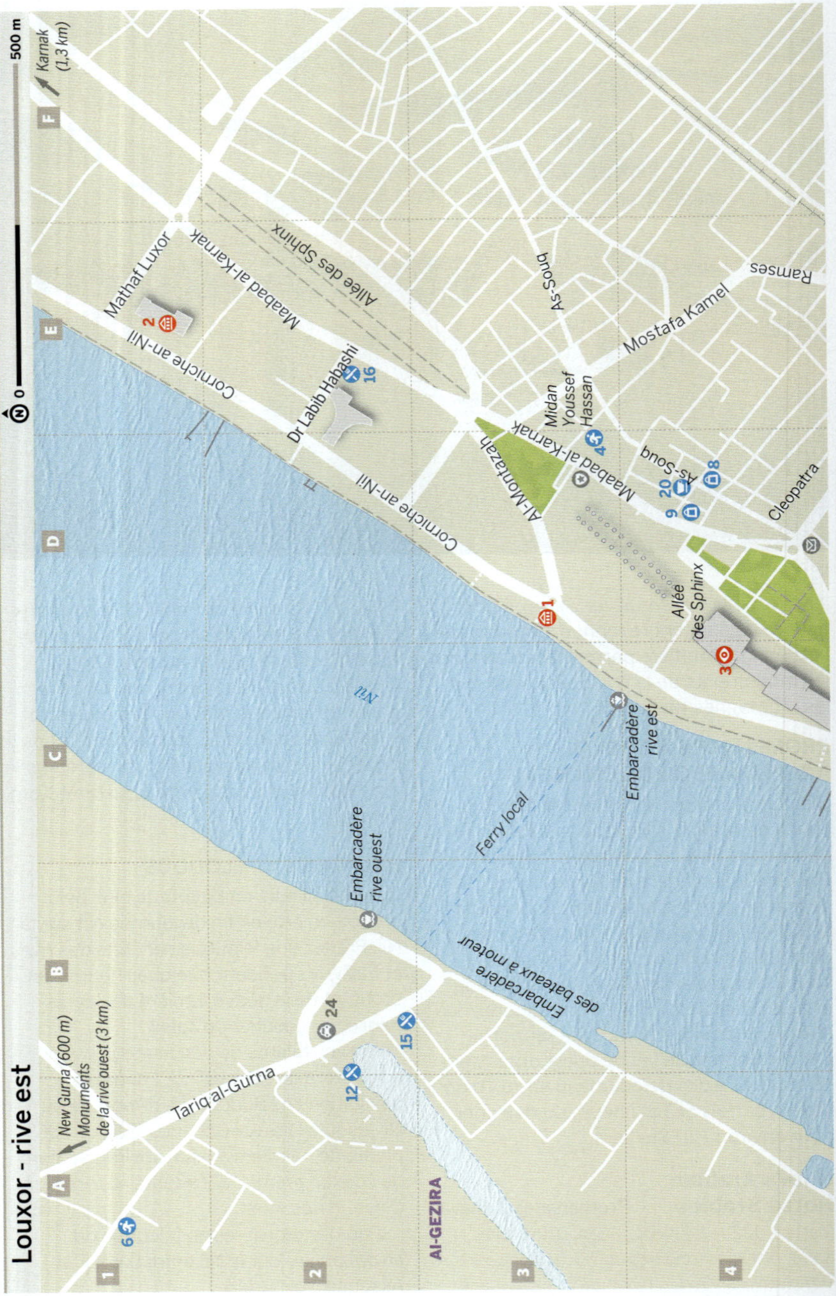
Louxor - rive est
500 m
Karnak (1,3 km)
New Gurna (600 m)
Monuments de la rive ouest (3 km)
Mathaf Luxor
Maabad al-Karnak
Allée des Sphinx
Corniche an-Nil
Dr Labib Habashi
As-Souq
Midan Youssef Hassan
Mostafa Kamel
Ramses
Al-Montazah
Cleopatra
Nil
Embarcadère rive est
Embarcadère rive ouest
Ferry local
Embarcadère des bateaux à moteur
Tariq al-Gurna
Al-Gezira
A
B
C
D
E
F
1
2
3
4

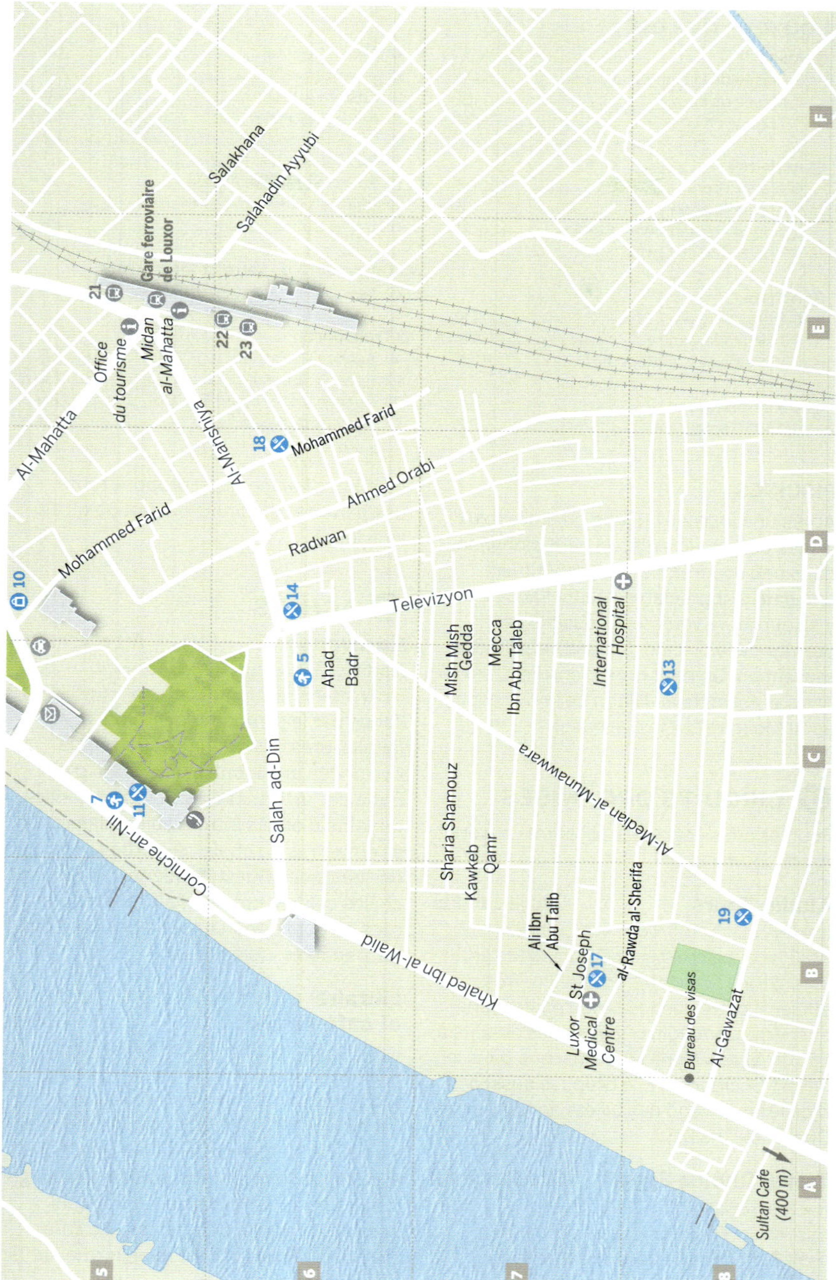
Salakhana
Salahadin Ayyubi
Gare ferroviaire de Louxor
21
22
23
Midan al-Mahatta
Office du tourisme
Al-Mahatta
Al-Manshiya
18
Mohammed Farid
Mohammed Farid
10
Ahmed Orabi
Radwan
14
Televizyon
5
Ahad
Badr
Mish Mish
Gedda
Mecca
Ibn Abu Taleb
International Hospital
13
Salah ad-Din
7
11
Corniche an-Nil
Al-Median al-Munawwara
Sharia Shamouz
Kawkeb
Qamr
Ali Ibn Abu Talib
St Joseph
17
al-Rawda al-Sherifa
Luxor Medical Centre
Khaled ibn al-Walid
19
Bureau des visas
Al-Gawazat
Sultan Cafe (400 m)
A
B
C
D
E
F
5
6
7
8

Louxor - rive est

À voir		
1	Musée de la Momification	D3
2	Musée de Louxor	E1
3	Temple de Louxor	C4
Activités		
4	Aladin Tours	D3
5	Alaska Balloon	C6
6	Nobi's Arabian Horse Stables	A1
7	Travel Choice Egypt	C5
Achats		
8	Bazar al-Aya	D4
9	Fair Trade Centre	D4
10	Librairie et café Aboudi	D5
Où se restaurer		
11	1886 Restaurant	C5
12	Al Gezira Hotel	B2
13	Jewel of the Nile	C8
14	Koshari Alzaeem	D6
15	Nile Valley Hotel	B2
16	Oasis Palace Cafe	E2
17	Pizza Roma It	B7
18	Sofra Restaurant & Café	D6
19	Wenkie's German Ice Cream & Iced Coffee Parlou	B8
Où prendre un verre et faire la fête		
20	New Oum Koulsoum Coffee Shop	D4
Transports		
21	Agence Go Bus	E5
22	Agence Super Jet	E6
23	Agence Upper Egypt Bus Co	E6
24	West Bank Taxis	B2

PISCINES

Après une journée chaude ou entre deux visites de monuments, un petit plongeon dans une eau fraîche peut constituer une pause appréciable. Même sans y séjourner, il vous sera possible de profiter de la piscine de nombreux hôtels, moyennant un petit droit d'entrée. C'est le cas par exemple au Hilton de la rive est ou au Al Moudira sur la rive ouest.

CIRCUITS ORGANISÉS

Pour les croisières sur le Nil entre Louxor et Assouan, voir p. 144.

Aladin Tours — Circuit culturel

(carte p. 132 ; ☎010-0601-6132, 095-237-2386 ; www.nefertitihotel.com/tours ; Nefertiti Hotel, Sharia As-Sahaby ; ⏲10h-18h). Très efficace, cette agence tenue par le jeune et énergique Aladin organise des circuits à Louxor et aux alentours, ainsi que dans le désert Occidental. Elle propose aussi des croisières et vend des billets de ferry pour Charm el-Cheikh.

Travel Choice Egypt — Circuit culturel

(carte p. 133 ; ☎095-237-2402 ; www.travelchoiceegypt.com ; Corniche An-Nil ; ⏲9h-20h). Outre un service de change, l'ancienne agence Thomas Cook voisine du Winter Palace Hotel propose toute une gamme de circuits en groupe ou en individuel.

ACHATS

Caravanserai — Art et artisanat

(carte p. 128 ; ☎012-2327-8771 ; www.caravanserailuxor.com ; Kom Lolah ; ⏲8h-22h). Tenue par le sympathique Khairy et sa famille, près de Médinet Habou sur la rive ouest, une fabuleuse caverne d'Ali-Baba de l'artisanat égyptien où dénicher quantité d'objets introuvables ailleurs. On a l'embarras du choix : superbes poteries des oasis de l'Ouest, broderies de Siouah, châles colorés brodés main, étonnants sacs en appliqué... Le tout à des prix très raisonnables, qui plus est.

Libraire et café Aboudi — Livres

(carte p. 133 ; ☎095-237-2390, 010-1098-7293 ; www.aboudi-bookstore.com ; Sharia Maabad al-Karnak, derrière le temple de Louxor ; ⏲9h30-22h). Depuis plus d'un siècle, cette librairie familiale réunit une excellente collection de guides de voyage, d'ouvrages d'égyptologie en français comme en anglais, de cartes...Le café installé à l'étage offre une belle vue sur le temple de Louxor.

Cuisine de rue

Fair Trade Centre Art et artisanat

(carte p. 132 ; ☎095-236-0870, 010-0034-7900 ; Sharia Maabad al-Karnak ; ⌚9h-22h30). Dans le cadre de projets menés par des ONG dans toute l'Égypte sont vendus ici, à prix raisonnables, des sculptures sur bois et des poteries venant des villages voisins de Hejaza et Garagos, des huiles aromatiques de Qûs, des ouvrages en perles du Sinaï et de la rive ouest de Louxor, du verre soufflé, du linge de table d'Akhmim, du papier et du verre recyclé du Caire.

Farouk Gallery Antiquités

(carte p. 128 ; ☎010-6802-9151 ; www.facebook.com/Farouk-Gallery-Luxor-932610310141883). Le seul vrai antiquaire de Louxor a désormais pris ses quartiers sur la rive ouest, près de la billetterie de l'Inspection des antiquités. Par "antiquités", n'entendez pas des objets de fouilles (dont la vente est interdite), mais des objets remontant au plus au début du XXe siècle. Appelez pour vous assurer que la boutique est ouverte.

Bazar al-Ayam Vêtements

(carte p. 132 ; bazar touristique). Un bon endroit pour acheter des châles brodés et des *jalabiya* (longues tuniques blanches portées par les hommes). Les Égyptiens eux-mêmes y font leurs achats.

OÙ SE RESTAURER

On mange de mieux en mieux à Louxor, particulièrement dans les restaurants servant de la cuisine traditionnelle égyptienne. En dehors des restaurants, peu d'établissements servent de l'alcool ou acceptent les cartes bancaires.

Rive est

Wenkie's German Ice Cream & Iced Coffee Parlour Glacier $

(carte p. 133 ; ☎012-8894-7380 ; www.facebook.com/wenkies; Sharia al-Gawazat, face au Nile Palace ; petite/grande coupe 3/5 £E ; ⌚14h-20h sam-jeu). Ernst et Babette Wenk servent les meilleures glaces de Louxor. À base de lait bio de bufflonne et de fruits frais, leurs savoureux sorbets et crèmes glacées ont des parfums tout ce qu'il y a de plus égyptien : hibiscus, mangue, palmier doum...

Koshari Alzaeem Égyptien $
(carte p. 133 ; Sharia al-Masaken al-Shaabeya ; plats 5-15 £E ; ⌚24h/24). Venez-vous régaler ici du meilleur *kushari* (mélange de nouilles, riz, lentilles noires, oignons frits et sauce tomate) de Louxor. Les quelques tables font vite le plein. Seconde enseigne près de Midan Youssef Hassan.

Sofra Restaurant & Café Égyptien $$
(carte p. 133 ; ☎095-235-9752 ; www.sofra.com.eg ; 90 Sharia Mohammed Farid ; mezze 16-25 £E, plats 45-85 £E ; ⌚11h-minuit). Dans les salons intimistes comme sur le vaste toit-terrasse, meubles anciens, lustres et terre cuite au sol dessinent un cadre élégant. La carte affiche d'excellents mezze et de savoureux plats égyptiens traditionnels, tels le pigeon farci ou un délicieux canard.

Pizza Roma.It Italien $$
(carte p. 133 ; ☎011-1879-9559 ; Sharia St Joseph ; pizzas 50 £E environ, plats de viande 150 £E au plus ; ⌚12h-minuit). Une Italienne et un Égyptien tiennent cette petite table italienne fort courue à Louxor. Derrière sa devanture ocre, on se régale de pizzas (vaste carte), de classiques plats de viande et d'une délicieuse salade à la roquette. Ne sert pas de boissons alcoolisées, mais vous pouvez apporter les vôtres.

Oasis Palace Cafe Café $$
(carte p. 132 ; Sharia Dr Labib Habashi ; plats 30-110 £E ; ⌚10h-minuit ;). Sous les hauts plafonds d'un édifice datant du début XXe siècle, ce charmant café-restaurant à l'ambiance intime répond à tous les goûts : assiettes de *shawarma*, viandes grillées, poisson, omelettes et même des pommes de terre en robe des champs. Service aimable et attentif.

Jewel of the Nile Britannique, Égyptien $$
(carte p. 133 ; ☎010-6252-2394 ; Sharia al-Rawda al-Sherifa, à 300 m de Sharia Khaled Ibn al-Walid ; plats 45-85 £E, menus 75-85 £E ; ⌚17h-23h ;). Laura et Mahmoud cuisinent les légumes bio de leur ferme et des spécialités britanniques : steaks, *cottage pie* (tourte façon hachis parmentier) et crumble aux pommes. Les salles sont climatisées et il y a quelques tables en extérieur. Sert de l'alcool.

1886 Restaurant Méditerranéen $$$
(carte p. 133 ; ☎095-238-0425 ; www.sofitel.com ; Winter Palace Hotel, Corniche An-Nil ; plats 160-310 £E ; ⌚19h-23h). La table la plus chic du centre-ville sert une cuisine franco-méditerranéenne inventive et quelques plats égyptiens revisités dans une majestueuse salle à manger à l'ancienne. Tenue soignée de rigueur, à savoir veste et/ou cravate pour les messieurs (on vous en prête si besoin).

Rive ouest

Marsam Restaurant Égyptien $
(carte p. 128 ; www.marsamluxor.com ; près du Ramesseum ; plats 50-100 £E). Un lieu charmant pour aller dîner ou se restaurer entre deux sites de la rive ouest, surtout à l'ombre des immenses arbres de la cour. La cuisine, essentiellement égyptienne, y est simple et délicieuse et l'on y sert de l'alcool. Service gracieux mais parfois un peu lent.

Étal de fruits et légumes

PATRICK SYDER/GETTY IMAGES ©

Nile Valley Hotel International $$
(carte p. 132 ; ☎095-231-1477 ; www.facebook.com/pg/Nilevalleyhotel ; al-Gezira ; plats 40-80 £E ; ⌚8h-23h). Du toit-terrasse, la vue est imprenable : berges de la rive ouest, fleuve et temple de Louxor, ce qui explique son succès, conjugué à la variété de la carte mêlant spécialités égyptiennes et internationales. Mention spéciale aux falafels, à la moussaka et au pigeon.

Restaurant Mohammed Égyptien $$
(carte p. 128 ; ☎012-0325-1307, 095-231-1014 ; Kom Lolah ; plats 40-80 £E ; ⌚10h environ-tard). Cette affaire familiale propose une table simple tenant en quelques plats : viandes grillées, poulet et canard délicieux, et spécialité locale, le pigeon farci. On y boit (généralement) de la Stella et du vin égyptien. À la demande, pique-niques dans le désert ou sur une felouque.

Al Gezira Hotel Égyptien $$
(carte p. 132 ; ☎095-231-0034 ; al-Gezira ; menu 35 £E). Servi sur un confortable toit-terrasse, un menu fixe composé de spécialités égyptiennes, telles que la *molokhiyya* (soupe à base de corète et d'ail) et le *mahshi kouroumb* (des feuilles de chou farcies cuisinées avec de l'aneth et des épices), à commander à l'avance. La vue sur le Nil avec comme fond, le soir, Louxor éclairé est sublime. Bières fraîches et vins égyptiens.

Al Moudira Méditerranéen $$
(☎012-0325-1307 ; Daba'iyya ; plats 75-110 £E ; ⌚8h-minuit). L'Al Moudira a la décoration la plus recherchée et la cuisine la plus sophistiquée (et coûteuse) de la rive ouest. Au déjeuner, dégustez d'excellentes salades et grillades ; au dîner, savourez un menu plus élaboré, aux accents libano-méditerranéens. Réservez !

OÙ PRENDRE UN VERRE ET FAIRE LA FÊTE

New Oum Koulsoum Coffee Shop Café
(carte p. 132 ; ☎0128 909 9909 ; Sharia as-Souq ; ⌚10h-tard). En plein cœur du souk, sur une grande terrasse équipée d'agréables brumisateurs, un *ahwa*

Barbier

IZZET KERIBAR/GETTY IMAGES ©

Temple de Louxor au coucher du soleil (p. 110)

(café) très plaisant. Jus frais, boissons chaudes et froides, chicha... L'idéal pour se détendre après une séance de shopping et de marchandage en regardant tranquillement le va-et-vient des passants.

Sultan Cafe Café

(carte p. 133 ; Sharia Khalid Ibn al-Walid ; ⌚10h-minuit). Fondé par le propriétaire du restaurant Maxime voisin, ce nouveau café a la faveur des habitants, femmes égyptiennes comprises. Il a en effet de nombreux atouts : un jardin, le plus grand écran de télévision de la ville, des salles climatisées, quantité de jus de fruits, des milkshakes, des boissons chaudes et des chichas.

Cafe & Restaurant Maratonga Café

(carte p. 128 ; ☎095-231-0233 ; Kom Lolah ; ⌚5h-23h). Rien ne vaut ce sympathique café-restaurant en plein air, devant le Médinet Habou, pour se détendre après avoir exploré le magnifique temple de Ramsès III. Sirotez-y une boisson fraîche à l'ombre d'un arbre ou dégustez un délicieux tajine ou une salade au déjeuner. La vue est inégalable, l'atmosphère détendue et le personnel fort sympathique.

Ramesseum Rest House Café

(carte p. 128 ; ☎010-0945-0789 ; à côté du Ramesseum, Gourna ; ⌚7h-1h). Il règne, dans ce café-restaurant au nombre des plus anciens de la rive ouest, une ambiance des plus décontractées, l'idéal pour souffler entre deux visites de temple. Outre les habituelles eaux minérales et boissons non alcoolisées, il sert de la bière et parfois du vin. On y mange aussi des plats simples (poulet grillé, omelettes et salades).

Hatshepsut Restaurant Bar/Toit-terrasse

(No Galag ; carte p. 128 ; ☎095-231-0469, 010-6975-6053 ; Gourna, près du temple d'Hatshepsout ; ⌚12h-23h). Sur la rive ouest, faceà la montagne thébaine, ce bar indiqué par une enseigne "NO GALAG" ("pas de problème") est idéal pour boire une bière bien fraîche en admirant des danseuses orientales (après 22h, le dimanche et parfois le jeudi – à vérifier par téléphone).

DAVID ELSE/GETTY IMAGES ©

À dos d'âne dans la montagne thébaine

RENSEIGNEMENTS

Office du tourisme principal (carte p. 133 ; ☎095-237-3294, 095-237-2215 ; Midan al-Mahatta ; ⏰9h-20h). Face à la gare ferroviaire, un office très utile, tant pour vous renseigner que pour réserver hôtels ou circuits organisés, voire acheter son billet pour le son et lumière de Karnak (p. 107).

DEPUIS/VERS LOUXOR

L'**aéroport de Louxor** (☎095-232-4455) se trouve à 7 km à l'est du centre-ville. EgyptAir (www.egyptair.com) propose des vols réguliers pour Le Caire (à partir de 730 £E).

Les compagnies de bus **Upper Egypt Bus Co** (carte p. 133 ; ☎095-232-3218, 095-237-2118 ; Midan al-Mahatta ; ⏰7h-22h) et **Super Jet** (carte p. 133 ; ☎095-236-7732 ; Midan al-Mahatta ; ⏰8h-22h) ont toutes deux une agence juste au sud de la gare ferroviaire ; l'agence **Go Bus** (carte p. 133 ; ☎010-0779-1286 ; www.gobus-eg.com ; Sharia Ramses) se tient un peu plus au nord. Ces companies routières desservent Le Caire (150-275 £E, 10-12 heures) et Hourghada (50-90 £E, 4-5 heures).

À la **gare ferroviaire** (carte p. 133 ; ☎095-237-2018 ; Midan al-Mahatta), on trouve office du tourisme, cabines téléphoniques et bureau de poste. Mieux vaut acheter son billet à l'avance pour Assouan (53-94 £E, 3 heures) comme pour Le Caire (114-203 £E, 10 heures).

Pour tous les renseignements concernant les **croisières sur le Nil** depuis/vers Louxor, voir p. 144.

COMMENT CIRCULER

Ferry La traverse en *baladi* (ferry) coûte 2 £E pour les étrangers ; il circule entre l'embarcadère (carte p. 132) devant le temple de Louxor et celui du village de Gezira, sur la rive ouest.

Taxi Comptez au moins 20 £E pour une course rapide en ville. On peut aussi louer un taxi à la journée pour explorer la rive ouest (200-300 £E).

Vélo Le vélo est assez commode pour visiter la rive ouest. Vous pouvez en louer dans les hôtels ou directement au débarcadère de Gezira (25 £E la journée).

VALLÉE DU NIL

Dans ce chapitre

Croisières sur le Nil 144
Edfou 148
Kom Ombo 152
Abydos 156
Dendara 160
Esna 162
Djebel Silsila 162

Vallée du Nil

Au fil de la remontée du Nil au sud de Louxor, le désert enserre de plus en plus le lit du fleuve. Ses rives bordées de sublimes temples gréco-romains – Esna, Edfou et Kom Ombo –, de champs luxuriants et de palmeraies vert intense autour des villages respirent la sérénité. Une invitation à naviguer au rythme paisible des felouques.

Moins développée et plus difficile d'accès, la région au nord de Louxor requiert un peu plus d'efforts, largement récompensés par deux sanctuaires iconiques : le temple d'Hathor à Dendara, l'un des mieux préservés du pays, et celui de Seti Ier à Abydos, domaine par excellence du dieu Osiris.

La vallée du Nil en 2 jours

Le premier jour, cap au nord au départ de Louxor, en direction d'**Abydos** (p. 156) où vous pourrez découvrir le magnifique temple de Seti Ier. Après une pause bien méritée au **House of Life**, gagnez **Dendara** (p. 159) et son temple d'Hathor, couvert de hiéroglyphes.

Le deuxième jour, en remontant le fleuve vers Assouan, l'émerveillement vous gagnera : devant les bas-reliefs du temple d'Horus à **Edfou** (p. 148), puis à **Kom Ombo** (p. 152) dédié au dieu-crocodile, où vous pourrez frémir devant des momies de sauriens.

La vallée du Nil en 4 jours

Avec quatre jours, il vous est possible d'organiser une **croisière sur le Nil** (p. 144), pour une expérience inoubliable. Mieux vaut alors partir d'Assouan d'où les trajets sont moins longs compte tenu du courant. Vous passerez alors par **Kom Ombo** (p. 152), **Edfou** (p. 148) et **Esna** (p. 162). Si vous naviguez à bord d'une felouque ou d'une *dahabiyya*, vous pourrez ajouter une escale au **Djebel Silsila** (p. 162). À noter qu'au nord de Louxor, il existe aussi une croisère d'une journée pour aller à **Dendara** (p. 160).

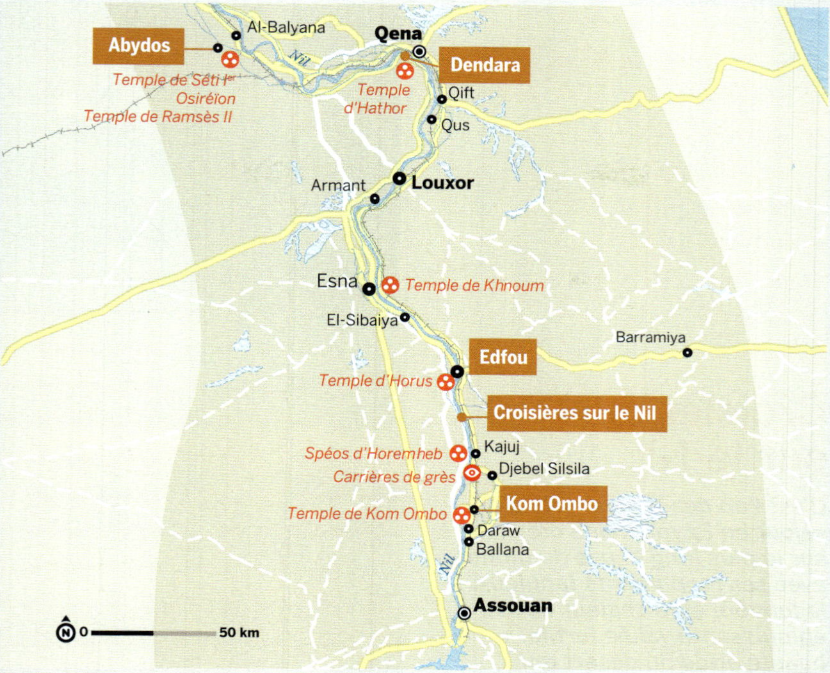

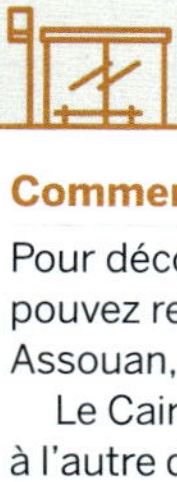

Comment s'y rendre

Pour découvrir la vallée du Nil, vous pouvez remonter le fleuve de Louxor à Assouan, ou le descendre (l'inverse !).

Le Caire est relié à l'une comme à l'autre de ces villes par nombre de liaisons quotidiennes en avion, en train ou encore en bus (voir p. 139 et p. 185).

Les felouques et les *dahabiyya ne* desservent généralement pas Louxor : un transport terrestre vous amèra de/ vers Esna.

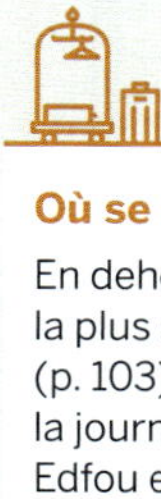

Où se loger

En dehors des croisières, la solution la plus simple est d'être basé à Louxor (p. 103) et d'organiser des excursions à la journée, ou en chemin pour Assouan. Edfou et Abydos offrent néanmoins quelques possibilités d'hébergement.

Croisières sur le Nil

C'est l'un des temps forts d'un séjour en Égypte : une croisière sur le plus long fleuve du monde, avec ses monuments fabuleux, la lumière et la chaleur de son éblouissante vallée fertile, la beauté aride du désert qui l'entoure et le plaisir d'un voyage au ralenti.

Pour ceux qui aiment...

Infos pratiques

Printemps et automne sont les saisons idéales, octobre et novembre bénéficiant d'une belle lumière douce.

Embarcations sur le Nil

FROG-TRAVEL/STOCK.ADOBE.COM ©

Le Nil en bref

Plus long fleuve au monde avec l'Amazone, le Nil traverse 11 pays, parcourant, du sud au nord, 6 680 km sur le continent africain avant de se jeter dans la mer Méditerranée. Entre Louxor et Assouan, ses rives concentrent un nombre inégalé de monuments préservés.

Les croisières sur le Nil sont très populaires parmi les touristes. Vous aurez l'embarras du choix pour les embarcations, en fonction de vos affinités, de votre temps et de votre budget. Dans tous les cas, méfiez-vous des offres trop alléchantes, proposées notamment par les petits hôtels sur place.

Bateaux de croisière

Cette hôtellerie fluviale est à l'image de sa consœur terrestre : on trouve de tout, du bateau de croisière ayant vécu au plus somptueux navire. Ils partagent à peu près tous des équipements standards : une piscine (plus ou moins grande), une vaste terrasse solarium, un restaurant, un bar et des chambres climatisées avec salle de bains, TV et minibar.

Le bateau de croisière reste la meilleure façon de découvrir le Nil confortablement pour un budget moyen. C'est aussi un mode de voyage idéal pour les familles. L'inconvénient ? Les visites se font presque toujours en grands groupes et les itinéraires ne varient guère.

Ce mode de voyage nécessite une réservation, souvent plus intéressante depuis son pays d'origine. Parmi les bateaux, citons :

M/S Sudan (www.steam-ship-sudan.com ; 5 nuits à partir de 1 900 €). Construit en 1885, le *Sudan* était l'un des bateaux à vapeur de la flotte de Thomas Cook. Après rénovation, il compte 23 cabines climatisées avec salle de bains privée et accès au pont, mais pas de piscine.

M/S Philae (www.oberoihotels.com/nile-cruise-philae/ ; cabines 425-1 370 €/nuit). Plusieurs fois primé, le *Philae* est le meilleur navire de croisière moderne sur le Nil et l'un des plus coûteux. Il a été entièrement remis à neuf.

Bateau de croisière sur le Nil

JOSE IGNACIO SOTO/ STOCK.ADOBE.COM ©

Dahabiyya

Afin de retrouver la vie dorée des riches voyageurs du XIXe siècle, il suffit d'embarquer à bord de l'un de ces deux-mâts fort bien aménagés que l'on appelle *dahabiyya* – ce qui signifie en arabe "la dorée" –, pour une croisière hors du temps.

Ces luxueuses embarcations remises au goût du jour ont l'avantage d'embarquer un nombre limité de passagers et de proposer des itinéraires flexibles, conférant ainsi un sentiment d'indépendance tout en conservant son confort.

☑ Ne ratez pas

La douceur du soir sous les étoiles et l'agitation sonore, humaine et animale, sur les rives du fleuve.

Capitaine de felouque

JANICEKAYM/BUDGET TRAVEL ©

Leurs tarifs sont toutefois souvent bien supérieurs à ceux des felouques et des bateaux de croisière. Le prix inclut les repas et généralement le transfert depuis/vers l'aéroport ou la gare.

Meroe (www.nourelnil.com ; 5 nuits à partir de 1700 €/pers). Réplique soignée d'une *dahabiyya* d'époque, c'est la meilleure et la plus tendance du Nil. Elle accueille jusqu'à 20 passagers dans 10 cabines élégantes et confortables, avec salle de bains individuelle et de grandes fenêtres donnant sur le fleuve.

La Flâneuse du Nil (www.la-flaneuse-du-nil.com ; 2 nuits à partir de 900 €/pers). Un voilier unique superbement équipé et très bien tenu. Deux circuits sont proposés : 5 nuits d'Esna à Assouan et 2 nuits en sens inverse.

Felouque

Si vous aimez l'aventure et dormir à la belle étoile, optez pour la felouque : voilier sans cabines, ni douche ni cuisine (prévoyez le nécessaire !). Chaque felouque décide de son programme. Au départ d'Assouan, elles rallient Kom Ombo (2 jours/1 nuit), Edfou (3 jours/2 nuits, le trajet le plus demandé) ou Esna (4 jours/3 nuits).

Organiser une croisière en felouque demande un petit effort, surtout si on le fait sans intermédiaire. Vous rencontrerez certains des meilleurs capitaines en train de boire un verre dans un restaurant au bord du Nil, comme l'Aswan Moon à Assouan, ou l'Emy, près du Panorama Restaurant & Bar, sur l'île Éléphantine. Adressez-vous à plusieurs, inspectez la felouque et faites votre choix selon affinités. Les femmes seules ou en groupe essaieront si possible de faire équipe avec quelques hommes.

Officiellement les felouques peuvent transporter 6 à 8 passagers. Comptez en moyenne 150 £E par personne et par jour, repas inclus.

★ Bon à savoir

Les berges du Nil étant hautes, évitez les cabines du pont inférieur sur les bateaux de croisière.

Temple d'Horus

Edfou

Bâti sur une butte surplombant le large lit du Nil, à 110 km au sud de Louxor, le temple d'Horus a échappé aux ravages des crues du fleuve. C'est le temple le mieux préservé d'Égypte.

Pour ceux qui aiment...

Infos pratiques

Temple d'Horus (tarif plein/étudiant 100/50 £E ; 8h-17h)

★ Bon à savoir

Comptez 500 £E pour une demi-journée de voiture avec chauffeur au départ de Louxor.

Temple d'Horus

Des habitations et une nécropole sont connues sur le site de Behdet (l'ancien nom d'Edfou) dès 3000 av. J.-C. environ. On y célébrait le culte du dieu-faucon Horus. Construit à l'emplacement d'un sanctuaire plus modeste du Nouvel Empire, le temple de grès visible aujourd'hui remonte toutefois à l'époque ptolémaïque. Débutée sous Ptolémée III en 237 av. J.-C., la construction ne prit fin que 180 ans plus tard, sous Ptolémée XII, père de Cléopâtre. Sa conception et son architecture suivent la plus pure tradition pharaonique, tant par le plan que par les dimensions et l'ornementation montrant les membres de la dynastie hellénistique des Ptolémées vêtus à l'égyptienne.

On accède aujourd'hui au temple après avoir cheminé le long d'une rangée de boutiques vendant des babioles pour touristes et être passé par le nouveau centre des visiteurs qui regroupe billetterie, toilettes nettes, cafétéria et salle de projection (film en anglais de 15 minutes sur l'histoire du sanctuaire).

☑ Ne ratez pas
La spectaculaire bataille entre Horus et Seth, lors de l'annuelle fête de la Victoire, sur la paroi du mur d'enceinte nord-est, dans la galerie de la Victoire.

Visite du temple

Derrière le *mammisi* (maison de naissance) romain se dresse un gigantesque **pylône** (portique d'entrée) de 36 m de haut, gardé

Stautue d'Horus en granit noir

par deux énormes sentinelles de granit noir sous forme de faucons (Horus). De part et d'autre de l'entrée, les reliefs de la façade reflètent la toute-puissance de Pharaon, Ptolémée XII Neos Dionysos tirant ses captifs par les cheveux devant Horus, comme pour leur fracasser le crâne.

Passé le pylône, on pénètre dans la **cour des offrandes**, ceinte sur trois côtés par un portique de 32 colonnes, chacune coiffée d'un chapiteau à motif floral différent. Au revers du pylône, les reliefs sous la colonnade décrivent une scène de joyeuses retrouvailles, la "fête de la Réunion" d'Horus et d'Hathor, dieux respectifs d'Edfou et de Dendara. Chaque année, l'un comme l'autre se rendent dans le temple de l'autre, puis, après deux semaines de célébration de la fertilité, ils sont unis comme par magie.

Sur le second ensemble de statues de faucon en granit noir encadrant l'entrée de la **première salle hypostyle** (ou salle hypostyle extérieure), il n'en reste désormais qu'une seule. Scandée par 12 colonnes et décorée de reliefs retraçant le rituel de fondation du temple, elle abrite de part et d'autre de l'entrée deux petites chambres : à droite, la bibliothèque des textes rituels ; à gauche, la salle des Consécrations dédiée aux vêtements rituels fraîchement lavés et aux vases liturgiques.

Également dotée de 12 colonnes, la **seconde salle hypostyle** (dite aussi "intérieure") nous rapproche du saint des saints. À son extrémité gauche se trouve un lieu du temple fort instructif, le laboratoire de préparation et stockage des parfums et encens dont la liste des ingrédients est inscrite sur les murs.

Avant de progresser plus avant vers le naos (voir p. 265), on remarque les passages permettant de se glisser entre le temple et son mur d'enceinte, dans l'étroite galerie de la Victoire. La grande porte centrale de la salle hypostyle donne accès à la **salle des offrandes** (ou première antichambre), dont l'autel recevait chaque jour fruits, fleurs, vin, lait...

La **seconde antichambre** mène au sanctuaire d'Horus, qui a conservé le tabernacle accueillant la statue en or de la divinité. Réalisé sous le règne de Nectanebo II (360-343 av. J.-C.), il a été réemployé à l'époque ptolémaïque. La barque rituelle en bois voisine, destinée à porter en procession la statue d'Horus, est une réplique de l'originale conservée au musée du Louvre.

Sur le mur d'enceinte oriental, on remarquera les vestiges du nilomètre qui mesurait le niveau du fleuve et permettait de prévoir quelle serait la récolte.

Une petite faim ?

La meilleure table d'Edfou est celle de l'**El Massa Hotel** (Diamond Hotel ; ☎011-1136-0230, 097-471-9686 ; Souq Edfu).

Temple de Kom Ombo

Kom Ombo

Au détour d'un méandre du Nil, là où les crocodiles sacrés paressaient jadis sur les berges ensoleillées, se dresse soudain, perché sur un promontoire, le temple de Kom Ombo. Une situation sans pareille, à 45 km au nord d'Assouan.

Pour ceux qui aiment...

Infos pratiques

Temple de Kom Ombo et musée du Crocodile (tarif plein/étudiant 80/40 £E ; 8h-17h)

★ Bon plan

Kom Ombo peut faire l'objet d'une halte sur le trajet Louxor-Assouan (900-1 200 £E la course en taxi).

Dans l'Antiquité, la cité de Kom Ombo portait le nom de Pa-Sebek ("terre de Sobek"), en rapport avec le dieu-crocodile honoré dans la région. Elle prit son essor à l'époque ptolémaïque pour devenir la capitale du premier nome de Haute-Égypte.

On y acheminait de l'or, mais aussi des éléphants venus d'Éthiopie et susceptibles de contrer les pachydermes d'Asie des Séleucides, les ennemis des Ptolémées, qui détenaient de larges portions de l'ancien territoire d'Alexandre, à l'est du pays.

Temple de Kom Ombo et musée du Crocodile

Ce sanctuaire est unique de par sa double consécration au dieu-crocodile Sobek et à Haroeris (har-wer, signifiant Horus l'Ancien). Cette particularité se reflète dans son architecture : tout y est dédoublé et disposé symétriquement de part et d'autre de l'axe principal. Passé les entrées jumelles, les salles hypostyles successives reflètent cette dichotomie : la partie gauche (ouest) est dédiée à Haroeris, la droite (est) à Sobek. Enfin chaque dieu possède son propre naos séparé de l'autre. Deux clergés distincts sembleraient avoir servi chacun.

Succédant certainement à un temple du Moyen Empire vu les blocs de réemploi, l'édifice actuel est l'œuvre des Ptolémées et sa construction entamée sous Ptolémée VI ne fut achevée que sous Ptolémée XII, père de Cléopâtre.

Visite du temple

Dès l'**avant-cour à double autel**, on distingue les reliefs distincts d'un dieu et de l'autre. Également partagées en deux, les **salles hypostyles extérieure**

Bas-reliefs

et intérieure sont chacune rythmée par 10 colonnes. Sur la gauche de la première, on remarque un fin relief montrant Ptolémée XII présenté à Haroeris par Isis et Re'et (Rattaouy), la déesse à tête de lionne, sous le regard de Thot. Sur les parois de droite, le couronnement de Ptolémée XII par la déesse-vautour Nekhbet (protectrice de la Haute-Égypte) et la déesse-cobra Ouadjet (protectrice de la Basse-Égypte) symbolise l'unification de l'Égypte, image renforcée par la double couronne de la Haute-Égypte et de la Basse-Égypte.

☑ Ne ratez pas

Au sud de Kom Ombo, le marché aux chameaux de Daraw (Souq Al Gimaal ; ⏲matin mar, sam-dim)**, l'un des plus grands qui soient en Égypte.**

HYBONOTICERAS/ STOCK.ADOBE.COM ©

Dans la **salle hypostyle intérieure**, un bas-relief montre Haroeris présentant une arme incurvée, l'épée de la victoire, à Ptolémée VII accompagné de sa sœur-épouse et cosouveraine Cléopâtre II. Suivent trois **antichambres**, chacune à deux entrées, conduisant aux sanctuaires respectifs de Sobek et d'Haroeris. De part et d'autre, habits sacerdotaux et papyrus liturgiques trouvaient place dans de petites pièces latérales. Les murs des sanctuaires s'étant abîmés, on aperçoit aujourd'hui le passage secret qui permettait aux prêtres de donner une "voix" aux dieux afin de répondre aux suppliques des pèlerins.

À l'angle gauche (nord) au fond, le mur interne du **couloir extérieur**, formant l'enceinte du temple, porte une image curieuse, souvent décrite comme une collection d'"instruments chirurgicaux". Il s'agirait plus certainement d'objets servant aux rituels quotidiens assurés par les prêtres médecins.

Près de l'entrée ptolémaïque, une petite chapelle d'Hathor occupe l'angle sud-est et un **mammisi** (maison de naissance) l'angle sud-ouest. Plus au nord, un puits profond alimentait le temple en eau. Le bassin situé à proximité servait à l'élevage des crocodiles sacrés incarnant Sobek.

Sur le chemin de la sortie a été installé un **musée du Crocodile**, en hommage à ces sauriens sacrés dont on a retrouvé certaines momies dans le cimetière de Sobek, qui sont présentées à côté de sculptures anciennes.

Une petite soif ?

À l'abri d'un grand jardin entre le temple et le Nil, une **cafétéria** (⏲8h-16h) sert boissons fraîches et quelques en-cas.

Temple de Séti Ier

DENNIS K. JOHNSON/GETTY IMAGES ©

Abydos

Le premier édifice que vous verrez en arrivant à Abydos, à 170 km au nord de Louxor, est le grand temple de Séti Ier. L'un des plus complets, des plus singuliers et des plus beaux du pays après savante restauration.

Pour ceux qui aiment...

Infos pratiques

Nombre d'agences à Louxor organisent une **journée d'excursion** en bus jusqu'à Abydos. En taxi, comptez un minimum de 900 £E l'aller-retour.

★ Osiris à Abydos

Dieu des Morts et de la Résurrection, Osiris fit ici l'objet d'un pèlerinage incontournable car c'est à Abydos qu'Isis aurait retrouvé et enterré la tête de son divin époux découpé en morceaux par son frère Seth.

Temple de Séti Ier

Assez unique par son plan, son atmosphère et sa décoration raffinée, le **temple de Séti Ier** (tarif plein/étudiant 80/40 £E ; ⌚8h-16h) attire immédiatement le visiteur.

Père de Ramsès II, Séti Ier (1294-1279 av. J.-C.) fit bâtir ce splendide édifice de calcaire gris, dont la forme en L est inhabituelle et correspond à la juxtaposition de 7 axes parallèles menant aux sanctuaires respectifs des 6 divinités vénérées à Abydos : Osiris, Isis, Horus, Amon-Rê, Rê-Horakhty et Ptah, plus celui de Pharaon. La construction de ce complexe religieux marque le retour à l'ordre ancien après l'épisode "monothéiste" initié par l'"hérétique" Akhenaton, adorateur du seul dieu Aton et initiateur de canons artistiques naturalistes.

Passé la vaste esplanade, le **pylône** en grande partie détruit donne accès à deux cours construites sous Ramsès II, représenté tuant des Asiatiques et adorant Osiris sur le portique donnant accès par 7 portes (une seule aujourd'hui) à la **première salle hypostyle**, également achevée sous Ramsès II. Sur les bas-reliefs, le pharaon fait des offrandes aux dieux et prépare la construction du temple.

Agrémentée de 24 colonnes en grès papyriformes, la **seconde salle hypostyle** date du règne de Séti, qui mourut avant la fin des travaux. Les reliefs sont ici exceptionnels, rappelant les plus beaux ouvrages de l'Ancien Empire. Le mur du fond, à droite, porte une scène particulièrement saisissante : Séti se tient devant un sanctuaire d'Osiris où trône le dieu en personne. Face à lui, les déesses

Osiréïon

Maât, Répit, Isis, Nephtys et Imentet. Sous cette scène, figure Hâpi, dieu du Nil.

Au fond de cette seconde salle hypostyle, on parvient au saint des saints, ici au nombre de **7 chapelles** accolées consacrées, de droite à gauche, à Horus, Isis, Osiris, Amon-Rê, Rê-Horakhty, Ptah et Séti déifié. Celui d'Osiris (le 3e en partant de la droite) s'ouvre à l'arrière sur une série de salles dédiées à Osiris, son épouse Isis, leur fils Horus et l'incontournable Séti. Plus loin, référence aux mystères d'Osiris, une paroi finement sculptée représente le dieu momifié, Isis planant au-dessus de lui tel un oiseau : une scène explicite décrivant la conception de leur fils, Horus.

À gauche des sanctuaires, le couloir appelé "**galerie des Rois**" a apporté à l'étude de la chronologie pharaonique une aide considérable car Séti Ier accompagné de son fils aîné, le futur Ramsès II, présente les cartouches des nombreux pharaons qui les ont précédés. En sortant, un escalier mène à l'Osiréïon et au désert.

Bas-relief, temple de Ramsès II

AMANDA LEWIS/GETTY IMAGES ©

Osiréïon

Juste derrière le temple de Séti Ier, l'Osiréïon, étrange édifice, unique en son genre en Égypte, continue de laisser les égyptologues perplexes : tombe rituelle d'Osiris ? cénotaphe de Séti Ier divinisé en Osiris ? Il est fermé aux visiteurs, qui ne peuvent donc pas admirer les textes et rituels gravés sur ses murs. De l'arrière du temple de Séti, on peut néanmoins apprécier l'ensemble entouré d'eau.

La taille importante de ses blocs de granit l'a longtemps fait attribué, à tort, à l'Ancien Empire, alors qu'il date du règne de Séti Ier. Son architecture rappelle les tombeaux de la Vallée des Rois.

Un couloir souterrain de 130 m conduit, en contrebas du temple de Séti, à une chambre mortuaire à 10 colonnes, au centre de laquelle se trouve un sarcophage factice. La chambre est entourée de canaux pour figurer une île.

Temple de Ramsès II

Au nord-ouest du temple de Séti Ier, ce temple plus petit et moins bien conservé a été édifié par son fils Ramsès II (1279-1213 av. J.-C.). Il suit un plan rectangulaire classique et comporte des sanctuaires dédiés aux dieux jugés primordiaux par le pharaon (dont Osiris, Amon-Rê, Thot, Min et Séti Ier divinisé) ainsi qu'à Ramsès lui-même. Les bas-reliefs y ont en partie conservé leurs couleurs : prêtres, porteurs d'offrandes et pharaon bénissant les statues des dieux y rayonnent de vie. Le site est parfois fermé aux visiteurs.

Une petite soif ?

Sur la route menant aux temples, le café en plein air de l'**hôtel House of Life** (☎010-1000-8912, 093-494-4044) propose boissons non alcoolisées et chicha.

Plafond, temple d'Hathor

Dendara

Tardif mais iconique, le temple d'Hathor a conservé toute sa fraîcheur. Les savants de l'expédition d'Égypte l'ont trouvé intact sous les sables, à seulement 65 km au nord de Louxor.

Pour ceux qui aiment...

☑ Ne ratez pas

Sur le mur extérieur (sud) du **temple d'Hathor**, Cléopâtre pose au côté de Césarion, le fils qu'elle eut avec Jules César.

Temple d'Hathor

Le **centre des visiteurs** réunit la billetterie (tarif plein/étudiant 80/40 £E ; 7h-18h), des toilettes et un bazar.

Enserré par de hauts murs de briques crues percés d'une porte monumentale, ce temple de construction gréco-romaine se dresse sur un terrain légèrement surélevé. Soutenue par 24 colonnes à chapiteaux hathoriques, la **salle hypostyle extérieure**, construite par l'empereur romain Tibère (14-37 ap. J.-C.), subjugue par les 6 colonnes hathoriques en façade, décorées de l'emblématique tête de vache, symbole d'Hathor. Sur les bas-reliefs des parois, Tibère et ses successeurs présentent des offrandes aux dieux égyptiens. Le plafond figure constellations, planètes et autres signes du Zodiaque.

Infos pratiques

L'aller-retour en taxi depuis Louxor est facturé à peu près 200 £E.

Une petite faim ?

Prévoyez un pique-nique car aucune nourriture ni boisson n'est vendue sur le site.

Au-delà de cette première salle, on doit le reste du temple aux Ptolémées. Plus petite, la **salle hypostyle intérieure** possède également des colonnes à tête d'Hathor et des murs sculptés de scènes détaillant des cérémonies royales, dont celle de la fondation du sanctuaire.

Derrière la seconde salle hypostyle, la **salle des offrandes** débouche sur le sanctuaire, saint des saints où se trouvait la statue d'Hathor. Une autre statue de la déesse était gardée dans la crypte du temple et remontée tous les ans pour la fête du Nouvel An (qui coïncidait avec la montée du Nil, en juillet). L'escalier ouest est orné de scènes représentant cette procession. Installées dans un kiosque en plein air à l'angle sud-ouest du toit, les statues des dieux demeuraient là le premier jour de l'année jusqu'aux premiers rayons du dieu-soleil Rê. Elles étaient ensuite redescendues par l'escalier est, également décoré de cette scène.

Le thème de la renaissance se poursuit dans deux séries de salles sur le toit, ornées de scènes de la résurrection d'Osiris, que sa sœur-épouse Isis ramena à la vie. Au centre du plafond de la **suite nord-est**, on trouve un moule en plâtre du célèbre Zodiaque de Dendara, dont l'original est conservé au musée du Louvre.

Les murs extérieurs présentent des gargouilles à tête de lion, destinées à évacuer l'eau de pluie occasionnelle, et sont décorés de scènes montrant les pharaons rendant hommage aux dieux.

Autres monuments

En face de cette paroi se dresse le petit **temple d'Isis**, érigé par le grand rival de Cléopâtre, Octave (l'empereur Auguste). Vers l'ouest, s'étend l'ancien **lac sacré**, aujourd'hui envahi de palmiers, qui alimentait le temple.

Enfin, vous remarquerez deux **mammisi**, édifices où étaient célébrées la naissance des divinités et celle du pharaon en tant que fils des dieux. Entre les *mammisi*, se dresse une basilique copte du Ve siècle.

Esna

C'est bien pour voir le temple de Khoum que la plupart des visiteurs se rendent à Esna, à 64 km au sud de Louxor, sur la rive ouest du Nil (carte p. 143).

Mais cette bourgade agricole active est en elle-même fort agréable. On peut y admirer quelques maisons à moucharabieh du XIXe siècle, un **caravansérail ottoman** (Wikalat al-Gedawi ; près du temple de Khnoum), magnifique malgré un certain délabrement, et le **minaret Emari** (en face du temple de Khnoum) de l'époque fatimide, l'un des plus vieux d'Égypte.

À VOIR

Temple de Khnoum Temple

(tarif plein/étudiant 50/25 £E ; 8h-16h30). Dédié à Khnoum, le démiurge à tête de bélier censé avoir modelé l'humanité sur son tour de potier, ce temple fut commencé sous Ptolémée VI (180-45 av. J.-C.). Seule pièce mise au jour et accessible aux visiteurs, la salle hypostyle date de l'époque romaine, ses sculptures étant du IIIe siècle.

La porte centrale mène à un vestibule sombre où règne une atmosphère particulière. Son toit est soutenu par 18 colonnes aux chapiteaux en forme de feuilles de palmier, de boutons de lotus et de papyrus. Certaines portent des grappes de raisin de facture typiquement romaine. Le plafond est décoré de scènes astronomiques, et le fût des colonnes est couvert de hiéroglyphes, autant de litanies gravées dans la pierre pour être psalmodiées par les prêtres lors des cérémonies.

Sur les murs, des empereurs romains habillés en pharaons font des offrandes aux dieux locaux.

Le mur du fond, au nord-est, date de la période ptolémaïque et arbore des reliefs de deux pharaons de l'époque, Ptolémée VI et Ptolémée VIII (170-116 av. J.-C.).

Le temple se situe à environ 200 m du débarcadère, tout au bout du souk touristique.

Guide local, Esna

OÙ SE RESTAURER

Il y a quelques *ahwa* (cafés) avec terrasse, servant des boissons et des mets simples en face du temple.

DEPUIS/VERS ESNA

Le mieux est de s'arrêter pour visiter Esna dans le cadre d'une croisière entre Louxor et Assouan.

Djebel Silsila

Dans le Djebel Silsila, à 42 km au sud d'Edfou, le Nil se rétrécit pour se faufiler entre d'abruptes falaises de grès, où foisonnent des inscriptions antiques sur stèles et des graffitis. La qualité exceptionnelle du grès et la proximité d'une voie navigable en firent les carrières de toutes les constructions du Nouvel Empire.

C'est également ici qu'était rendu un important culte au Nil : chaque année, au début de la saison des crues, des sacrifices étaient organisés pour assurer la fertilité de la terre.

Sanctuaire, Djebel Silsila

À VOIR

Carrières de grès — Monument

(tarif plein/étudiant 50/25 £E, entrée du spéos d'Horemheb incluse ; 8h-16h30). Des milliers d'ouvriers ont travaillé dans ces carrières exploitées à partir de la XVIIIe dynastie au moins et jusqu'à la période romaine.

La rive est du fleuve est la plus intéressante, là où les rochers portent des inscriptions et où se nichent de minuscules sanctuaires de toutes les périodes, et des chapelles plus vastes. La partie sud du site se distingue par un énorme pilier en pierre, possible attache d'une chaîne tendue en travers du Nil. Non loin se trouvent trois sanctuaires bâtis par Mérenptah, Ramsès II et Séti Ier sous le Nouvel Empire. Plus au nord, la carrière principale conserve les marques propres à chaque carrier, ainsi qu'un groupe de chapelles funéraires privées très ouvragées.

Plusieurs stèles, dont celle de Sheshonq Ier, marquent la frontière nord de la carrière. Près de l'entrée du site se trouve le spéos d'Horembeb.

Spéos d'Horemheb — Monument

(tarif plein/étudiant 50/25 £E, entrée des carrières de grès incluse ; 8h-16h30). Dédié à Horembeb et à plusieurs divinités, ce petit sanctuaire royal creusé dans le grès fut commencé sous le Nouvel Empire par le pharaon Horembeb (1323-1295 av. J.-C.) et achevé par les dignitaires des derniers rois ramessides. Amon, Mout, Khonsou, Sobek, Taouret, Thot et le pharaon lui-même sont représentés assis dans une niche creusée dans le mur du fond.

DEPUIS/VERS LE DJEBEL SILSILA

La meilleure manière de rejoindre le Djebel Silsila est de s'y arrêter lors d'une croisière en felouque ou en *dahabiyya* entre Assouan et Esna (voir p. 144). Sinon, prenez un taxi à Edfou et empruntez la route de la rive ouest jusqu'à Silsila.

ANTON IVANOV/SHUTTERSTOCK ©

Felouques amarrées, Assouan

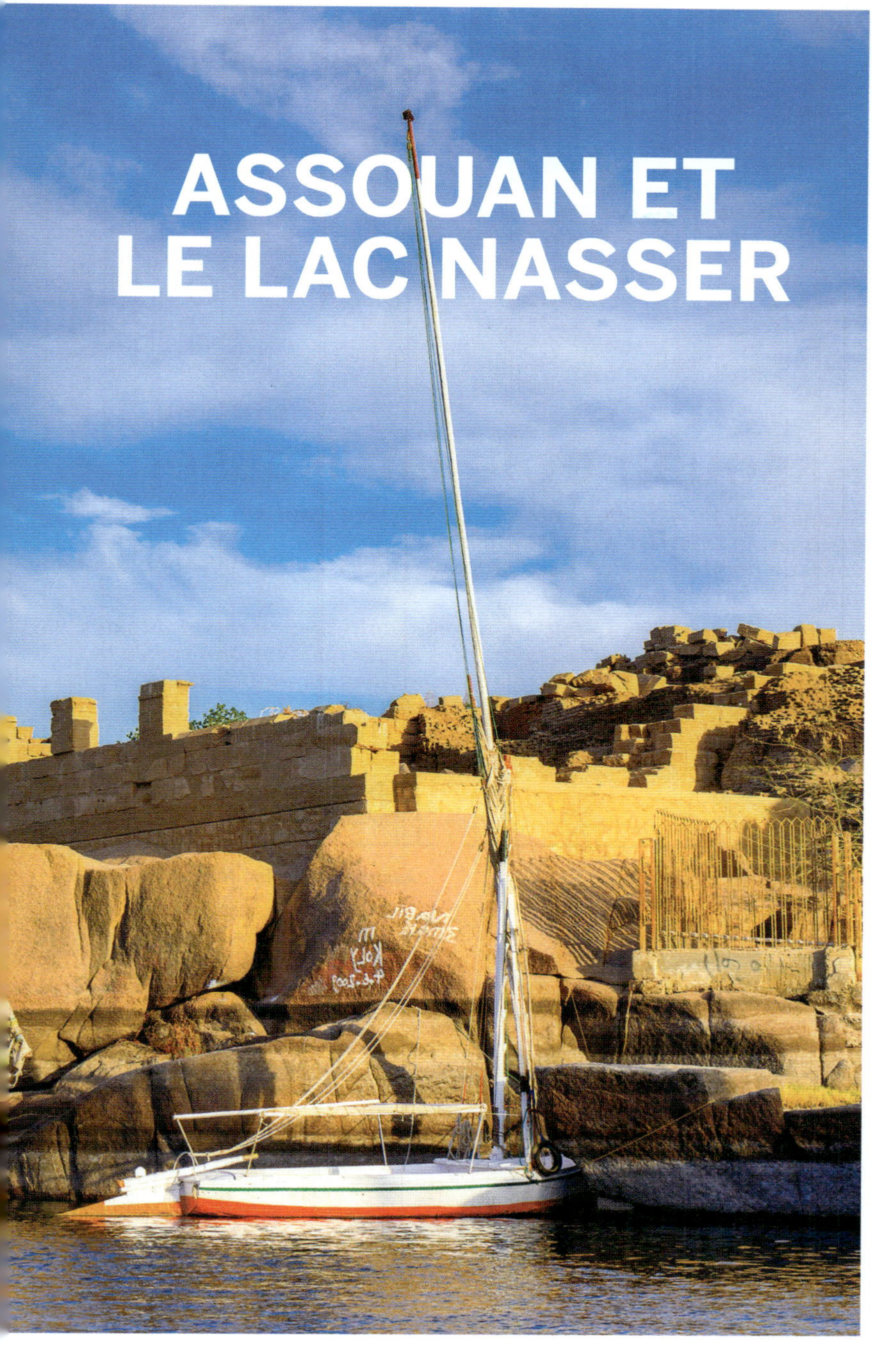

ASSOUAN ET LE LAC NASSER

Dans ce chapitre

Philae 168
Abou Simbel 172
Les îles d'Assouan 176
Assouan 180
Lac Nasser 186

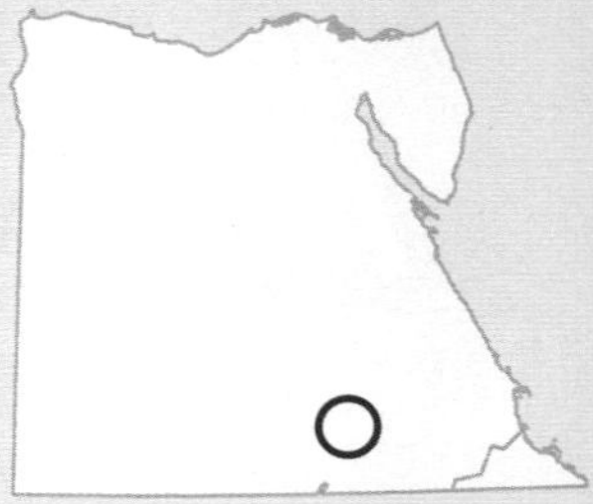

Assouan et le lac Nasser

Située juste au nord de la première cataracte, l'antique Assouan marquait la frontière avec la Nubie. Carrefour caravanier, la région possède nombre de richesses archéologiques, à Philae, à Abou Simbel et à Assouan même.

Ici, la visite des sites se fait moins pressante, la monumentalité des lieux moins écrasante. On a ainsi plus de temps pour profiter de la magie du Nil au coucher du soleil, de balades romantiques sur ses îles, comme des rives de l'un des plus grands lacs artificiels du globe.

Assouan en 1 jour

Le matin, faites une excursion mémorable au **temple d'Isis** (p. 171) à Philae, en passant par le **haut barrage d'Assouan** (p. 169). Après un bon *kushari* au **Koshary As Safwa** (p. 184), partez à la découverte des îles d'Assouan, entre les **ruines d'Abou** (p. 176), le **jardin botanique** (p. 178) et, sur la rive ouest, les **tombes des Nobles** (p. 180). Le soir, admirez le coucher du soleil depuis une felouque sur le Nil.

Assouan et le lac Nasser en 2 jours

Le deuxième jour, joignez-vous à un circuit organisé pour **Abou Simbel** (p. 172) et les sanctuaires de Ramsès II dominant le lac Nasser. En chemin, vous pourrez visiter également les temples de **Kalabsha**, **Beit el-Wali** et **Kertassi** (p. 186), sauvés des eaux.

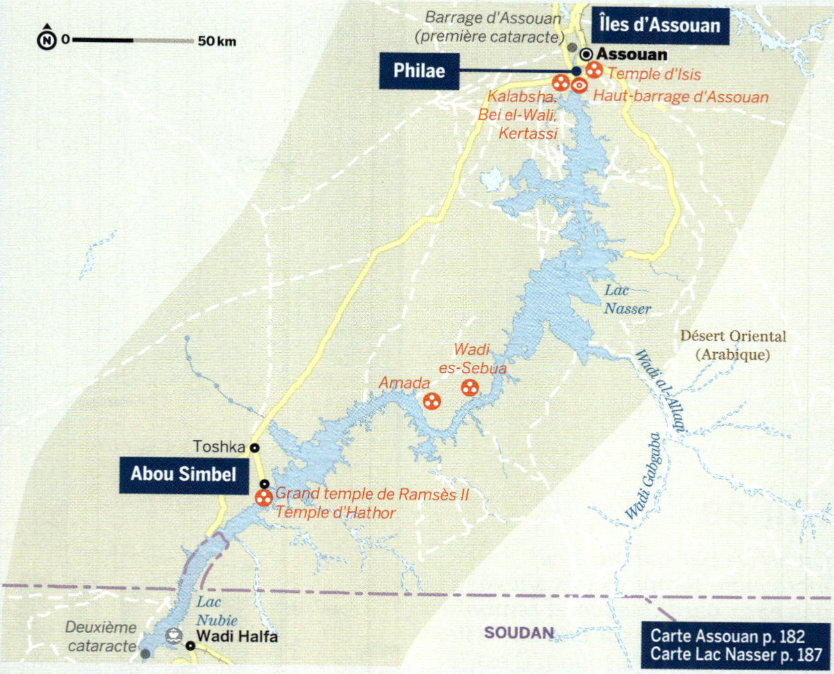

Comment s'y rendre

Aéroport d'Assouan Il est situé à 16 km au sud-ouest de la ville, comptez 100 à 150 £E (en fonction vos talents pour marchander) dans un sens comme dans l'autre.

Gare ferroviaire d'Assouan Des trains circulent entre Louxor et Assouan, certains allant jusqu'au Caire.

Gare routière d'Assouan On la trouve 3,5 km au nord de la gare ferroviaire.

Où se loger

Une majorité de voyageurs dormant sur leur bateau de croisière, Assouan a peu investi dans l'hôtellerie, mais la situation évolue progressivement. La haute saison (d'octobre à fin avril) est un peu plus chère, avec une pointe tarifaire en décembre-janvier.

Peu de visiteurs dorment à Abou Simbel, mais il existe quelques hôtels où les voyages organisés font halte.

Temple d'Isis

Philae

On arrive par bateau à cet incroyable temple d'Isis sauvé des eaux par l'Unesco et remonté pierre par pierre sur une autre île, à 7 km au sud d'Assouan. C'est le seul temple païen resté un temps actif aux débuts du christianisme.

Pour ceux qui aiment...

Infos pratiques

Comptez environ 250 £E/pers la visite guidée de Philae et du haut barrage d'Assouan, 120-150 £E la course en taxi.

★ Bon plan

Avant ou après Philae, ne manquez pas le **haut barrage d'Assouan** (As-Sadd al-Ali ; adulte/enfant 30/15 £E ; ⌚24h/24) à 13 km au sud de la ville. qui a donné naissance au lac Nasser.

Sauvé des eaux

L'île originelle de Philae a fait l'objet de pèlerinages au temple d'Isis pendant plus de vingt siècles.

Or, à l'orée du XXe siècle, la construction du premier barrage d'Assouan (1902) a eu pour effet de submerger Philae six mois par an. Les voyageurs voguaient à la force des rames entre les colonnes à demi immergées, subjugués par ce qu'ils apercevaient dans l'eau émeraude.

Une fois le haut barrage d'Assouan mis en eau (1973), le temple aurait entièrement disparu si l'Unesco n'était pas intervenue. Entre 1972 et 1980, ce vaste sanctuaire a été démonté pierre par pierre et reconstruit 20 m plus haut, sur l'île voisine d'Agilika.

Si le culte d'Isis à Philae remonte au moins au VIIe siècle avant J.-C., les vestiges les plus anciens datent du dernier roi natif d'Égypte, Nectanebo Ier (380-362 av. J.-C.). Les principaux bâtiments du sanctuaire furent édifiés sous Ptolémée II Philadephe (285-246 av. J.-C.), mais la construction s'est poursuivie sur cinq siècles pour s'achever sous l'empereur romain Dioclétien (284-305 ap. J.-C.). Déesse égyptienne favorite des Romains, Isis était en effet vénérée dans toutes les provinces de l'Empire romain et son culte se maintint à Philae jusqu'en 540, bien après la christianisation de l'Empire sous Constantin Ier. Les coptes transformèrent toutefois en chapelle la salle hypostyle du temple principal, endommageant de ce fait les bas-reliefs païens.

Un **bateau** (environ 20 £E/pers l'aller-retour, généralement inclus dans les visites organisées) dépose les visiteurs en contrebas du **kiosque de Nectanébo**.

Kiosque de Trajan

IGNATIUS TAN/STOCK.ADOBE.COM ©

Temple d'Isis

Le **temple d'Isis** (adulte/enfant 100/50 £E ; 7h-16h oct-mai, 7h-17h juin-sept) est le dernier temple égyptien de type classique à avoir été construit, autour de 690 av. J.-C. Ce fut aussi l'un des derniers lieux de culte de la déesse, sœur et épouse d'Osiris. L'entrée est marquée par un **premier pylône** de 18 m de haut, orné de bas-reliefs représentant Ptolémée XII Neos Dionysos frappant ses ennemis.

Ne ratez pas

Le spectacle son et lumière (www.soundandlight.com.eg ; 125 £E ; séances 18h30, 19h45 et 20h45 oct-avr, 19h, 20h15 et 21h30 mai-sept) **permet de déambuler la nuit dans le temple.**

Dieux égyptiens sur un bas-relief

Dans la cour centrale du temple d'Isis, le *mammisi* (maison de naissance) dédié à Horus, le fils d'Isis et d'Osiris, est la chapelle annexe où les pharaons, descendants mortels d'Horus, venaient consacrer leur légitimité par des rituels célébrant la légende d'Isis et la naissance d'Horus dans le marais. Le second pylône débouche dans une **salle hypostyle** aux superbes chapiteaux.

On atteint ensuite trois vestibules menant au **naos**, saint des saints où deux tabernacles de granit (dont l'un est exposé au musée du Louvre, le second au British Museum) abritaient la statue en or de la déesse et la barque rituelle servant aux processions. Seul reste le socle en pierre de la barque où sont gravés les noms de Ptolémée III et de son épouse Bérénice.

De retour dans la salle hypostyle, passez la **porte d'Hadrien** où le dieu à tête de babouin, Hâpi, représenté assis dans une grotte de la première cataracte, symbolise la source du Nil.

Temple d'Hathor et kiosque de Trajan

À l'est du second pylône, le ravissant **temple d'Hathor** est orné de bas-reliefs représentant des musiciens (dont un singe jouant du luth) et Bès, dieu de la Naissance.

Plus au sud, l'élégant pavillon inachevé au bord du fleuve n'est autre que le **kiosque de Trajan** (ou "lit de Pharaon"), certainement le monument le plus célèbre de Philae, maintes fois immortalisé sur la toile avant de devenir l'emblème photographique de l'île bien que de construction romaine.

Une petite faim ?

Près du kiosque de Trajan, au bord de l'eau, un **café très agréable** (mais hors de prix) sert boissons et en-cas à l'ombre d'un arbre immense.

Grand temple de Ramsès II

Abou Simbel

C'est sur les berges du lac Nasser que s'élève désormais l'un des plus beaux exemples d'architecture monumentale égyptiens : le grand temple de Ramsès II, réimplanté à Abou Simbel après le premier démontage spectaculaire du genre, en 1965.

Pour ceux qui aiment...

Infos pratiques

Hôtels et agences de voyages d'Assouan proposent tous des **tours organisés** pour Abou Simbel (à partir de 400 £E).

★ Bon plan

Pour passer une nuit à Abou Simbel, l'Eskaleh (Beit An Nubi ; ✆012-2368-0521, 097-340-1288 ; www.facebook.com/pg/Eskaleh ; Sharia Saad ibn-Abu Wakas ; d 65 € ; ❄@📶) **mérite à lui seul le voyage.**

Haut dressés sur les rives du lac Nasser, les temples d'Abou Simbel (tarif plein/étudiant guide inclus 160/80 £E ; h6h-17h oct-avr, 6h-18h mai-sept) comptent parmi les monuments les plus célèbres et les plus spectaculaires d'Égypte. Menacés de disparition par la montée des eaux due à la construction du haut barrage d'Assouan, les deux sanctuaires ont été déplacés dans leur intégralité sur la colline artificielle actuelle.

Grand temple de Ramsès II

Taillé dans la roche d'une colline de la rive ouest du Nil entre 1274 et 1244 av. J.-C., le gigantesque sanctuaire principal, dit Grand Temple, honorait autant la personne déifiée de Ramsès II que les dieux Rê-Horakhty, Amon et Ptah. Coiffés des couronnes de Haute et Basse-Égypte, les quatre colosses de Pharaon trônant sur la façade affirment sa puissance, telles de titanesques sentinelles surveillant toute embarcation pénétrant sur ses terres par le sud. Ensevelie sous les sables au fil des siècles, cette merveille pharaonique ne fut redécouverte qu'en 1813, lorsque l'explorateur suisse Jean-Louis Burckhardt aperçut hors du sable un premier colosse et deux autres ensevelis jusqu'au buste.

Une cour pavée précède la façade creusée dans la roche sur 30 m de haut et 35 m de large. Dominant la porte d'entrée (bien moins haute que les jambes des colosses), trois des quatre **statues monumentales** (20 m de haut) de Ramsès II contemplent l'horizon au-delà du lac et à travers les âges. La seconde en partant de la gauche gît en partie au sol, écroulée depuis l'Antiquité. À leurs pieds se dressent de minuscules (en comparaison) statues de la reine-mère Touya, de son

Temple d'Hathor

épouse Néfertari, entre autres princes et princesses. La silhouette du dieu-soleil à tête de faucon Rê-Horakhty figure au-dessus de l'entrée du sanctuaire.

Orné de vautours symbolisant la déesse protectrice Nekhbet, le plafond de la **grande salle** est soutenu par huit colonnes, dont chacune présente sur une face une statue osiriaque de Ramsès II. Des bas-reliefs sur les murs montrent le pharaon au combat, terrassant et massacrant ses ennemis devant les dieux. Sur le mur nord est représentée notamment une scène de la fameuse bataille de Qadesh contre les Hittites qui eut lieu vers 1274 av. J.-C. Une victoire immortalisée par la célèbre représentation de Ramsès II sur son char, décochant des flèches à ses adversaires en fuite et galvanisant ses troupes par sa bravoure.

La salle suivante, un **vestibule à quatre colonnes**, où l'on voit Ramsès et Néfertari devant les dieux et les barques solaires, mène au sanctuaire sacré : Ramsès et la triade de divinités du Grand Temple sont assis sur leur trône.

☑ Ne ratez pas

Le son et lumière (www.soundandlight.com.eg ; adulte/enfant 150/75 £E ; séances 18h30 et 19h30 oct-avr, 19h30 mai-sept) **projeté chaque soir sur les temples mérite vraiment le déplacement.**

Salle hypostyle, temple d'Hathor

CHEMISTKANE/STOCK.ADOBE.COM ©

Temple d'Hathor

À côté du Grand Temple s'élève un second temple plus petit et dédié à Hathor, déesse de l'Amour et de la Joie. Creusée également dans la roche, la façade comporte six statues debout (10 m de haut) représentant Ramsès et Néfertari, accompagnés pour le premier de ses fils, pour la seconde de ses filles. Vêtue et coiffée à l'image d'Hathor, Néfertari a la même taille que son époux, alors que l'épouse de Pharaon est presque toujours figurée lui arrivant aux genoux.

À l'intérieur, les six colonnes de la **salle hypostyle** sont coiffées de chapiteaux à tête de vache (emblème d'Hathor). Sur les murs, la reine apparaît face aux dieux, représentée presque comme l'égale de Ramsès II. Le vestibule et les chambres attenantes, ornées de scènes colorées de la déesse et de la barque sacrée, mènent au **naos** où une statue (assez abîmée) d'Hathor sous forme de vache semble surgir de la montagne. Le Petit Temple est marqué par une esthétique différente de celle du Grand Temple, plus féminine.

Une petite faim ?

Des petits cafés bon marché bordent la rue principale d'Abou Simbel. Parmi les plus populaires : le **Nubian Oasis** et le **Wadi El Nil**.

Felouques sur le Nil

PETER SEAWARD/LONELY PLANET ©

Les îles d'Assouan

S'écoulant paisiblement du lac Nasser, le Nil enlace de spectaculaires rochers de granit et les îles-palmeraies. Les villages nubiens colorés dégringolent gaiement jusqu'aux berges, contrastant avec les escarpements désertiques de la rive ouest.

Pour ceux qui aiment...

☑ Ne ratez pas

Louez une felouque avant le coucher du soleil et voguez entre les îles, le désert et les énormes rochers.

Île Éléphantine

Au début de la Ire dynastie (environ 3000 av. J.-C.), une forteresse fut construite sur l'île Éléphantine pour marquer la frontière sud de l'Égypte. Abou ne tarda pas à devenir un important poste de douane et centre de commerce. L'île prospère était aussi au cœur du culte de Khnoum, le dieu à tête de bélier (dieu des Inondations), de son épouse Satet et de leur fille Anouket.

Rarement visitées, les ruines de l'antique **Abou** (carte p. 182 ; île Éléphantine ; tarif plein/étudiant 35/15 £E ; 8h-17h) ne manquent pas d'intérêt, notamment le temple de Khnoum (plaques nos 6, 12 et 13) en partie restauré. Édifié sous l'Ancien Empire, en service un millénaire et demi, il a été largement reconstruit sous les Ptolémées.

Parmi les autres édifices notoires, on doit certainement à Snefrou (2613-

Hiéroglyphes et graffitis, Abou

DENNIS K. JOHNSON/GETTY IMAGES ©

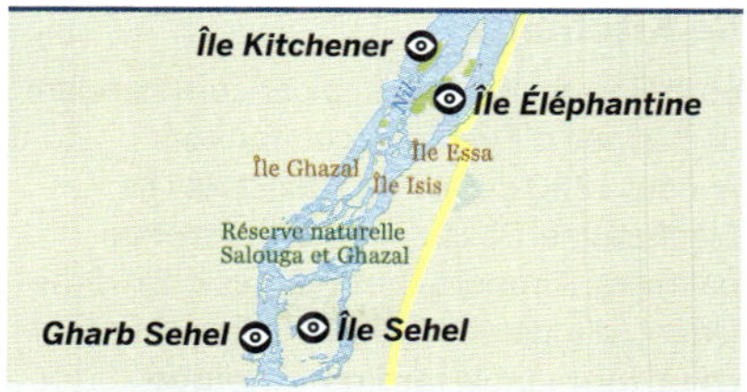

Infos pratiques

Deux ferries publics (1 £E) rallient l'île Éléphantine : l'un, en face du bureau d'EgyptAir, dessert le musée d'Assouan, l'autre, en face de l'agence Travel Choice, s'arrête à Siou.

Une petite faim ?

Le **Panorama Restaurant & Bar** (carte p. 182 ; 097-230-3455 ; www.movenpick.com ; Mövenpick Resort Aswan, île Éléphantine ; plats 140-290 £E ; est l'une des meilleures tables d'Assouan. La vue à 360° y est à couper le souffle.

Bon à savoir

Sur les îles, il convient d'adapter sa façon de s'habiller aux traditions locales. On évitera ainsi les tenues courtes et voyantes.

2589 av. J.-C.), le père de Kheops (qui fit bâtir la grande pyramide de Gizeh), la petite pyramide à degrés de la IVe dynastie. On remarquera aussi une petite chapelle ptolémaïque (n°15), la reconstitution d'un temple de la XVIIIe dynastie édifié par la reine Hatchepsout (1473-1458 av. J.-C.) et dédié à la déesse Satet, et une nécropole de béliers sacrés (n°11).

Construit sous la XXVIe dynastie, le **nilomètre du temple de Khnoum** (n°7) dispose d'un escalier en pierre conduisant à un petit bassin servant à mesurer le niveau maximum du fleuve. Un niveau élevé de l'eau, ici à la frontière sud de l'Égypte, annonçait une bonne récolte. En descendant au bord du fleuve, on trouve derrière un sycomore, près du **musée d'Assouan** (carte p. 182 ; île Éléphantine ; tarif plein/étudiant 70/35 £E ; 8h-17h ; en partie fermé pour travaux), le **nilomètre du temple de Satet** (n°10), datant de la période ptolémaïque ou du début de l'époque romaine et restauré au XIXe siècle.

À ne pas manquer également, le petit, mais charmant, musée **Animalia** (carte p. 182 ; 097-231-4152, 010-0300-5672 ; rue principale, Siou ; visite guidée 20 £E ; 8h-19h) consacré aux traditions, à la flore, à la faune et l'histoire de la Nubie. Mohamed Sobhi et sa famille gèrent l'endroit qui dispose aussi d'une petite boutique qui vend de l'artisanat nubien, ainsi que d'un agréable toit terrasse où l'on peut prendre un verre ou déjeuner.

Sur l'île, les villages nubiens de **Siou** et **Koti** (carte p. 182) offrent un contraste surprenant avec l'effervescence urbaine qui se déroule de l'autre côté du fleuve.

Île Kitchener

Lord Horatio Kitchener, alors commandant de l'armée d'Égypte, reçut dans les années 1890 cette île à l'ouest de l'île Éléphantine. Passionné de fleurs et de palmiers, il importa des plantes d'Extrême-Orient, d'Inde et d'Afrique, la transformant en un formidable **jardin botanique** (carte p. 182 ; île Kitchener ; 30 £E ; 8h-18h) de 6,8 ha plein d'oiseaux. Sous ses majestueux palmiers, on flâne parmi des centaines d'espèces végétales. Le plaisir est décuplé juste avant le coucher du soleil, quand la lumière se fait plus douce, qu'un parfum de santal flotte dans l'air et qu'on est presque seul.

Évitez en revanche le vendredi où le jardin est envahi de familles pique-niquant à grand renfort de musique.

Depuis l'île Éléphantine, il est possible de prendre une felouque (60 £E aller-retour) pour accéder au jardin botanique

Île Sehel

Juste au nord de l'ancien barrage d'Assouan, l'île Sehel (carte p. 183 ; adulte/enfant 40/20 £E ; 7h-16h oct-avr, 7h-17h mai-sept), vouée au culte de la déesse de la 1re Cataracte, Anouket, est connue pour ses stèles. La falaise à son extrémité sud porte plus de 200 **inscriptions** des XVIIIe et XIXe dynasties, inscrites là par princes, généraux et autres dignitaires en route vers la Nubie.

La plus célèbre, dite "stèle de la famine", décrit, sous la IIIe dynastie, la terrible famine du règne de Djeser (2667-2648 av. J.-C.), que le pharaon tenta de conjurer par des offrandes au temple de Khnoum de l'île Éléphantine.

Chamelier nubien, île Éléphantine

Le plaisant **village nubien** voisin enchante par son accueil. Plusieurs habitants servent le thé et de bons déjeuners nubiens dans leurs maisons aux couleurs vives, tout en vendant de l'artisanat local.

Gharb Sehel

Face à l'île Sehel, Gharb Sehel (carte p. 183) est devenu un village étape sur les itinéraires touristiques. Séduits par le rythme de vie paisible et ses splendides maisons nubiennes colorées, les visiteurs profitent de la plage propice à la baignade, des promenades à dos de chameau et du petit souk d'artisanat nubien, ou bien s'octroient quelques jours de détente dans ses pensions à l'ambiance décontractée.

Ballades en felouque

C'est entre les îles d'Assouan que le Nil dévoile toute sa splendeur et sa magie, et rien n'est plus plaisant que de louer une felouque en fin de journée afin de profiter du soleil couchant qui nimbe de rose le paysage environnant, entre maisons nubiennes, palmiers et rochers de granit, avec le désert en arrière-plan.

Les jours où accostent les bateaux de croisère en ville, des centaines de felouques circulent sur le Nil, il vaut mieux alors s'éloigner un peu de cette agitation.

Le fiable **Galal** (✆012-2415-4902), que l'on trouve près de l'embarcadère du ferry public en face du bureau d'EgyptAir, propose des circuits sans mauvaise surprise à bord de ses felouques familiales pour un prix fixe (65 £E l'heure par embarcation, 125 £E si elle a un moteur). Galal peut aussi arranger une visite de l'île Sehel, un déjeuner à bord (75 £E) aussi bien qu'un moment de baignade sur une plage sûre.

★ Bon plan

Si vous hésitez à vous baigner à Gharb Sehel, il est possible de profiter de la piscine du Mövenpick Resort Aswan sur l'île Éléphantine , moyennant 180 £E.

PATRICK SYDER/GETTY IMAGES ©

Des crocodiles dans le Nil ?

Le Nil était autrefois synonyme de crocodiles. Une espèce porte d'ailleurs le nom du fleuve et ses représentants sont les plus grands reptiles du monde, pouvant mesurer jusqu'à 6 m. S'il est communément admis qu'il n'y en a plus au nord du barrage d'Assouan, l'Agence égyptienne chargée de l'environnement alerte sur le fait que des crocodiles sont relachés dans le Nil par des particuliers qui en avaient chez eux, petits, comme animaux de compagnie.

Assouan

À VOIR

Musée nubien Musée

(carte p. 182 ; Sharia al-Fanadeq ; tarif plein/étudiant 100/50 £E ; 9h-13h et 16h-21h hiver, 18h-22h été). Ignorée des touristes, cette petite merveille muséographique fait face au Basma Hotel. Le musée a été créé en 1997 en accord avec l'Unesco pour conserver la mémoire de ce qui a disparu sous les eaux du lac Nasser et honorer l'histoire, l'art et la culture des Nubiens.

Parmi les pièces maîtresses, citons des bols en terre cuite décorés, vieux de 6 000 ans, ainsi qu'une impressionnante statue en quartzite représentant un prêtre thébain d'Amon (XXVe dynastie) aux traits typiquement kouchites (Haute-Nubie). L'étonnante armure de cheval retrouvée dans des tombeaux datant de la période Ballana (Ve-VIIe siècles av. J.-C.) témoigne du remarquable savoir-faire artisanal de cet intermède historique.

Obélisque inachevé Site archéologique

(carte p. 183 ; Sharia al-Haddadeen ; tarif plein/étudiant 60/30 £E ; 8h-17h). C'est d'Assouan que venait le meilleur granit de l'Égypte antique, utilisé pour la statuaire comme pour la construction de temples, pyramides et obélisques. L'immense obélisque inachevé qui gît dans les carrières du Nord a permis de comprendre en grande partie le procédé d'extraction de ces monolithes. Les trois faces taillées de ce qui devait être le plus grand obélisque d'Égypte (42 m) sont restées vierges de toute inscription car une malencontreuse fissure dans la roche a contraint les carriers à l'abandonner pas encore détaché de la paroi.

Accessibles par minibus collectif (arrêt à quelques minutes de marche) ou taxi (20-25 £E), les carrières du Nord se trouvent à 1,5 km de la ville, de l'autre côté du cimetière fatimide.

Tombes des Nobles Tombes

(carte p. 182 ; rive ouest ; tarif plein/étudiant 60/30 £E ; 8h-16h). Les hautes falaises

Musée nubien

IZZET KERIBAR/GETTY IMAGES ©

qui sont face à Assouan, au nord de l'île Kitchener sont percées de sépultures qui remontent à l'Ancien et au Moyen Empire.

La **tombe de Sarenpout II**, un gouverneur local de la XIIe dynastie, est l'une des plus belles et des mieux préservées du site. Une chambre d'entrée à six piliers mène à un couloir avec six niches contenant des statues de Sarenpout. La chambre funéraire a quatre colonnes et une niche avec de belles peintures murales.

Parmi les autres tombes, citons celles de **Mikhou et de Sabni**, un père et son fils, où figurent des scènes colorées de chasse et de pêche. Dans la **tombe d'Harkhouf**, des hiéroglyphes remarquables évoquent les expéditions commerciales de ce haut dignitaire de la VIe dynastie. Et dans celle de **Hekaib**, de beaux reliefs montrent des taureaux de combat et des scènes animées de chasse.

Un ferry, que l'on prend sur la Corniche An-Nil à hauteur de la gare ferroviaire (carte p. 182), relie les deux rives du Nil.

Monastère Saint-Siméon — Monastère

(carte p. 182 ; Deir Amba Samaan ; rive ouest ; tarif plein/étudiant 40/20 £E ; 8h-16h). Ce monastère fortifié bâti au VIIe siècle était à l'origine dédié au saint local Anba Hedra, avant d'être reconstruit au Xe siècle et consacré à Saint-Siméon. C'est de là que les moines partaient en Nubie dans l'espoir de convertir les populations au christianisme.

Au beau milieu du désert, le monastère comportait deux étages, et était entouré de murs de 10 m de haut. À son apogée, il aurait accueilli jusqu'à 1 000 moines, avant d'être partiellement détruit par les troupes de Saladin en 1173. Dans la basilique, on peut voir des traces de fresques.

Pour venir au monastère, il faut prendre le ferry pour les tombes des Nobles puis monter sur un chameau ou un âne. N'oubliez pas d'apporter de l'eau.

ACTIVITÉS

Mohamed Arabi — Observation d'oiseaux

(012-2324-0132 ; www.touregypt.net/featurestories/aswanbirding.htm ; à partir de 75 $US/pers). Le "Monsieur Oiseau" d'Assouan guide depuis des années ornithologues et documentaristes sur le Nil. Les amateurs sont aussi les bienvenus sur sa petite vedette se faufilant entre les îles. Il vous pointera du doigt, cachés dans la végétation, nectarinidés, huppes, hérons (pourprés, crabiers, striés ou garde-bœufs), aigrettes garzettes, chevaliers arlequins... Appelez-le directement.

CIRCUITS ORGANISÉS

Petits hôtels et agences de voyages organisent des visites des principaux sites alentour. La sortie de la demi-journée couvre le temple d'Isis à Philae, l'obélisque inachevé et le haut barrage (à partir de 400 £E/personne, accès aux sites inclus, sur la base de 3 à 5 participants). Vous sont aussi proposées des sorties en felouque jusqu'aux îles Éléphantine et Kitchener, mais négocier directement avec un capitaine revient moins cher.

Pour les renseignements concernant les **croisières sur le Nil** depuis/vers Assouan, voir p. 144.

ACHATS

Sharia As Souq — Souk

Célèbre entre tous, le souk d'Assouan (carte p. 182) a toujours été un bon endroit pour dénicher souvenirs et artisanat. Il semble néanmoins que le contexte touristique plus difficile ait entraîné la fermeture d'échoppes. On y vend talismans, calottes et paniers nubiens colorés, sabres soudanais, masques africains, et d'énormes crocodiles empaillés !

Les *fuul sudani* (cacahuètes), la poudre de henné (de différentes qualités) et les fleurs d'hibiscus séchées (ingrédient principal du *karkadé*, boisson locale très prisée) font aussi la réputation d'Assouan.

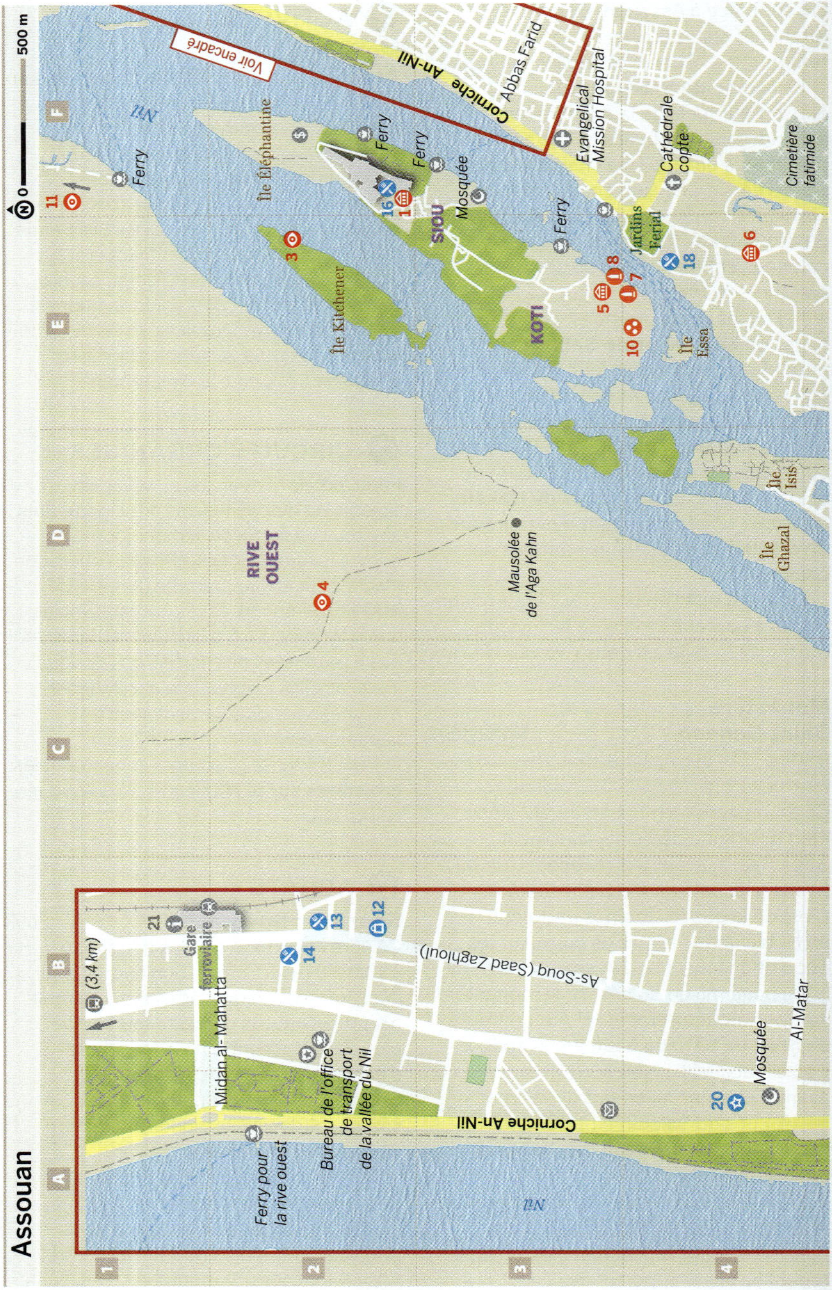

Assouan
Voir encadré
Nil
Ferry
Île Éléphantine
Île Kitchener
Corniche An-Nil
Abbas Farid
Evangelical Mission Hospital
Cathédrale copte
Cimetière fatimide
Jardins Ferial
Mosquée
SIOU
KOTI
Île Essa
Île Isis
Île Ghazal
RIVE OUEST
Mausolée de l'Aga Kahn
Gare ferroviaire
(3,4 km)
Midan al-Mahatta
As-Souq (Saad Zaghloul)
Ferry pour la rive ouest
Bureau de l'office de transport de la vallée du Nil
Al-Matar
500 m

Al-Haddadeen
Sadat
Al-Fanadeq
RIVE EST
Nil
Réserve naturelle Salouga et Ghazal
Plage
Île Sehel
Site des inscriptions antiques
Barrage d'Assouan (1 km),
Philae (3 km)
Haut-barrage d'Assouan (8 km)
(15 km)
Mahmoud
Mosquée
Al-Kopti
Salah El-Deen
Ahmed Maher
Corniche An-Nil
Ferry pour le Mövenpick Resort Aswan
Ferry pour Siou
Bureau des visas (20 m)
0
200 m
GHARB SEHEL
9
19
17
15
2
A
B
C
D
E
F
5
6
7
8

Assouan

À voir

1	Animalia	F2
2	Corniche	A7
3	Jardin botanique	E2
4	Monastère Saint-Siméon	D2
5	Musée d'Assouan	E3
6	Musée nubien	E4
7	Nilomètre du temple de Khnoum	E4
8	Nilomètre du temple de Satet	E3
9	Obélisque inachevé	F5
10	Ruines d'Abou	E4
11	Tombes des Nobles	F1

Achats

12	Sharia as-Souq	B2

Où se restaurer

13	Chef Khalil	B2
14	Koshary As Safwa	B2
15	Nubian Cataract Hotel	C8
16	Panorama Restaurant & Bar	F2
17	Qaryat Gharb Sehel	B7
18	Sofitel Old Cataract Hotel & Spa	E4
19	Sunset	D5

Où sortir

20	Palais de la culture	A4

Renseignements

21	Office principal du tourisme	B1

OÙ SE RESTAURER

Koshary As Safwa — Égyptien $

(carte p. 182 ; Sharia Saad Zaghloul ; kushari 8-16 £E ; 10h-minuit). Une bonne adresse pour se régaler de *kushari* (mélange de nouilles, riz, lentilles noires et oignons frits, servi avec une sauce tomate), *shawarma* ou keftas (brochettes de viande hachée et épicée) à emporter.

Qaryat Gharb Sehel — Égyptien $

(carte p. 183 ; 012-2272-3126 ; Gharb Sehel ; plats à partir de 25 £E ; 6h-20h). À Gharb Sehel, Nasr Ad Din Abduh Es Sitar tient dans cette belle maison nubienne restaurée un café-restaurant qui fait également centre d'artisanat nubien. Tatouages au henné sur demande.

Sunset — Pizzas $$

(carte p. 182 ; 097-232-8220 ; Sharia Abtal at-Tahrir, Nasr City ; plats 40-90 £E ; 9h-3h). Un café-restaurant en terrasse idéal pour admirer le coucher du soleil sur la première cataracte (faute d'aller au Old Cataract). Assis sur la terrasse ombragée, dans le jardin, sirotez un thé à la menthe ou goûtez aux grillades et aux pizzas. La nuit, allez-y en taxi.

Chef Khalil — Égyptien $$

(carte p. 182 ; 097-231-0142 ; Sharia as-Souq ; plats 90-180 £E ; 12h-1h). À quelques pas de la gare, face à l'entrée du souk, ce petit restaurant qui ne désemplit pas grille au four ou fait frire du poisson (prix au poids) à choisir directement sur un comptoir réfrigéré. La pêche du lac Nasser ou de la mer Rouge est servie avec salade et riz ou avec des frites. Il y a parfois de la langouste (190 £E).

Nubian Cataract Hotel — Nubien $$

(carte p. 183 ; 012-2272-3267 ; www.facebook.com/nubiancataract ; village nubien de Nag al-Makhati, face à l'île Sehel ; plats 90/150 £E ;). Le bon restaurant nubien-égyptien profite de la superbe terrasse de l'hôtel du même nom sur l'île Sehel. Vue merveilleuse au coucher du soleil.

Sofitel Old Cataract Hotel & Spa — Établissement historique $$$

(carte p. 182 ; 097-231-6000 ; www.sofitel.com ; Sharia Abtal at-Tahrir). Véritable institution à Assouan, l'Old Cataract est en lui-même une destination. Il vous ramène à l'époque d'Agatha Christie et de son roman *Mort sur le Nil*. Ce magnifique édifice, entouré de jardins soignés, surplombe le fleuve, offrant une vue splendide sur le fleuve et le désert à la fois. Pour s'y restaurer, il existe trois options : onéreuse avec la nouvelle cuisine (mets français en majorité) du **1902 Restaurant** (plats 200-410 £E ; 19h-

TUSCANY/BUDGET TRAVEL ©

Marché aux épices, Assouan

23h), plus raisonnable avec les plats plus décontractés du **Kebabgy** (19h-minuit) ou du **Saraya**.

OÙ PRENDRE UN VERRE ET FAIRE LA FÊTE

Se balader le long de la Corniche, contempler la lune depuis un toit-terrasse, siroter un verre au bord du Nil suffit souvent au voyageur ne demandant rien de plus que d'être pris par la magie du lieu. Et boire un cocktail à la terrasse de l'Old Cataract Hotel (p. 184) au coucher du soleil a quelque chose d'intemporel.

OÙ SORTIR

Palais de la culture Salle de concerts

(carte p. 182 ; 097-231-3390 ; Corniche An-Nil). D'octobre à février-mars, la troupe de danse folklorique d'Assouan donne à l'occasion des spectacles de *tahtib* (danse du bâton nubienne) et de chants contant la vie de village. Appelez pour savoir quand ont lieu les représentations.

RENSEIGNEMENTS

Office du tourisme (carte p. 182 ; 097-231-2811 ; Midan al-Mahatta ; 8h-15h sam-jeu). Cet office a peu de documentation, mais le personnel vous renseignera sur les horaires comme sur le prix des taxis et felouques.

DEPUIS/VERS ASSOUAN

Avion Plusieurs vols quotidiens assurés par EgyptAir pour Le Caire et 3 vols par jour pour Abou Simbel, du dimanche au jeudi.

Bateau Principal point de départ des croisières sur le Nil, Assouan est aussi le meilleur endroit pour organiser une croisière en felouque d'une ou plusieurs nuits (p. 144).

Bus Les bus de la compagnie Upper Egypt Bus Co desservent Le Caire (14 heures, 130 £E, départ 16h) et Abou Simbel (4 heures, 50 £E, départ 8h).

Train Louxor et Le Caire sont desservies par 10 liaisons quotidiennes au départ de la **gare ferroviaire d'Assouan** (carte p. 182). Les horaires de départ étant suceptibles de varier, renseignez-vous auprès de l'office du tourisme.

Lac Nasser

Consécutif à la création, sous le président Nasser (1956-1970), d'un barrage plus moderne sur le Nil (dit "haut barrage") entre 1958 et 1970, le lac Nasser affiche une superficie de 5 250 km², ce qui en fait l'un des plus vastes bassins artificiels au monde. Il s'étire du nord au sud sur 510 km et une distance de 5 à 35 km sépare ses rives est et ouest.

À VOIR

Kalabsha, Beit el-Wali et Kertassi

Grâce aux efforts acharnés de l'Unesco, ces trois temples ont quitté leur site d'origine, désormais submergé, à 50 km au sud d'Assouan, pour être remontés sur la rive ouest du lac Nasser, juste au sud du haut barrage. Il est possible de s'y rendre depuis Assouan et de prendre un bateau à moteur sur la rive ouest du haut barrage (environ 60 £E l'aller-retour avec 1 heure pour visiter).

Temple de Kalabsha Monument

(tarif plein/réduit 60/30 £E, billet commun à Beit el-Wali et Kertassi ; 8h-17h). Ce temple est consacré à la divinité solaire nubienne Merour (Mandoulis pour les Grecs). Commencé à la fin de la période ptolémaïque, il fut achevé durant le règne de l'empereur Auguste, entre 30 av. J.-C. et 14 de notre ère. Il fut plus tard reconverti en église.

Une impressionnante rampe en pierre mène du lac au premier pylône, au-delà duquel se dressent la cour à colonnade et la salle hypostyle. Sur les murs sont mis en scène divers empereurs et pharaons en compagnie de dieux et de déesses. Trois chambres successives constituent le sanctuaire proprement dit, ou naos. De l'une d'elles, un escalier mène au toit-terrasse, offrant une vue plongeante sur les chapiteaux de la salle et de la cour, et au loin sur le lac Nasser et le haut barrage. Le couloir intérieur, entre le temple et le mur d'enceinte, mène à un nilomètre.

Temple de Kalabsha

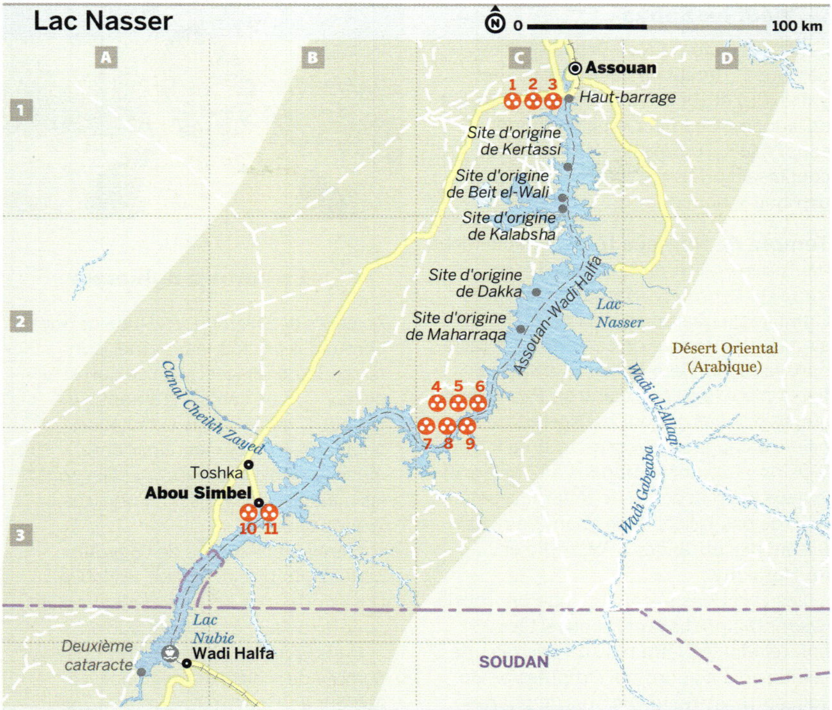

À voir

1 Temple de Kalabsha C1
2 Beit el-Wali C1
3 Temple de Kertassi C1
4 Temple de Ramsès II C2
5 Temple de Dakka C2
6 Temple de Maharraqa C2
7 Temple d'Amada C2
8 Tombeau de Pennout C2
9 Temple de Derr C2
10 Grand temple de Ramsès II B3
11 Temple d'Hathor B3

Beit el-Wali Monument

(tarif plein/réduit 60/30 £E, billet commun à Kalabsha et Kertassi ; 8h-17h). Proche du précédent, ce petit sanctuaire creusé dans la roche et précédé d'un pylône en brique date de Ramsès II (1279-1213 av. J.-C.). Les magnifiques bas-reliefs de la première cour décrivent en détail la victoire du pharaon sur les Nubiens (paroi sud) et ses guerres contre les Libyens et les Syriens (paroi nord). Ramsès est représenté tirant ses ennemis par les cheveux avant de leur écraser la tête, tandis que des femmes l'implorent. Les plus belles scènes dépeignent le tribut versé par les Nubiens vaincus : peaux de léopard, anneaux d'or, défenses d'éléphant, plumes et autres animaux exotiques.

Temple de Kertassi Monument

(tarif plein/réduit 60/30 £E, billet commun à Kalabsha et Beit el-Wali ; 8h-17h). Juste au nord du temple de Kalabsha se dressent les vestiges sporadiques mais émouvants du temple de Kertassi, avec deux colonnes hathoriques (à tête de vache), une architrave massive et quatre magnifiques colonnes aux chapiteaux figurant des papyrus.

Wadi es-Sebua

Les temples de Wadi es-Sebua ("vallée des Lions") furent déplacés sur ce site entre 1961 et 1965, à environ 4 km à l'ouest de leur emplacement initial, aujourd'hui sous l'eau. La rampe bordée de sphinx conduisant au temple de Ramsès II explique le nom du site.

Temple de Ramsès II Monument

(tarif plein/étudiant 50/25 £E, billet commun à Dakka et à Maharraqa). Datant du règne de l'infatigable pharaon bâtisseur (1279-1213 av. J.-C.), l'intérieur de ce temple fut taillé dans la roche. Deux colosses de pierre flanquaient le pylône d'entrée. Passé deux autres pylônes, la cour est bordée de dix piliers osiriaques (Ramsès sous sa forme d'Osiris). Suivent le pronaos à 12 piliers et le naos au fond duquel le tabernacle était orné de bas-reliefs dépeignant Ramsès II faisant des offrandes à Amon-Rê et Rê-Horakhty.

Les chrétiens s'étant ensuite approprié le sanctuaire et ayant recouvert les bas-reliefs de plâtre puis de portraits de saints, on a aujourd'hui l'impression de voir, entre les restes de stuc, le pharaon vénérer saint Pierre !

Temple de Dakka Monument

(tarif plein/étudiant 50/25 £E, billet commun à Ramsès II et à Maharraqa). À environ 1 km au nord du temple de Ramsès II se dressent les ruines de ce temple dédié à Thot, dieu de la Sagesse, et transplanté de son site initial 50 km plus au nord. Sa construction à partir de matériaux de réemploi a commencé sous le pharaon nubien Arkamani (218-200 av. J.-C.) et s'est prolongée sous les Ptolémées puis sous le règne d'Auguste. Son principal attrait est son pylône de 12 m de haut, dont le sommet offre une belle vue sur le lac et les temples.

Temple de Maharraqa Monument

(tarif plein/étudiant 50/25 £E, billet commun à Ramsès II et à Dakka). Consacré à Isis et à Serapis, le dieu d'Alexandrie, le plus petit des trois temples provient d'un site antique situé 40 km plus au nord, Ofendina. Sa décoration ne fut jamais terminée, et il n'en reste plus qu'une petite salle hypostyle, dont l'angle nord-ouest abrite un escalier hélicoïdal menant à la terrasse.

La culture nubienne

Au cours de l'histoire, les Nubiens ont perdu tout à la fois leur patrie, leurs terres, leurs villages. Mais ce qui reste de leur culture semble d'autant plus vibrant. C'est le cas de la musique, popularisée en Occident par des musiciens tels que Hamza El-Din dont les mélodies au oud sont d'une très grande beauté.

Les Nubiens du sud de l'Égypte parlent leur propre langue, le Nobiin. Des efforts sont actuellement effectués pour faire revivre alphabet nubien.

Dans la région, vous pourrez observer nombre de maisons traditionnelles nubiennes. Construites en terre, puis couvertes de plâtre ou de chaux, elles se distinguent par leurs décorations géométriques très colorées.

Jeune femme nubienne
EMAD OMAR FAROUK/SHUTTERSTOCK ©

Amada

Temple d'Amada Monument

(tarif plein/étudiant 50/25 £E, billet commun à Pennout et Derr). Ce temple, déplacé sur des rails à presque 3 km du site d'origine, est le monument le plus ancien subsistant au bord du lac Nasser. Il fut édifié sous la XXVIIIe dynastie par Thoutmosis III (1479-

1425 av. J.-C.) et son fils Aménophis II. Leur successeur, Thoutmosis IV (1400-1390 av. J.-C.) y ajouta une salle hypostyle. Dédié, comme beaucoup de lieux de culte de Nubie, aux dieux Amon-Rê et Rê-Horakhty, il renferme certains des bas-reliefs les plus beaux et les mieux préservés de la région, ainsi que deux inscriptions d'importance historique.

La première, apposée sur une stèle à gauche de l'entrée (au nord), décrit l'invasion manquée de l'Égypte par les Libyens (1209 av. J.-C.) sous le règne du pharaon Mineptah, fils et successeur de Ramsès II. La seconde, sur une stèle du mur du fond, retrace la campagne militaire d'Aménophis II en Palestine (1424 av. J.-C.).

Tombeau de Pennout Tombeau

(tarif plein/étudiant 50/25 £E, billet commun à Amada et Derr). Initialement situé à Aniba, à 40 km au sud-ouest d'Amada, ce petit tombeau nubien bien préservé est celui de Pennout, gouverneur de Nubie sous Ramsès VI (1143-1136 av. J.-C.). Taillé dans la roche, il consiste en une petite chapelle d'offrandes dotée d'une niche à l'arrière. Certains bas-reliefs illustrent des événements et des personnages liés à la vie du dignitaire, notamment Ramsès VI en personne lui remettant un présent. À 5 minutes de marche du temple de Derr.

Temple de Derr Monument

(tarif plein/étudiant 50/25 £E, billet commun à Amada et Pennout). Ce temple creusé dans la roche sous Ramsès II (1279-1213 av. J.-C.) se trouvait sur un méandre du Nil. Le pylône et la cour ont disparu, mais la salle hypostyle abîmée abrite quelques bas-reliefs bien conservés, représentant la campagne nubienne de Ramsès II que l'on reconnaît une fois encore tuant ses ennemis, suivi de son célèbre lion.

ACTIVITÉS

African Angler Pêche

(☎010-0134-2410, 012-2749-1892 ; www.african-angler.net ; à partir de 200 $US/pers, cannes et déjeuner compris). Un prestataire efficace pour organiser une partie de pêche ou bien pour aller observer oiseaux et animaux le long des berges du lac Nasser.

Nubiana Croisières

(☎012-2104-0255, 012-2350-3825 ; www.fleuves-du-monde.com/voyage-lac-nasser/nubiana). Le *Nubiana* est un petit bateau à moteur comprenant trois petites cabines, une suite et une douche commune. Le pont supérieur comprend un salon et une terrasse. Des excursions de 5 jours (Assouan-Abou Simbel), couplant randonnée et croisière, sont proposées.

DEPUIS/VERS LE LAC NASSER

Tous les sites sont desservis par une route, mais seuls Kalabsha, Beit al-Wali et Kertassi peuvent être rejoints ainsi par les visiteurs étrangers. À ce jour, les autres sites ne sont accessibles que par bateau, ce qui est, de toute façon, le meilleur moyen d'admirer le lac Nasser.

EFESENKO/STOCK.ADOBE.COM ©

Plage de Stanley, Alexandrie

ALEXANDRIE ET LA CÔTE MÉDITERRANÉENNE

Dans ce chapitre

Bibliotheca Alexandrina 194
Sites romains antiques.................. 198
Rosette (Ar-Rashid) 200
El-Alamein 202
À voir... 204
Activités 205
Circuits organisés 205
Achats 205
Où se restaurer 208
Où prendre un verre et faire la fête ..210
Où sortir 211

Alexandrie et la côte méditerranéenne

Fondée sur la côte nord par Alexandre le Grand, Alexandrie est auréolée de gloire : un phare désigné comme la 7e merveille du monde et la plus grande bibliothèque du monde antique. Fort différente du Caire, il y fait bon aujourd'hui se rafraîchir à l'air du large.

Sur les 500 km de littoral méditerranéen, il est aussi d'émouvants lieux de mémoire tels les cimetières militaires de la Seconde Guerre mondiale d'El-Alamein ou encore les demeures ottomanes de Rosette.

Alexandrie en 1 jour

Après une immersion dans le **passé romain** (p. 198) d'Alexandrie, rejoignez le temps du déjeuner l'ambiance animée du roi du *foul* (purée de fèves) et du falafel, **Mohammed Ahmed** (p. 208). Fort de cet aperçu historique, envisagez les mille et une ouvertures du futur à l'emblématique **Bibliotheca Alexandrina** (p. 194). Longez ensuite, à pied ou en microbus, la Corniche jusqu'au **fort Qaït Bey** (p. 204) pour le coucher du soleil sur la baie, un verre ou un dîner au **Greek Club** (p. 209) .

Alexandrie et la côte en 2 jours

Après un premier jour à Alexandrie comme décrit ci-contre, explorez le littoral alentour le temps d'une excursion d'une journée au petit port ottoman de **Rosette** (p. 200) et à l'embouchure du Nil. Autre solution, rejoignez **El-Alamein** (p. 202) sur les traces des batailles de la Seconde Guerre mondiale ; l'après-midi, lézardez sur la jolie plage de **Sidi Abdel-Rahman** (p. 203).

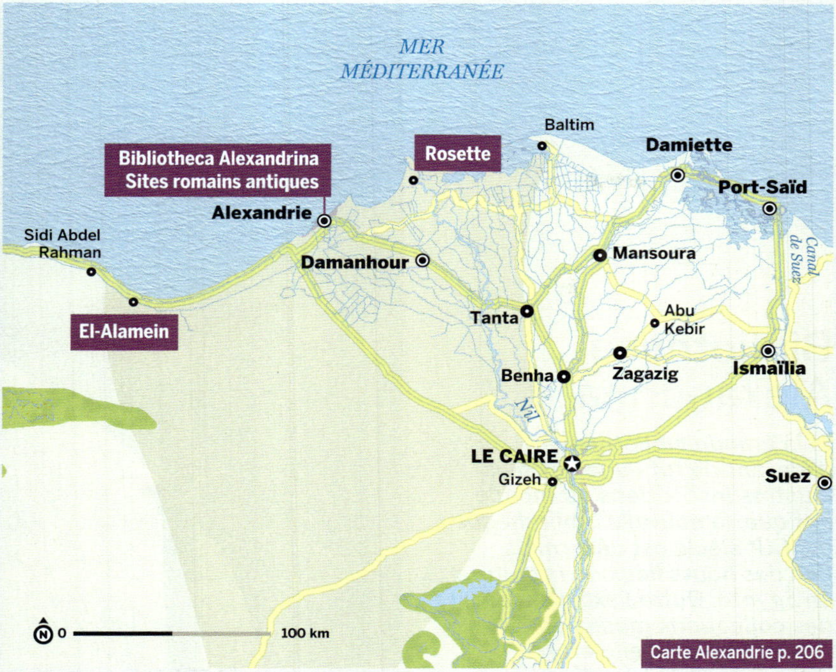

Comment s'y rendre

Il existe deux gares ferroviaires à Alexandrie. Quand on vient du Caire, nombre de voyageurs égyptiens descendent à **Mahattat Sidi Gaber**. Si vous allez dans le centre-ville, restez à bord jusqu'à la gare principale, **Mahattat Misr**.

Principal terminal des bus, la **gare routière Al-Moaf al-Gedid** se trouve à quelques kilomètres au sud de Midan Saad Zaghloul. Des microbus (2 £E) la relient à la gare ferroviaire de Misr et des taxis (35 £E) au centre-ville.

Où se loger

Respirer une bouffée d'air marin dès qu'on ouvre ses volets le matin fait partie des plaisirs d'Alexandrie, mais vu le bruit incessant de la circulation sur la Corniche, ceux qui ont le sommeil léger envisageront une chambre sur cour.

La haute saison estivale s'étend ici de juin à septembre, période où la moitié de la population cairote migre en bord de mer pour échapper à la canicule. Conclusion : il faut réserver tôt son hôtel.

Bâtiment principal, Bibliotheca Alexandrina

Bibliotheca Alexandrina

Si la grande bibliothèque d'Alexandrie fut l'une des plus illustres institutions du monde antique, la nouvelle bibliothèque du XXIe siècle est désormais l'un des hauts lieux de la culture en Égypte. Outre l'excellence des collections muséales qu'elle héberge, elle exerce un rayonnement intellectuel de dimension internationale.

Pour ceux qui aiment...

Infos pratiques

Bibliotheca Alexandrina (03-483-9999 ; www.bibalex.org ; Al-Corniche, Shatby ; tarif plein/étudiant 70/35 £E ; 10h-19h dim-jeu, 14h-19h ven, 12h-16h sam)

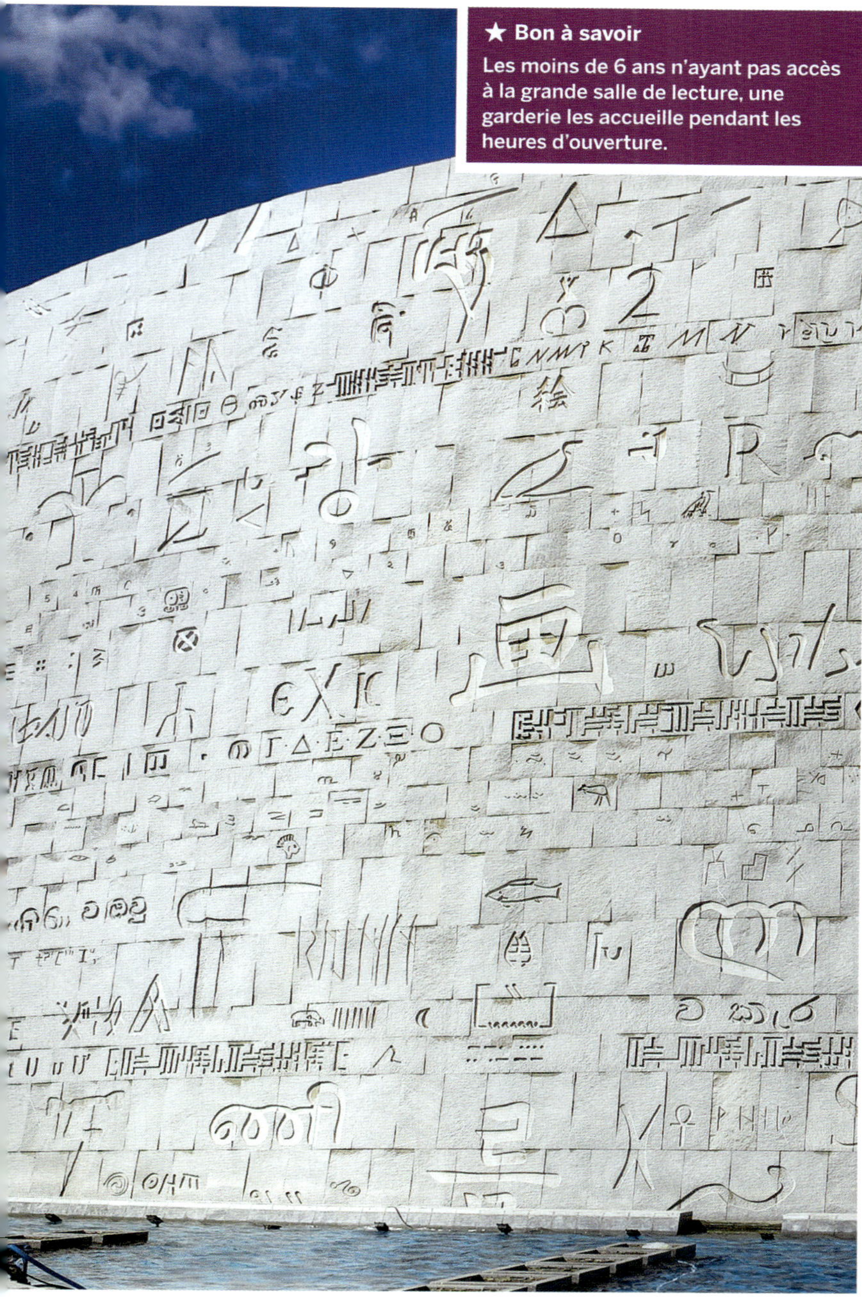

BRIAN KINNEY/STOCK.ADOBE.COM ©

★ **Bon à savoir**

Les moins de 6 ans n'ayant pas accès à la grande salle de lecture, une garderie les accueille pendant les heures d'ouverture.

La grande bibliothèque d'Alexandrie

La plus grande collection d'ouvrages et de documents jamais réunie dans toute l'Antiquité fut le fruit d'un projet pharaonique mené par Ptolémée Ier (323-283 av. J.-C.) avec l'aide d'un disciple d'Aristote. Elle faisait partie dès 288 av. J.-C. d'un vaste centre du savoir appelé Museïon ("temple des Muses"), d'où nous vient le mot "musée".

Pour réunir une telle manne intellectuelle (700 000 ouvrages), une loi ordonnait la confiscation des manuscrits sur les navires venus mouiller au port florissant d'Alexandrie afin d'en faire une copie. Par ailleurs, les Ptolémées envoyaient dans toutes les villes du pourtour méditerranéen des acheteurs chargés de dénicher textes, œuvres et autres documents. Le fonds ainsi constitué fit ensuite l'objet de traductions en grec par des savants de chaque pays et tous ces papyrus étaient conservés roulés dans les niches des portiques (les péripates) où se lisaient à voix haute les ouvrages de la bibliothèque.

Malheureusement en 48 av. J.-C., au cours de la guerre civile qui l'opposait à Pompée, César mit le feu à la flotte de son ennemi dans le port d'Alexandrie, et l'incendie se serait propagé à la bibliothèque. Quant aux ouvrages conservés dans le Serapeum (p. 198), ils ne survécurent pas à l'édit de Théodose Ier de l'an 391 (voir p. 250).

La Bibliotheca Alexandrina

Inauguré en 2002, ce monument contemporain célèbre la renaissance d'Alexandrie en tant que centre originel

Salle de lecture, Bibliotheca Alexandrina

du savoir et de la culture. Ce gigantesque disque tronqué émerge au-dessus du niveau de la mer tel un deuxième soleil se levant sur la Méditerranée. Lettres, pictogrammes, hiéroglyphes et symboles issus de plus de 120 systèmes d'écriture scandent la courbe de granit extérieure qui enveloppe l'époustouflante grande salle de lecture au toit incliné.

De fines ouvertures savamment prévues pour empêcher tout dommage sur les ouvrages consultés ou stockés offrent aux 2 500 lecteurs une douce lumière naturelle et de belles échappées.

☑ Ne ratez pas

Des visites guidées de la Bibliotheca Alexandrina ont lieu régulièrement. Voir le site Internet pour les horaires.

ARIADNE VAN ZANDBERGEN/GETTY IMAGES ©

Les musées

Le **musée des Antiquités** (☎03-483-9999 ; antiquities.bibalex.org ; tarif plein/étudiant 50/25 £E ; ⏰9h-18h30 dim-jeu, 14h-18h30 ven, 12h-15h45 sam) présente des collections couvrant l'histoire de toute l'Égypte, de l'époque pharaonique à la période islamique, autant d'objets sélectionnés avec soin parmi les trouvailles faites sur tous les sites archéologiques égyptiens, y compris grecs, romains et byzantins.

Livres rares et textes antiques exposés au **musée des Manuscrits** (tarif plein/étudiant 30/15 £E ; ⏰11h-19h dim-jeu, 12h-16h sam, fermé ven) font l'objet d'une présentation étonnante où vous admirerez la copie du seul rouleau subsistant de la Grande Bibliothèque. L'exposition voisine intitulée **Impressions d'Alexandrie** retrace à travers dessins, plans et photos anciennes la longue histoire de la ville .

Les salles d'exposition de la bibliothèque proprement dite abritent une collection de dessins de décors de films cultes d'un enfant d'Alexandrie, **Le Monde de Shadi Abdel Salam**, et un programme vidéo relatant sur 9 écrans l'histoire de l'Égypte, le **Culturama**.

Le **Planétarium** (☎03-483-9999 ; www.bibalex.org/psc/en/Home/Index.aspx ; tarif plein/étudiant 50/10 £E par film ; ⏰10h-16h dim-jeu, fermé ven-sam) occupe une sphère futuriste éclairée au néon. Destinés aux enfants, des films éducatifs en 3D sur l'exploration spatiale, la nature et l'histoire de l'Égypte y sont projetés selon une programmation cyclique (sur réservation). Le Centre des sciences du planétarium héberge aussi l'**ALEXploratorium** et le **musée de l'Histoire des sciences** au niveau inférieur.

✕ Une petite faim ?

Profitez de l'ambiance méditerranéenne du **Selsela Cafe** (p. 210) bercé d'une douce brise marine.

Fresque, catacombes de Kom ash-Shuqqafa

Sites romains antiques

Dominée par Rome à partir du Ier siècle av. J.-C., Alexandrie possède de nombreux vestiges qui témoignent de son importance au sein de l'Empire romain.

Pour ceux qui aiment...

☑ **Ne ratez pas**

Dans les catacombes de Kom ash-Shuqqafa, une pièce appelée *triclinium* était utilisée pour le banquet servi en hommage au défunt.

Colonne de Pompée et Serapeum

Au cœur du quartier de Carmous s'élève la **colonne de Pompée** (carte p. 206 ; Rhakotis ; tarif plein/étudiant 60/30 £E ; 9h-16h30), haute de 30 m, en granit rose d'Assouan. En dépit de son nom, une inscription à sa base indique qu'elle a été érigée en 291 pour supporter une statue de l'empereur Dioclétien. Au pied de la colonne se tiennent deux sphinx d'époque ptolémaïque et quelques scuptures pharaoniques, dont un scarabée géant et des statues de Ramsès II.

La colonne domine les ruines du **Serapeum**, vestiges du temple dédié à Sérapis, dieu composite de l'Alexandrie antique dont le culte gagna même Rome. Il fut détruit en 391 en application de l'édit de Théodose Ier interdisant les cultes païens.

Colonne de Pompée et Sphinx

HISHAM IBRAHIM/GETTY IMAGES ©

Infos pratiques

Pour la colonne de Pompée, la course en taxi vaut environ 35 £E depuis Midan Saad Zaghloul.

Une petite faim ?

Pour un déjeuner sur le pouce après la visite du Kom al-Dikka, filez chez **Awalad Adbou** (p. 208).

Bon à savoir

Pour aller aux catacombes de Kom ash-Shuqqafa depuis la colonne de Pompée, prenez la petite rue à droite quand vous êtes dos à l'entrée de la colonne. Suivez cette rue sur plusieurs centaines de mètres après une petite mosquée sur la gauche ; l'entrée des catacombes se trouve dans le bloc suivant sur votre gauche.

Catacombes de Kom ash-Shuqqafa

Un âne tombé dans un trou fut à l'origine de la découverte de la plus vaste **nécropole romaine** (carte p. 206 ; tarif plein/étudiant 60/30 £E ; 9h-16h30) connue en Égypte. L'origine de ces catacombes remonterait au IIe siècle. Des escaliers mènent au centre d'une rotonde, d'où partent sur trois niveaux plus de 300 tombes, chambres funéraires et niches.

Outre le prodige architectural que fut la construction de ces catacombes creusées dans la roche jusqu'à 35 m (le niveau inférieur, inondé, est inaccessible), les décorations sur les parois illustrent à merveille la fusion entre les styles pharaonique, grec et romain qui fut la marque de fabrique des architectes d'Alexandrie.

Kom al-Dikka

Belles villas, thermes et théâtre à gradins formait ce **quartier résidentiel** aisé de l'époque gréco-romaine (carte p. 207 ; Sharia Ismail Mahana ; tarif plein/étudiant 80/40 £E ; 9h-16h30), appelé "parc de Pan", un jardin où les citoyens d'Alexandrie s'adonnaient nonchalamment à divers loisirs.

Bien que de taille assez modeste, le seul **amphithéâtre** romain restant en Égypte est formé de 13 gradins en marbre blanc fort bien conservés, disposés en demi-cercle autour d'une arène.

Dans ce même ensemble se trouve la **villa des Oiseaux**, riche demeure urbaine datant du règne d'Hadrien (117-138). Elle conserve des pavements de mosaïque représentant pigeons, cailles, perroquets et autres poules d'eau.

Fort Qaït Bey

Rosette (Ar-Rashid)

Souks et rues sinueuses où des ânes tirent des carrioles surchargées conservent son charme d'antan à Rosette, premier port d'Égypte aux XVIIe et XVIIIe siècles.

Pour ceux qui aiment...

☑ Ne ratez pas

Inhabituellement située au 1er étage et entourée d'un grand balcon circulaire en bois, la mosquée Muallaq, construite en 1704, mérite la visite.

Si Rosette est surtout connue pour la pierre du même nom, la petite bourgade possède aussi une vingtaine de demeures anciennes du Delta. On les découvre au fil d'une promenade dans les ruelles animées de la ville.

Maison Amasyali

Les larges fenêtres à moucharabiehs de cette **maison traditionnelle ottomane** (Sharia al-Anira Feriel ; tarif plein/étudiant 15/10 £E, billet commun avec la maison Abou Shahin ; 9h-17h) soulignent la nécessité de rafraîchir les demeures en y faisant circuler la brise. Le 2e étage de la façade se trouve en léger surplomb par rapport au premier, scandé de multiples avancées en bois à claire-voie, où s'asseyaient les femmes : elles pouvaient ainsi voir sans être vues elles-mêmes.

RICHARD OECHSNER/STOCK.ADOBE.COM ©

Infos pratiques

Des microbus (10 £E, 1 heure) relient régulièrement Rosette à Alexandrie. Pour un aller-retour en voiture privée ou en taxi, comptez quelque 300 £E .

Une petite faim ?

Aboukir et sa baie offrent en route l'occasion d'un festin marin à la terrasse du **Zephyrion** (010-9510-8484 ; poissons 75-210 £E/kg ; 11h-24h) tout en harmonie bleu et blanc face aux flots.

La pierre de Rosette

Découverte lors de l'expédition d'Égypte, la pierre de Rosette (exposée au British Museum de Londres) correspond à la moitié inférieure d'une grande stèle de granit sombre. Gravée de trois versions (en hiéroglyphes, en démotique et en grec) d'un même décret datant de 196 av. J.-C., elle permit à l'égyptologue Jean-François Champollion d'établir une liste complète des signes hiéroglyphiques.

Maison Abou Shahin

Voisine de la précédente, cette "**maison du Moulin**" (près de Sharia al-Anira Feriel ; tarif plein/étudiant 15/10 £E, billet commun avec la maison Amasyali ; 9h-17h) conserve au rez-de-chaussée sous une impressionnante charpente en bois une large meule aux roues dentées que faisait tourner au rythme de son trajet circulaire un animal de trait. Les chapiteaux gréco-romains des colonnes de la cour sont un réemploi.

Musée de Rachid

Face à la grand-place, le **musée de Rachid** (Manzil Hussein Arab Killi ; tarif plein/étudiant 40/20 £ ; 9h-16h sam-jeu, 9h-12h et 14h-16h ven) est un très bel exemple de demeure ottomane dont on admirera les parties privées (chambres, cuisine et pièce à vivre) traditionnellement situées au 2e étage.

Récemment restauré, le musée expose une copie de la célèbre pierre de Rosette ainsi que des objets découverts dans la région. Au 1er étage est expliquée la vie quotidienne dans ce type de maison.

Fort Qaït Bey

Situé à 5 km au nord de Rosette, ce **fort** (tarif plein/étudiant 40/20 £ ; 8h-17h) a été construit en 1479 pour garder l'embouchure du Nil. La vue sur le fleuve y est magnifique et romantique à souhait. C'est ici qu'a été découverte la pierre de Rosette à la fin du XVIIIe siècle.

Cimetière militaire du Commonwealth

El-Alamein

Cet avant-poste côtier fut le théâtre d'une bataille cruciale pendant la Seconde Guerre mondiale. Après la visite émouvante des mémoriaux et cimetières, ne manquez pas les belles plages de sable baignées d'une eau sublime.

Pour ceux qui aiment...

☑ Ne ratez pas

Avant d'arriver au Mémorial italien, une borne indique, en italien : "*Mancò la fortuna, non il valore*" ("La chance nous a manqué, pas la bravoure").

C'est à El-Alamein que les Alliés commandés par Bernard Montgomery remportèrent une victoire décisive sur les troupes allemandes d'Erwin Rommel à la fin de l'année 1942. Ce succès leur assura le contrôle de l'Afrique du Nord. Mais les opérations militaires furent meurtrières : environ 80 000 soldats furent blessés ou périrent au cours de la série de combats qui se livrèrent dans le désert alentour.

Musée de la Guerre

Excellente introduction aux campagnes d'Afrique du Nord pendant la Seconde Guerre, ce **musée** (50 £E ; 9h-16h sam-jeu, 9h-12h et 13h-16h ven) couvre notamment la bataille d'El-Alamein. Royaume-Uni, Italie, Allemagne et Égypte, les quatre principales nations impliquées sur place, font chacune l'objet d'une salle de présentation.

PATRICK SYDER/GETTY IMAGES ©

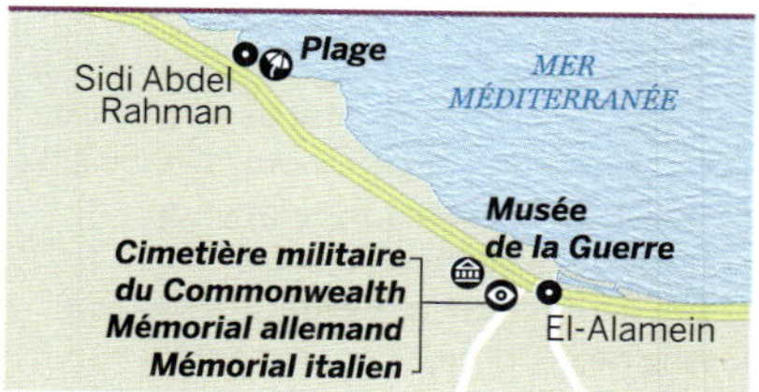

Infos pratiques

Louer un véhicule avec chauffeur est le plus pratique. Comptez de 500 à 600 £E pour venir d'Alexandrie au musée de la Guerre, faire le tour des cimetières et s'arrêter à la plage avant de retourner en ville.

Une petite faim ?

À côté du musée de la Guerre, une petite cafétéria propose *foul* (purée de fèves brunes), *ta'amiyya* (falafels de fèves égyptiens) et salades.

Cimetière militaire du Commonwealth

Ce lieu émouvant (9h-14h30) est la dernière demeure des hommes tombés avant et pendant la bataille d'El-Alamein fin octobre 1942. Ce sont 7 240 pierres tombales dressées en rangées impeccables entrecoupées de plantes désertiques soigneusement entretenues.

Mémorial allemand

Quelque 7 km à l'ouest d'El-Alamein, une sorte de forteresse de grès parfaitement close et silencieuse surplombe la mer : c'est le mémorial de guerre allemand. Autour de l'obélisque commémoratif placé au centre, reposent quelque 4 000 soldats tombés au front d'Afrique du Nord. De là, on a une belle vue sur le littoral.

Mémorial italien

À environ 11 km à l'ouest d'El-Alamein, approximativement à hauteur de la ligne de front entre armées ennemies pendant la Seconde Guerre mondiale, le mémorial italien est doté d'une large allée bordée d'arbustes à fleurs qui mène à une haute tour. L'intérieur sobre n'en est pas moins poignant : de simples plaques carrées de marbre blanc tapissent les murs, chacune gravée du nom d'un soldat décédé. La tour est verrouillée, mais le gardien apparaît à votre arrivée et vous fait entrer.

Shaat al-Hanna (Sidi Abdel Rahman)

Irrésistibles, les eaux bleu laiteux de cette plage se prêtent parfaitement à la baignade. Même en ce lieu retiré, les femmes veilleront à porter une tenue pudique. Gratuite, la grande plage souffre malheureusement de la présence de nombreux déchets. Dotée de parasols et de transats, la plage privée est nette mais a un coût : 50 £E par personne.

Alexandrie

Laissée de côté par les Arabes au profit du Caire, Alexandrie dut attendre le XIXe siècle pour voir son port se développer de nouveau, et s'ouvrir au monde.

Cet héritage cosmopolite se découvre le long de la Corniche donnant sur la Méditerranée, du fort Qaït Bey à la Biliotheca Alexandrina (p. 194). Et il se vit pleinement dans les rues du centre-ville, entre musées, marchés et cafés animés.

À VOIR

Musée national d'Alexandrie Musée

(carte p. 207 ; ✆03-483-5519 ; 110 Sharia Tariq al-Horreyya ; tarif plein/étudiant 80/40 £E ; ⏲9h-16h30). Logé dans une belle villa italianisante, ce musée résume magnifiquement le passé alexandrin. Commentés par des panneaux et cartels éclairants, les objets exposés, peu nombreux mais sélectionnés avec minutie, retracent parfaitement l'histoire de la ville, de l'Antiquité à l'époque moderne. Ne manquez pas d'admirer les beaux tanagras – ces statuettes grecques de femmes et d'enfants en terre cuite – et les objets découverts en mer Méditerranée.

Fort Qaït Bey Forteresse

(carte p. 206 ; port est ; tarif plein/étudiant 40/20 £E ; ⏲9h-16h). Haut dressés au-dessus du port oriental, les épais murs de ce fort érigé en 1480 pour le sultan mamelouk Qaït Bey recouvrent les vestiges du légendaire phare d'Alexandrie dont certains matériaux ont été réemployés dans les travaux de fortification sur cette étroite péninsule. Y grimper est fort agréable d'autant plus que l'on y découvre tout un labyrinthe de pièces à explorer.

De Midan Ramla, comptez 30 à 45 minutes de marche le long de la Corniche. La vue plongeante sur le port rend le trajet fascinant. Mais, si l'on préfère, on peut prendre le tramway jaune n° 15 au départ de Midan Ramla, héler un microbus le long de la Corniche ou encore faire appel à un taxi (10-15 £E).

Musée Mahmoud Saïd Musée

(✆03-582-1688 ; 6 Sharia Mohammed Pasha Said, Gianaclis ; ⏲10h-18h mar-jeu et sam-dim,

Rue d'Alexandrie

NATALIA PAVLOVA/STOCK.ADOBE.COM ©

fermé lun et ven). GRATUIT Bien que peu connu hors de son pays, Mahmoud Saïd (1897-1964) fut l'un des plus grands artistes égyptiens du XXe siècle. Juge de profession, il peignait à ses heures perdues et devint un membre clé d'un groupe d'esthètes souhaitant forger une identité artistique égyptienne dans les années 1920 et 1930. Une quarantaine de ses œuvres sont présentées dans cette belle villa italianisante où il vécut.

À l'arrêt de tramway San Stefano (ligne nº 2), traversez la voie et gravissez les marches jusqu'à la rue en surplomb (en face de l'immense centre commercial), puis prenez à droite avant d'obliquer un peu loin sur la gauche dans la rue du musée.

Palais et parc de Montazah Parc

(Montazah ; parc/plage 15/25 £E ; 8h-minuit) Le khédive Abbas Hilmy (1892-1914) construisit ici son palais d'été, conçu dans un style pseudo-mauresque, avec une touche florentine. Si ce dernier est fermé au public, ses jardins luxuriants, sa jolie crique avec une petite plage et les restaurants dans le parc en font une excursion agréable à l'écart de l'agitation du centre-ville,

Pour s'y rendre, prenez un microbus le long de la Corniche ou un taxi (40 £E).

ACTIVITÉS

Alexandra Dive Plongée

(carte p. 206 ; 03-483-2045, mobile 012-2906-5477 ; www.alex-dive.com ; Al-Corniche, Anfushi ; forfait 2 plongées 80 €, avec son propre matériel 60 €). Le Dr Ashraf Sabry, qui explore cette côte depuis des décennies, dirige une équipe de plongeurs experts à Alexandrie. Voici l'occasion unique de découvrir les sites archéologiques sous-marins d'Alexandrie et alentour : palais de Cléopâtre, île du Pharos, Herakleion-Thonis), comme, plus au large, les vestiges sous-marins des batailles des Première et Seconde Guerres mondiales .

Plage de Stanley Plage

(Sidi Gaber). Cette plage, située dans une baie surplombée par le vieux pont Stanley, offre une petite étendue de sable pour la baignade. Ses cabines de plage, la mer qui s'écrase contre les pylones du pont en font un endroit assez spectaculaire. Avec des enfants, faites attention aux vagues.

Le phare d'Alexandrie

Dans l'Antiquité, la côte alexandrine terrifiait les marins : plate et uniforme, elle manquait de repères pour éviter les écueils et les bancs de sable. Afin d'encourager le commerce vers sa cité portuaire, Ptolémée Ier (323-283 av. J.-C.) ordonna la construction d'une grande tour visible de loin.

Le Pharos fut inauguré en 283 av. J.-C. après 12 annnées de travaux. L'édifice fut agrandi jusqu'à ce qu'il atteigne des proportions si colossales et si exceptionnelles que les Anciens le classèrent parmi les Sept Merveilles du monde. Mais en 1303, un violent séisme secoua toute la Méditerranée orientale et le détruisit.

CIRCUITS ORGANISÉS

Michael Mitchell Visites guidées

(012-2085-2916 ; egyptianmitch@gmail.com ; 30-50 $US). Michael Mitchell organise des balades à pied axées sur la richesse de l'architecture, de la culture et de l'histoire d'Alexandrie, notamment la Belle Époque égyptienne. Appelez-le pour connaître le programme. Des promenades personnalisées sont possibles.

ACHATS

À Alexandrie, il fait bon flâner sur les marchés, celui de poisson dans le quartier d'Anfushi (carte p. 206) ou celui des antiquaires d'Al-Attarine (carte p. 207) valent le détour, plus pour l'ambiance que pour les achats que vous pourrez y faire.

Centre d'Alexandrie

0
1 km
E
F
G
H
1
2
3
4
5
6
MER MÉDITERRANÉE
Plage de Stanley (3 km)
Musée Mahmoud Saïd (5 km)
Palais et parc de Montazah (10 km)
24
Al-Corniche (Shatby)
5
8
1
SILSIA
SHATBY
Cimetière copte
Badawy
Al-Iskander al-Akbar
Qanat as-Suweiz
Abdul Hamid
10
Mosquée d'Al-Qaid Ibrahim
Cimetière juif
Jardins Shallalat
Tariq al-Horreyya
20
Station de tram de Midan Ramla
Midan Saad Zaghloul
Al-Tugareya
27
30
Al-Ghorfa
29
22
Safiyya
Amin Fekry
Sultan Hussein
(Salah Istanbul)
Al-Batalsa
6
18
Saad Zaghloul
Synagogue Eliyahu Hanavi
Al-Nabi Daniel
Zaghloul
Bureau des visas
Sisostris
Tariq al-Horreyya
19
Pharmacie centrale
28
Yousri
Garanfil
Nabil al-Wakad
12
4
14
13
Ahmed Ismail
Gare ferroviaire Misr
Al-Nabi Daniel
ATTARINE
Salah ad-Din
Moharrem Bey
Al-Moaf al-Gedid

Centre d'Alexandrie

À voir

1 Bibliotheca Alexandrina G2
2 Fort Qaït Bey C1
3 Île du Pharos C1
4 Kom al-Dikka F5
5 Le Monde de Shadi Abdel Salam G2
6 Musée national d'Alexandrie G4
7 Palais de Cléopâtre C3
8 Planétarium F2

Activités

9 Alexandra Dive B3

Achats

10 Hassan Fouad F3
11 Marché au poisson d'Anfushi B2
12 Marché des antiquaires d'Al-Attarine E5
13 Sayed El Safty E5

Où se restaurer

14 Awalad Abdou E5
15 Greek Club B2
16 Kadoura B2
17 Kadoura C4
18 Mohammed Ahmed E4
19 Teatro Eskandariya F5

Où prendre un verre et faire la fête

20 Athineos E4
21 Cap d'Or D5
22 Delices E4
23 El Qobesi C4
24 Selsela Cafe G2
25 Sofianopoulos D4
26 Spitfire D4
27 Trianon E4

Où sortir

28 Centre des Arts d'Alexandrie E5

Renseignements

29 Office du tourisme principal E4

Transports

30 West & Mid Delta Bus Co E4

Sayed El Safty Antiquités

(carte p. 207 ; ☎03-392-2972 ; 63 Sharia Attareen ; ⌚11h-tard). Sans doute le magasin d'objets anciens le plus intéressant de la ville. Parfait pour chiner comme pour le coup d'œil.

Hassan Fouad Marché $

(carte p. 207 ; ☎03-485-9213 ; angle Sharia Abdul Hamid Badawy et Moursi Gamil Aziz ; ⌚9h30-4h). Ce minuscule marché bien achalandé propose des produits frais joliment présentés (raisin du Liban, savoureuses mangues égyptiennes...) à côté de multiples produits importés.

OÙ SE RESTAURER

S'attabler à l'un des restaurants de poisson et de fruits de mer dans le quartier d'Anfushi est l'un des grands plaisirs d'Alexandrie.

Mohammed Ahmed Égyptien $

(carte p. 207 ; ☎03-487-3576 ; 17 Sharia Shakor Pasha, près de Sharia Saad Zaghloul ; plats 2-12 £E ; ⌚12h-minuit ; 📝). L'endroit parfait pour une pause-déjeuner à base de délicieux *foul* et falafels. Mohammed Ahmed est le roi incontesté de ces plats égyptiens typiques, bons et peu chers. Choisissez votre *foul* (par exemple un *iskandarani*, généreusement additionné de jus de citron vert et d'épices), ajoutez des falafels, quelques salades en garniture, et des accompagnements comme le *tahina* (purée de sésame), le *banga* (betterave) et le *torshi* (légumes saumurés rose vif).

Awalad Abdou Sandwichs $

(carte p. 207 ; Sharia Mohafaza ; sandwichs 4-8 £E ; ⌚24h/24). Une adresse ultra bon marché. Ses micro-sandwichs sont fourrés d'une viande succulente que vous choisissez. Montrez la garniture qui vous tente et avalez le tout debout au comptoir. Faute d'enseigne, vous vous repérerez aux salaisons pendues dans l'échoppe près de Sharia Attareen.

Teatro Eskandariya Égyptien $$

(carte p. 207 ; ☎03-390-1339 ; www.facebook.com/Teatro.Eskendria.Official ; 25 Sharia Fouad, Mahattet Ramleh ; plats 28-118 £E ; ⌚9h-1h). Artistes et créatifs locaux plébiscitent le Teatro pour sa cuisine simple et honnête, comme pour son ambiance animée. Ce

Poissons et fruits de mer

Teatro fait à la fois café, restaurant, centre culturel, théâtre, salle de concerts et galerie d'art. Dans une allée en retrait de la rue principale, avec grande terrasse et différentes confortables salles intérieures toutes colorées.

Kadoura Poisson et fruits de mer $$
(carte p. 206 ; ☎03-480-0405 ; 33 Sharia Bairam at-Tonsi ; plats 70-190 £E ; ⏰11h30-2h). Voici l'un des restaurants de poisson les plus authentiques d'Alexandrie. Le Kadoura (prononcez "Adora") sert sur de simples tables dans une rue étroite le poisson (70-190 £E/kilo en moyenne) de votre choix à sélectionner sur les étals tapissés de glace ; bars, mulets, rougets, tassergals, soles, calmars, crabes et crevettes (400 £E/kilo). Mezze servis avec toutes les commandes (pas de menu).

Succursale (carte p. 206 ; ☎03-480-0967 ; 47 Al-Corniche ; plats 70-190 £E ; ⏰11h30-2h) sur la Corniche, climatisé mais nettement moins pittoresque.

Greek Club Grec $$
(carte p. 206 ; ☎03-480-2690 ; 63 Sharia Iskandar al-Akbar, dernier étage du Club nautique hellénique près du fort Qaït Bey ; plats 40-80 £E ; ⏰12h-minuit ; 🍸). La vaste terrasse du Greek Club est idéale pour profiter de la brise du soir et admirer la baie légendaire d'Alexandrie, tout illuminée. La moussaka et les souvlakis (brochettes) sont les plats phares du menu, et les produits de la mer (prix au poids) sont excellents. Commandez votre poisson cuisiné au four à la grecque, agrémenté de citron, d'huile d'olive et d'origan. On y sert de l'alcool.

Délices Café, salon de thé $
(carte p. 207 ; ☎03-486-1432 ; www.facebook.com/DelicesGroup ; 46 Sharia Saad Zaghloul ; ⏰8h-23h ; 📶). Héritier de la tradition des cafés d'Alexandrie (p. 210), Delices est une institution de la ville depuis 1922, dont la famille royale égyptienne comme les soldats alliés ont apprécié les douceurs. Bien qu'il ait perdu de sa splendeur, ses salles aux plafonds hauts conservent une atmosphère d'antan. C'est le lieu idéal où s'attarder devant un thé et une pâtisserie ou, par temps chaud, commander un Deliccino (milk-shake à base de glace et d'expresso), leur spécialité.

Les cafés d'Alexandrie

Alexandrie est une ville de cafés. Dès la première moitié du XXe siècle, la culture locale s'est concentrée dans ces établissements où différents mondes se rassemblaient pour deviser devant une tasse et quelques douceurs. Nombre de ces cafés subsistent et méritent une halte, pour leur cadre et leur histoire.

Outre le **Delices** (p. 209), vous trouverez, autour de Midan Ramla, l'**Athineos** (carte p. 207 ; ☎03-486-8131 ; 21 Midan Saad Zaghloul) qui cultive la nostalgie des années 1940 ou encore le **Trianon** (carte p. 207 ; ☎03-486-0986 ; 56 Midan Saad Zaghloul ; 🕘9h-minuit), où vous pourrez déguster une pâtisserie sous un magnifique plafond années 1930. Citons encore le **Sofianopoulos** (carte p. 206 ; ☎03-593-0000 ; 21 Sharia Saad Zaghloul ; 🕘8h-22h), aux allures de musée.

Bar Spitfire
ARIADNE VAN ZANDBERGEN/GETTY IMAGES ©

OÙ PRENDRE UN VERRE ET FAIRE LA FÊTE

Cap d'Or Bar
(carte p. 206 ; ☎03-487-5177 ; 4 Sharia Adib Bek Ishak ; plats 30-60 £E ; 🕘10h-3h). Proche de Sharia Saad Zaghloul, voici l'un des derniers bars typiques où l'on respire encore le passé cosmopolite d'Alexandrie. Vitraux aux fenêtres et comptoir de marbre où la bière coule à flots, profusion de souvenirs accrochés aux murs, vieilles chansons françaises ou tubes égyptiens en fond sonore attirent une clientèle bohème venue savourer une bière fraîche ou d'excellents en-cas de poisson et fruits de mer, discuter au bar ou encore jouer de la guitare entre amis.

Spitfire Bar
(carte p. 206 ; ☎012-7728-2791 ; 7 Sharia L'Ancienne Bourse ; 🕘14h-1h30 lun-sam). Juste au nord de Sharia Saad Zaghloul, ce repaire un peu brut de décoffrage, mal éclairé mais chaleureux est l'un des meilleurs bars d'Alexandrie. Aux murs sont placardés des autocollants de compagnies maritimes, des souvenirs rock et des photos d'habitués. Un lieu extra pour une soirée divertissante en compagnie de résidents, d'expatriés comme de gens de passage.

El Qobesi Bar à jus
(carte p. 206 ; ☎03-486-7860 ; 51 Al-Corniche ; 🕘24h/24). El Qobesi s'est autoproclamé "roi de la mangue" – une gorgée de son fameux jus suffira à faire de vous l'un de ses fidèles sujets. Des quartiers de mangues bien mûres se serrent presque entiers dans un grand verre glacé pour l'un des meilleurs jus de mangue qui soit.

Ouvert sans interruption, El Qobesi est toujours plein, y compris d'habitants s'arrêtant en voiture pour s'y approvisionner, imités à l'occasion par des microbus bondés.

Selsela Cafe Café
(carte p. 207 ; Al-Corniche, plage de Shatby ; 🕘env 10h-tard). Face à la Bibliotheca Alexandrina, une halte idéale pour savourer un thé au son des vagues tout en humant l'air marin. Sur une petite plage en croissant d'où l'on entend à peine le bruit de la circulation, on prend place aux tables rustiques à l'ombre de parasols façon palmiers, couverts de guirlandes lumineuses colorées.

Repérez-vous à la sculpture moderne aux trois aiguilles blanches face à la Bibliotheca Alexandrina, sur la Corniche. Continuez au-delà vers la mer : l'entrée est en bas des marches sur la droite.

OÙ SORTIR

Tous les événements de la **Bibliotheca Alexandrina** (p. 194), festivals, concerts et spectacles, internationaux ou non, sont à surveiller attentivement sur le site Internet du centre culturel vedette. Au **Teatro Eskandariya** (p. 208), le programme est aussi fourni.

Centre des Arts d'Alexandrie — Arts du spectacle

(carte p. 207 ; 012-7057-8134 ; 1 Sharia Tariq al-Horreyya ; 9h-21h sam-jeu, fermé ven). Expositions d'art contemporain, lectures de poésie et concerts gratuits se déroulent dans cette villa aux murs chaulés de blanc. Ce centre culturel actif abrite également au 1er étage une galerie d'art, une bibliothèque et une salle de cinéma.

RENSEIGNEMENTS

Office du tourisme principal (carte p. 207 ; 03-485-1556 ; Midan Saad Zaghloul ; 8h30-15h). Personnel accueillant et bonne brochure (avec plan) sur les sites à visiter.

DEPUIS/VERS ALEXANDRIE

Des bus **West & Mid Delta Bus Co** (carte p. 207 ; 03-480-9685 ; Midan Saad Zaghloul ; 9h-19h) et **Super Jet** (03-546-7999 ; 374 Tareq El-Horreya ; 8h-22h) assurent une liaison par heure entre la station d'Al-Moaf al-Gedid et Le Caire (2 heures 30-3 heures, 50-65 £E) de 5h à 23h.

Des trains relient la **gare Misr** (carte p. 207) au Caire (2 heures 30-3 heures 30, 60-100 £E), Louxor (15 heures, 160 £E, départs 16h45 et 22h) et Assouan (17 heures, 270 £E, départ 16h45).

COMMENT CIRCULER

Microbus Les plus utiles sont ceux qui suivent la Corniche. Il suffit d'en héler un et de crier votre destination. S'il y va, il s'arrêtera. Comptez 1-2 £E pour un court trajet, et jusqu'à 5 £E pour une plus longue distance.

Tramway Si divertissants soient les vieux tramways brinquebalants d'Alexandrie, ce n'est pas le meilleur moyen de circuler vu leur lenteur. Midan Ramla est le cœur du réseau. Le tramway nº 14 rallie la gare ferroviaire principale, Misr.

Al-Corniche

Port-Saïd

TONY/STOCK.ADOBE.COM ©

Canal de Suez

La percée du canal de Suez a constitué une prouesse technique inégalée. Fendant les sables de l'isthme de Suez sur 163 km, cette exceptionnelle voie d'eau sépare l'Égypte continentale de la péninsule du Sinaï, et l'Afrique de l'Asie.

Pour ceux qui aiment...

Infos pratiques

Office du tourisme (066-323-5289 ; 8 Sharia Palestine ; 10h-19h tlj sauf ven). On vous y remettra un bon plan de la ville.

Canal de Suez

Un projet pharaonique

Relier la mer Rouge à la mer Méditerranée est un projet qui remonte aux pharaons. Il refit surface lors de l'expédition d'Égypte entre 1798 et 1801, mais les ingénieurs de Bonaparte ne purent aboutir. C'est finalement le consul de France en Égypte, Ferdinand de Lesseps, qui relança le projet en 1854. Les travaux durèrent dix ans et, le 16 novembre 1869, le canal de Suez fut inauguré en grande pompe. L'Afrique était dès lors officiellement séparée du continent asiatique.

La concession de 99 ans accordée à la Compagnie du canal de Suez associant Français et Britanniques fut rompue au bout de 86 ans, lorsqu'en 1956 le président égyptien Nasser nationalisa le canal après

Depuis/vers Port-Saïd

Située à environ 3 km du centre-ville (environ 10 £E en taxi), la **gare routière** se trouve au départ de la route pour Le Caire. **Super Jet** (066-372-1779) et **East Delta Travel Co** (066-372-9883) desservent Alexandrie et Le Caire (40 £E, 4-5 heures) .

Le trajet en **train** pour rallier Le Caire (2e classe/3e classe 30/15 £E) n'est guère agréable en raison de la lenteur et des fréquents retards, sans compter qu'on se sent brinquebalé. Départs théoriques à 5h30, 13h et 17h30.

Où se loger

Vous trouverez des hébergements le long de Sharia al-Gomhuriyya, une rue parallèle à Sharia Palestine.

la déclaration d'indépendance du pays. Les deux puissances européennes, alliées à Israël, envahirent alors le pays pour reprendre le canal par la force. Largement condamnées par la communauté internationale, elles durent battre en retraite, mettant fin à la "crise de Suez".

Un deuxième canal

Le canal de Suez reste aujourd'hui l'une des voies navigables les plus fréquentées au monde. Jusqu'à récemment, une cinquantaine de bateaux l'empruntaient chaque jour, et les droits de passage prélevés s'élevaient à environ 5 milliards de dollars par an. En août 2014, le président égyptien Al-Sissi a lancé un plan destiné à tirer un meilleur parti du canal.

De fait, la construction sur 35 km d'une seconde voie d'eau parallèle au canal d'origine conjuguée à l'élargissement et au dragage du canal historique en fait une route express navigable à deux voies sur une partie de sa longueur, tout en autorisant le passage de navires plus larges. Inauguré en grande pompe en 2015, le canal modernisé est censé quasiment doubler son trafic et ses revenus à l'horizon 2023, mais pour 2017-2018 les revenus du canal n'ont que faiblement progressé.

Port-Saïd

Le cœur historique de Port-Saïd bat le long du canal, dans Sharia Palestine et alentour. Le front de mer conserve une atmosphère très Belle Époque. Vieux balcons de bois à colonnettes, vérandas et galeries des hauts édifices fin XIXe-début XXe bordent la rive.

La **promenade** surélevée tout le long de Sharia Palestine donne une vue panoramique sur le canal.

Sur Sharia Memphis se dresse l'édifice délabré de **Woolworth**. Le long de Sharia al-Gomhuriyya, les arcades arborent toujours les vieilles enseignes de la **Bible Society** et de l'**Old Canal Shipping Agency**. Promenez-vous dans les rues juste au nord du bassin du Commerce. Sur Sharia Palestine, le **grand magasin Simon Arzt**, ancien temple de la mode, rappelle les heures coloniales. À son extrémité, le simple **socle de pierre** a perdu sa statue de Ferdinand de Lesseps, déboulonnée en 1956 lors de la nationalisation du canal. Pour marquer l'entrée du canal, le sculpteur français Bartholdi, ami de Lesseps, avait proposé une sorte de moderne colosse de Rhodes, sous le nom de "*La Liberté éclairant l'Orient*", présumé modèle de sa fameuse statue de la Liberté.

Plus à l'est, dans Sharia 23-Juillet, on reconnaît le **consulat italien** des années 1930 à son slogan mussolinien qui proclame : "Rome – une fois encore au centre d'un empire".

À quelques rues en retrait de la mer, Sharia Salah Salem et les rues alentour abritent un nombre impressionnant d'églises, dont l'**église copte orthodoxe de Saint-Bishoy et de la Vierge** et l'**ensemble franciscain**.

Maison du canal de Suez

(bassin du Commerce). Si vous avez déjà vu une photo de Port-Saïd, le spectaculaire bâtiment blanc à coupoles vertes de la maison du canal de Suez, complété

Port-Fouad

en 1869 pour l'inauguration du canal, y figurait probablement. Il est actuellement inaccessible au public et c'est du ferry gratuit pour Port-Fouad que l'on voit le mieux sa façade.

Musée militaire

(☎066-322-4657 ; Sharia 23-Juillet ; tarif plein/étudiant 30/10 £E ; ⏲10h-15h tlj sauf ven). Ce petit musée vaut le détour pour son éclairage sur l'histoire du canal ainsi que pour ses objets insolites (y compris des soldats de plomb) relatant la crise de Suez de 1956 et les guerres de 1967 et de 1973 avec Israël. Dans le jardin : quelques tanks américains capturés portant l'étoile de David, ainsi qu'une surprenante collection de munitions non explosées.

★ Une source de revenus cruciale

Le trafic sur le canal de Suez est l'une principales sources de revenus de l'État égyptien.

Traverser le canal

Faute de relation vous donnant accès à un superpétrolier, vous pourrez tout de même naviguer sur le canal, et même le traverser gratuitement. Rendez-vous à l'**embarcadère des ferries** situé à l'extrémité sud-ouest de Sharia Palestine, à Port-Saïd : la traversée pour Port-Fouad, sur l'autre rive, est très rapide mais elle offre une vue impressionnante sur le ballet incessant des supertankers. Départs environ toutes les 10 minutes en journée.

En abordant à Port-Fouad (fondée en 1925), tout près de la mosquée, partez au sud de cette dernière pour explorer les larges avenues datant de la Belle Époque, jalonnées de vastes demeures d'inspiration française. Bien que les rues soient désormais jonchées de déchets et que nombre des villas commencent à être fort délabrées, leurs toits de tuile pentus, leurs jardins luxuriants et leurs balcons en bois où sèche du linge coloré évoquent encore le raffinement d'une époque révolue.

Une petite faim ?

Lord Pâtisserie (☎066-320-8202 ; Sharia An-Nahda ; viennoiseries, desserts et gâteaux à partir de 10 £E). Ce temple des douceurs de Port-Saïd propose un choix de gourmandises allant des croissants aux desserts égyptiens traditionnels en passant par les glaces et les chocolats.

MER ROUGE

Dans ce chapitre

Plongée à Hourghada 220
Monastères de la mer Rouge 222
Désert Oriental (Arabique) 226
Plaisirs balnéaires
à Charm el-Cheikh 228
Hourghada 232
Al-Quseir 236
Charm el-Cheikh 237

Mer Rouge

La "Riviera de la mer Rouge" conjugue de multiples attraits : des plongées hors pair à Hourghada – voire les meilleures d'Égypte ; un retour aux sources du monachisme dans les montagnes désolées en retrait de la côte septentrionale ; l'extraordinaire étendue sauvage du désert Oriental.

La station balnéaire de Charm el-Cheikh, axée sur les séjours de loisir, permet d'accéder depuis la péninsule du Sinaï aux merveilles de la mer Rouge, avec ses fabuleux poissons et récifs coralliens.

Hourghada en 2 jours

Le premier jour, plongez à la découverte des merveilleux fonds marins d'Hourghada comme **Gota Abu Ramada** (p. 220), accessible aux débutants, ou les **îles Giftun** (p. 220). Le soir, régalez-vous de fruits de mer au **Star Fish** (p. 233) et finissez la soirée au **Carribean Beach Bar** (p. 235).

Le lendemain, partez en excursion aux **monastères coptes de Saint-Antoine et de Saint-Paul** (p. 222). Dans une ambiance de recueillement, vous serez ramené à l'aube du christianisme.

Comment s'y rendre

La course en taxi entre l'aéroport et le centre d'Ad-Dahar tourne autour de 80 £E, en marchandant bien. Des terminaux de bus au centre-ville comptez 20 £E, et 30 à 40 £E jusqu'aux stations de la bande côtière.

La raréfaction des touristes en Égypte pousse la plupart des complexes balnéaires et des hôtels d'Hourghada à attirer les visiteurs par une baisse continuelle de leurs tarifs. Ad-Dahar et Sigala concentrent la majorité des établissements pour petits budgets, mais on obtient de substantielles remises dans les complexes balnéaires en réservant très tôt son séjour.

Charm el-Cheikh en 2 jours

Les **sites de plongée** (p. 230) de Charm el-Cheikh rempliront amplement votre première journée, avec des découvertes surprenantes telles que l'épave du cargo *Thistlegorm* (p. 230). Profitez de votre soirée dans les **bars** de Na'ama Bay (p. 240) et partez vers le Moyen-Orient grâce aux saveurs du restaurant **Fairuz** (p. 239).

Le jour suivant, gagnez le **parc national Ras Mohammed** (p. 231). Là vous attendent plages sablonneuses, sites de plongée et de snorkeling, mangroves et lac salé, pour une journée placée sous le signe de la nature et de la détente.

Comment s'y rendre

Sis à Ras Nasrany, l'aéroport de Charm el-Cheikh se trouve à 10 km au nord de Na'ama Bay. Comptez environ 100 £E en taxi (station devant le hall des arrivées) à condition de marchander ferme. Sinon réservez votre transfert auprès de votre hôtel.

Charm el-Cheikh et ses abords concentrent un nombre impressionnant d'hébergements, plus que partout ailleurs en Égypte. Les séjours tout compris en complexe hôtelier constituent la norme.

Photographie sous-marine, mer Rouge

Plongée à Hourghada

Jadis village de pêcheurs reculé, Hourghada est aujourd'hui une station balnéaire tentaculaire. Cela tient à ses fonds marins superbes et à la proximité de plusieurs extraordinaires sites de plongée.

Pour ceux qui aiment...

☑ Ne ratez pas

Des **globicéphales** (dauphins-pilotes) ont été aperçus au large de la paroi nord du récif de l'île Shedwan.

Sites de plongée

Gota Abu Ramada

Gota Abu Ramada, situé à 5 km au sud des îles Giftun, a la faveur des photographes sous-marins, des amateurs de randonnée palmée ou de plongée nocturne. Profondeur : de 3 à 15 m. Niveau : débutant.

Îles Giftun

Proches d'Hourghada, ces îles sont entourées de prodigieux récifs. On notera, entre autres, les sites de Hamda, Banana Reef, Sha'ab Sabrina, Erg Somaya et Sha'ab Torfa. Profondeur : de 5 à 100 m. Niveau : moyen à avancé.

Umm Qamar

À 9 km au nord des îles Giftun et aisément accessible en bateau depuis Hourghada,

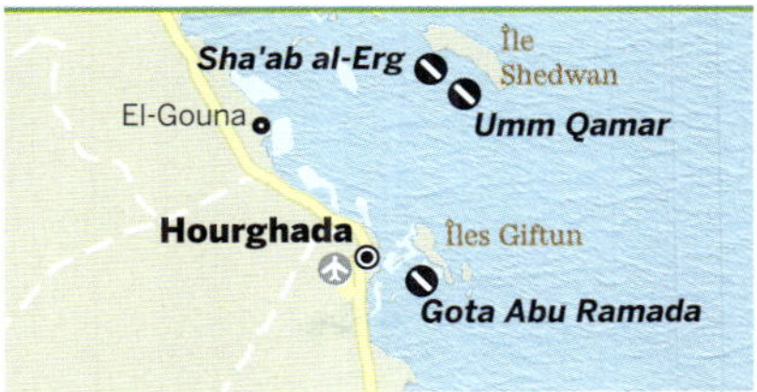

Infos pratiques

La détérioration des récifs coralliens proches de la côte nécessite d'aller plonger plus au large, donc par bateau.

Une petite faim ?

La **marina d'Hourghada** (carte p. 234) offre un large choix de restaurants.

Bon plan

Le Jasmin Diving Centre (carte p. 234 ; ☎065-346-0334 ; www.jasmin-diving.com ; bande côtière, Grand Seas Resort Hostmark ; forfait 3 jours et 6 plongées 159 €) **est l'un des membres fondateurs de la Hurghada Environmental Protection & Conservation Association (HEPCA).**

le site d'Umm Qamar offrent nombre de sensations fortes. On y trouve trois blocs tapissés de beaux coraux mous et violacés, fréquentés par une grande diversité de poissons, ainsi qu'une épave par -25 m.

Sha'ab al-Erg

D'accès facile, ce site de plongée idéal pour les novices ravit aussi les plongeurs émérites par ses colonnes de corail-cerveau et ses formations rocheuses incrustées de gorgones. Profondeur : 5 à 15 m. Niveau : débutant.

Île Shedwan

Au milieu du détroit entre Hourghada et Charm el-Cheikh (carte p. 219), l'île réserve de superbes possibilités de plongée.

Siyul Kebira

La partie supérieure du récif recèle des cochers, des poissons-anges et des vivaneaux. Il est possible de se laisser dériver le long de la paroi tout en longeant d'immenses affleurements de coraux. Profondeur : de 10 à 30 m. Niveau : moyen.

Centres de plongée

Aquanaut Diving Club

(carte p. 234 ; ☎012-2248-0463 ; www.aquanautclub.com ; marina d'Hourghada, Sigala ; forfait 1 jour et 2 plongées 45 € ; ⌚9h-16h). L'un des premiers clubs créés à Hourghada. Près du Sharia Sheraton.

Subex

(carte p. 234 ; ☎065-354-7593 ; www.subex.org ; Ad-Dahar ; forfait 6 plongées 170 €). Prestataire suisse réputé pour son professionnalisme, son accueil et son souci du détail.

Monastères de la mer Rouge

Les monastères coptes de Saint-Antoine et de Saint-Paul sont les plus anciens du pays et de toute la chrétienté. Ce berceau du monachisme chrétien constitue l'un des lieux les plus saints pour la communauté copte. L'occasion d'une visite passionnante dont on ressort inspiré.

Pour ceux qui aiment...

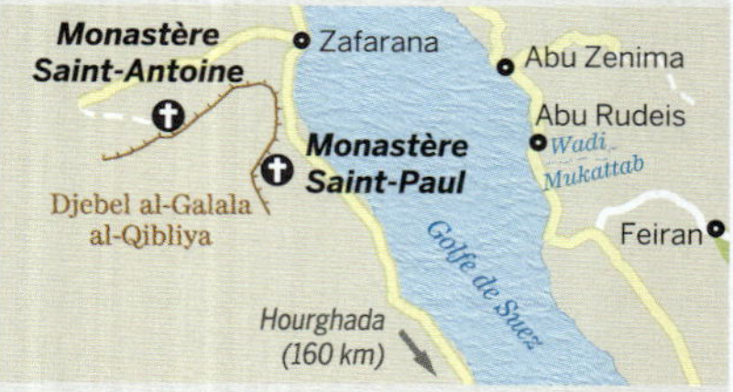

Infos pratiques

Représentation des monastères
(renseignements Saint-Antoine 02-2590-6025, Saint-Paul 02-2590-0218 ; 26 Al Keneesa al-Morcosia, Le Caire)

Monastère Saint-Antoine

★ Bon à savoir

La solution la plus simple consiste à se joindre à un circuit depuis Hourghada, ou même Le Caire. N'importe quel hôtel ou agence de voyages en organise.

TONY MORAN/SHUTTERSTOCK ©

Monastère Saint-Antoine

(don apprécié pour les visites guidées ; ⏲4h-17h) GRATUIT La fondation de ce monastère historique remonte au IVe siècle, lorsque les moines disciples de saint Antoine s'établirent au pied du djebel Al-Galala al-Qibliya, là où s'était retiré au désert leur chef spirituel, saint Antoine, à la fin du IIIe siècle. Aujourd'hui, 120 moines s'y consacrent à la recherche de Dieu dans le silence et l'isolement, menant une vie entièrement centrée sur la prière.

Érigée sur la tombe du saint, l'**église Saint-Antoine**, plus ancien bâtiment du site, conserve une série de peintures murales coptes parmi les plus importantes d'Égypte. Réalisées sur enduit sec, elles datent en majorité du début du XIIIe siècle, mais certaines pourraient dater du VIIIe siècle. Débarrassées de la poussière et de la suie accumulées au fil des siècles (sans compter les reprises abusives), elles offrent au regard leurs couleurs lumineuses, soulignant les liens entre l'art copte médiéval et les arts byzantin mais également islamique .

Les moines servant de guides vous emmènent faire une courte promenade sur une partie des **fortifications**, afin de voir le grand panier suspendu à un treuil en bois qui constituait le seul moyen d'accès en cas d'incursion. Aux VIIIe et IXe siècles, le monastère subit les assauts des bédouins, puis, au XIe siècle, ceux des musulmans avant le massacre de la communauté au XVe siècle suite à une révolte de serviteurs. Du haut des murailles, on a une belle vue sur la petite **citadelle** en briques de terre où s'abritaient les moines pendant les multiples attaques.

Fresque à l'entrée du monastère Saint-Antoine

MOUSE_SONYA/GETTY IMAGES ©

On jouit également du magnifique panorama sur les impressionnants jardins cultivés par les moines, irrigués par une source coulant dans les profondeurs des montagnes du désert. Elle fournit 100 m^3 d'eau par jour, ce qui a permis de créer une luxuriante oasis dans l'enceinte du monastère.

Grotte de Saint-Antoine

GRATUIT Sur un escarpement tout proche, 300 m au-dessus du monastère éponyme, se trouve la grotte où se retira saint Antoine les quarante dernières années de sa vie. On peut se glisser, muni d'une lampe électrique, dans cet espace étroit (claustrophobes, s'abstenir) pour visiter la petite chapelle et son autel, ainsi que le minuscule espace où vivait l'ermite.

Ce sera néanmoins au prix d'un effort : une demi-heure de raide ascension (1 158 marches en bois) si vous êtes en bonne forme. Au sommet, on reprend son souffle sur une petite plate-forme naturelle (couverte de graffitis laissés par d'innombrables pèlerins) d'où l'on peut admirer la vue superbe sur les collines et la vallée.

Saint Paul ou saint Antoine ?

Bien que saint Paul soit honoré comme le premier ermite chrétien, saint Antoine est considéré comme le fondateur du monachisme.

Monastère Saint-Paul

(don apprécié pour les visites guidées ; 6h-18h tlj, ven-dim seulement Avent et Pâques, fermé Semaine sainte). GRATUIT Ce monastère date du IVe siècle, époque à laquelle plusieurs ermitages furent regroupés autour du site où Paul de Thèbes s'était réfugié pour échapper aux persécutions romaines. En son cœur se dresse l'**église Saint-Paul**, édifiée dans et autour de la grotte où vécut l'ermite. Elle abrite une profusion d'autels, de cierges, d'œufs d'autruche (le symbole de la Résurrection) et de peintures murales représentant saints et scènes bibliques. La **forteresse** en surplomb servait de refuge aux moines lors des raids bédouins.

Le monastère Saint-Paul est souvent négligé au profit de celui de Saint-Antoine. Plus tranquille et bien plus modeste, il donne pourtant un réel aperçu de la vie monastique dans le désert Oriental depuis deux millénaires bientôt, faite d'ascétisme, de silence et de prière. Les visiteurs sont accueillis chaleureusement et peuvent se promener librement dans l'enceinte, ou bien suivre la visite guidée (en anglais) sous la houlette d'un moine.

Une petite faim ?

Les deux monastères disposent d'une cantine où sont proposés boissons, en-cas et repas simples.

Dans les montagnes du désert Oriental

Désert Oriental (Arabique)

Enserrée entre la vallée du Nil (à l'est) et les monts de la mer Rouge (à l'ouest), cette vaste étendue désolée porte les traces d'un riche passé : inscriptions rupestres, anciennes mines d'or, carrières, puits, tours de guet, édifices ou sanctuaires religieux.

Pour ceux qui aiment...

☑ Ne ratez pas

À 60 km au sud de Marsa Alam, l'étendue sableuse de **Sharm El-Luli** borde des eaux azur tranchant sur le sable immaculé.

Mons Porphyrites

À 40 km au nord-ouest d'Hourghada, ces anciennes carrières romaines de porphyre étaient jadis la seule source de cette précieuse roche cristalline blanche et pourpre, associée (de par son ton) à la dignité impériale romaine. Mise en œuvre dans le temple de Vénus à Rome comme utilisée pour les sarcophages et les colonnes en Égypte, la pierre extraite voyageait à travers le désert le long de la Via Porphyrites jusqu'au Nil. Les restes de campements, ateliers, temples et thermes témoignent de l'importance de cette ancienne colonie.

Mons Claudianus

L'importance de la carrière de granit et la présence d'une forteresse signalent une des implantations romaines majeures en

Infos pratiques
Des circuits permettant de visiter Mons Porphyrites et Mons Claudianus peuvent aisément être organisés à Hourghada.

★ Bon plan
Red Sea Desert Adventures (☎012-2322-4606 ; Marsa Shagra ; à partir de 60 €/pers) **propose des safaris pédestres, à dos de chameau, en 4X4 et en quad. Les guides connaissent bien la géographie, la culture et l'histoire de la région.**

plein désert Oriental, à environ 50 km au nord-ouest de Safaga. Les chantiers impériaux requérant une importante main-d'œuvre, Rome y envoyait ses prisonniers extraire le granit de ces montagnes désolées. Un voyage souvent sans retour. On y voit les vestiges des minuscules cellules où étaient enfermés les malheureux, une énorme colonne fissurée qui gît sur le sol depuis 2 000 ans, et un petit temple.

Barrameya

L'un des plus époustouflants ensembles d'inscriptions rupestres du désert Oriental se trouve à Barrameya, au bord de la route entre Marsa Alam et Edfou. La roche grise et lisse est gravée de scènes de chasse montrant des chiens à la poursuite d'autruches, de représentations de girafes et de bétail, et de récits en hiéroglyphes d'expéditions commerciales.

Wadi Hammamat

Voie millénaire entre la mer Rouge et le Nil, le Wadi Hammamat relie les villes d'Al-Quseir et de Qift, juste au nord de Louxor. Il est jalonné d'inscriptions et d'anciens puits entre autres témoignages de la longue histoire de la région. Cette route figure pour partie sur un précieux rouleau de papyrus découvert à Louxor et conservé au Museo Egizio de Turin, dit "carte des mines d'or". Destinée aux carriers de Ramsès IV en 1160 av. J.-C., c'est peut-être la plus ancienne carte au monde.

À mi-chemin du Wadi Hammamat, le long des parois hautes et lisses qui bordent la voie, les remarquables inscriptions rupestres couvrent une immense période, des pharaons jusqu'au règne du roi Farouk, au XXe siècle. À l'époque gréco-romaine, des tours de guet se dressaient sur les collines arides de chaque côté de la route, à courts intervalles pour que les signaux soient visibles.

Côte de la mer Rouge, Charm el-Cheikh

Plaisirs balnéaires à Charm el-Cheikh

La côte méridionale du golfe d'Aqaba recèle certains des paysages sous-marins les plus fabuleux au monde. Les eaux cristallines et l'incroyable diversité des poissons exotiques jouant à cache-cache parmi les récifs tapissés de coraux multicolores font de cette région le paradis du snorkeling et de la plongée.

Pour ceux qui aiment...

☑ Ne ratez pas

L'épave du *Thistlegorm* fut découverte dans les années 1950 par le commandant Cousteau. La plongée sur épave par excellence.

SOLA_SOLA/STOCK.ADOBE.COM ©

★ Bon à savoir

Le développement touristique effréné de Charm el-Cheikh gâche un peu (ou beaucoup) sa richesse côté plongée et fonds marins à explorer.

Charm el-Cheikh et Na'ama Bay

Charm el-Cheikh est adapté aux familles avec ses complexes hôteliers, et en prime des sites de plongée renommés.

Thistlegorm

Le *Thistlegorm* (carte p. 219) est un cargo coulé lors de la Seconde Guerre mondiale avec ses camions Bedford, ses motos et ses jeeps. Profondeur : de 17 à 30 m. Niveau : moyen à avancé.

Thomas Reef

Le plus petit mais de loin le plus spectaculaire des récifs du détroit de Tiran abrite des tombants abrupts tapissés de coraux mous et fréquentés par des bancs de poissons et des requins. Profondeur : de la surface à plus de 40 m. Niveau : avancé.

Ras Um Sid

Une magnifique forêt de gorgones longe un tombant spectaculaire qui accueille une grande variété de poissons de récif. Profondeur : 15 à 40 m. Niveau : moyen.

Gardens

Near, Middle et Far Gardens réservent belle chaîne de pinacles, escarpements en pente douce et surplomb coloré perdu dans les eaux profondes. Profondeur : de la surface à plus de 40 m. Niveau : moyen.

Dunraven

Le *Dunraven* a sombré en 1876. L'épave est recouverte de coraux et renferme assiettes en porcelaine, chopes en métal, pots de confiture... Profondeur : de 15 à 28 m. Niveau : moyen à avancé.

Épave du *Thistlegorm*

Parc national Ras Mohammed

Quelque 20 km à l'ouest de Charm el-Cheikh, le parc national Ras Mohammed (5 € ; 8h-16h) protège l'un des plus beaux écosystèmes coralliens au monde. Outre une multitude d'espèces de coraux et de créatures marines, il abrite une mangrove et aussi quelques plages.

Plages

D'accès facile depuis Charm el-Cheikh, **Main Beach** comblera les randonneurs palmés. Le balisage marron indique le chemin de la **plage d'Aqaba**.

> **★ Bon à savoir**
> **Un passeport est nécessaire pour entrer au parc Ras Mohammed.**

Près de Main Beach, le **Shark Observatory Clifftop** (au-dessus du site de plongée du même nom) permet de balayer du regard les flots du détroit de Gubal à celui de Tiran.

Un balisage vert mène à **Mangrove Channel**, l'une des mangroves les plus septentrionales sur terre. Non loin, d'énormes fissures dans la croûte terrestre témoignent de séismes anciens. La **plage de Hidden Bay** est proche. Si l'on pénètre 200 m à l'intérieur des terres en venant de Mangrove Channel, on pourra se plonger dans les eaux bleu étincelant d'un **lac salé**, lieu de baignage très apprécié.

Plongée

L'ensemble récifal de **Shark Reef et Jolanda Reef** est l'un des sites de plongée les plus célèbres de la mer Rouge. Au nombre des cinq meilleurs au monde, il séduit par ses parois coralliennes abruptes, ses gigantesques bancs de poissons et l'épave du *Jolanda*, un cargo chypriote qui sombra en 1980. Profondeur : de la surface à plus de 40 m. Niveau : avancé.

Au large de la rive sud de l'anse de Marsa Bareika, **Ras Za'atir** recèle une succession de grottes et de surplombs où abondent les coraux noirs. Profondeur : de la surface à plus de 40 m. Niveau : moyen.

Situé sous le promontoire éponyme, **Shark Observatory** doit son nom au fait que l'on y observe parfois des requins-baleines en plongée. Profondeur : de la surface à plus de 40 m. Niveau : avancé.

> **ⓘ Infos pratiques**
> De Charm el-Cheikh, nombre d'agences proposent une **excursion en bus** d'une demi-journée au parc national. Cela couvre les principaux sites terrestres et quelques plages parfaites pour la baignade et le snorkeling. Les centres de plongée de Charm el-Cheikh organisent pour leur part des sorties de plongée et de snorkeling en bateau.

Hourghada

Hourghada se déploie sur 3 secteurs : Ad-Dahar, la partie "égyptienne" ; Sigala, haut lieu des commerces et restaurants ; la bande côtière au sud de Sigala.

CIRCUITS ORGANISÉS

Outre la plongée (p. 220), Hourghada peut être le point de départ d'excursions aux quatre coins de l'Égypte. Au nombre des plus demandées : safaris en jeep dans le désert (à partir de 200 £E), visites de Mons Porphyrites (p. 226) ou de Mons Claudianus (p. 226) ; une journée à Louxor ou aux monastères Saint-Antoine (p. 224) et Saint-Paul (p. 225), méharées, sorties en quad (à partir de 250 £E) ou parcours dans le désert au coucher du soleil.

Falco Safari Aventure

(☎010-0390-5492 ; www.falcosafari.com ; excursion en quad à partir de 25 €, safari en jeep/buggy 30/80 €). Sorties dans les dunes en buggy, excursions en quad et sorties en jeep dans le désert. L'entretien des véhicules et la sécurité sont de qualité. Ramassage et retour à l'hôtel possibles dans les secteurs d'Hourghada et d'El-Gouna.

ACHATS

Ad Dahar Souq Marché

(carte p. 234 ; près de Sharia an-Nasr, Ad-Dahar ; ⏲12h-tard). Au fil d'allées poussiéreuses, une multitude de boutiques exposent articles en argent et en cuivre, du cuir, papyrus ou chichas. Parfait pour vous exercer au marchandage et dénicher la bonne occasion. Allez-y le soir, lorsque la chaleur diminue et que les allées se remplissent de flâneurs.

OÙ SE RESTAURER

La promenade de la marina d'Hourghada réunit un vaste choix de restaurants de cuisine internationale. Les voyageurs à petit budget préféreront Ad-Dahar et Sigala dont les ruelles regorgent d'établissements bon marché concoctant des spécialités locales.

Derviche tourneur

Gad Égyptien $

(carte p. 234 ; Sharia Sheraton, Sigala ; shawarma 12-22 £E, plats à partir de 20 £E, 1 kg de kofta 160 £E ; 10h-tard ; P). N'allez pas plus loin si vous êtes amateur de spécialités égyptiennes roboratives, savoureuses et peu onéreuses. Le fast-food préféré du pays propose une carte fournie : soupe et salade, falafels et *shawarma* (sandwich à la viande), *fitir* (pizza feuilletée sucrée ou salée) et repas complets à base de kebabs et de *kofta* (brochettes de boulettes) vendus au kilo. Autre **succursale** (carte p. 234 ; Sharia an-Nasr, Ad-Dahar) à Ad-Dahar.

El Zahraa Bakery Douceurs $

(carte p. 234 ; Sigala ; douceurs 2-6 £E ;). La myriade de déclinaisons du baklava et du *kunafa* (vermicelles de pâte sur une base vanillée imbibée de sirop) ravira les amateurs de sucreries.

Star Fish Produits de la mer $$

(carte p. 234 ; 065-344-3751 ; www.facebook.com/starfishredsea ; Sharia Sheraton, Sigala ; plats à partir de 60 £E ; 12h-minuit ; P). Restaurant de poisson très prisé dans la rue principale de Sigala. Sélectionnez votre poisson sur l'étalage ou commandez de grosses crevettes (grillées, avec des pâtes, ou des frites) et l'excellente soupe de poisson. Sinon, savourez menu spécial avec soupe, langouste, crevettes, filet de poisson, calamars, *kofta*, riz et salade.

White Elephant Asiatique $$

(carte p. 234 ; 010-0102-5117 ; promenade de la marina d'Hourghada, Sigala ; plats 80-130 £E ; 16h-minuit ;). Les plats concoctés ici par un chef thaïlandais sont des plus authentiques. Si vous avez envie d'un festin relevé et plein de peps, dites au serveur que vous aimez les saveurs piquantes, et la cuisine ne lésinera pas sur les épices. La *tom yum* (soupe aigre et piquante) est excellente, comme la plupart des plats à base de poisson frais du marché.

Sauver la mer Rouge

Établi en 1992 par 12 des grands centres de plongée réputés d'Hourghada, le programme de l'Hurghada Environmental Protection & Conservation Association visant à préserver les récifs coralliens de la mer Rouge mène des campagnes de sensibilisation, des actions locales et fait du lobbying pour inciter le gouvernement à instaurer une réglementation appropriée.

Grâce à ces efforts, l'ensemble de la côte au sud du gouvernorat de Suez est devenu le Protectorat de la mer Rouge. L'un des premiers succès du programme a été l'installation d'un système de plus de 570 bouées d'amarrage sur les sites de plongée prisés, pour que les bateaux ne jettent plus l'ancre sur les récifs coralliens.

Poisson-lion, mer Rouge

Nubian Cafe Égyptien $$

(carte p. 234 ; promenade de la marina d'Hourghada, Sigala ; plats 40-120 £E ; 12h-22h ;). Le Nubian Cafe, tenant de la cuisine égyptienne, représente une alternative agréable dans un secteur où règne la cuisine internationale. Il sert de savoureux *tagen* (tagines égyptiens), de bons mezze, notamment un succulent *baba ganouh* (purée d'aubergines grillées) et des grillades. Grand choix de plats végétariens.

Hourghada

À voir
1 Marina d'Hourghada D2

Activités
2 Aquanaut Diving Club D2
3 Jasmin Diving Centre B4
4 Subex A1

Achats
5 Souk ad-Dahar A1

Où se restaurer
6 El Zahraa Bakery C3
7 Gad C3
8 Gad A1
9 Nubian Cafe D2
10 Star Fish C2
11 White Elephant D2

Où prendre un verre et faire la fête
12 Caribbean Beach Bar D4
13 El Mashrabia C3
14 Papas HRG D2
15 Waves D2

Où sortir
16 El Sawy Culture Wheel B3

Transports
17 Go Bus B2
18 Super Jet B2
19 Upper Egypt Bus Co A1

OÙ PRENDRE UN VERRE ET FAIRE LA FÊTE

Hourghada compte une kyrielle de bars, de cafés et de restaurants ; tous servent de l'alcool.

Caribbean Beach Bar Bar
(carte p. 234 ; Sharia Sheraton, Sigala ;). Si vous souhaitez vous détendre en sirotant un cocktail les pieds dans l'eau, l'ambiance décontractée de cette paillotte surplombant la mer se révèle idéale. Fêtes et concerts fréquents après le coucher du soleil. Traversez le Bella Vista Hotel pour vous y rendre.

Waves Café
(carte p. 234 ; 010-0589-7367 ; www.facebook.com/waves.cafeshop ; promenade de la marina d'Hourghada, Sigala ; 12h-tard). La terrasse est particulièrement prisée pour admirer les yachts, et le café sert un cappuccino étonnamment bon. Bonnes chichas et cocktails à prix raisonnables.

El Mashrabia Café
(carte p. 234 ; Sharia Sheraton, Sigala ; 10h30-tard). Notre lieu préféré à Hourghada pour déguster un jus de fruits ou un *shai* (thé) et fumer la chicha. Sur la route principale de Sigala, le café possède une terrasse ombragée et une salle à l'éclairage tamisé, décorée d'un mélange de lanternes chinoises et d'objets de style pharaonique. Vous repérerez l'endroit aisément grâce à sa façade ornée de panneaux de treillis façon moucharabiehs.

Papas HRG Bar
(carte p. 234 ; 065-344-4920 ; promenade de la marina d'Hourghada, Sigala ; 17h-tard). Centre névralgique de la vie nocturne d'Hourghada, ce bar populaire géré par des Néerlandais propose suffisamment de concerts, de parties de billard et de jeux pour que même les moniteurs de plongée et les expatriés le fréquentent régulièrement. Ambiance excellente quasiment tous les soirs. Carte de plats simples (burgers, pizzas...).

OÙ SORTIR

El Sawy Culture Wheel Centre culturel
(carte p. 234 ; 010-0167-8274 ; www.facebook.com/ElSAWYculturewheelHurghada ; Hadaba Rd, Dibaj Mall). Émanation d'un centre culturel et scénique du Caire, l'El Sawy propose concerts, pièces de théâtre... ainsi que des activités pour enfants et adultes.

RENSEIGNEMENTS

Office du tourisme (carte p. 234 ; 065-344-4420 ; bande côtière ; 8h-20h sam-jeu, 14h-22h ven). Petit kiosque au milieu de la bande côtière.

DEPUIS/VERS HOURGHADA

Proche de la bande côtière, l'**aéroport d'Hourghada** accueille des vols directs (essentiellement charters) d'Europe et des vols réguliers du Caire.

Des "La Pespes", navires à grande vitesse de la compagnie **High Jet** (carte p. 234 ; 012-1014-2000 ; www.highjet-eg.com/en/marine ; Midan Aka, Sharia an-Nasr, High Jet Office, Sigala ; 10h-22h), relient Hourghada à Charm el-Cheikh. Départ à 8h les dimanche, mardi et jeudi (adulte/enfant 40/30 $US, 2 heures 30).

Les bus des compagnies **Upper Egypt Bus Co** (carte p. 234 ; 065-354-7582 ; près de Sharia an-Nasr, Ad-Dahar), **Super Jet** (carte p. 234 ; 065-355-3499 ; Sharia an-Nasr, Ad-Dahar) et **Go Bus** (carte p. 234 ; www.gobus-eg.com ; Sharia an-Nasr, Ad-Dahar) arrivent tous à leurs terminaux respectifs, alignés dans Sharia an-Nasr à Ad-Dahar. Destinations desservies : Alexandrie, Assouan, Le Caire, Louxor et Suez.

COMMENT CIRCULER

Des microbus font la navette toute la journée entre le centre d'Ad-Dahar et la bande côtière au sud, et longent Sharia an-Nasr et d'autres axes majeurs. Un trajet coûte 1 à 3 £E.

Les taxis facturent environ 40 £E pour effectuer le trajet entre Ad-Dahar et le début de la bande côtière.

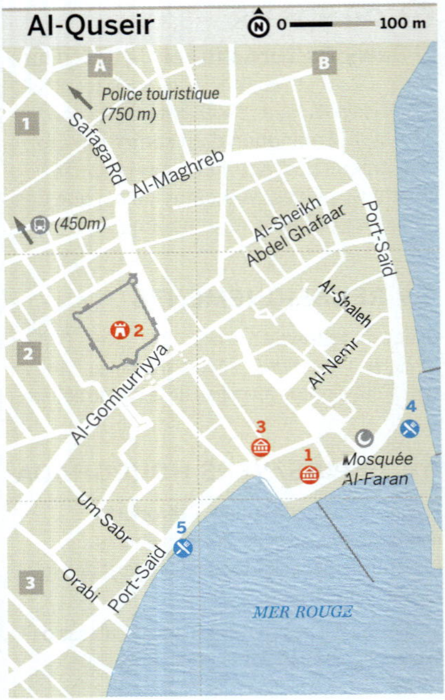

Al-Quseir

À voir

1 Ancien poste de police B2
2 Forteresse ottomane A2
3 Grenier à céréales B2

Où se restaurer

4 El Fardous B2
5 Restaurant Marianne A3

Al-Quseir

La cité historique d'Al-Quseir fut fondée à l'époque pharaonique. C'est d'ici que partaient les navires pour le légendaire pays de Pount. Même s'il ne reste rien de cet ancien port commercial, Al-Quseir possède un charme qui manque aux autres villes de la côte de la mer Rouge.

À VOIR

Forteresse ottomane — Site historique

(carte p. 236 ; Sharia al-Gomhurriyya ; 15 £E ; 9h-17h). Construite en 1571, cette petite forteresse contrôlait le port, et donc le passage à La Mecque.

Une grande partie des murs extérieurs sont d'origine tandis que l'intérieur a été bien rénové. Des panneaux d'information (en anglais) documentent l'histoire d'Al-Quseir et des habitants de la région, ainsi que l'évolution des routes commerciales. Un escalier dans la tour de guet offre une vue dégagée sur la ville et le port.

Ancien poste de police — Site historique

(carte p. 236 ; Sharia Port-Saïd). Jadis *diwan* (salle du conseil) ottoman, l'ancien poste de police est aujourd'hui un bâtiment abandonné, au charme mélancolique.

Grenier à céréales — Site historique

(carte p. 236). Juste derrière l'ancien poste de police se trouve l'immense grenier à céréales. Il date du début du XIXe siècle et servait à stocker le blé destiné à être envoyé à La Mecque.

ACTIVITÉS

Al-Quseir possède quelques sites de plongée intéressants. L'un des meilleurs clubs des environs est Subex (069-335-0037, 012-2240-7165 ; subex.org ; Radisson Resort ; baptême 75 €, plongée 40 €).

El-Qadim — Site de plongée

Situé à 7 km au nord d'Al-Quseir, dans une petite baie, ce site de plongée dispose d'un réseau complexe de grottes et de canyons. Profondeur : 5 à 30 m. Niveau : intermédiaire.

El-Khaf — Site de plongée

Plongée facile à 10 km au sud d'Al-Quseir qui plaira aux plongeurs de tous niveaux, El-Khaf est un canyon creusé de petites grottes et de passages, ponctué d'énormes rochers de corail et des ravins sablonneux. Profondeur : 18 à 25 m. Niveau : débutant.

OÙ SE RESTAURER

El Fardous Poisson et fruits de mer $$

(carte p. 236 ; ☎012-8332-4884 ; Sharia Port-Saïd ; plats 50-150 £E ; ⌚12h-22h). Ce restaurant en bord de mer où se retouvent locaux comme Égyptiens en vacances sert le meilleur poisson de la ville. Aidé par les serveurs, vous choisissez directement poisson, calamar ou langouste. Ne sert pas d'alcool.

Restaurant Marianne Égyptien $

(carte p. 236 ; ☎065-333-4386 ; Sharia Port-Saïd ; plats 40-80 £E). Un restaurant populaire, un service agréable et un menu où se disputent poissons et fruits de mer ainsi que les classiques de la cuisine éyptienne. Et, en prime, vous serez assis en terrasse, directement sur la plage.

DEPUIS/VERS AL-QUSEIR

La **station de bus** est située à environ 500 m au nord-ouest de la vieille ville. Des bus rallient Le Caire (100 £E, 10 heures) via Hourghada (30 £E, 2 heures) à 11h, 12h, 21h et 22h30.

COMMENT CIRCULER

Des microbus circulent le long de Sharia al-Gomhuriyya. Les trajets coûtent entre 1 et 2 £E. Un taxi de la station de bus au front de mer demande 10 à 15 £E.

Charm el-Cheikh

À VOIR

Mosquée Al-Sahaba Mosquée

(carte p. 238 ; Sharia al-Souk, Sharm Old Market). Conçue par Fouad Tawfik, la nouvelle mosquée de Charm el-Cheikh opère la fusion d'éléments fatimides, mamelouks et ottomans dans son architecture et sa décoration intérieure. Construction harmonieuse ou étrange méli-mélo de styles ? Tout est affaire de goût, mais cette mosquée est indéniablement l'édifice le plus spectaculaire du lieu.

ACTIVITÉS

Camel Dive Club Plongée

(carte p. 240 ; ☎069-360-0700 ; www.cameldive.com ; King of Bahrain St, Camel Hotel,

Mosquée Al-Sahaba

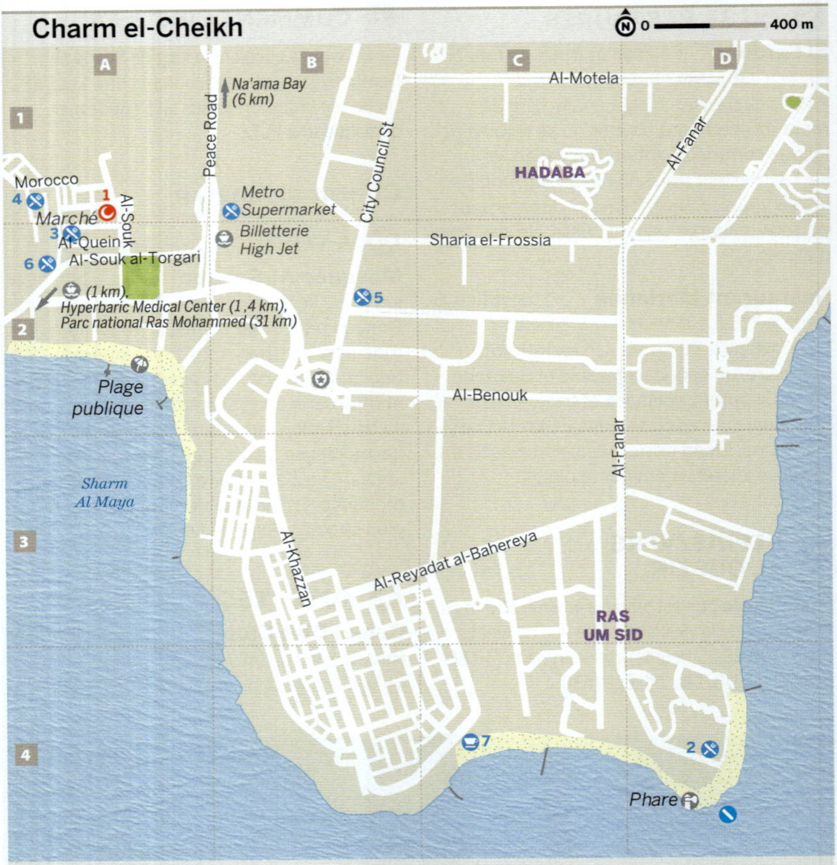

À voir
1 Mosquée Al-Sahaba A1

Où se restaurer
2 Al Fanar D4
3 El Masrien A2
4 Fares Seafood A1
5 Fares Seafood B2
6 Koshary El Sheikh A2

Où prendre un verre et faire la fête
7 Farsha Cafe C4

Na'ama Bay ; initiation PADI 80 €, forfait 1 jour et 2 plongées rivage/bateau 45/64 €, sortie snorkeling en bateau 38 € ; 8h-18h). Ce club respecté et très professionnel appartient au plongeur spécialiste du Sinaï Hisham Gabr. Centre PADI 5 étoiles agréé pour la formation d'instructeurs, il est équipé pour l'accueil des plongeurs en fauteuil roulant et a reçu le prix PADI de l'accessibilité.

En ligne : plusieurs forfaits avantageux incluant l'hébergement.

Sinai Divers Plongée

(carte p. 240 ; 069-360-0697 ; www.sinaidivers.com ; promenade de Na'ama Bay ; initiation PADI 95 €, forfait 1 jour et 2 plongées 60 €, sortie snorkeling en bateau 25 € ; 8h-18h). L'un des centres de plongée les plus réputés de Charm el-Cheikh, basé au Ghazala Beach Hotel.

Sharm Equestrian Balades à cheval
(☎010-2739-4572 ; www.sharmequestrian.com ; Nabq Heights ; balade sur la plage 1/2 heures 22/38 €). Une multiplicité de possibilités, de la simple balade le long de la plage aux randonnées équestres de plusieurs jours dans le parc national Ras Mohammed.

OÙ SE RESTAURER

Koshary El Sheikh Égyptien $
(carte p. 238 ; King of Bahrain St, Sharm Old Market, Sharm Al-Maya ; plats 7-12 £E ; 14h-tard). On y sert le plat favori des Égyptiens, le *kushari* (mélange de pâtes, de riz, de lentilles noires, d'oignons frits et de sauce tomate).

Fares Seafood Produits de la mer $$
(carte p. 238 ; ☎069-366-3076 ; City Council St, Hadaba ; plats 40-300 £E ; 12h-1h). Toujours bondé, le Fares est une institution de Charm el-Cheikh connue pour ses produits de la mer d'un bon rapport qualité/prix. Commandez du poisson au poids ou choisissez l'un des plats de pâtes ou des *tagen* (tagines égyptiens) figurant au menu. Notre préféré est le *tagen* aux calamars et aux crevettes. Il existe également une autre adresse (carte p. 238 ; ☎069-366-4270 ; Sharm Old Market, Sharm al-Maya, plats 40-300 £E ; 11h-1h) près du marché de Charm el-Cheikh.

Fairuz Moyen-oriental $$
(carte p. 240 ; King of Bahrain St, Na'ama Bay, Na'ama Centre ; mezze 32-35 £E, plats 70-160 £E ;). Une table pour voyager parmi les saveurs subtiles du Moyen-Orient. Choisissez les foies de poulet (cuits dans une sauce à l'ail et à la mélasse de grenade) et les *makinek* (saucisses épicées), accompagnés de *loubieh* (salade de haricots verts), d'okras et de pain tout juste sorti du four. Le menu de mezze (130 £E/pers, min 2 pers) permet de découvrir tout un éventail de saveurs.

El Masrien Égyptien $$
(carte p. 238 ; King of Bahrain St, Sharm Old Market, Sharm Al-Maya ; plats 8-80 £E ; 12h-tard ;).

Marché de Charm el-Cheikh

Na'ama Bay

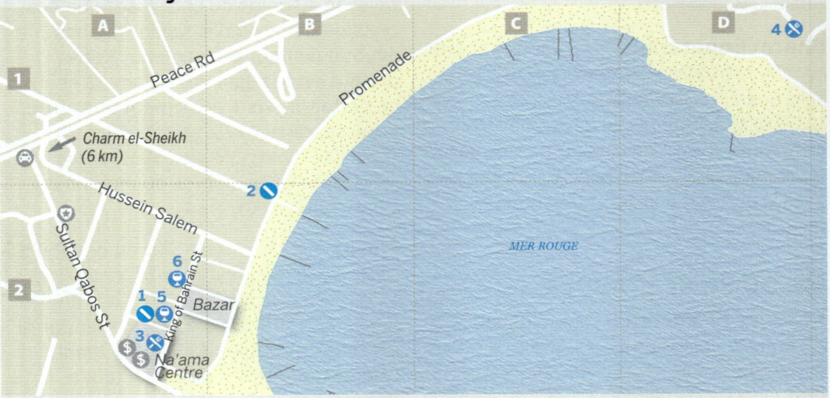

Activités
1 Camel Dive Club A2
2 Sinai Divers B2

Où se restaurer
3 Fairuz A2
4 Rangoli D1

Où prendre un verre et faire la fête
5 Camel Roof Bar A2
6 Pacha A2

Ce restaurant traditionnel, étalé des deux côtés de la rue, est notre endroit préféré pour dîner dans l'ancien marché. Immense choix de kebabs et quantité de *tagen* (tagines) aux saveurs prononcées et de plats végétariens pouvant constituer un beau mezze, bon marché et goûteux. Les vacanciers égyptiens s'y précipitent le soir.

Al Fanar Italien $$
(carte p. 238 ; Ras Um Sid ; plats 40-150 £E ; 10h-22h30). Jouissant d'un excellent emplacement face à la plage (l'un des meilleurs spots de snorkeling de Charm el-Cheikh) et d'une jolie vue depuis sa terrasse, l'Al Fanar est depuis longtemps l'une des tables fort courues de de la ville. Bonnes pâtes et pizzas.

Rangoli Indien $$$
(carte p. 240 ; 069-360-0081 ; Na'ama Bay, Mövenpick Resort ; plats 55-180 £E ; 18h30-22h30 ;). Si vous adorez la cuisine du sous-continent indien, ne manquez pas de dîner au romantique Rangoli, perché à flanc de colline tout en haut du Mövenpick Resort, face à la belle Na'ama Bay. Grâce à son chef originaire de Mumbai, tous les plats débordent d'authentiques saveurs indiennes, du *dhal* aux lentilles noires plein de peps aux plats *tandoori*, une spécialité.

OÙ PRENDRE UN VERRE ET FAIRE LA FÊTE

Na'ama Bay est au cœur de la vie nocturne.

Farsha Cafe Café
(carte p. 238 ; Sharia El-Bahr, Ras Um Sid ; 11h-tard ;). Tout en coins et recoins, coussins de sol, tentes bédouines et suspensions lumineuses, Farsha est le genre d'endroit où les voyageurs s'arrêtent pour un café et sont toujours là après quatre verres et une chicha. Idéal pour paresser en journée ou passer la soirée à siroter des cocktails en écoutant une musique relaxante.

Camel Roof Bar Bar

(carte p. 240 ; King of Bahrain St, Camel Hotel, Na'ama Bay ; 15h-2h30 ;). L'un des lieux favoris des moniteurs de plongée, qui apprécient son ambiance décontractée. C'est l'endroit idéal où débuter la soirée, particulièrement pour les plongeurs désireux d'échanger sur leurs aventures sous-marines.

Pacha Club

(carte p. 240 ; 300 069-360-0197 ext ; www.pachasharm.com ; King of Bahrain St, Na'ama Bay ; billets prévente/sur place 140/180 £E ; 23h-tard). Le cœur de la vie nocturne de Charm el-Cheikh. Guettez les affiches de programmation en ville. Entrée au club gratuite pour les filles avant minuit.

RENSEIGNEMENTS

Police touristique (carte p. 240 ; 069-360-0311, 069-366-0675 ; Sultan Qabos St, Na'ama Bay ; 8h-19h). Le kiosque de police se trouve sur la route principale menant au centre de Na'ama Bay. **Autre bureau** (carte p. 238 ; 069-366-0311 ; City Council St, Hadaba ; 10h-17h) à Hadaba.

DEPUIS/VERS CHARM EL-CHEIKH

L'**aéroport international de Charm el-Cheikh** (p. 298) est la plaque tournante des voyages organisés vers le Sinaï. Cependant, du fait des menaces terroristes dans cette zone, il faut aujourd'hui le plus souvent passer par Le Caire pour rallier Charm el-Cheikh en avion. Egypt Air (www.egyptair.com) assure plusieurs vols par jour depuis/vers la capitale.

Les **navires à grande vitesse "La Pespes"** (carte p. 238 ; www.highjet-eg.com/en/marine ; Sharm El Sheikh Marine Port, Sharm Al-Maya ; adulte/enfant 40/30 $US ; 18h dim, mar et jeu) relient Charm el-Cheikh à Hourghada trois fois par semaine. La traversée dure 2 heures 30.

COMMENT CIRCULER

Des microbus bleu et blanc font régulièrement la navette entre le centre de Na'ama Bay et Charm el-Cheikh. Le trajet coûte 2 £E, mais les étrangers se voient souvent demander 5 £E.

Les taxis facturent au moins 20 £E pour aller de l'**ancien marché de Charm** (Sharm Old Market) à **Na'ama Bay**. En sens inverse, ils demandent souvent 40 £E ; il vous faudra marchander.

Bibliotheca Alexandrina (p. 194)

En savoir plus

L'Égypte aujourd'hui 244
En proie à une forte instabilité politique et économique, l'Égypte a connu une période difficile ces dernières années.

Histoire 246
Des crues nourricières du Nil à l'indépendance en passant par les pharaons, l'arrivée des Arabes et des siècles d'occupation étrangère.

L'Égypte pharaonique 257
Tous les éléments et les personnages clés de l'Égypte ancienne au cours de trois millénaires mouvementés, ainsi qu'un glossaire.

La société égyptienne 267
Une découverte du mode de vie, des enjeux sociaux et des divisions culturelles et religieuses des Égyptiens, unis par leur fierté nationale et leur sens de l'humour.

Arts 271
Littérature, musique, cinéma, arts visuels... L'Égypte reste le pilier de la scène culturelle du monde arabe.

La cuisine égyptienne 275
Connaissez-vous le *foul* et le *fatta* ? La *molokhiyya* et le *muhalabiyya* ? Petit guide des traditions culinaires souvent mésestimées de l'Égypte.

Environnement 279
L'Égypte recèle des paysages extraordinaires – vastes déserts, vallée fertile du Nil, récifs coralliens de la mer Rouge – mais doit faire face à de graves problèmes écologiques.

Le Caire, depuis le parc Al-Azhar (p. 53)

LOÏC LAGARDE/500PX ©

L'Égypte aujourd'hui

L'Égypte éternelle a longtemps été considérée à l'abri de tout changement. Depuis 2011, les événements politiques ont fait voler en éclats cette image. Cependant, en dépit des bouleversements qui ont suivi la chute de deux présidents en deux ans, l'Égypte conserve sa prééminence diplomatique, son prestige artistique et sa position de pays musulman modéré.

L'après-Moubarak

Élu en juin 2014, le président Abdel Fattah al-Sissi doit faire face à une forte instabilité politique et économique. Il y a bien eu quelques grands gestes, notamment l'ouverture d'une nouvelle voie au canal de Suez, adoptée dans la précipitation et réalisée à grands frais, ou encore la décision de fonder une nouvelle capitale. Mais, derrière les gros titres, les problèmes anciens ne font qu'empirer : la pauvreté massive, les systèmes d'éducation et de santé médiocres, les conflits religieux croissants et la crise économique sont plus ou moins liés, et aucun d'eux ne peut être aisément résolu. En 2016, la dévaluation de la livre égyptienne et la réduction importante des subventions au carburant afin d'obtenir un prêt de 12 milliards de dollars du FMI et de stimuler l'économie ont entraîné une augmentation vertigineuse des prix à court terme.

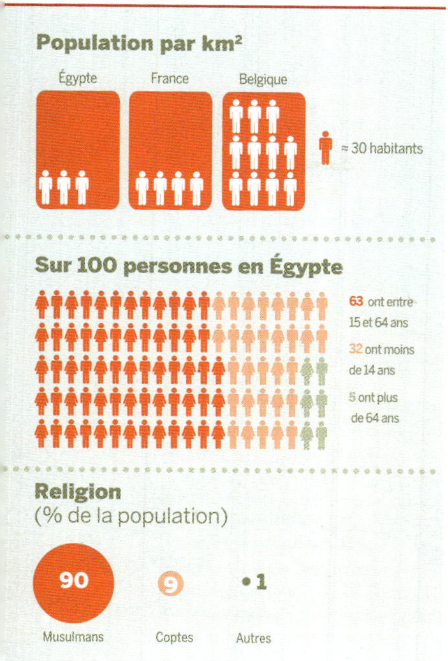

Le rôle des forces armées est l'une des principales pommes de discorde dans l'Égypte post-révolutionnaire. Le président actuel étant lui-même un ancien militaire et ex-ministre de la Défense, l'indépendance et le pouvoir de l'armée ne sont actuellement pas remis en question. La répression constante des journalistes, opposants politiques, militants des droits de l'homme et autres membres de la société civile limite aussi sérieusement les efforts visant à résoudre les problèmes de l'Égypte.

Des problèmes pressants

Présidents et promesses se succèdent, mais les problèmes – une population en expansion, un chômage très élevé et une situation économique désastreuse – ne disparaissent pas pour autant. L'ancienne terre des tout-puissants pharaons en est réduite à dépendre des États-Unis, des pays du Golfe, de l'UE et, dernièrement, du FMI.

La liste de ses malheurs ne s'arrête pas là. Elle inclut la torture et le mauvais traitement des détenus, "systématiques" selon Amnesty International ; le travail des enfants, particulièrement dans la lucrative industrie cotonnière nationale – selon l'Unicef, plus d'un million d'entre eux travailleraient dans ce seul secteur ; des cas régulièrement signalés de "détention administrative" d'individus sans procès ; les restrictions continues appliquées aux femmes en vertu des lois sur le statut personnel, qui par exemple les empêchent de voyager sans permission. Il faut y ajouter le problème croissant du harcèlement sexuel, l'inflation galopante et son cortège de pénuries alimentaires au sein des communautés les plus pauvres, et des menaces écologiques sérieuses et constantes. Les voyageurs constatent surtout la crise du tourisme : la foule qui jadis se pressait dans les temples et les tombeaux s'oriente désormais vers les plages de la mer Rouge ou renonce à visiter l'Égypte.

L'Égypte éternelle

Cependant, même au sein de l'Égypte post-révolutionnaire, certaines choses sont immuables : on peut toujours siroter un petit noir dans l'un des cafés cosmopolites d'Alexandrie ou un *shai* (thé) relaxant après une séance de shopping frénétique au souk Khan al-Khalili du Caire. Les monuments grandioses sont partout – les pyramides de Gizeh et les tombes et temples majestueux de Louxor figurent parmi les merveilles que des générations de visiteurs ont admiré.

Une chose est certaine : la capacité des Égyptiens à rire et à improviser est toujours bien présente. Dans les rues grouillantes de vie du Caire comme dans les déserts exposés aux rigueurs des éléments, les habitants du pays font preuve d'une incroyable résilience et conservent leur humour et leur optimisme en toutes circonstances. Votre voyage en Égypte ne sera peut-être pas toujours facile, mais il vous ouvrira certainement les yeux.

Pyramide à degrés de Djeser, Saqqarah (p. 90)

Histoire

L'histoire de l'Égypte prend sa source bien plus tôt que les autres pays du globe : alors que la majeure partie de l'Europe émergeait à peine du néolithique, les Égyptiens menaient une existence raffinée, consacrée à l'ordre dans l'univers et à la meilleure utilisation possible de leur richesse première, le Nil. Et, comme les événements récents l'ont montré, l'histoire de l'Égypte est à l'image de ses habitants, passionnée et passionnante.

Vers 250 000 av. J.-C.
Premières traces de présence humaine en Égypte.

Vers 3100 av. J.-C.
Memphis devient la capitale de la Haute et de la Basse-Égypte réunies.

2650-2323 av. J.-C.
Période de construction des grandes pyramides à Gizeh et à Saqqarah.

Portraits des grands leaders politiques, Le Caire

EDDIE GERALD/LONELY PLANET ©

Le Nil

Le don du Nil

L'historien grec Hérodote disait que l'Égypte était un don du Nil. Ce qui est sûr, c'est que sans ce dernier, l'Égypte telle que nous la connaissons n'existerait pas.

Les faits exacts sont quelque peu obscurs, mais il y a des milliers d'années, le climat en Afrique du Nord changea radicalement, les précipitations aussi. De riche savane, l'Égypte passa progressivement au statut de terre aride. Les chasseurs-cueilleurs qui se déplaçaient au fil des saisons perdirent un à un leurs pâturages du fait de l'assèchement, ce qui les obligea à migrer vers le seul endroit habitable : les bords du Nil.

Chaque année, les précipitations tombées dans l'est et le centre de l'Afrique causaient la crue du Nil. Cette montée des eaux inondait la vallée et recouvrait la campagne. Lorsque les pluies diminuaient, le niveau du fleuve commençait à redescendre et l'eau se retirait des terres, laissant derrière elle un riche limon charrié depuis les monts d'Afrique.

2125-1650 av. J.-C.
Thèbes devient le centre religieux et la capitale de Haute-Égypte, puis celle d'Égypte au Moyen Empire.

1352-1336 av. J.-C.
Akhenaton établit une religion monothéiste dans sa nouvelle capitale, Akhetaton.

1294-1279 av. J.-C.
Séti Ier ouvre une période de néoconservatisme, illustrée par le style Ancien Empire de son temple à Abydos.

Les Égyptiens découvrirent que, s'ils ensemençaient cette terre fertile, elle pouvait leur donner une bonne récolte. À mesure que les nomades s'installèrent le long de la vallée, il devint primordial d'exploiter au mieux la crue annuelle, afin d'assurer leur subsistance pour l'année suivante. Un ordre social de nature pyramidale se mit ainsi en place, pour organiser la main-d'œuvre et tirer le meilleur parti de ce don – avec les paysans à la base, les fonctionnaires et les gouverneurs au milieu, et le pharaon au sommet.

Au quotidien

Le Nil était le commencement et la fin pour la plupart des Égyptiens. Nés sur ses rives, ils y prenaient leur premier bain. Puis le fleuve nourricier faisait pousser les légumes dans les champs, permettait de nourrir leurs bêtes, et les désaltérait lorsqu'ils avaient soif. Par grosse chaleur ou après une journée de labeur, c'est dans le Nil qu'ils se délassaient et se lavaient. À leur mort, s'ils en avaient les moyens, leur corps était acheminé le long du fleuve jusqu'au sanctuaire d'Abydos. Et, pour le passage dans l'au-delà, c'était encore l'eau du Nil que les embaumeurs utilisaient lorsqu'ils préparaient le corps.

Cependant, tout ce qui venait du fleuve n'était pas synonyme d'abondance. Il charriait également son lot de dangers : les crocodiles, la crue soudaine qui emportait les enfants et détruisait les maisons, les maladies favorisées par un environnement humide et les bêtes (notamment les moustiques) qui les propageaient. Sans oublier le percepteur, le montant de l'impôt étant fixé en fonction du niveau de la crue mesuré au nilomètre d'Assouan.

Le fleuve dictait aussi le rythme de la vie, le jour de l'An étant marqué par le début de la crue. C'était une période de fête et, pour certains, de repos. Quand la terre était inondée, il fallait un bateau pour se déplacer d'un village à un autre, et les fermiers en profitaient pour effectuer des tâches jusqu'ici négligées : réparer leurs outils, faire des travaux dans la maison. C'était aussi le temps de la "corvée", une forme de servitude qui aurait permis de réaliser de nombreux grands travaux, parmi lesquels les pyramides.

L'Égypte antique

L'Ancien Empire

Narmer est connu comme le pharaon qui aurait unifié le pays en réunissant le Nord (Basse-Égypte) et le Sud (Haute-Égypte) sous son autorité. Il aurait vécu aux environs de 3100 av. J.-C., au début de la Ire dynastie. Ce qu'on connaît de lui provient d'un seul objet : la palette de Narmer qui se trouve au Musée égyptien du Caire.

Nous avons plus de certitude quant à l'existence du pharaon Djeser, qui a régné entre 2667 et 2648 av. J.-C. Deuxième roi de la IIIe dynastie (voir p. 258), Djeser a été inhumé dans le monument en pierre le plus vieux du monde, la pyramide à degrés de Saqqarah.

La société égyptienne avait alors atteint un tel niveau que chaque pharaon s'attendait à être enterré dans une pyramide. Un siècle après Djeser, c'est au tour du pharaon Kheops de reposer dans la grande pyramide de Gizeh.

1279-1213 av. J.-C.
Fils de Séti, Ramsès II fait construire plus de monuments que n'importe quel autre pharaon.

1070 av. J.-C.
À sa mort, Ramsès XI avait perdu le contrôle de la majeure partie du sud de l'Égypte et l'autorité centrale n'était plus.

663 av. J.-C.
Assurbanipal, roi des Assyriens, attaque l'Égypte et pille Thèbes et le temple d'Amon.

Le Nouvel Empire

Un millier d'années après Kheops, Ahmosis, prince de Thèbes (Louxor), vainquit les Hyksôs, une tribu d'Asie de l'Ouest qui avait envahi la vallée du Nil. Ce prince, fondateur du Nouvel Empire, s'est imposé comme l'un des plus glorieux de l'histoire égyptienne.

Sous l'autorité de la reine Hatshepsout (1473-1458 av. J.-C.), les Égyptiens voyagèrent vers le sud, jusqu'au pays de Pount, Somalie ou Yémen actuels. Puis le beau-fils et successeur d'Hatshepsout, Thoutmosis III (1479-1425 av. J.-C.), un roi guerrier, étendit son empire jusqu'en Syrie.

Le Nouvel Empire atteint son apogée juste après la mort de Thoutmosis, de même que le pouvoir des prêtres de Thèbes. Afin de réduire l'influence de ces derniers, le pharaon Aménophis IV (Akhenaton) et sa femme Néfertiti créèrent en 1340 av. J.-C. le nouveau culte d'Aton (culte du soleil) et une nouvelle capitale à Tell el-Amarna. Leur fils, ou gendre, Toutankhamon, vécut peu de temps, mais assez pour déplacer de nouveau la capitale à Thèbes et rendre son pouvoir au clergé.

La dernière phase de développement de cette glorieuse époque a lieu sous l'autorité du pharaon Séti Ier (1294-1279 av. J.-C.), qui construisit le temple d'Abydos, et de son fils Ramsès II (1279-1213 av. J.-C.). Ce dernier réalisa une importante série de constructions (dont les temples d'Abou Simbel), combattit les Hittites à Qadesh et engendra de nombreux enfants.

Invasions étrangères

L'histoire de l'Égypte ancienne est aussi l'histoire de ses relations avec ses voisins, car ses richesses en attirèrent plus d'un, tout comme sa situation stratégique sur la Méditerranée et la mer Rouge, au croisement des routes commerciales entre l'Afrique et l'Asie. À son apogée, l'Égypte contrôlait l'or de Nubie et la route commerciale à travers le Levant – d'où l'image de Ramsès II écrasant les Hittites à Qadesh sur tant de murs de temples. Sur le déclin, elle suscita la convoitise des empires dominants du moment : assyrien, perse, hellénistique. En 30 av. J.-C., Octave, fils adoptif de César et futur empereur Auguste, annexa l'Égypte à titre personnel. Les armées arabes l'envahirent au VIIe siècle de notre ère, suivies par les Ottomans au XVIe siècle. L'Égypte fit officiellement partie de l'Empire ottoman jusqu'en 1919.

Alexandre et ses successeurs

Bien avant l'arrivée d'Alexandre le Grand, en 331 av. J.-C., les Égyptiens s'étaient déjà habitués à être dirigés par des souverains étrangers. Les Libyens les avaient envahis au Xe siècle av. J.-C., les Assyriens avaient pillé Thèbes en 663 av. J.-C. et le roi achéménide de l'Empire perse Cambyse conquit le pays en 525 av. J.-C.

Mais Alexandre était différent. Désireux de conquérir au plus vite la Perse et l'Est, il n'est resté que peu de temps en Égypte, mais assez longtemps pour fonder Alexandrie, la nouvelle capitale, et être intronisé pharaon à Memphis.

525 av. J.-C.
Le roi perse Cambyse intègre l'Égypte à son empire et gouverne comme pharaon.

331 av. J.-C.
Alexandre le Grand envahit l'Égypte. Il fonde Alexandrie, centre de la culture hellénistique dans le monde méditerranéen.

323 av. J.-C.
À la mort d'Alexandre à Babylone, son général Ptolémée prend le contrôle de l'Égypte.

À la mort d'Alexandre en 323 av. J.-C., son général Ptolémée Ier s'empara du pouvoir. Il créa alors un royaume indépendant en Égypte et une dynastie qui dura moins de trois siècles. Le dernier des souverains ptolémaïques, la reine Cléopâtre VII (51-30 av. J.-C.), tomba, avec son amant Marc Antoine, face à la grande Rome.

L'Égypte chrétienne

Arrivée du christianisme

Selon la tradition copte, le christianisme arriva en Égypte en l'an 45 avec saint Marc qui guérit et convertit un cordonnier d'Alexandrie nommé Ananias. Les chrétiens d'Égypte ont en bonne partie assimilé les vieilles traditions païennes, dans leur forme comme dans leur contenu. Ainsi l'avènement du culte de Marie semble avoir été influencé par la popularité de la déesse Isis, toutes deux étant censées avoir enfanté suite à une intervention divine. L'architecture religieuse copte rappelle aussi les temples païens.

Le besoin précoce de garder la prière cachée, le désir de suivre l'exemple de Jésus en se retirant du monde amenèrent certains chrétiens à quitter la vallée du Nil pour rechercher la pureté spirituelle dans le désert. C'est le cas de saint Paul de Thèbes et de saint Antoine.

Les coptes ont joué un rôle décisif dans l'évolution de la jeune religion, débattant avec les chrétiens de tout l'Empire romain de la nature de la divinité, des devoirs du chrétien, de la bonne façon de prier... Au concile de Nicée en 325, les Alexandrins triomphèrent sur la nature du Christ : le Credo de Nicée déclara clairement que le Père et le Fils étaient un.

Disparition des dieux anciens

En 391, l'édit de Thessalonique pris par l'empereur Théodose interdit la visite de temples païens et l'adoration des idoles. À Alexandrie, les fidèles de Sérapis continuant à se presser en rangs serrés pour adorer la statue en or du dieu, le patriarche chrétien de la ville poussa la foule à attaquer le temple, renverser la statue qui fut traînée dans les rues et brûlée. La foule aurait également mis le feu à la bibliothèque du temple, où étaient conservés les riches ouvrages rescapés de l'incendie de la Grande Bibliothèque de 47 avant J.-C.

En 451, les Égyptiens furent officiellement écartés au concile de Chalcédoine. Refusant toujours d'accepter la double nature du Christ incarné, ils rompirent avec le reste de la chrétienté, leur patriarche fut excommunié et Alexandrie pillée peu après.

Malgré ce schisme religieux, l'Égypte faisait toujours partie de l'Empire byzantin. Cela entraîna des tensions encore plus grandes, qui culminèrent sous le règne de Justinien (528-565). Les habitants d'Alexandrie lapidèrent le préfet de l'empereur, qui riposta en envoyant son armée punir le peuple. En 629, un dénommé Mohammed (Mahomet) envoyait à Byzance un messager, mais celui-ci fut tué en chemin. Il était pourtant chargé de révéler à l'empereur byzantin une nouvelle religion : l'islam.

30 av. J.-C.
Après la défaite d'Antoine et de Cléopâtre à Actium, Rome prend le pouvoir.

45
Arrivée de saint Marc à Alexandrie, selon la tradition copte.

Vers 271
Retraite au désert de saint Antoine. Premiers pas du monachisme.

L'arrivée des Arabes

Les conquérants

À la mort de l'empereur byzantin Héraclius en 641, les armées arabes avaient déjà conquis la majeure partie de l'Empire byzantin, y compris la Syrie et l'Égypte, et campaient devant les murs de la capitale égyptienne, Alexandrie. Après la chute de cette dernière, le calife Omar ibn al-Khattab ordonna de fonder une nouvelle capitale musulmane. On en choisit le site près du fort romain de Babylone, là où le Nil se ramifiait en un delta. L'initial camp de tentes connu sous le nom de Foustat ("les tentes" en arabe) allait devenir l'une des principales villes de la région, jusqu'à ce qu'elle soit éclipsée par de nouvelles colonies proches – la ville abbasside d'Al-Askar au VIIIe siècle, la ville tulunide d'Al-Qatai au IXe siècle et enfin, au Xe siècle, la ville fatimide d'Al-Qahira, "la ville victorieuse", devenue Le Caire.

Sunnites ou chiites ?

Les changements de capitale en Égypte pendant cette période reflètent l'instabilité de l'empire arabe, dont le centre du pouvoir passe de La Mecque à Damas, puis à Bagdad. Ils reflètent aussi la nature instable du califat, le leadership de l'Islam, divisé entre factions sunnite et chiite. Les premières dynasties arabes étaient sunnites. Les Fatimides, qui conquirent l'Égypte au Xe siècle et créèrent la cité d'Al-Qahira, étaient chiites. Au centre de leur nouvelle ville se dressait une mosquée, Al-Azhar, dont le cheikh devint la principale autorité religieuse. Mais Saladin (Salah ad-Din), qui s'empara du pouvoir en Égypte en 1171 et créa la dynastie ayyubide, était sunnite.

Les Mamelouks

L'un des derniers souverains de la dynastie ayyubide fondée par Saladin, le sultan As-Salih, créa une classe permanente de soldats-esclaves turcs. Affranchis à leur arrivée en Égypte – leur nom, "mamelouk", signifie "possédé" ou "esclave" –, ces hommes constituèrent une classe guerrière qui finit par gouverner l'Égypte.

Soldats-nés, les Mamelouks réussirent à annexer la Palestine, la Syrie, la région du Hedjaz et une grande partie de l'Afrique du Nord, formant ainsi le plus vaste empire islamique de la fin du Moyen Âge. Ne pouvant léguer leurs richesses, les Mamelouks se lancèrent dans de grands travaux et dotèrent Le Caire de superbes mosquées, madrasas et tombeaux. Et pendant les 267 ans de leur règne (1250-1517), la ville devint le centre intellectuel et culturel du monde musulman.

Le commerce a largement contribué à financer ces grands édifices. Au Caire, le canal entre le Nil, la mer Rouge et la Méditerranée était un élément essentiel du trafic marchand entre l'Europe, les Indes et l'Orient. Alliés à la république de Venise, les Mamelouks en tirèrent de fabuleux profits aux XIVe et XVe siècles.

640
Après la chute d'Alexandrie, le général Amr ibn al-As fonde une nouvelle capitale musulmane, Foustat.

969
Chiites, les Fatimides fondent une nouvelle cité, Al-Qahira (Le Caire), et créent une mosquée-université, Al-Azhar.

1171
Saladin, un sunnite kurde, s'empare du pouvoir et établit la dynastie des Ayyubides.

Cet âge d'or prit fin au tournant du XVIe siècle pour deux raisons. La découverte en 1498, par Vasco de Gama, d'une nouvelle route ouest-est par le cap de Bonne-Espérance libéra les marchands européens des lourdes taxes prélevées par Le Caire. Par ailleurs, l'essor de l'Empire turc ottoman visant à unifier le monde musulman eut raison des Mamelouks, défaits à Alep (Syrie) en 1516. En janvier de l'année suivante, le sultan ottoman Selim Ier faisait son entrée au Caire.

Époque moderne

L'expédition de Bonaparte en Égypte

Quand Napoléon Bonaparte et ses soldats armés de mousquets écrasèrent la cavalerie mamelouke brandissant des cimeterres à la bataille des Pyramides, en juillet 1798 – soi-disant pour soutenir le sultan ottoman –, l'Égypte fit son entrée dans l'ère de la géopolitique moderne. Bien qu'il déclarât vouloir raviver la gloire du pays, le libérer du joug de la tyrannie et éduquer ses populations, Bonaparte souhaitait aussi porter un coup à la Grande-Bretagne dont la Navy régnait sur la Méditerranée. S'emparer de l'Égypte lui permettait aussi de contrôler la route la plus rapide entre l'Europe et l'Empire britannique en Asie, alors en plein essor.

L'armée de Bonaparte connut aussi des revers. Peu après la prise du Caire, une flotte britannique commandée par l'amiral Nelson parcourait la Méditerranée à la recherche des forces françaises lorsqu'elle les trouva au mouillage dans la baie d'Aboukir, au large d'Alexandrie, le 1er août 1798. Seuls trois navires de guerre français survécurent à la bataille du Nil qui s'ensuivit. Encouragé par les Britanniques, le sultan ottoman envoya alors une armée que les troupes de Bonaparte écrasèrent, mettant ainsi fin à la mascarade selon laquelle les Français se trouvaient en Égypte avec la bénédiction de Constantinople. Malgré cela, ces derniers réussirent à se maintenir dans le pays.

Bonaparte avait des plans ambitieux pour ce pays nouvellement conquis. Il établit une administration à la française, réorganisa le système fiscal, importa la première presse typographique en Afrique, lança des projets de travaux publics, introduisit de nouvelles cultures et un nouveau système de poids et mesures. Il fit également venir 167 savants et artistes qu'il chargea d'étudier la société et le peuple égyptiens, mais aussi l'architecture, l'artisanat, les arts, la faune et la flore. Cette mission aboutit à la publication d'une monumentale encyclopédie (23 volumes, 90 planches et 3 000 dessins) intitulée *Description de l'Égypte*, qui stimula grandement l'étude de l'Égypte ancienne.

Cependant, les relations entre les occupants français et la population se dégradèrent rapidement et se soldèrent par des soulèvements au Caire. Lorsque les Britanniques débarquèrent une armée à Aboukir, en 1801, les Français acceptèrent un armistice et quittèrent l'Égypte.

1250
Des soldats-esclaves mamelouks, pour la plupart d'origine turque ou kurde, s'emparent du pouvoir en Égypte.

1517
Le sultan turc Selim Ier s'empare du Caire et fait de l'Égypte une province ottomane.

1798
Début de la campagne d'Égypte par Bonaparte. Première description complète des antiquités égyptiennes.

Les rois d'origine albanaise

Le départ des Français, puis le retrait des Anglais laissèrent l'Égypte dans une situation politique instable, dont profita rapidement un lieutenant albanais de l'armée ottomane, Méhémet Ali. En cinq ans, à force de luttes et d'intrigues, il accédait au titre de pacha (gouverneur) d'Égypte. Officiellement vassal de Constantinople, comme beaucoup d'autres gouverneurs avant lui, il ne tarda pas à réaliser que le pays pouvait lui appartenir en propre.

Après le massacre des beys (chefs) mamelouks dans la citadelle du Caire le 1er mars 1811, le long règne de Méhémet Ali (il mourut en 1848) marqua un tournant dans l'histoire de l'Égypte. Sous sa main de fer, le pays abandonna son féodalisme médiéval et s'inspira des innovations européennes. Méhémet Ali modernisa l'armée, fit construire des routes et un nouveau canal reliant Alexandrie au Nil, introduisit l'enseignement public, améliora l'irrigation, fit ériger un barrage sur le Nil et introduisit la culture très rentable du coton. À sa mort, ses héritiers reprirent le flambeau des réformes et des grands travaux publics, dont celui du canal de Suez, inauguré en 1869.

Avec toutes ces dépenses, l'endettement du khédive (vice-roi) Ismaïl, petit-fils de Méhémet Ali, atteignit un tel niveau que l'économie égyptienne, pourtant en plein boom, ne put y faire face. Politiciens et financiers européens tirèrent vite parti de cette faiblesse. Six ans après l'ouverture du canal de Suez, Ismaïl dut vendre sa part majoritaire aux Anglais, et peu de temps après, la faillite et les pressions britanniques l'obligèrent à abdiquer. Cette intervention étrangère dans les affaires égyptiennes suscita un grand ressentiment, notamment parmi un groupe d'officiers égyptiens qui se soulevèrent contre le nouveau khédive. En 1882, sous prétexte de restaurer l'ordre, la flotte britannique bombarda Alexandrie et les soldats de Sa Majesté vinrent à bout de la faction égyptienne nationaliste.

Le protectorat britannique

Les Britanniques ne souhaitaient pas coloniser l'Égypte, mais contrôler le verrou stratégique que constitue le canal de Suez. Les héritiers de Méhémet Ali purent donc rester sur le trône, mais l'autorité réelle était aux mains du consul de Grande-Bretagne.

Le déclenchement de la Première Guerre mondiale décida les Britanniques à faire de l'Égypte, restée en fait dans la sphère d'influence de l'Empire ottoman, un protectorat officiel. Cette décision attisa le sentiment national, lequel se manifesta notamment lors d'émeutes en 1919.

Lors de la Seconde Guerre mondiale, une mouvance pro-allemande se fit entendre, présentant les nazis comme de potentiels libérateurs. Des étudiants organisèrent des manifestations de soutien au général allemand Erwin Rommel, et un petit cercle d'officiers égyptiens, dont les futurs présidents Nasser et Sadate, complotait pour faciliter l'avancée des troupes nazies vers le Caire.

1805
Un mercenaire albanais, Méhémet Ali, prend le contrôle de l'Égypte.

1859-1869
Creusement du canal de Suez, entre la Méditerranée et la mer Rouge.

1914
La Grande-Bretagne fait de l'Égypte un protectorat officiel.

★ Les meilleurs musées

Musée égyptien du Caire (p. 40)
Musée de Louxor (p. 112)
Musée copte (p. 58)
Musée national d'Alexandrie (p. 204)
Musée nubien (p. 180)
Musées de la Bibliotheca Alexandrina (p. 194)

Façade du Musée copte, Le Caire (p.. 58)

Rommel repoussa les forces alliées pratiquement jusqu'à Alexandrie, avant d'être défait à El-Alamein à la fin de l'année 1942. Les Britanniques maintinrent une présence militaire et politique en Égypte jusqu'à ce que le pays s'enflamme, près de sept ans après la fin de de la Seconde Guerre mondiale.

L'Égypte indépendante

La saison des cendres

Après des années de manifestations, de grèves et d'émeutes contre la domination étrangère, la répression par les Britanniques d'une mutinerie de policiers égyptiens dans le secteur du canal de Suez mit le feu aux poudres. Le 26 janvier 1952, Le Caire s'embrasa : les commerces tenus ou fréquentés par des étrangers furent incendiés. Une fois la fumée dissipée, l'agitation perdura, contre les Britanniques mais aussi contre la monarchie que la plupart des Égyptiens considéraient sous influence. Des "officiers libres" menés par le colonel Gamal Abdel Nasser fomentèrent alors un coup d'État. Le 22 juillet 1952, les unités militaires qui leur étaient fidèles investirent des postes stratégiques dans la capitale et le lendemain matin, la monarchie n'était plus.

Nasser accéda au pouvoir, puis fut élu président en 1956. Désireux de rendre une partie des richesses du pays à ses paysans exploités, mais aussi en écho à la révolution russe de 1917, il déposséda les grands propriétaires de leurs terres pour les nationaliser. L'année même de son accession à la présidence, Nasser affirma la souveraineté de son pays en tenant tête à la Grande-Bretagne et à la France (soutenues par Israël) pendant la crise du canal de Suez. Sorti vainqueur de ce conflit, grâce à l'aide des États-Unis et de l'URSS, il devint le héros des pays en voie de développement, l'homme qui avait enfin rejeté publiquement le joug du colonialisme.

L'Égypte et les pays voisins

Depuis la fondation d'Israël en 1948, les relations n'avaient en fait cessé d'être hostiles entre l'Égypte et l'État hébreu. En 1948, Le Caire avait envoyé des soldats soutenir les

1952
Renversement du roi Farouk par Nasser et ses "officiers libres". Fondation de la république d'Égypte.

1956
Le président Nasser nationalise le canal de Suez, déclenchant une intervention militaire sans succès de Londres, Paris et Tel Aviv.

1967
Israël sort vainqueur de la guerre des Six-Jours, l'Égypte perdant le contrôle du Sinaï.

Palestiniens qui combattaient le nouvel État juif et s'était retrouvé ainsi dans le camp des vaincus après le premier des conflits israélo-arabes.

En 1967, une nouvelle guerre, celle des Six-Jours, opposa de nouveau les deux pays. À la suite de celle-ci, les Israéliens contrôlaient l'intégralité de la péninsule du Sinaï et fermaient le canal de Suez. Nouveau président de l'Égypte depuis 1970, Anouar el-Sadate décida en octobre 1973 d'attaquer l'État hébreu de l'autre côté du canal pendant la fête de Yom Kippour, un premier succès vite repoussé par Tsahal.

Quatre ans plus tard, Sadate se rendit à Jérusalem pour négocier un traité de paix. Le 17 septembre 1978, il signa avec le Premier ministre israélien les accords de Camp David, par lesquels Israël acceptait de quitter le Sinaï, tandis que l'Égypte reconnaissait l'État hébreu. Ce renoncement au panarabisme de Nasser fut vécu comme une trahison par le monde arabe. Le siège de la Ligue arabe fut déplacé du Caire à Tunis, et l'initiative de Sadate lui coûta la vie : il fut assassiné par un militaire le 6 octobre 1981 au cours d'un défilé militaire commémorant la guerre du Kippour.

Moubarak et la montée du mouvement islamiste

Le vice-président Hosni Moubarak, ancien général de l'armée de l'air, succéda à Sadate et tenta de mener une politique équilibrée, à l'intérieur comme à l'extérieur. Cependant, malgré ses promesses, le gouvernement ne sut pas faire face à l'explosion démographique, à la montée du chômage, à la crise du logement.

Nombre d'Égyptiens ont alors vu dans les partis islamistes comme les Frères musulmans l'espoir d'un changement. Ne se voyant pas reconnaître par l'État comme des entités politiques légales, les islamistes ont déclenché une première vague de violence dans les années 1980 et 1990, multipliant les tentatives d'assassinat d'hommes politiques en place et les affrontements avec les forces de l'ordre. Puis ils ont changé de cibles afin d'obtenir une plus grande visibilité internationale et de toucher l'une des sources de revenus les plus précieuses et les plus vulnérables du pays : le tourisme.

Après une brève période de calme à la fin des années 1990, les violences reprirent de plus belle. En octobre 2004, des attentats à la bombe à Taba, sur la frontière israélienne, et dans le campement de paillottes voisin de Ras Shaytan, firent 34 victimes et inaugurèrent une année de très forte insécurité.

En 2005, Moubarak céda aux pressions croissantes de la communauté internationale l'incitant à démocratiser le système politique : un amendement constitutionnel (approuvé par le Parlement et ratifié par référendum) instaurait alors des élections présidentielles multipartites au suffrage direct. Moubarak remporta le premier scrutin présidentiel pluraliste du pays avec 89% des voix, mais avec un taux de participation de 23%, des cas d'intimidation d'opposants politiques et la présence à outrance des forces de sécurité dans les bureaux de vote. Aux législatives qui suivirent, en novembre 2005, les candidats indépendants favorables aux Frères musulmans conquirent 88 sièges sur 444 au Parlement, ce qui fit de la confrérie un acteur majeur de la vie politique malgré son illégalité officielle.

1971
Achèvement du haut barrage d'Assouan. Le lac Nasser gagne 510 km.

1973
Échec égyptien lors de la guerre du Kippour contre Israël.

1997
Massacre de 62 touristes au temple d'Hatshepsout, à Louxor. Début de la crise du tourisme en Égypte.

L'Égypte aujourd'hui

Le 11 février 2011, après trente années passées au pouvoir, le président Moubarak démissionna. Cela faisait des mois que des centaines de milliers de manifestants demandaient son départ, occupant dix-huit jours d'affilée la place Tahrir, au Caire. Les problèmes économiques du pays, la fin du soutien de l'armée égyptienne ainsi que celui des États-Unis sont quelques-uns des facteurs expliquant cette perte de popularité.

En 2012, les élections, présidentielle et législatives, ont confirmé une progression des Frères musulmans et des partis salafistes. Mais l'enthousiasme qui a suivi l'élection de Mohamed Morsi, lié aux Frères, comme premier président d'Égypte démocratiquement élu n'a pas fait long feu. Le nouveau dirigeant a fait en effet rapidement voter une Constitution pro-islamiste, s'octroyant des pouvoirs illimités et une immunité totale tandis qu'étaient interdites toutes les manifestations publiques. À l'été 2013, la crise économique aidant, des millions de personnes descendues dans la rue réclamèrent la démission de Morsi. L'armée prit alors le relais, destituant le président.

Son ex-ministre de la Défense, et ancien maréchal, Abdel Fattah al-Sissi annonça sa candidature à la présidentielle de 2014. Face à son seul opposant, le leader politique de gauche Hamdine Sabahi, il recueillit quelque 96% des voix, sachant qu'il y a eu 50% d'abstentions. Al-Sissi se présente comme le choix du peuple, mais bientôt il devient un leader autoritaire de plus. En l'espace de deux ans, il établit un régime plus répressif que ceux de ses prédécesseurs, faisant adopter des lois qui rendent presque impossible toute contestation et interdisent, entre autres, les mouvements de défense des droits civiques. Mais il ne réussit pas à vaincre les insurgés islamistes, comme en témoignent les attentats à la bombe contre les coptes à Tanta et à Alexandrie au printemps 2017, et l'attentat contre la mosquée Al-Rawda, dans le Nord-Sinaï, qui a fait plus de 300 victimes en décembre 2017.

2011
Démission de Moubarak après des manifestations de masse contre son régime.

2013
Le président Morsi, lié aux Frères musulmans, est renversé.

2014
L'élection présidentielle en juin donne une large victoire au maréchal Al-Sissi.

Peintures funéraires, Vallée des Rois (p. 116)

L'Égypte pharaonique

Premier État-nation du monde, précédant les civilisations grecque et romaine de plusieurs millénaires, l'Égypte est à l'origine de certaines des plus grandes avancées de l'histoire de l'humanité. Ici est né quelque 3 200 ans avant Jésus-Christ l'un des plus anciens systèmes d'écriture. Ici ont surgi de terre parmi les premiers monuments de pierre. Ici a vu le jour une civilisation entière qui a perduré, presque inchangée, des milliers d'années.

Vie éternelle

La prédominance des édifices religieux, pyramides, temples et tombeaux parvenus jusqu'à nous donne l'impression trompeuse d'une civilisation obsédée par la religion et la mort. En réalité, l'amour de la vie était tel chez les Égyptiens (du moins chez les élites) qu'ils se sont appliqués sans relâche à la prolonger dans l'au-delà.

Ce désir d'immortalité, présent dans presque tous les aspects du quotidien des anciens Égyptiens, confère à leur culture une cohérence et une pérennité inouïes. Ils croient devoir apaiser les dieux pour recevoir leur protection. Le pharaon gouverne avec l'assentiment divin et, intermédiaire entre les dieux et les hommes, il est chargé d'assurer l'ordre dans un monde de chaos. Ainsi la monarchie absolue faisait partie intégrante de la culture égyptienne.

Chronologie des dynasties

Ire et IIe dynasties	3100-2686 av. J.-C.
IIIe à VIIIe dynastie	2686-2125 av. J.-C.
IXe et X^e dynasties	2160-2025 av. J.-C.
XIe à XIVe dynastie	2055-1650 av. J.-C.
XVe à XVIIe dynastie	1650-1550 av. J.-C.
XVIIIe à XXe dynastie	1550-1069 av. J.-C.
XXIe à XXVIe dynastie	1069-525 av. J.-C.
XXVIIe à XXXIe dynastie	525-332 av. J.-C.
Périodes macédonienne et ptolémaïque	332-30 av. J.-C.
Période romaine	30 av. J.-C.-313 ap. J.-C.

Architecture monumentale

Temples

Nombre de divinités ont un sanctuaire précis en Égypte, mais on les vénère aussi dans divers temples à travers le pays. Bâtis sur des lieux sacrés, les temples ont fait l'objet d'aménagements successifs, chaque pharaon souhaitant inscrire dans la pierre sa ferveur pour le dieu. Le meilleur exemple de cette tradition est le gigantesque ensemble de Karnak, résultat de 2000 ans de remaniements divers.

Ceint d'un immense mur en brique crue, le temple en pierre, demeure du dieu, est desservi par un clergé chargé des rituels quotidiens effectués au nom du pharaon. Intermédiaire entre les dieux et les humains, ce dernier est officiellement le grand prêtre de tous les temples, secondé dans la pratique par le grand prêtre officiant dans chaque lieu.

En dehors des sanctuaires aux dieux, il existe des temples funéraires construits pour honorer l'âme du pharaon après sa mort. Le site du temple funéraire diffère souvent de celui de la sépulture du souverain. C'est le cas sur la rive ouest de Louxor, où les tombeaux des pharaons ont été creusés dans la très retirée Vallée des Rois par souci de sécurité, tandis que leurs vastes temples funéraires bâtis à proximité du Nil s'affichent nettement dans le paysage.

Pyramides

Le sable du désert servait de cercueil aux humbles, tandis que les plus nantis bénéficiaient d'un édicule. Aux environs de 3100 av. J.-C., les monticules de terre que l'on élevait sur une sépulture ont cédé la place à une structure de brique crue plus pérenne en forme d'estrade, d'où ce nom de mastaba ("estrade" en langue arabe).

La pierre s'imposant comme matériau de construction, les structures funéraires purent prendre de la hauteur, degré par degré pour aboutir à une pyramide, telle celle élevée à Saqqarah pour le pharaon Djeser (p. 90). Les pans en gradins évoluèrent ensuite pour donner ces structures à pans lisses dont les pyramides de Gizeh sont les plus fameux exemples.

Hypogées

De simple niche dans la roche, l'hypogée devient au fil du temps une très complexe structure funéraire dotée de cours, de chapelles votives et d'entrées sculptées dans la paroi, sans compter le puits destiné à protéger la chambre funéraire.

Les plus impressionnantes sont celles des pharaons du Nouvel Empire qui, abandonnant le site de sépulture royal au sud de Thèbes (l'actuelle Louxor), la capitale religieuse, choisissent de reposer dans une vallée désertique recluse à l'ouest du fleuve, la fameuse "Vallée des Rois".

Un long couloir taillé dans la roche mène en pente plus ou moins douce vers une série de salles ornées de scènes destinées à aider le défunt à atteindre l'au-delà. Nombre de ces peintures et bas-reliefs sont tirés du Livre des morts.

Pharaons : le "Who's Who"

Parmi les centaines de souverains ayant gouverné l'Égypte sur trois millénaires, voici ceux dont vous rencontrerez le plus souvent les noms sur les sites antiques.

Narmer (vers 3100 av. J.-C.). Le premier roi de l'Égypte unifiée après avoir conquis la Basse-Égypte (le nord du pays).

Djeser (vers 2667-2648 av. J.-C.). Deuxième roi de la IIIe dynastie et commanditaire du plus ancien monument de pierre au monde, la pyramide à degrés de Saqqarah.

Snéfrou (vers 2613-2589 av. J.-C.). Premier souverain de la IVe dynastie, enterré dans la pyramide Rouge de Dachour, la première à faces lisses qui inspira celles de Gizeh.

Kheops (Khoufou, vers 2589-2566 av. J.-C.). Deuxième roi de la IVe dynastie et père de la Grande Pyramide à Gizeh, la plus imposante d'Égypte.

Khephren (Khaéfrê, vers 2558-2532 av. J.-C.). Quatrième roi de la IVe dynastie et visage présumé du Sphinx de Gizeh. Il a fait construire la deuxième pyramide de Gizeh.

Mykérinos (Menkaourê, vers 2532-2503 av. J.-C.). Cinquième souverain de la IVe dynastie et commanditaire de la plus petite des trois pyramides de Gizeh.

Aménophis Ier (vers 1525-1504 av. J.-C.). Deuxième roi de la XVIIIe dynastie après la régence de sa mère Ahmès-Nefertari. Aménophis Ier pourrait être le premier souverain à avoir été enterré dans la Vallée des Rois.

Hatshepsout (vers 1473-1458 av. J.-C.). Reine la plus célèbre d'Égypte. Elle prit le pouvoir à la mort de son frère et époux Thoutmosis II, régnant d'abord conjointement avec son beau-fils et neveu Thoutmosis III.

Thoutmosis III (vers 1479-1425 av. J.-C.). Sixième roi de la XVIIIe dynastie et grand conquérant qui étendit l'empire par de vastes campagnes en Syrie. Outre une chapelle à Deir al-Bahari, il a laissé le premier tombeau royal peint de la Vallée des Rois.

Aménophis III (vers 1390-1352 av. J.-C.). Neuvième roi de la XVIIIe dynastie. Son règne marque l'apogée de la civilisation et de la puissance égyptiennes. On lui doit le temple de Louxor.

Akhenaton (Aménophis IV, vers 1352-1336 av. J.-C.). Ayant abandonné le nom d'Aménophis IV pour prendre ses distances avec le dieu dominant Amon, il quitta Thèbes avec son épouse Néfertiti et déplaça la capitale à Tell al-Amarna.

Toutankhamon (vers 1336-327 av. J.-C.). Onzième roi de la XVIIIe dynastie et fils d'Akhenaton, le plus célèbre des pharaons a restauré l'ordre ancien et le pouvoir des prêtres de Thèbes après le règne controversé de son père.

Séti Ier (vers 1294-1279 av. J.-C.). Deuxième roi de la XIXe dynastie, il poursuivit la consolidation de l'empire par ses campagnes extérieures. Il a fait édifier le chef-d'œuvre de Karnak, un superbe temple à Abydos et un vaste tombeau dans la Vallée des Rois.

Ramsès II (vers 1279-1213 av. J.-C.). Fils de Séti Ier et vainqueur de la bataille de Qadesh contre les Hittites. Le grand constructeur par excellence, notamment avec Abou Simbel et le Ramesseum.

Ramsès III (vers 1184-1153 av. J.-C.). Deuxième roi de la XXe dynastie et dernier des pharaons guerriers. Les reliefs de Médinet Habou, son temple funéraire, montrent sa bravoure et son succès face à plusieurs tentatives d'invasion.

Alexandre le Grand (331-323 av. J.-C.). Le fondateur d'Alexandrie après sa conquête de l'Égypte en 331 av. J.-C. Momifié après sa mort à Babylone en 323 av. J.-C., il fut inhumé dans la ville qu'il avait créée, mais son tombeau n'a pas été retrouvé.

Ptolémée Ier (323-283 av. J.-C.). Général et demi-frère supposé d'Alexandre qui s'empara du trône d'Égypte à la mort de ce dernier, il fonda la dynastie des Lagides (ou Ptolémées) implantée pour trois siècles avec Alexandrie comme capitale.

Cléopâtre VII (51-30 av. J.-C.). Dix-neuvième souveraine des Ptolémées, et brillante politicienne, elle rendit à l'Égypte sa gloire passée. Elle épousa Jules César puis Marc Antoine avant de se suicider après la défaite de ce dernier à Actium (31 av. J.-C).

Dieux et déesses

Incarnation à l'origine de différents aspects du monde naturel, les divinités égyptiennes occupent au fil du temps des fonctions de plus en plus complexes. Fusionnant les uns avec les autres, dieux et déesses mêlent les caractéristiques qui leur étaient propres, de sorte qu'en dépit de leurs coiffes et vêtements souvent reconnaissables il devient parfois difficile de les distinguer. Voici une brève description de quelques-unes de ces divinités.

Amon D'abord vénéré à Thèbes (Louxor), il devint la principale divinité sous le Nouvel Empire : associé au dieu-soleil et désormais appelé Amon-Rê, c'est le roi des dieux. Il se présente généralement sous les traits d'un homme portant une couronne à deux plumes ou, parfois, des cornes de bélier.

Anubis Divinité funéraire chargée de l'inhumation et du passage vers l'au-delà, Anubis est le dieu de la Momification, gardien des cimetières. Il est habituellement représenté sous la forme d'un chacal noir ou d'un homme à tête de chacal.

Aton Représenté par un disque solaire dont les rayons se terminent par des mains tendues, il fut vénéré sous la XVIIIe dynastie et s'imposa comme divinité suprême sous le règne d'Akhenaton.

Hathor La déesse de l'Amour et du Plaisir prend l'aspect d'une vache ou d'une femme portant des cornes de vache enserrant un disque solaire (elle est la fille du dieu-soleil). Patronne de la musique et de la danse, elle est l'épouse d'Horus.

Horus Dieu du Ciel, le fils d'Isis et d'Osiris venge son père et finit par régner sur la Terre. Il est personnifié par le pharaon régnant. Il apparaît sous la forme d'un faucon ou d'un homme à tête de faucon. Associé à la royauté, il figure souvent en faucon volant au-dessus de la tête du pharaon.

Isis Déesse de la Magie, protectrice de son frère et mari Osiris et de leur fils Horus, elle représente l'épouse idéale et protège les morts. Mère symbolique du pharaon, elle est représentée sous les traits d'une femme portant sur la tête un trône ou, parfois, les cornes de vache de la déesse Hathor.

Maât Personnification de l'ordre cosmique, de la vérité et de la justice, elle est figurée coiffée d'une plume d'autruche ou sous la forme de cette seule plume.

Osiris Dieu de la Mort, de la Fertilité et de la Résurrection dont le culte se concentre principalement à Abydos. Assassiné et découpé en morceaux par son frère, il fait l'objet d'une quête laborieuse par son épouse Isis. Son corps recomposé et embaumé par Anubis est ressuscité par les battements d'aile d'Isis et de cette union symbolique naîtra Horus.

Rê Divinité suprême du panthéon égyptien (et la plus ancienne), le dieu-soleil revêt habituellement l'aspect d'un homme à tête de faucon surmontée du disque solaire. Lorsqu'il est représenté dans l'au-delà, il arbore une tête de bélier. Il traverse le ciel à bord d'une barque et rejoint le monde des morts chaque soir, avant de réapparaître à l'aube pour apporter sa lumière.

Seth Dieu du Chaos et de la Confusion, il prend la forme d'un homme à tête d'animal fantastique. Sous l'Ancien Empire, le mythe d'Osiris modifie son statut initial de dieu vengeur en dieu jaloux.

Thot Dieu de la Sagesse et de l'Écriture, le patron des scribes a les traits d'un ibis ou d'un babouin, ou plus couramment d'un homme à tête d'ibis portant une palette de scribe. Étroitement associé à la Lune, il est considéré comme le gardien des défunts dans l'au-delà.

L'art dans la vie et dans la mort

Rôle de l'art

Dans l'Égypte antique, l'art occupe une fonction assignée en relation avec la religion ou le pouvoir. Toute la production artistique s'inscrit dans un système de représentation établi, loin de la moindre expression individuelle. Lorsqu'un artiste représentait un objet, il le rendait permanent, éternel. Il existait aussi un répertoire standardisé de scènes funéraires à reproduire, des images colorées des tombeaux aux riches vignettes des textes funéraires. Chaque image, qu'elle soit gravée dans la pierre ou peinte sur un papyrus, devait servir et protéger le défunt dans son voyage vers l'au-delà.

Présence de la nature

Les artistes n'en ont pas moins su dépasser ces conventions contraignantes en créant des images pleines de vie. Inspirés par la nature alentour, ils choisissaient des images qui symbolisaient la vie et la renaissance, tels le scarabée et le tilapia (un poisson), auxquels les Égyptiens attribuaient la capacité de s'auto-engendrer. Les images étant censées transmettre la force vitale du sujet qu'elles représentaient, les oiseaux voletant, le bétail gambadant et le gibier fuyant étaient des motifs privilégiés. De même, nombre de végétaux animent les scènes : blé, raisin, oignons, figues... Et, bien sûr, les fleurs tant aimées des Égyptiens, en priorité le lotus (symbole de la Haute-Égypte) et le papyrus (symbole de la Basse-Égypte), souvent entremêlés pour incarner le royaume unifié.

Momie mode d'emploi

Après un long processus expérimental et une série d'essais infructueux, les Égyptiens semblent enfin avoir trouvé les secrets de la momification parfaite autour de 2600 av. J.-C. Tous les organes étaient retirés à l'exception des reins, difficiles à atteindre, et du cœur, considéré comme le siège de l'intelligence. Pour être extrait, le cerveau était généralement broyé et liquéfié au moyen d'une sonde en métal que l'on insérait dans les narines. Les autres organes (poumons, foie, estomac, intestins) étaient extraits par une incision pratiquée dans le flanc gauche. Le corps et les viscères étaient alors recouverts de natron (mélange de carbonate de sodium et de bicarbonate de sodium) et laissés à sécher pendant 40 jours, au terme desquels ils étaient lavés, purifiés et oints de différentes huiles, épices et résines. Le tout était alors enveloppé de plusieurs couches de tissu de lin, et des amulettes protectrices étaient fixées aux endroits appropriés, tandis que les prêtres récitaient les incantations requises.

Chacun des organes internes était placé dans une urne (l'un des quatre vases canopes), et le corps, enveloppé de bandelettes et couvert de son masque funéraire, était couché dans son sarcophage. Il était alors prêt pour la procession funéraire jusqu'à la tombe, où la grande cérémonie de l'Ouverture de la bouche ranimait son âme et restaurait ses sens. Dans la sépulture, les indispensables mets et les boissons déposés en offrande nourrissaient alors l'âme du défunt préservée par la momie.

Couleurs symboliques

Le pouvoir politique égyptien était toujours représenté par la couronne blanche de la Haute-Égypte et la couronne rouge de la Basse-Égypte, qui, réunies, représentaient l'unification des deux terres.

Sur le plan géographique, le rouge renvoie aux étendues désertiques (*deshret*), le noir aux terres fertiles (*kemet*). Couleur de la vie, le noir est associé à Osiris, dieu de la Fertilité et de la Résurrection, par opposition au rouge, symbole de son frère Seth, dieu du Chaos.

★ Les plus beaux temples

Médinat Habou (p. 122)
Sanctuaire de Karnak (p. 104)
Temple de Louxor (p. 110)
Temple de Séti Ier (p. 158), Abybos
Temple d'Isis (p. 168), Philae
Grand temple de Ramsès II (p. 172)

Sanctuaire de Karnak (p. 104)

Osiris figurait aussi parfois en vert, symbole de la végétation et du renouveau. Les divinités associées à Osiris ont souvent la peau couleur du ciel. Quant au jaune d'or du soleil, il symbolise ses propriétés protectrices.

Belles pierres

Les sculpteurs travaillaient différents matériaux, le choix de la pierre reposant souvent sur sa couleur : albâtre et calcaire blancs, grès doré, schiste vert, quartzite brun et granit noir ou rouge. Les pièces de dimension modeste pouvaient être façonnées de diverses manières : en jaspe rouge ou jaune, en cornaline orangée, en lapis-lazuli bleu ; à partir de métaux tels que le cuivre, l'or ou l'argent ; ou avec d'autres matériaux moins coûteux comme le bois et la faïence bleue vernissée.

Ces matériaux servaient à réaliser une statuaire très variée (des colosses de pierre de 20 m de haut aux figurines en or de quelques centimètres) destinée à décorer temples et tombeaux. Amulettes et bijoux protégeaient eux aussi le défunt.

Textes pour l'au-delà

À l'origine, seuls le pharaon et son entourage avaient accès à l'au-delà et les textes chargés de les guider vers l'éternité étaient inscrits sur les murs de la chambre funéraire. Les sépultures pharaoniques de l'Ancien Empire étant des pyramides, ces écrits ont été désignés sous le nom de "Textes des pyramides".

Au fil du temps, les dignitaires ont souhaité eux aussi bénéficier de l'au-delà. Ils firent ainsi édifier leurs tombeaux à proximité des pyramides, puis, dès la fin de l'Ancien Empire, commencèrent à reprendre pour leur propre compte les textes funéraires royaux. Ils firent ainsi inscrire sur leurs sarcophages ce que l'on nomme les "Textes des sarcophages", une adaptation des Textes des pyramides apparue durant le Moyen Empire pour des défunts non royaux.

Cette "démocratisation" de l'au-delà s'accentua encore lorsqu'au cours du Nouvel Empire la transcription des Textes des sarcophages sur papyrus les mit à la portée de tous ou presque. Aujourd'hui collectivement appelés "Livre des morts", ces textes étaient également connus des Égyptiens sous le nom de "Livre pour sortir au jour".

Hiéroglyphes

Les hiéroglyphes ("gravures sacrées" en grec) composent le système d'écriture idéographique utilisé par les Égyptiens de l'Antiquité. Il est aujourd'hui communément admis que l'écriture est née dans la région de Sumer, en Mésopotamie, et il semble que ces premiers caractères cunéiformes créés par les Sumériens aient inspiré les Égyptiens pour créer leur propre système, même si les caractères n'ont rien de commun.

Le privilège de l'écriture

On estime que moins de 1% de la population savait alors lire et écrire, mais les hiéroglyphes n'en jouèrent pas moins un rôle considérable dans la civilisation égyptienne et furent l'un des piliers de l'organisation étatique. Ils étaient en effet utilisés par une administration formée de scribes au service du pharaon, qui collectaient les impôts ou géraient la vaste main-d'œuvre du royaume.

Sous l'Ancien Empire, les écrits littéraires se composaient de textes funéraires, de lettres, d'hymnes et de poèmes. Au milieu du Moyen Empire sont apparus des récits narratifs, les scribes devenant de plus en plus nombreux.

En quelques siècles, une écriture cursive simplifiée, l'écriture hiératique, s'imposa dans les affaires de la vie quotidienne, tandis que les hiéroglyphes restaient employés pour les inscriptions des monuments. Décorant les parois du moindre temple ou tombeau, ils étaient considérés comme les "mots de Thot", dieu de l'Écriture et patron des scribes.

Lire les hiéroglyphes

D'une simplicité trompeuse, les hiéroglyphes se classent, pour mieux les appréhender, en trois catégories : les logogrammes (idéogrammes), les déterminatifs et les phonogrammes. Les logogrammes représentent l'objet qu'ils désignent (par exemple, le dessin du soleil pour signifier le soleil). Les déterminatifs étaient placés à la fin des mots pour renforcer leur sens (le dessin du soleil ajouté au verbe "briller"). Les phonogrammes, moins explicites, symbolisaient une, deux ou trois syllabes.

La série de 26 signes que l'on nomme communément "alphabet hiéroglyphique" regroupe les caractères désignant une consonne unique (le hibou, prononcé "m", les courbes de l'eau pour le son "n"). Une autre centaine de signes renvoie à des syllabes de deux consonnes (comme le bol, prononcé "nb") et une cinquantaine à des syllabes de trois consonnes ("nfr" veut ainsi dire "bon", "parfait" ou "beau"). Les voyelles n'étaient pas réellement notées.

Lire les textes anciens s'avère parfois compliqué. Les scribes écrivaient généralement les hiéroglyphes de droite à gauche et en colonnes se lisant du haut vers le bas. Mais parfois le texte était écrit de gauche à droite, et, pour compliquer davantage les choses, la ponctuation était inexistante. L'orientation des personnages et animaux représentés indique souvent le sens de la lecture.

Vie quotidienne

Vie domestique

Dans ce climat sec, le matériau de prédilection pour les demeures était la terre crue (sous forme de briques), tant pour les maisons individuelles que pour les immenses palais des puissants. La principale différence résidait dans le nombre de pièces, la qualité des finitions et les installations. Les maisons des plus riches s'agrémentaient de jardins clos et de systèmes de canalisation en pierre alimentant de petits bassins. Certaines jouissaient même d'une salle de bains.

La nourriture de base était le pain, confectionné de multiples manières. Oignons, poireaux, ail et légumineuses étaient consommés en grande quantité, tout comme les dattes, les figues, les grenades et le raisin – parfois mélangé à du miel pour sucrer. Épices, herbes aromatiques, noix et graines agrémentaient les plats, souvent cuisinés avec de l'huile extraite de plantes locales, ou bien faite d'olives et d'amandes importées. Les vaches étaient élevées pour leur lait, bu tel quel ou transformé en fromage et en beurre. La viande (bœuf surtout, mais aussi mouton, chèvre, porc, gibier et volailles) en revanche n'était consommée régulièrement que par les riches et les prêtres autorisés à manger les offrandes des temples, une fois les dieux satisfaits. Le poisson, en général séché et salé, était un élément important de l'alimentation des ouvriers.

Les Égyptiens aisés buvaient du vin, les meilleurs crus étant produits dans le delta du Nil et les oasis de l'Ouest, ou importés de Syrie. Mais la boisson la plus commune était une bière épaisse à base d'orge, dégustée par tout un chacun, même les enfants.

Travail

La majorité des Égyptiens cultivaient la terre, et leur vie était organisée autour du cycle annuel de crues du Nil. Les artisans exerçaient quant à eux généralement de père en fils. On trouvait aussi des travailleurs itinérants, tels les barbiers, les danseurs ou les sages-femmes, ainsi que des domestiques s'acquittant des tâches ménagères chez les plus riches. Enfin, des milliers de personnes étaient employés dans les temples. Centre névralgique de toute ville ou tout village, le temple faisait en effet tout à la fois office de centre administratif, d'école, de bibliothèque et de centre médical.

Artistes et sculpteurs auxquels on doit les œuvres que l'on ne peut aujourd'hui dissocier de l'Égypte antique occupaient une fonction proche de celle du scribe. Les statues colossales comme les bijoux délicats étaient façonnés avec des outils sommaires et des matériaux naturels. La pierre des édifices était taillée par des équipes d'ouvriers ainsi que par des prisonniers.

Vêtements et bijoux

Les Égyptiens soignaient leur apparence. En témoignent perruques, parures, cosmétiques et parfums portés par les hommes comme par les femmes. Les vêtements étaient généralement en lin avant l'introduction du coton à l'époque ptolémaïque. Le rang d'une personne se repérait à la finesse du tissage et à la quantité de lin utilisé.

Le vêtement le plus courant était le pagne, porté sous d'autres vêtements. Les hommes portaient aussi un pagne en toile de lin, parfois plissé. Hommes comme femmes mettaient des tuniques faites d'un rectangle de toile de lin plié en deux et cousu de chaque côté. Les vêtements féminins les plus portés étaient les robes, le plus souvent drapées à la manière des saris, parfois avec un décolleté en V ou des manches détachables.

Des guêtres en lin ont aussi été retrouvées, ainsi que des chaussettes avec un espace entre les orteils pour glisser son pied dans des sandales (en fibre végétale ou en cuir). De simples foulards protégeaient la tête du soleil ou la coiffure lors des travaux salissants. Le *némès* (coiffe) rayé était uniquement porté par le pharaon, qui possédait aussi de nombreux diadèmes et couronnes réservés aux cérémonies.

Les bijoux étaient portés par les femmes et les hommes dans toute la société, à des fins esthétiques mais aussi magiques. Colliers, ornements de cheveux, bracelets, chaînes de cheville, ceintures, boucles d'oreille et bagues étaient faits de divers matériaux, allant de l'or à l'émail.

Glossaire pharaonique

akh – "esprit transfiguré", né de la combinaison du ka (âme) et du ba (esprit) après le passage du défunt dans l'au-delà
Ammout (la Dévoreuse) – monstre hybride de l'au-delà, mélange de crocodile, de lion et d'hippopotame, qui mangeait le cœur des morts indignes
ankh – sorte de croix ansée qui représente la vie ; aussi appelée "clé de vie"

ba – "esprit" qui se manifeste après le passage du défunt dans l'au-delà, et est représenté sous la forme d'un oiseau à tête humaine
barque solaire – bateau dans lequel le dieu solaire Rê naviguait à travers le ciel ; on enterrait ces barques près des pyramides pour les pharanos défunts

canopes (vases) – urnes où l'on conservait les viscères (estomac, foie, poumons et intestins) des personnes momifiées
cartouche – forme ovale protectrice qui entourait le nom des rois et reines, et parfois des dieux
cénotaphe – monument à la mémoire d'un roi ou d'une reine, dressé à l'écart du tombeau ou du temple funéraire

decheret – "terre rouge", qui désigne le désert
djed (pilier) – colonne vertébrale symbolique d'Osiris, qui conférait la force et la stabilité et était souvent portée sous la forme d'une amulette

fausse porte – moyen par lequel l'âme du défunt pouvait entrer et sortir du monde des vivants pour accepter les offrandes funéraires déposées dans sa tombe

hed sed (course du) – durant la fête du *hed sed*, elle permettait au roi d'entreprendre divers exercices pour prouver sa puissance physique et son aptitude à régner
hed sed (fête du) – cérémonie du renouveau, que les pharaons célébraient généralement après 30 ans de règne
hiératique – écriture dérivée des hiéroglyphes et utilisée dans les affaires quotidiennes
hiéroglyphes – signifiant en grec "gravures sacrées", ils composaient l'écriture picturale de l'ancienne Égypte, utilisée essentiellement sur les murs des tombeaux et des temples
hypostyle (salle) – salle imposante dans les temples, caractérisée par de nombreuses rangées de colonnades

ka – "âme" ; il s'agissait du "double" de la personne, qui apparaissait à sa naissance, vivait après la mort et se nourrissait d'offrandes

liste des rois –liste du règne de chaque roi, faisant office de chronologie
Livre des morts – textes funéraires rédigés au début du Nouvel Empire (vers 1550 av. J.-C.), inscrits sur des papyrus et consistant en des "sortilèges" visant à guider les défunts dans l'au-delà
lotus – plante emblématique de la Haute-Égypte (sud du pays)

mammisi – maison de naissance jouxtant certains temples de la période tardive et de l'époque gréco-romaine et associée aux déesses Isis et Hathor
mastaba – du mot arabe "estrade", structure en brique crue, construite au-dessus des tombes et à partir de laquelle furent développées les pyramides

naos – sanctuaire abritant la statue d'un dieu dans les temples
natron – mélange de carbonate de sodium et de bicarbonate de sodium, de couleur blanche, qui servait à assécher le corps durant la momification
nemes – coiffe rayée jaune et bleu portée par les pharaons ; l'exemple le plus célèbre en est le masque mortuaire en or de Toutankhamon
nome – terme grec désignant les 42 provinces égyptiennes, 22 en Haute-Égypte et 20 en Basse-Égypte

obélisque – pilier monolithique à base quadrangulaire et taillé en forme de pyramide, dont la pointe était souvent couverte d'électrum ou d'or pour saisir et refléter la lumière du soleil dans les temples. Les obélisques étaient généralement placés deux par deux à l'entrée d'une tombe ou d'un temple
Opet (fête d') – cérémonies qui se déroulaient à Louxor pendant la saison de la crue du Nil et durant lesquelles le pharaon restaurait ses pouvoirs divins en "rencontrant" le dieu Amon
Ouverture de la bouche (cérémonie) – point culminant des funérailles, consistant en des sorts et des formules magiques, accomplis par l'héritier du défunt ou les prêtres sur la momie pour ranimer son âme

papyrus – plante héraldique de Basse-Égypte, dont la tige était découpée et disposée en couches pour fabriquer une sorte de papier
pesée du cœur (jugement d'Osiris) – le cœur du défunt est mis en équilibre avec la plume de Maât, déesse de la Vérité, devant Osiris qui fait office de juge ; si le défunt a mené une vie bonne, son cœur est léger et il devient un *akh* pour l'éternité ; si son cœur est lourd de péchés, Ammout la Dévoreuse le mange et le défunt est anéanti à jamais
pharaon – terme désignant le souverain égyptien, dérivé du mot *per aa* qui signifiait "grande maison" (palais royal)
pylône – porte monumentale à l'entrée d'un temple

sarcophage – grand cercueil en pierre dans lequel étaient placés d'autres cercueils faits de bois
scarabée – cet insecte sacré était censé pousser le disque solaire à travers le ciel
serapeum – bâtiments associés au culte du taureau Apis et, plus tard, du dieu Sérapis
serdab – du mot arabe signifiant "cave", petite pièce dans un mastaba contenant une statue du défunt et où les offrandes pouvaient être acceptées
spéos – temple ou chapelle creusés dans la roche

temple du culte – bâtiment religieux construit pour abriter l'esprit des dieux et dont l'accès était réservé aux prêtres ; généralement situé sur la rive est du Nil
temple funéraire (mortuaire) – monument religieux où l'âme de chaque pharaon mort était commémorée et nourrie avec des offrandes ; en général bâti sur la rive ouest du Nil
Textes des sarcophages – textes et cartes funéraires écrits à l'intérieur des sarcophages durant le Moyen Empire
Textes des pyramides – textes funéraires inscrits sur les murs des pyramides à la fin de l'Ancien Empire et réservés aux membres de la famille royale
tresse de la jeunesse – coiffure traditionnelle des enfants qui consistait à leur raser le crâne à l'exception d'une tresse, généralement placée derrière l'oreille gauche

uræus – symbole caractéristique de la royauté égyptienne représentant la déesse-cobra Ouadjet et que portait le pharaon sur son front ou sa couronne

Rue du Caire

La société égyptienne

Peu après la démission du président Moubarak, on pouvait lire sur le badge d'une habitante du Caire : "Égyptienne et fière". Appréhender le caractère national n'a jamais été plus complexe, car bien des voies s'ouvrent désormais aux Égyptiens. Mais, s'il existe un trait commun à la majorité de la population, c'est bien l'immense fierté d'être égyptien et d'appartenir à un pays doté d'une histoire extraordinaire.

Mode de vie

La société égyptienne est complexe. Il y a bien sûr des différences incommensurables entre un paysan du delta du Nil et un employé du Caire – mais même ces derniers peuvent avoir des modes de vie très divers. La majorité de la population égyptienne oscille entre deux modèles extrêmes. D'un côté il y a des familles religieuses conservatrices dans lesquelles les femmes portent l'*abaya*, une longue robe noire dissimulant les formes, et les hommes, la *galabeya*, un genre de djellaba. Dans ces milieux traditionnels, les cousins se marient entre eux, aller à Alexandrie est le voyage d'une vie et tout est la volonté de Dieu. Mais, dans certaines autres strates de la société, les familles commandent un hamburger chez McDonald et voyagent régulièrement aux États-Unis, les filles portent des petites robes noires moulantes et flirtent ouvertement, et l'on n'entre dans une mosquée que le jour de ses funérailles.

L'autorité d'Al-Azhar

L'une des autorités islamiques les plus influentes en Égypte est le grand cheikh de la mosquée Al-Azhar (p. 52). Son rôle est de définir la ligne officielle islamique égyptienne sur toute question allant des dons d'organes à la musique heavy metal. L'actuel détenteur du poste, qui est nommé par le président égyptien, est le cheikh Ahmed al-Tayeb.

Mosquée et université Al-Azhar (p. 52)

ELENA MOISEEVA/STOCK.ADOBE.COM ©

En ville

La famille citadine typique fait partie des 11 millions de Cairotes installés dans des banlieues surpeuplées, vivant dans des "logements informels" (bidonvilles) et partageant un appartement dans un immeuble de 6 étages aux murs lézardés et à la tuyauterie défaillante. Techniquement ils ne sont pas pauvres – 18% seulement des Cairotes vivent en dessous du seuil de pauvreté. Le chef de famille détient peut-être un diplôme universitaire (il y a environ 40 000 nouveaux diplômés chaque année), même si ses études ne lui garantissent plus systématiquement un emploi. Il fait peut-être partie du million et plus de fonctionnaires qui reçoivent un salaire de misère en échange d'un travail peu contraignant. À la maison, son épouse cuisine et s'occupe de leurs trois enfants, ou plus.

À la campagne

Un peu plus de la moitié de la population réside dans les campagnes, et la densité démographique dans les zones agricoles est l'une des plus élevées au monde. Le peu de terre qui reste est divisé en petites parcelles (0,6 ha en moyenne), insuffisantes pour subvenir aux besoins d'une famille de taille moyenne. La superficie réduite des exploitations rend impossible la mécanisation nécessaire à l'augmentation des rendements, très faibles, ce qui explique le grand nombre d'agriculteurs vivant en dessous du seuil de pauvreté. Un tiers des Égyptiens seulement vivent de l'agriculture, et celle-ci ne représente que 14% du PIB.

L'Égypte rurale demeure le dépositaire de la culture et des valeurs traditionnelles. Les familles nombreuses y sont toujours la norme, notamment en Haute-Égypte, et tous les membres vivent sous le même toit. L'analphabétisme atteint un taux élevé chez les femmes. Toutefois, les choses évoluent peu à peu.

Réconforts au quotidien

Dans un contexte quotidien difficile, entraide et solidarité sont les maîtres mots des Égyptiens. Les familles élargies et les étroits réseaux de voisinage jouent le rôle de soutien social ; de parfaits inconnus s'adressent facilement la parole et, quel que soit le problème, il y aura toujours quelqu'un pour connaître une personne susceptible d'aider.

La religion amortit les aléas de l'existence et influence chaque aspect de la vie des Égyptiens. Mais, pour beaucoup, l'islam prôné par les Frères musulmans était excessivement véhément. Les Égyptiens aiment trop profiter de la vie pour apprécier une version autoritaire et politisée de la religion musulmane. Néanmoins, celle-ci est discrètement omniprésente.

Et quand – souvent – rien ne va, reste l'humour ! Les Égyptiens ne sont jamais avares de plaisanteries et de bons mots. La comédie constitue d'ailleurs le genre de prédilection de l'industrie cinématographique locale et des programmes de télévision.

Multiculturalisme

La plupart des habitants vous expliqueront fièrement qu'ils descendent des anciens Égyptiens. S'il existe une part de vérité dans ces propos, le pays a aussi été envahi par les Libyens, les Perses, les Grecs, les Romains et, surtout, les 4 000 cavaliers arabes qui investirent le pays en 640. Pendant les siècles qui suivirent, l'Égypte accueillit une migration arabe substantielle, et des mariages interethniques furent célébrés. Les Mamelouks, à la tête du pays entre le XIIIe et le XVIe siècle, étaient d'origines turque et circassienne. Les Turcs ottomans leur succédèrent à partir de 1517 jusqu'à la fin du XVIIIe siècle. Toutefois, de récentes études ADN ont montré que 68% de la population ethnique égyptienne était originaire d'Afrique du Nord.

En dehors des Égyptiens de la vallée du Nil, il existe également quelques groupes ethniques d'origine ancienne. Les ancêtres des Bédouins d'Égypte, vraisemblablement originaires de la péninsule Arabique, se seraient ensuite installés dans le désert Occidental, le désert Oriental et le Sinaï. Dans le désert Occidental, en particulier dans l'oasis de Siouah et alentour, subsiste un petit nombre de Berbères qui ont conservé une grande partie de leur identité.

Dans le Sud, les Nubiens, grands et à la peau sombre, sont venus de Nubie, la région entre Assouan, en Égypte du Sud, et Khartoum, au Soudan. Ce territoire a presque entièrement disparu sous les eaux du lac Nasser dans les années 1970, après la construction du grand barrage d'Assouan.

L'économie du bakchich

Le bakchich est plus qu'une récompense pour services rendus. Les salaires sont bien plus bas en Égypte que dans les pays occidentaux (le salaire mensuel moyen est de 4 000 £E), si bien que le bakchich est une source essentielle de revenu complémentaire. Même les Égyptiens doivent sans cesse payer des bakchichs pour garer leur voiture, recevoir du courrier et obtenir les produits les plus frais à l'épicerie.

Nous vous conseillons de conserver sur vous quantité de petite monnaie (vous en aurez besoin !) et de ranger séparément vos coupures plus grosses. Et souvenez-vous de la seule règle immuable : on ne donne jamais assez.

Religion

Environ 90% de la population égyptienne est musulmane. L'islam domine la vie quotidienne de façon discrète, presque inconsciente, et pourtant presque tous les hommes répondent à l'appel à la prière du muezzin le vendredi midi ; la foule qui sort en masse des mosquées bloque alors les rues.

La grande majorité des 10% d'Égyptiens restants sont des chrétiens coptes (voir p. 250). Les deux communautés cohabitent plus ou moins harmonieusement. Ainsi, lors des manifestations de la place Tahrir, au Caire, en 2011, l'une des images les plus inspirantes fut de voir des musulmans protégeant des coptes pendant qu'ils priaient, et inversement.

Cependant les coptes subissent de plein fouet la violence islamiste, et ce depuis les années 1980 et 1990, ce qui eut pour effet d'augmenter de façon significative leur immigration aux États-Unis, au Canada ou en Australie. Aujourd'hui, l'insécurité et les persécutions à leur encontre sont constantes. En 2017, des églises coptes ont été visées par des attentats à la bombe le dimanche des Rameaux. Toujours en 2017, au mois de mai, au moins 28 pèlerins ont trouvé la mort près de Minya lorsque des hommes armés ont ouvert le feu sur les bus qui les transportaient. Et en novembre 2018, le même lieu a vu un attentat similaire se reproduire, faisant 7 victimes.

Être femme en Égypte

La condition féminine est l'une des principales sources de malentendus entre les Égyptiens et les Occidentaux. Des stéréotypes existent des deux côtés : beaucoup d'Occidentaux imaginent que toutes les Égyptiennes sont opprimées, tandis qu'aux yeux de maints Égyptiens, les femmes occidentales sont immorales et obsédées par le sexe.

Pour beaucoup d'Égyptiens, le rôle de la femme est plus défini que jamais : c'est la mère et la maîtresse du foyer, alors que l'homme subvient aux besoins de la famille. Mais, comme en Occident, des milliers de femmes actives des classes moyenne et supérieure concilient travail et responsabilités familiales. Le gouvernement égyptien inclut des femmes, et en 2017, la première femme gouverneur a été nommée. Dans la classe ouvrière, où le respect des traditions est plus fort, l'idéal voudrait que les femmes se concentrent sur leur maison et leur famille, mais la réalité économique contraint des millions d'entre elles à travailler, tout en continuant à s'acquitter de toutes les tâches domestiques.

Les relations sexuelles avant le mariage (ou extraconjugales) sont taboues en Égypte. Mais un mariage coûte cher, ce qui fait que les hommes ne se marient pas avant d'avoir largement dépassé la trentaine. La frustration sexuelle qui en résulte apparaît souvent dans les regards et les comportements dans les rues. Pour les femmes, le problème est bien plus sérieux. Une femme doit être vierge au moment de son mariage, et la réputation de sa famille est en jeu. Les restrictions sociales imposées aux jeunes filles ont pour objet de les préserver en vue des noces.

Cette question a longtemps eu pour effet de freiner le débat sur le harcèlement et les abus sexuels. En 2008, pour la première fois, une femme a poursuivi en justice un homme qui l'avait agressée dans la rue, et le coupable a écopé d'une peine d'emprisonnement. Des femmes ont été prises pour cibles par des groupes d'hommes lors de certaines manifestations sur la place Tahrir, avec de nombreux cas de harcèlement et de viol. En juin 2014, le président Al-Sissi, nouvellement élu, a mis en lumière ce fléau en rendant visite à la victime d'un viol à l'hôpital pour s'excuser au nom de la nation.

Comme bien d'autres aspects de la vie en Égypte depuis la révolution de 2011, le rôle des femmes change. La Constitution de 2014 confirme le droit à l'éducation de toutes les femmes, ainsi que celui d'occuper des postes de direction de l'État – plusieurs ministres femmes siègent actuellement au gouvernement, dont une conseillère à la Sécurité nationale. Mais, bien qu'Al-Sissi ait déclaré 2017 année de la femme en Égypte, une enquête a montré que 87% des hommes égyptiens pensent toujours que la place d'une femme est à la maison (*Egypt Independent*, 8 mai 2017).

Danseurs soufis à la Wikala al-Ghouri (p. 74)

PATRICK SYDER/GETTY IMAGES ©

Arts

Si la culture égyptienne trouve peu d'écho en Occident, beaucoup d'acteurs et de musiciens égyptiens sont de véritables icônes dans tout le monde arabe. La révolution de 2011 a suscité un épanouissement culturel sans précédent, et plusieurs artistes connaissent depuis un franc succès à l'international. Dans la révolution, l'Égypte s'est forgé une identité culturelle propre à laquelle les citoyens peuvent à présent contribuer.

Littérature

Naguib Mahfouz

Lauréat du prix Nobel de littérature en 1988, Naguib Mahfouz a été l'une des figures les plus importantes de la littérature arabe du XXe siècle. Né en 1911 dans le quartier musulman du Caire, il a commencé à écrire à l'âge de 17 ans et a publié plus de 50 romans et 350 nouvelles – beaucoup considèrent la *Trilogie du Caire* comme son chef-d'œuvre –, des scénarios, des pièces de théâtre et des articles. Influencé à l'origine par les grands écrivains européens, Mahfouz fit ensuite entendre une

Une nouvelle génération d'auteurs

Mansoura Ez Eldin Journaliste, activiste et écrivaine, elle est l'une des voix de la révolution de 2011 et son roman *Matahat Maryam* (non traduit en français) est considéré comme un chef-d'œuvre tant pour la créativité de son propos et que pour sa forme.

Khaled Al Khamissi Son excellent roman *Taxi* est une compilation de conversations avec des chauffeurs de taxi du Caire, à travers lesquelles s'expriment la passion et l'humour communs aux Égyptiens.

Ahmed Alaidy L'auteur de *Dans la peau de Abbas el-Abd* traite du désespoir de jeunesse égyptienne avec un humour empreint d'un profond cynisme.

Ibrahim Abdel Meguid *Personne ne dort à Alexandrie* prend le contre-pied de la vision mythique de la ville telle qu'évoquée par l'écrivain britannique Lawrence Durrell dans son *Quatuor d'Alexandrie*. Il y dépeint la ville à la même époque mais du point de vue de deux Égyptiens pauvres.

Miral Al Tahawy *La Tente* conte l'histoire, belle et triste, d'une jeune Bédouine invalide sombrant lentement dans la folie.

Nael Eltoukhy Son roman *Les Femmes de Karantina* décrit les bas-fonds d'une Alexandrie imaginaire avec un savoureux mélange d'humour et de drame.

voix égyptienne unique, inspirée de conversations entendues dans les cafés et du parler des rues du Caire. En 1994, un attentat islamiste en réponse à l'un de ses romans, allégorie peu déguisée de la vie des grandes figures de l'islam, dont le prophète Mahomet, le laisse en partie paralysé. Il décède en 2006.

Autres auteurs

Mahfouz était issu d'une grande tradition littéraire égyptienne, comme d'autres auteurs de son temps. Citons notamment Taha Hussein, un intellectuel aveugle qui passa la majeure partie de sa vie en délicatesse avec les gouvernements successifs ; Tawfiq al-Hakim, dramaturge alexandrin ; et Youssef Idris, auteur de nouvelles d'une rare puissance.

Les écrivaines égyptiennes connaissent elles aussi le succès à l'international. Parmi elles, l'auteure féministe et militante, Nawal el-Saadawi a ainsi vu sa fiction *Ferdaous, une voix en enfer* traduite dans 28 langues tandis que son essai *La Face cachée d'Ève*, qui analyse le rôle des femmes dans le monde arabe, demeure interdit en Égypte. Pour sa part, Ahdaf Soueif écrit surtout en anglais, son ouvrage le plus célèbre s'intitule *Lady Pacha*.

Romans égyptiens contemporains

Aussi connu dans le monde que Naguib Mahfouz, Alaa El-Aswany est un ancien dentiste qui écrit aujourd'hui sur le peuple égyptien, la pauvreté et les écarts sociaux. Son best-seller, *L'Immeuble Yacoubian*, paru en 2002, offre un aperçu sombre et captivant de la société cairote contemporaine à travers la vie des habitants d'un immeuble du centre. Il s'agit à ce jour du roman arabophone le plus vendu au monde.

Salwa Bakr s'exprime sur des sujets tabous, comme les préjugés sexuels et les inégalités sociales. En français, on pourra lire *Des histoires dures à avaler* et l'excellent roman *Les Messagers du Nil*.

L'œuvre de Youssef Rakha est quant à elle profondément ancrée dans la ville du Caire. Son roman *Le Livre des cercles* est le récit d'une quête d'identité passionnante, tandis que dans *Crocodiles* (non traduit en français) l'auteur tisse son histoire autour des événements qui se sont déroulés en 2011.

Cinéma

Pendant les années 1940 et 1950, âge d'or du cinéma égyptien, les studios du Caire tournaient chaque année plus de 100 films musicaux qui remplissaient les salles obscures de tout le monde arabe et font toujours figure de classiques dans la région. Et si la capitale égyptienne est restée un haut lieu du cinéma jusque dans les années 1980, il ne s'y tourne toutefois plus qu'une vingtaine de films par an aujourd'hui.

Youssef Chahine (1926-2008) fut assurément un réalisateur hors norme dans le paysage cinématographique égyptien. Celui que l'on surnomme le Fellini égyptien a tourné plus de 35 films et a été récompensé à Cannes en 1997 pour l'ensemble de son œuvre. Parmi les plus célèbres de ses films : *Gare centrale, Adieu Bonaparte, Alexandrie pourquoi ?* ou encore *Le Destin.*

Depuis la révolution de 2011, une nouvelle génération de réalisateurs est apparue, donnant au cinéma égyptien une nouvelle direction passionnante. Jehane Noujaim a ainsi été nommé aux Oscars et récompensé par trois Emmy Awards pour son film *The Square*, qui traite des manifestations de la place Tahrir en 2011-2013. Également plusieurs fois primé, *Rags and Tatters* d'Ahmad Abdalla est un film remarquable, abordant la révolution avec franchise et sous une forme inhabituelle, puisqu'il est essentiellement muet.

Musique

Musique classique

La musique classique arabe connaît son apogée dans les années 1940 et 1950. Par le biais de la radio, les chanteurs égyptiens, élevés au rang d'idoles, captivaient et enflammaient les auditeurs d'Alger à Bagdad.

La plus célèbre fut Oum Kalsoum, star incontestée du XXe siècle. Ses chansons d'amour et ses *qasa'id* (longs poèmes) étaient l'expression même de l'identité arabe. À l'époque, l'amour que les Égyptiens lui portaient prenait de telles proportions que les rues se vidaient entièrement le premier jeudi après-midi du mois, à l'heure de son concert radiodiffusé. Ses équivalents masculins, Abdel Halim Hafez et Farid el-Atrache, ne susciteront jamais un culte aussi fervent qu'"As Sitt" (la Dame). À son décès en 1975, des millions d'Égyptiens en deuil envahissent les rues de la capitale.

Variété

Rejetant les mélodies traditionnelles et leur tonalité mélodramatique, les morceaux réalistes et parfois subversifs d'Ahmed Adawiyya, s'inspirant de la rue, ont su capter l'état d'esprit d'une époque, dominant la culture populaire tout au long des années 1970. Ce nouveau genre musical appelé *jeel* ("génération") est caractérisé par une rythmique ponctuée de claquements de main et de tintements, un accompagnement dansant au synthétiseur et une ligne vocale répétitive et entraînante. Le *jeel* se rapprochera ensuite de la pop occidentale sous l'influence notamment d'Amr Diab, souvent décrit comme le Ricky Martin du monde arabe.

Autre héritage d'Adawiyya, le *chaabi* (de "populaire") est beaucoup plus brut et ses paroles comportent souvent un aspect satirique ou politique provocateur. Si Hakim en incarne la face présentable, en 2010 le morceau *Ezay ? (Comment ?)* du chanteur Mohammed Mounir a été interdit, car trop politique.

Depuis la révolution de 2011, la jeunesse bouge sur du *mahraganat,* un genre mêlant rythmes répétitifs et rap auto-tuné. Les artistes enregistrent souvent chez eux et diffusent leurs morceaux sur Internet. Mohamed Saber, alias Diesel, est l'un des plus créatifs du genre, tandis qu'Al Sadat Abdelaziz, alias Sadat, en est le plus célèbre représentant. À travers le *mahraganat*, ces jeunes décrivent leur quotidien, et utilisent l'argot pour exprimer leurs difficultés et leurs désillusions.

★ Les meilleurs centres culturels

Bibliotheca Alexandrina (p. 197), Alexandrie

Opéra (p. 75), Le Caire

Palais de la culture (p. 185), Assouan

El Sawy Culture Wheel (p. 75 et 235), Le Caire et Hourghada

Bal El Nil (p. 75), Le Caire

Opéra du Caire (p. 75)

Arts visuels

Avec la révolution de 2011, les arts visuels égyptiens sont entrés dans une ère de liberté et de joyeux désordre ouvrant à des artistes les portes du succès international. Ahmed Bassiouny, tué au troisième jour des manifestations, a ainsi été exposé à titre posthume à la Biennale de Venise en 2011.

Certains artistes n'hésitent pas à orner les murs de graffitis pour s'approprier l'espace public. Ganzeer, qui est certainement le graffeur le plus connu d'Égypte, a créé les images les plus percutantes et les plus engagées du pays. Cependant, cette pratique a été interdite par le gouvernement du président Al-Sissi ; Ganzeer vit désormais aux États-Unis et nombreux sont ceux qui, comme lui, ont émigré.

Malgré tout, la scène artistique visuelle égyptienne continue de se développer, en partie grâce au soutien d'espaces d'art contemporain, comme la Townhouse Gallery et la Mashrabia Gallery au Caire.

Danse orientale

Les peintures retrouvées dans les tombes égyptiennes en témoignent : l'art de la danse remonte au moins à l'époque pharaonique. Au cours de la période médiévale, les *ghawazi* (caste de danseurs) voyageaient avec les conteurs et les poètes, donnant des représentations publiques. Au XIXe siècle, les autorités religieuses, offusquées de voir des musulmanes danser devant des "infidèles" en voyage en Égypte, bannissent les danseuses du Caire et d'Esna. La danse orientale ne regagna un semblant de crédibilité qu'avec l'arrivée du cinéma, qui nimba cet art d'une aura glamour et fit la réputation d'une poignée d'artistes : dans les années 1990, la danseuse Fifi Abdou devint ainsi l'une des personnalités les plus célèbres du pays.

Néanmoins, depuis le début des années 1990, des islamistes parcourent les fêtes de mariage des quartiers pauvres du Caire pour empêcher les femmes de danser et de chanter, privant ainsi de ressources les artistes les plus modestes. Depuis, peu d'Égyptiennes osent se produire, et les touristes acclament désormais des danseuses étrangères. L'avenir de la danse orientale égyptienne paraît incertain.

Table égyptienne

DINA SAEED/SHUTTERSTOCK ©

La cuisine égyptienne

La cuisine égyptienne a l'authenticité de la simple cuisine de terroir à base de produits frais. Les légumineuses sont servies en ragoût (à n'importe quel repas), en soupe ou sous forme de ta'amiyya (falafels égyptiens). Les Égyptiens raffolent aussi de kebabs (brochettes) d'agneau, de poulet grillé, de pigeon et de keftas (brochettes de viande hachée épicée).

Ingrédients de base et spécialités

La cuisine de rue est à la portée de presque toutes les bourses, et les Égyptiens font volontiers la queue devant les meilleurs étals de *kushari* (mélange de nouilles, riz, lentilles noires, oignons frits et sauce tomate) et de *ta'amiyya*. Parmi les spécialités nationales, on retrouve la très surprenante *molokhiyya* (soupe de feuilles de corète, forte en goût), le *hamam* (pigeon) et les *mahshi* (légumes farcis).

Mezze

Essentiellement préparés à base de légumes, les mezze (hors-d'œuvre froids ou chauds) sont un feu d'artifice de couleurs et de saveurs. Si, comme de nombreuses spécialités venant du Levant ou de Turquie, il ne s'agit pas de plats exclusivement

Soirées de ramadan

Le ramadan est une période sacrée du calendrier musulman : 30 jours de jeûne du lever au coucher du soleil. À la nuit tombée, en revanche, c'est un mois de fête et d'abondance. L'*iftar*, repas du soir marquant la rupture du jeûne, est un vrai festin composé de soupes copieuses, de poulet, de viande et d'autres mets délicats. Il est souvent pris en commun, dans la rue ou sous de grandes tentes montées pour l'occasion. Comme lors d'autres célébrations, pâtisseries ainsi que sucreries y abondent.

égyptiens, le pays en a sa propre version, moins variée et plus économique. Ils constituent une entrée parfaite, mais il est aussi généralement possible d'en commander assez pour faire un repas complet.

Pain

Élément essentiel de la cuisine égyptienne, l'*a'aish* (pain) se décline sous plusieurs formes. L'*a'aish baladi*, le pain traditionnel, est fait d'un mélange de farine blanche et de farine complète auxquelles on ajoute assez de levain pour que la pâte gonfle en une sorte de poche souple avant d'être cuite sur le feu. L'*a'aish shammy,* plus grand, est semblable mais fait de farine blanche uniquement. On le garnit généralement de *ta'amiyya*. Les boulangeries vendent également des brioches à l'occidentale, appelées *kaiser*.

Salades

En matière de salades, la simplicité est reine en Égypte. On les mange souvent en tant que mezze ou en accompagnement des plats de viande ou de poisson. La *salata baladi* est un classique (tomates, concombre, oignon et poivron, parfois relevés par le goût poivré de la roquette). Aussi savoureux que sain, le taboulé (boulgour, persil et tomate avec des graines de sésame et une touche d'ail et de citron), star des salades du Moyen-Orient, est aussi couramment cuisiné.

Légumes et soupes

Dans la cuisine égyptienne, la soupe par excellence est la *molokhiyya* (corète potagère ou jute), une plante herbacée verte, consommée jadis par les pharaons, et à la texture gluante proche de celle du gombo (okra). Traditionnellement servie en accompagnement ou en sauce avec du lapin ou du poulet, et du riz, elle fait l'objet d'un culte quasi religieux. Quant aux autres soupes, la plus appréciée est la *shorba ads* (soupe de lentilles), mais la *foul nabed* (soupe de fèves) est aussi très répandue.

Viande

Boulettes d'agneau ou de bœuf haché épicées et grillées en brochettes, les keftas sont la base de l'incontournable *daoud basha* où elles sont cuites avec des pignons de pin et de la sauce tomate dans un plat à tajine (terre cuite). Les kebabs sont des brochettes grillées généralement d'agneau, mais aussi de poulet et dans ce cas appelées *shish tawouq*.

Couramment servi, le *firekh* (poulet) rôti à la broche se commande au restaurant par demi-portions. Fort apprécié, le *hamam* (pigeon) est servi farci et rôti, grillé ou cuisiné en tajine (*tagen*) avec oignons, tomates et riz.

Poissons et fruits de mer

À Alexandrie ou au bord de la mer Rouge, vous vous régalerez sûrement de produits fraîchement pêchés. Vous aurez l'embarras du choix, mais, parmi les prises les plus consommées, vous trouverez les *kalamaari* (calamars), le *balti* (un poisson de 15 cm, plat et gris, avec un ventre de couleur claire) et le *bouri* (mulet), plus gros et plus savoureux.

Les restaurants servent aussi communément des bars, dorades, rougets, tassergals, soles et crevettes (*subeit* or *gambari*). La mer Rouge est connue pour ses langoustes. Et le lac Nasser procure d'exquis tilapias. Le poisson est généralement grillé au charbon de bois ou frit dans de l'huile d'olive.

Desserts et friandises

La star des desserts égyptiens est sans aucun doute le *muhalabiyya*, fait de farine de riz, de lait, de sucre et d'eau de rose ou de fleur d'oranger, et parsemé de pistaches et d'amandes. Le *ruz bi* (riz au lait) et l'*omm ali* (sorte de mille-feuille fourré de noix et de raisins secs, puis trempé dans de la crème et du lait et cuit au four) sont presque aussi populaires.

Rien n'égale toutefois les pâtisseries, dont le *kunafa*, fait avec une pâte semblable à des cheveux d'ange et nappé de sirop ou enroulé et fourré aux noix. Enfin, le gâteau le plus célèbre reste le baklava, avec sa délicieuse pâte filo nappée de sirop.

Us et coutumes

- Quittez vos chaussures avant de vous asseoir sur un tapis ou sur la moquette pour manger ou simplement prendre le thé.
- Évitez de vous servir de votre main gauche si vous mangez à l'égyptienne, en piochant dans un plat commun.
- Ne vous mouchez pas à table dans un restaurant, allez à l'extérieur ou dans les toilettes.
- Durant le ramadan, évitez de manger, boire ou fumer en journée dans les lieux publics (exception faite des hôtels internationaux).
- Asseyez-vous toujours à côté d'une personne du même sexe que vous, sauf si votre hôte vous place autrement.

Boissons

Thé et café

Boire le *shai* (thé) est le passe-temps national égyptien. Le *shai* égyptien, très riche en tanins, est fort en goût. Les feuilles, récoltées localement, sont finement moulues et disposées directement dans le verre (au fond duquel elles se déposent) ou sont servies "à l'anglaise" dans un sachet trempé dans une tasse ou un verre d'eau bouillante. Il est généralement servi très sucré, mais vous pouvez le demander *soukar khafif* (légèrement sucré) ou *min ghayr soukar* (sans sucre). Bien plus rafraîchissant, le *shai bi-na'na* est agrémenté de feuilles de menthe. En hiver, les Égyptiens raffolent du *shai bi-halib* (thé sucré au lait).

L'*ahwa* (café), que l'on boit traditionnellement dans les établissements du même nom (voir p. 73), est servi à la turque, épais et très corsé, dans une petite tasse que l'on avale en deux à trois gorgées. Comme pour le thé, spécifiez la quantité de sucre que vous voulez : *ahwa mazboot* (moyennement sucré), *ahwa saada* (sans sucre) ou *ahwa ziyada* (vraiment très sucré).

Bière et vin

En Égypte, pour obtenir une bière, dites simplement "Stella" (une blonde légère, à ne pas confondre avec la bière belge du même nom). On trouve aussi la Sakara Gold (rafraîchissante et moins alcoolisée) et la redoutable Sakara King (10%).

★ Les meilleurs kushari

Abu Tarek (p. 70), Le Caire

Koshari Alzaeem (p. 136), Louxor

Koshary As Safwa (p. 184), Assouan

Koshary El Sheikh (p. 239), Charm el-Cheikh

Cairo Kitchen (p. 72), Le Caire

FANFO/SHUTTERSTOCK ©

Depuis une dizaine d'années, les vins égyptiens se diversifient et leur qualité s'améliore sensiblement. Le raisin utilisé pour produire les meilleurs crus (comme le cabernet sauvignon Château des Rêves) vient du Liban. Les blancs de Gianaclis sont corrects. Ces crus sont vendus entre 70 et 270 £E la bouteille (prix de détail).

Autres boissons

Pendant les chauds mois d'été, les clients des *ahwa* délaissent souvent le thé ou le café pour des boissons fraîches, comme le *karkadé* glacé, une décoction rouge de fleur d'hibiscus, très désaltérante. Autre boisson fraîche, le *limoon* (jus de citron) est parfois mélangé à de la menthe (*bi-na'na*).

Les stands de jus de fruits pressés sont une bénédiction sous la canicule estivale. Évitez cependant les glaçons.

Végétariens et végétaliens

On trouve facilement des plats à base de légumes. Vous pourrez vous repaître de mezze, de salades, de *foul*, de *ta'amiyya,* et parfois manger des omelettes ou des tajines (*tagen*) de légumes, à base de gombo (*okra*) et d'aubergine. En cas de doute, vous pourrez aussi toujours commander des pitas en quantité et un bol de houmous.

Soyez vigilant, car on peut, par inadvertance, manger de la viande par le biais du bouillon souvent utilisé dans les soupes et les tajines dits "végétariens".

À table

Les Égyptiens font habituellement trois repas par jour. Au petit-déjeuner, ils mangent le plus souvent du pain et du fromage, avec parfois des olives et un œuf au plat, à la maison, ou un sandwich au *foul* (purée de fèves), acheté en allant au travail. Le déjeuner est généralement le principal repas de la journée. Il se prend aux heures d'ouverture habituelles des restaurants et cafés, à partir de 14h, mais plus couramment entre 15h et 16h. Le soir, la plupart des Égyptiens prennent un dîner léger ou grignotent. Les portions étant souvent énormes, commandez avec retenue, car le gaspillage est mal vu.

Désert Occidental (Libyque)

SENDERISTAS/SHUTTERSTOCK ©

Environnement

Les extrémités nord et sud de l'Égypte, les déserts et les récifs de corail de la mer Rouge sont riches en faune et flore ; mais ailleurs, les problèmes environnementaux vont croissant. L'étroite bande de terre fertile entre le désert et le Nil est menacée par la surpopulation, la pollution ainsi que la salinisation des sols et la remontée de la nappe phréatique, conséquences de la construction du haut barrage d'Assouan.

Géologie

La vallée du Nil concentre la majeure partie de la population : 90% des Égyptiens vivent sur l'étroite bande de terre fertile qui s'étire le long du grand fleuve. Au sud, le Nil est bordé de montagnes encadrant une plaine agricole étroite. Au nord, le paysage devient plus plat et la vallée s'élargit pour mesurer de 20 à 30 km.

L'Égypte est formée à 94% de désert. À l'est de la vallée du Nil, le désert Oriental (Arabique) se présente comme un plateau aride limité par une haute chaîne montagneuse à l'est, qui culmine à plus de 2 000 m et s'étire sur quelque 800 km. À l'ouest, le désert Occidental (Libyque) englobe les deux tiers de la superficie du pays.

À l'instar du Nil, Le Caire sert de démarcation géographique, la ville se situant à peu près à l'endroit où le fleuve se ramifie et forme un delta large de 200 km. Chargé de subvenir aux besoins de tout le pays, le delta compte parmi les régions du monde les plus intensément cultivées.

À l'est, de l'autre côté du canal de Suez, se trouve la péninsule triangulaire du Sinaï, prolongement géologique du désert Oriental.

Faune et flore

Animaux terrestres

L'Égypte héberge une centaine d'espèces de mammifères, mais vous aurez bien de la chance d'apercevoir autre chose que des dromadaires, des ânes, des chevaux et des buffles domestiques. Les déserts égyptiens abritaient autrefois une variété étonnante de mammifères plus grands, tels le léopard, le guépard, l'oryx, le protèle, la hyène rayée et le caracal, mais toutes ces espèces sont largement en voie de disparition à cause de la chasse. D'autres animaux comme le chat des sables, le fennec et le bouquetin de Nubie (ou ibex) se montrent fort rarement. Il y avait aussi trois espèces de gazelle en Égypte : la gazelle arabe, la gazelle dorcas et la gazelle blanche.

Le pays compte 34 sortes de serpents, bien moins appréciés. Le plus connu est le cobra, qui orne la couronne des pharaons. Les scorpions pullulent, mais ils sont essentiellement nocturnes et se montrent rarement. Soyez vigilant si vous soulevez des pierres, car ils aiment se terrer au frais.

Animaux marins

La mer Rouge recèle plus de mille espèces marines aux formes et aux couleurs extraordinaires. Requins, tortues, raies, dauphins, coraux, éponges, concombres de mer et mollusques prospèrent dans ces eaux. On estime qu'environ 20% des espèces de poissons sont endémiques.

Les attaques de requins sont rares (mas pas inédites) en mer Rouge où vous pourrez voir des requins de récif à pointes blanches ou noires.

La tortue la plus courante est la tortue verte, bien que l'on aperçoive de temps à autre une tortue-luth ou une tortue imbriquée. En Égypte, les tortues sont protégées, mais se retrouvent parfois prises dans les filets de pêche, et finissent alors au menu dans les restaurants du Caire et du littoral.

Énigmatiques mammifères marins pouvant peser jusqu'à 500 kg, des dugongs ont été observés le long de la côte au sud d'Hourghada.

Les crocodiles du Nil sont quant à eux parmi les plus grands reptiles du monde, pouvant mesurer jusqu'à 6 m. On les trouve au sud d'Assouan. Mais, plus au nord, restez vigilant et ne vous baignez que dans les endroits autorisés.

Oiseaux

Sur quelque 430 espèces d'oiseaux recensées dans le pays, environ un tiers sont endémiques. Les autres sont des migrateurs de passage ou s'installent pour l'hiver. La législation égyptienne protège la plupart des grands échassiers, tels le flamant rose, la cigogne, la grue et le héron, ainsi que tous les grands rapaces.

Plantes

Bien que rare, le lotus, symbole de l'Égypte ancienne, pousse encore dans le delta du Nil. En revanche, les champs de papyrus au milieu desquels les pharaons chassaient l'hippopotame ont complètement disparu.

Plus de 100 variétés d'herbacées prospèrent dans les zones arrosées, et le dattier est présent dans presque tous les endroits cultivés. Outre le tamaris et l'acacia, le jacaranda et le poinciana (à fleurs rouges et orange), importés, égaient l'été égyptien de leurs couleurs éclatantes.

Tourisme responsable

- Résistez à la tentation de donner un bakchich aux gardiens pour photographier les tombeaux au flash.
- Ne grimpez pas sur les piliers et les statues à terre.
- Ne touchez pas les peintures et les refliefs muraux.

Enjeux écologiques

Le Caire est l'une des villes les plus polluées du monde. Selon l'Organisation mondiale de la santé, l'air de la capitale contient 76 microgrammes de particules par mètre cube, contre 18 à Paris. Conséquence : la pollution serait responsable de 20 000 décès par an au Caire, et de près de 500 000 cas de maladies liées à des problèmes respiratoires.

Les principales responsables de la pollution atmosphérique sont les usines industrielles, notamment celles qui brûlent un fioul lourd de piètre qualité. Le nombre d'aciéries et de cimenteries, très polluantes et souvent établies en Égypte par les pays occidentaux au cours des deux dernières décennies, est en augmentation. Autre facteur : les tempêtes de sable, car la majeure partie de l'Égypte est un désert. Et le développement du parc de véhicules ne fait qu'aggraver le problème.

Bien que les usines soient légalement obligées de réaliser des études d'impact sur l'environnement, et que le gouvernement ait mis en place un système d'incitations et de pénalités destiné à encourager les pollueurs industriels à réduire leurs émissions, peu d'entre eux suivent la réglementation et les contrevenants ne sont guère inquiétés.

Impact du tourisme

Le développement touristique anarchique demeure l'une des principales menaces sur l'environnement, notamment sur le littoral de la mer Rouge, Sinaï compris : après des décennies de développement effréné, les récifs de corail sont aujourd'hui endommagés le long de presque toute la côte.

Depuis l'ouverture du pont sur le Nil à Louxor (il n'y avait auparavant qu'un ferry), un nombre accru de touristes visitent les monuments de la rive ouest, causant de nombreux dommages aux fragiles tombes. Plusieurs villages nichés dans les collines au-dessus de la zone ont été détruits dans le cadre d'un projet visant à faire de Louxor le plus grand musée en plein air du monde.

Même les pyramides, toujours debout après 4 500 ans d'existence, subissent des dégradations. Des fissures commencent à apparaître dans les chambres intérieures, ce qui a contraint les autorités à en limiter l'accès et à les fermer périodiquement afin de les préserver et d'y effectuer des travaux.

Des initiatives positives voient heureusement le jour. Un office des parcs nationaux a ouvert à Hourghada pour tenter d'endiguer certains des projets immobiliers les plus ambitieux dans le secteur de Marsa Alam. De nouvelles lignes directrices écologiques applicables à l'hôtellerie sont actuellement testées dans le cadre du projet américano-égyptien Red Sea Sustainable Tourism Initiative (RSSTI). Axées sur la consommation d'énergie, les économies d'eau et le traitement des ordures, elles se traduisent par des mesures simples, pat exemple l'installation de robinets à pédale sur les lavabos pour éviter le gaspillage.

★ Les meilleurs spots de plongée

Gota Abu Ramada (p. 220), Hourghada

Ras Um Sid (p. 230), Charm el-Cheikh

Shark Reef et Jolanda Reef (p. 231), Parc national Ras Mohammed

Thistlegorm (p. 230), Charm el-Cheikh

Île Shedwan (p. 221), Hourghada

Dugong et poissons

VERDE MASSIMO/SHUTTERSTOCK ©

Parcs nationaux

L'Égypte compte actuellement 29 "zones protégées" visant à préserver l'incroyable biodiversité du pays, des îles fluviales aux récifs de corail en passant par les écosystèmes désertiques. Mais la signification exacte de ce statut varie grandement. Comme toujours, le problème réside principalement dans le manque de moyens financiers. L'Egyptian Environmental Affairs Agency (EEAA) n'a ni les ressources pécuniaires ni le soutien au plus haut niveau de l'État pour assurer la gestion efficace des protectorats. Certains pays et organismes étrangers apportent toutefois un soutien technique et financier.

Conséquences écologiques du haut barrage d'Assouan

Le haut barrage d'Assouan et son réservoir attenant, le lac Nasser, constituent un bienfait mitigé. Ils ont permis d'accroître l'irrigation destinée à l'agriculture, mais la digue empêche aussi le passage du riche limon déposé lors des crues annuelles, qui assurait la fertilité des terres. Cela a entraîné une grave dégradation des sols et rendu l'agriculture égyptienne totalement dépendante des engrais artificiels. Les inondations annuelles balayaient également le sel présent dans les sols. En leur absence, la salinité des terres agricoles est devenue le problème numéro un des fermiers.

L'érosion des sols est également un enjeu majeur, en particulier dans le delta. Le Nil a un débit si faible et dépose si peu de limon que désormais la Méditerranée gagne sur le littoral. Cela menace aussi l'industrie de la pêche florissante dans les lagunes deltaïques. De plus, comme les éléments fertilisants du Nil n'atteignent plus la mer, les stocks halieutiques ont été considérablement réduits.

Autre conséquence potentiellement désastreuse de la création du barrage et du lac : la remontée de la nappe phréatique. Associée à l'élévation de la salinité, elle provoque l'érosion des blocs de grès de nombreux monuments égyptiens.

Temple de Kom Ombo (p. 152)

CHRISTIAN DELBERT/SHUTTERSTOCK ©

Carnet pratique

INFOS UTILES 284

Alimentation 284
Ambassades et consulats 284
Argent 284
Assurance 285
Climat 286
Désagréments et dangers 286
Électricité 287
Formalités et visas 288
Handicap 289
Hébergement 289
Heure locale 290
Heures d'ouverture 290
Homosexualité 291
Internet (accès) 292
Jours fériés 292
Offices du tourisme 292
Problèmes juridiques 293
Santé 293
Téléphone 296
Voyager seule 296

TRANSPORTS 297

Depuis/vers l'Égypte 297
Circuits organisés 299
Comment circuler 300

LANGUE 305

Infos utiles

Alimentation

Dans de nombreux restaurants des catégories moyenne et supérieure, les prix inscrits sur la carte n'incluent pas les taxes (10%). Il faut aussi compter 12% de plus pour le "service", supplément correspondant habituellement aux salaires du personnel. Votre serveur appréciera un pourboire additionnel en main propre.

En règle générale, les pourboires (voir l'encadré p. 285) sont les bienvenus dans les établissementspetits budgets, recommandés en catégorie moyenne et indispensables dans les restaurants haut de gamme.

La plupart des restaurants bon marché ne servent pas d'alcool.

Prix des repas

Les catégories de prix suivantes valent pour un plat principal classique.

$ moins de 50 £E (2,5 €)

$$ 50-150 £E (2,5-7 €)

$$$ plus de 150 £E (7 €)

Ambassades et consulats

À l'étranger

France (☎01 53 67 88 30 ; paris_emb@mfa.gov.eg ; 56 avenue d'Iéna, 75116 Paris)

Belgique (☎02 663 5800 ; eg.sec.be@hotmail.com ; 19 avenue de l'Uruguay 1000 Bruxelles)

Canada (☎613 234 4931 ; egyptemb@sympatico.ca ; 454 Laurie Avenue East, Ottawa, K1N 6R3)

Suisse (☎031 352 80 12 ; embassy.bern@mfa.gov.eg ; Elfenauweg 61, 3006 Berne)

En Égypte

France (☎02-3567-3200 ; www.eg.ambafrance.org ; 29 Sharia Charles de Gaulle, Giza ; ⌚9h30-17h dim-jeu, fermé ven-sam)

Belgique (☎02-2794-7496 ; www.egypt.diplomatie.belgium.be ; 20 Kamel El Shennawi Street, Garden City ; ⌚9h-14h dim-jeu, fermé ven-sam)

Canada (☎02-2461-2200 ; www.international.gc.ca/egypt-egypte ; 18e ét, South Tower, Nile City Towers, 2005 Corniche El Nil ; ⌚8h-16h30 dim-mer, 8h-13h30 jeu, fermé ven-sam)

Suisse (☎02-2575-8284 ; www.eda.admin.ch/countries/egypt/fr/home/representations/ambassade-le-caire.html ; 10 Abdel Khalek Sarwat, 11511 Le Caire ; ⌚9h-11h dim-jeu, fermé ven-sam)

Argent

La monnaie nationale est la livre égyptienne (£E), *geneh* en arabe. Celle-ci se subdivise en 100 piastres (pt). Vous obtiendrez aisément des pièces de 1 £E, ce sont les plus utilisées. Les billets de 5, 10, 20, 50, 100 et 200 £E sont aussi d'usage courant. Mais l'Égypte connaît une forte pénurie de petite monnaie, pourtant indispensable pour les pourboires, les taxis et plus encore. Les pièces de 5, 10 et 25 pt ont pratiquement disparu, et les billets et les pièces de 50 pt suivent le même chemin. Dans les DAB, retirez des montants impairs pour éviter les liasses de billets de 200 £E, peu pratiques. Faites provision de petites coupures et essayez toujours de payer avec vos

Taux de change

Canada	1 $C	13,8 £E
États-Unis	1 $US	17,9 £E
Suisse	1 FS	18,5 £E
Zone euro	1 €	20,1 £E

Pour connaître les derniers taux de change, consultez www.xe.com.

Pourboire et bakchich

Conservez toujours en poche quelques piécettes. La gratification (ou bakchich) fait partie ici du quotidien. Si vous hésitez sur le fait qu'il est attendu ou non, donnez un pourboire.

Cafés 5-10 £E.

Employés de mosquée Laissez de 5 à 10 £E pour les couvre-chaussures, plus si vous grimpez en haut du minaret ou si un employé vous sert de guide.

Gardiens de site touristique 5-20 £E.

Restaurants Si vous êtes satisfait du service, laissez 10% (15% pour une table huppée).

Taxis à compteur Arrondissez le prix de la course ou donnez environ 5% de pourboire, suivant le trajet.

grosses coupures dans les endroits plus chics pour obtenir de la monnaie.

Le gouvernement a libéralisé le taux de change en 2016, ce qui a entraîné une dévaluation de moitié de la livre égyptienne par rapport aux monnaies fortes. Depuis, la devise est relativement stable. Il n'y a pas de véritable marché noir des devises.

Certains tour-opérateurs et hôtels insistent pour être payés en dollars ou en euros, même si c'est illégal. Bien que le paiement par carte bancaire se développe, il est conseillé de voyager avec une petite liasse d'une monnaie forte.

Les marchés alimentaires et certains autres lieux indiquent parfois les prix en piastres (350 pt pour 3,50 £E, par exemple).

Cartes bancaires

Si toutes les grandes cartes bancaires sont acceptées dans les établissements des catégories moyenne et supérieure, il est inutile de chercher à régler ainsi dans les zones reculées. Il peut également être appliqué 3 à 10% de plus lors de l'achat si vous choisissez ce mode de paiement.

Conservez vos reçus de manière à pouvoir pointer vos relevés de compte : on nous a signalé que certains commerçants ajoutaient des zéros à leurs factures.

Les cartes Visa et Mastercard peuvent s'utiliser pour des retraits d'argent auprès de la Banque Misr et de la National Bank of Egypt, ainsi que dans les agences Travel Choice Egypt.

Change

Les devises s'échangent officiellement dans les agences American Express et Travel Choice Egypt (anciennement Thomas Cook), les banques commerciales, les bureaux de change (forex) et certains hôtels. Les taux ne varient plus mais certains établissements prennent une commission.

Euros et dollars sont les devises les plus faciles à changer à l'arrivée et à obtenir en fin de séjour contre les livres égyptiennes qui vous resteraient. Vérifiez les billets remis et refusez ceux en mauvais état ou déchirés car vous aurez quelque peine à vous en défaire ensuite.

DAB

Les distributeurs automatiques de billets (DAB) sont répandus dans les endroits touristiques. Néanmoins ils se font plus rares dans des régions moins visitées, notamment en Moyenne-Égypte et dans les oasis, où toute panne de DAB peut s'avérer gênante. Pour ces destinations, il est nécessaire de prévoir une provision d'espèces avant de s'y rendre.

Certains distributeurs limitent les retraits à 2 000 £E ; ceux de la Banque du Caire permettent des retraits plus élevés.

La banque Misr, la Banque du Caire, la CIB, l'Egyptian American Bank et la HSBC possèdent les DAB les plus fiables.

Assurance

Il est conseillé de souscrire une assurance qui vous couvrira en cas de vol,

Climat

Le Caire

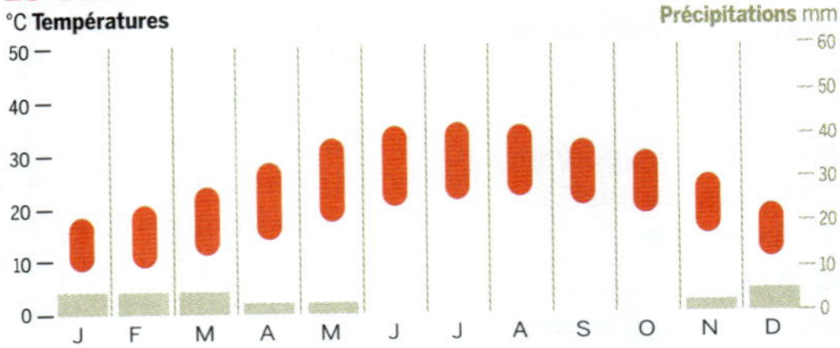

Louxor

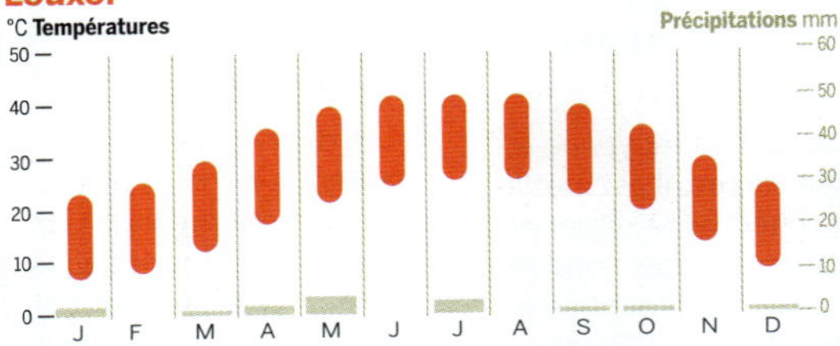

Alexandrie

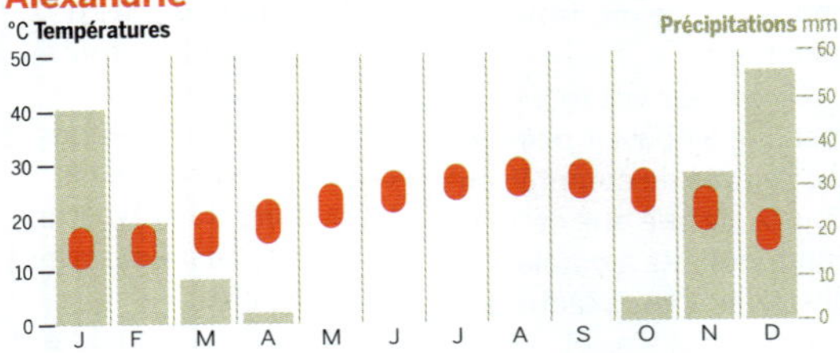

de perte de vos affaires ou de problème médical. Certains contrats excluent les activités "à risque" comme la plongée sous-marine, la moto, voire la randonnée.

Si vous conduisez, prenez la meilleure assurance possible – les routes sont dangereuses. Vérifiez que votre police couvre le transport en ambulance et le rapatriement d'urgence.

Désagréments et dangers

Terrorisme

Depuis la chute du président Morsi en 2013, les attentats terroristes se sont multipliés en Égypte, visant en majorité les services gouvernementaux et les forces de sécurité. Les plus nombreux ont lieu dans le Nord-Sinaï, où Wilayat Sinaï (WS, anciennement Ansar Bayt al-Maqdis) et d'autres groupes djihadistes affrontent l'armée égyptienne. Le 24 mars 2018, un attentat visant le cortège du chef de la sécurité locale a eu lieu à Alexandrie.

Par ailleurs, des actes militants touchent de façon sporadique les communautés, notamment les coptes. Les attentats à la bombe contre les églises coptes de Tanta et d'Alexandrie en avril 2017 (le dimanche des Rameaux) ont fait au moins 44 morts, et 28 personnes ont été tuées lors d'une attaque armée contre des pèlerins chrétiens près de Minya en mai 2017. En novembre 2017, des militants ont attaqué la mosquée Al-Rawda de Bir al-Abd, au Nord-Sinaï, faisant 305 morts et plus de 100 blessés.

Compte tenu de la situation, l'état d'urgence a été déclaré en 2017. Les forces de sécurité sont donc très présentes dans tout le pays, y compris sur les sites touristiques.

Vols et arnaques

Malgré un fort éclairage médiatique, la criminalité reste substantiellement moins élevée en Égypte que dans maints pays occidentaux. Il faut néanmoins faire preuve de vigilance et de bon sens.

Les vols "ordinaires", par exemple dans les chambres d'hôtel fermées à clé (y compris d'objets placés dans les petits coffres-forts), continuent. Il est

Conseils aux voyageurs

La plupart des gouvernements possèdent des sites Internet qui recensent les dangers possibles et les régions à éviter. Consultez notamment les sites suivants :

Ministère des Affaires étrangères français (www.diplomatie.gouv.fr)

Ministère des Affaires étrangères de Belgique (diplomatie.belgium.be)

Département fédéral des Affaires étrangères suisse (www.eda.admin.ch/eda/fr)

Ministère des Affaires étrangères du Canada (www.voyage.gc.ca)

ainsi conseillé de mettre ses affaires précieuses dans une valise verrouillée.

Ce qui touche plus les voyageurs peu méfiants, ce sont les escroqueries face auxquelles il faut exercer une certaine vigilance.

Côté taxis, ceux du Caire sont désormais équipés de compteurs modernes, mais dans certaines localités, ils ont conservé de vieux compteurs en piastres. Assurez-vous donc que le compteur fonctionne ou faites-vous préciser le tarif de la course. Sinon, cherchez un autre taxi.

Commerçants et colporteurs prétendent parfois qu'un article est de fabrication artisanale locale alors qu'il n'en est rien. Nombre d'objets vendus dans les souks et les boutiques proches des sites touristiques sont produits de manière industrielle, parfois même en Chine.

Sur tous les sites archéologiques, on vous proposera de prétendus objets de fouilles, des *antika*. Ce ne sont souvent que des objets d'hier patinés à la va-vite, bref une supercherie tout juste alléchante. De toute façon, il en va en Égypte comme ailleurs : les véritables antiquités font partie du patrimoine et nul ne peut en exporter clandestinement. Le délit de contrebande peut d'ailleurs être puni d'une peine de prison avec travaux forcés et d'une amende considérable.

Votre compassion potentielle peut aussi être visée par des récits, vrais ou non, de divers déboires (notamment lors de courses en taxi) : un parent à l'hôpital qui a besoin d'argent pour des médicaments ou une opération, le manque d'argent pour acheter des fournitures et étudier, pour manger. À vous de décider s'il vaut mieux donner quelque chose au cas où ce serait vrai (c'est parfois le cas), ou ignorer ces appels.

Électricité

Depuis 2011, le service est de plus en plus aléatoire. Dans toute l'Égypte, y compris dans le centre du Caire, on recense régulièrement (et souvent quotidiennement) des coupures de courant.

220 V/ 50Hz

Un fil d'Ariane en voyage

Vous êtes ressortissant français ? Pensez à vous enregistrer sur le **portail Ariane** (pastel.diplomatie.gouv.fr/fildariane) du ministère des Affaires étrangères. Ce service gratuit vous permet de recevoir des alertes si la situation le justifie. Crise politique, catastrophe naturelle, attentat... recevez en temps réel des consignes de sécurité lors de votre voyage.

Il existe une application pour les Smartphones et les tablettes, intitulée *Conseils aux voyageurs*.

Formalités et visas

Tous les voyageurs doivent obtenir un visa pour entrer en Égypte, à l'exception des ressortissants de certains États arabes. Depuis 2017, les citoyens de l'Union européenne, de Suisse ou du Canada peuvent, comme ceux du Japon, des États-Unis ou de Grande-Bretagne, obtenir un visa en ligne (www.egyptvisa.com) avant de mettre le pied en Égypte. Sinon, on peut toujours se le faire délivrer à l'arrivée, mais à condition de régler en espèces.

- Réglable en dollars comme en euros, le visa touristique coûte 25 $US et il est valable 30 jours.
- Si vous souhaitez séjourner plus longtemps ou obtenir un visa à entrées multiples, faites votre demande à l'avance ou demandez une prorogation avec entrées multiples une fois sur place. Auparavant monnaie courante, les prorogations de visa sont maintenant davantage surveillées, surtout s'il ne s'agit pas de la première.
- Chaque touriste bénéficie d'un délai de 14 jours pour demander la prorogation de son visa expiré. Au-delà, des frais de 100 £E s'appliquent. Si vous quittez l'Égypte avec un visa expiré, une amende de 135 £E vous sera infligée à l'aéroport.
- À l'aéroport du Caire comme dans les autres aéroports internationaux d'Égypte, on trouve dans le hall d'arrivée une rangée de guichets où obtenir (en espèces) un timbre-visa, qu'il suffit ensuite de présenter à l'immigration avec votre formulaire d'arrivée et votre passeport (ou votre carte d'identité en cours de validité pour les ressortissants français et belges).
- Si vous entrez en Égypte par l'aéroport de Charm el-Cheikh et prévoyez de rester dans la région (hors parc national Ras Mohammed), un visa complet est inutile : un timbre d'entrée gratuit vous autorise un séjour de 15 jours uniquement dans cette zone. Si vous décidez d'étendre votre voyage au reste du pays, vous pouvez obtenir un visa touristique complet à l'aéroport de Charm el-Cheikh ou mandater (contre rémunération) une agence de voyages de Charm el-Cheikh pour effectuer la démarche.
- Avant le départ, il est impératif de contacter les ambassades et les consulats pour s'assurer que les modalités d'entrée sur le territoire n'ont pas changé. Nous vous conseillons de scanner ou de photocopier tous vos documents importants (pages d'introduction de votre passeport, cartes bancaires, police d'assurance, billets de train/d'avion/de bus, permis de conduire, etc.).

Prolongation de visas : où s'adresser

Pour demander une prorogation de visa, il faut une photo et deux copies des pages des données et du visa de votre passeport. Les frais facturés dépendent du lieu où vous faites votre demande (15 £E maximum). Les timbres-visas permettant les entrées multiples peuvent être achetés en même temps et coûtent environ 61 £E.

Alexandrie (carte p. 207 ; ☎03-482-7873 ; 2e ét, 25 Sharia Talaat Harb ; ⌚8h30-14h lun-jeu, 10h-14h ven, 9h-11h sam-dim). Allez au guichet 8 au 2e étage.

Assouan (carte p. 183 ; ☎097-231-2238 ; 1er ét, Police Bldg, Corniche An-Nil ; ⌚8h-14h et 18h-20h dim-jeu, fermé ven-sam)

Le Caire, Agouza (carte p. 60 ; ☎3338-4226 ; El Shorta Tower, Sharia Nawal ; ⌚8h-13h30 sam-mer, fermé jeu-ven). Allez au guichet 4 au 2e étage.

Le Caire, centre-ville (carte p. 61 ; Mogamma Bldg, Midan Tahrir ; ⌚8h-13h30 sam-mer, fermé jeu-ven). Allez d'abord au guichet 12 au 1er étage.

Louxor (carte p. 133 ; ☎095-238-0885 ; Sharia Khaled ibn al-Walid ; ⌚8h-14h sam-jeu, fermé ven)

Conservez ces copies à part des originaux. Vous remplacerez ainsi plus aisément ces documents en cas de perte ou de vol.

Handicap

Quoique l'on estime à 10 millions le nombre d'Égyptiens ayant des besoins spécifiques, les infrastructures pouvant aider les voyageurs à mobilité réduite restent très limitées. Les rampes d'accès sont rares, les lieux publics souvent sans ascenseurs, les trottoirs hauts (sauf à Alexandrie, où ils sont accessibles) et surtout la circulation est dangereuse. Par ailleurs, sur nombre de sites antiques, tels les pyramides de Gizeh ou encore les tombeaux de la Vallée des Rois à Louxor, entrées étroites et escaliers raides rendent l'accès quasi impossible en fauteuil.

Les prestataires égyptiens suivants font des efforts particuliers :

El Nakhil Hotel (☎012-2382-1007, 095-231-3922 ; www.elnakhil.com ; Al-Gezira ; s/d/tr 25/35/45 € ; ❄📶). Blotti dans une palmeraie, le Nakhil ("Palmier") se trouve en périphérie d'Al-Gezira, sur la rive ouest de Louxor, et dispose de 3 chambres adaptées aux personnes handicapées.

Flats in Luxor (☎010-0356-4540 ; www.flatsinluxor.co.uk ; à partir de 50 $US/nuit ; ❄@🏊). En accord avec Helm, la structure a aménagé 2 de ses appartements pour les personnes à mobilité réduite.

Camel Dive Club & Hotel (☎069-360-0700 ; www.cameldive.com ; King of Bahrain St, Na'ama Bay ; s 36-42 €, d 42-48 €, tr 56-63 € ; ❄📶🏊). Hébergement adapté au bord de la piscine et installations pour plongeurs handicapés.

Egypt for All (☎012-2657-7774 ; www.egyptforall.com). Agence spécialisée dans l'organisation de voyages en Égypte pour les personnes à mobilité réduite, de l'excursion au circuit complet.

À noter aussi, l'initiative de l'association **Helm** (www.helmegypt.org) : une application mobile et Internet appelée Entaleq (entaleq.helmegypt.org/en) recensant les hôtels, restaurants et autres installations et activités accessibles aux handicapés.

L'**APF France handicap** (☎01 40 78 69 00 ; www.apf-francehandicap.org ; 17 bd Auguste-Blanqui, 75013 Paris) peut fournir des informations utiles sur les voyages accessibles. **Yanous** (www.yanous.com), **Hizy** (hizy.org), **Handicap.fr** (www.handicap.fr) et **Tourisme et handicaps** (www.tourisme-handicaps.org) constituent également de bonnes sources d'information.

Hébergement

L'Égypte offre aux visiteurs une gamme complète d'hébergements : hôtels, complexes balnéaires, pensions, chambres chez l'habitant, auberges de jeunesse, bateaux de croisière, voire quelques campings et écolodges.

Le parc hôtelier du Caire, d'Alexandrie, de Louxor et d'Assouan couvre à peu près tous les budgets, des établissements bon marché aux plus luxueux. Ailleurs le long du Nil, le choix est plus limité. Sur la côte de la mer Rouge et à Charm el-Cheikh, les infrastructures répondent au tourisme (très) organisé.

Tarifs

Hors saison, soit en gros de mars à septembre (ou de novembre à janvier sur la côte méditerranéenne), on peut négocier le prix, surtout en milieu de semaine. Pensez aux réservations de dernière minute sur Internet si

Prix des hébergements

Les prix suivants valent pour une chambre double en haute saison (novembre à février), petit-déjeuner et taxes généralement inclus.

$ moins de 540 £E (25 €)

$$ 540-1 800 £E (25-85 €)

$$$ plus de 1 800 £E (85 €)

vous souhaitez séjourner en établissement haut de gamme à moindre prix.

On peut souvent régler en euros comme en dollars et certains hôtels de catégorie supérieure insistent même pour être payés dans ces devises. Le paiement en espèces est de rigueur dans les hôtels petits budgets, tandis que celui par carte bancaire n'est pas forcément la règle dans les établissements huppés.

Saisons

Comptez 10% de plus au moment de l'Aïd el-Séghir et de l'Aïd el-Kébir, les deux grandes fêtes musulmanes, comme entre Noël et le Nouvel An (du 20 décembre au 5 janvier environ).

Sur la côte méditerranéenne, les prix peuvent grimper de 50% ou plus en été (du 1er juillet au 15 septembre environ).

Auberges de jeunesse

Il existe en Égypte plusieurs auberges agréées par Hostelling International, lesquelles appliquent une réduction sur présentation de la carte HI.

On trouve aussi des auberges indépendantes avec dortoirs et petites chambres privatives.

La propreté y est relative, le bruit fréquent. Quelques-unes disposent de chambres pour les couples ou les familles, mais majoritairement non mixtes. Cela rend souvent préférable le choix d'un hôtel économique.

Hôtels

Petits budgets

Les hébergements bon marché sont d'un standing très variable. Le tarif inclut souvent un petit-déjeuner simple (deux tartines de pain, un morceau de fromage fondu, une portion de confiture, thé ou café).

Dans les villes comme Le Caire ou Louxor, la concurrence entre hôtels petits budgets fait rage ; il en résulte des niveaux de confort relativement élevés qui ne cessent de s'améliorer. Actuellement, la plupart des chambres disposent d'une salle de bains privée. Certaines sont climatisées, parfois avec supplément (20-50 £E).

Catégorie moyenne

Cette gamme d'hébergements reste très limitée, particulièrement au Caire et à Alexandrie, où l'investissement se concentre sur le haut de gamme. Par ailleurs, cette catégorie d'hôtels accueille surtout les voyages organisés. Résultat : des tarifs parfois plus élevés pour la climatisation et la TV, dans un cadre peu engageant.

Même si vous avez l'habitude de séjourner dans des établissements de moyenne gamme, pensez aux hôtels petits budgets – certains s'avéreront bien plus agréables pour moitié moins cher. Sinon, vérifiez les offres en ligne des hôtels de catégorie supérieure.

Catégorie supérieure

La plupart des chaînes internationales d'hôtels de luxe et d'affaires sont présentes en Égypte, avec des prestations très souvent alignées sur les normes mondiales.

La qualité varie plus d'un hôtel de luxe indépendant à l'autre, particulièrement dans les premiers prix. Moralité : inspectez votre logis avant de régler quoi que ce soit. Les réservations précoces vous assureront des tarifs attractifs, surtout hors saison et dans une période où l'Égypte a du mal à attirer les touristes.

Vérifiez si le tarif annoncé inclut bien les taxes – ce qui est rare –, celles-ci pouvant s'élever à 24% .

Heure locale

L'Égypte est en avance de deux heures sur le temps GMT/UTC et observe l'heure d'été, mais les horloges reculent d'une heure pendant le ramadan si celui-ci tombe en été, afin de raccourcir les journées pour les pratiquants.

Heures d'ouverture

Le week-end couvre le vendredi et le samedi, mais certains commerces sont fermés le dimanche.

L'Égypte en pratique

Cigarette Fumer est très répandu en Égypte, y compris dans les bars et les restaurants. Les lieux réservés aux non-fumeurs sont rares. La chicha (narghilé) est un passe-temps populaire en société ; la teneur en nicotine est probablement plus élevée que ce à quoi les fumeurs occidentaux sont habitués.

Poids et mesures L'Égypte utilise le système métrique.

Postes de contrôle Les contrôles de sécurité sont fréquents sur les voies express hors du Caire. Ayez toujours votre passeport sur vous.

Journaux *Le Progrès égyptien* est le dernier quotidien en français du pays tandis que le meilleur journal en anglais est le *Daily News Egypt* (www.dailynewsegypt.com).

Magazines *Al-Ahram Hebdo*, en français, est disponible le mercredi en ligne (hebdo.ahram.org.eg). *Egypt Today* est un mensuel, en anglais, abordant des sujets économiques et sociaux (www.egypttoday.com).

Radio Au Caire, la station de radio à programme européen Radio Cairo 95.4FM/557AM propose des bulletins d'information en français à 9h, 14 et 19h.

TV Si votre chambre d'hôtel possède la TV par satellite, vous aurez accès à un choix de chaînes d'actualité dont France 24.

Pendant le ramadan, bureaux, musées et sites touristiques pratiquent des horaires restreints.

Administrations De 8h à 14h du dimanche au jeudi. Horaires plus étendus pour les offices du tourisme.

Banques De 8h30 à 14h30 du dimanche au jeudi.

Bars et discothèques Du début de soirée jusqu'à 3 h du matin, souvent plus tard (notamment au Caire).

Bureaux De 10h à 14h et de 16h à 21h du samedi au jeudi

Cafés De 7h à 1h du matin

Commerces De 9h à 13h et de 17h à 22h de juin à septembre, de 10h à 18h d'octobre à mai. Au Caire : couramment de 10h à 23h.

Postes De 8h30 à 14h du samedi au jeudi.

Restaurants De 12h à minuit.

Homosexualité

Conservatrice, la société égyptienne rejette de plus en plus l'homosexualité. Si le code pénal égyptien ne punit pas l'homosexualité, les actes homosexuels en public le sont, de manière détournée : poursuivis pour débauche et atteinte à l'ordre moral public, des gays ont été condamnés à des peines de prison pouvant aller jusqu'à 17 ans. Fin 2017, le gouvernement égyptien a lancé une opération de grande envergure contre la communauté LGBT et procédé à 57 arrestations.

La situation reste très tendue au sein du milieu LGBT, et bien qu'il existe une petite scène gay très confidentielle au Caire et à Alexandrie, établir le contact s'avère difficile et risqué pour un étranger. Il est déconseillé aux visiteurs gays voyageant seuls d'utiliser les applications mobiles de rencontres gays, car la police cible leurs utilisateurs.

Néanmoins, à condition d'éviter les marques d'affection en public et de jouer la discrétion (cela vaut aussi pour les hétérosexuels), les couples étrangers gays et lesbiens ne devraient pas rencontrer de problèmes. La plupart des hébergements de catégorie moyenne ou supérieure ne font aucune difficulté lorsqu'un couple de même sexe demande un lit double (même si cela peut faire tiquer certains employés), mais il est conseillé aux couples d'éviter les établissements bon marché, surtout dans les villes non touristiques.

Les homosexuels voyageant seuls doivent être prudents si un Égyptien leur fait des avances ; bien que le cas soit rare, il est déjà arrivé que des homosexuels étrangers se fassent piéger et dévaliser. De plus, certains signes peuvent être ambigus : les Égyptiens ont pour habitude de se tenir par la main ou le bras, ou encore de s'embrasser sur les joues pour se saluer.

Les voyageuses lesbiennes ne risquent probablement rien. Pour la majorité des Égyptiens, l'homosexualité au féminin est inimaginable et la plupart diraient qu'il n'y a pas d'Égyptiennes lesbiennes.

Internet (accès)

Le Wi-Fi gratuit est très répandu dans les hôtels du pays, quoique les connexions soient lentes et pas forcément possibles de toutes les chambres. De nombreux cafés au Caire et dans des villes touristiques comme Louxor et Charm el-Cheikh proposent aussi le Wi-Fi gratuit.

Les cybercafés sont légion ; d'ordinaire, le coût de la connexion varie de 5 à 10 £E l'heure.

Clé USB Wi-Fi

Les deux principaux fournisseurs de téléphonie mobile et d'accès Internet, Vodafone Égypte (www.vodafone.com.eg) et Etisalat (www.etisalat.eg), proposent des dongles (adaptateurs USB) mobiles pour votre ordinateur portable, permettant d'accéder à Internet partout où il y a une couverture mobile. La clé USB Wi-Fi de Vodafone coûte 200 £E ; il faut y ajouter un de leurs forfaits de données (à partir de 80 £E/mois pour 1,25 GB de données). Votre passeport devra être présenté pour tout achat.

Jours fériés

Entreprises et administrations ferment lors des grandes fêtes musulmanes.

Jour de l'An (1er janvier). Jour férié national, mais de nombreux commerces restent ouverts.

Noël copte (7 janvier). La plupart des administrations et tous les commerces coptes sont fermés.

Fête de la révolution du 25 janvier Commémoration des événements de 2011.

Cham el-Nessim (mars-avril). Le premier lundi qui suit la Pâques copte, tous les Égyptiens célèbrent cette fête traditionnelle datant des pharaons par un pique-nique en famille. Toutefois, peu de commerces ferment.

Fête de la Libération du Sinaï (25 avril). Commémoration de la rétrocession par Israël de la péninsule du Sinaï en 1982.

Fête du Travail (1er mai)

Fête de la Révolution (23 juillet). Célébration du coup d'État de 1952, lorsque le mouvement des "officiers libres" renversa la monarchie.

Fête des Forces armées (6 octobre). Célébration des victoires égyptiennes durant la guerre de 1973 contre Israël, avec parades militaires.

Offices du tourisme

L'**Egyptian Tourist Authority** (www.egypt.travel) possède des

Grandes fêtes musulmanes

Le calendrier musulman est basé sur l'année lunaire, et donc plus court que le calendrier grégorien d'environ 11 jours. Les jours fériés varient au fil des saisons. Les principales fêtes religieuses peuvent s'accompagner de changement d'horaires des bus et des commerces.

Mawlid an-Nabi Le jour de naissance du Prophète, les enfants reçoivent des cadeaux.

Aïd el-Séghir (fête de rupture du jeûne). La fin du ramadan est marquée par le "grand festin" qui dure 3 jours.

Aïd el-Kébir (fête du Sacrifice). Une fête de 4 jours en souvenir du sacrifice d'Ibrahim (Abraham). Les familles pouvant se le permettre achètent un mouton à sacrifier et beaucoup partent pour l'occasion – réservez vos billets bien à l'avance si vous voyagez à cette époque.

Ras as-Sana (jour de l'An). Jour férié national célébré assez discrètement.

bureaux dans tout le pays, et son site Web propose des articles, des actualités et une multitude de ressources et de liens. Certains employés des offices du tourisme sont serviables, mais souvent ils se contentent de vous remettre des plans et des brochures obsolètes. Les villes plus petites ont généralement de meilleurs bureaux. Bref, ils peuvent se révéler utiles, mais ne comptez pas trop sur eux.

Le site Internet de l'**Organisme général de l'information** (www.sis.gov.eg) donne accès à toutes sortes d'informations, de la géographie à l'économie.

Problèmes juridiques

Les voyageurs étrangers sont assujettis à la loi égyptienne et ne bénéficient d'aucun traitement de faveur. En cas d'arrestation, vous avez le droit de téléphoner immédiatement à votre ambassade.

Activisme politique En cette période post-révolutionnaire, la police se méfie particulièrement des "agitateurs étrangers" ou de toute personne pouvant être perçue comme tel, y compris les journalistes et le personnel des ONG. Des écrivains et des étudiants étrangers ont déjà été arrêtés pour complicité de violence. Certains ont été torturés et l'un d'eux au moins est décédé.

Bakchichs L'Égypte a une réputation de corruption, ce qui ne signifie pas que vous pourrez automatiquement obtenir un passe-droit en payant. Il peut arriver de tomber sur un fonctionnaire désireux d'exploiter une situation incommode, et bien sûr, tout bakchich ne fait que perpétuer le système.

Stupéfiants L'usage de stupéfiants peut valoir la peine capitale par pendaison, et le statut de touriste et d'étranger ne permet pas d'y échapper. Cela dit, on vous proposera sans doute du haschich durant votre voyage, particulièrement dans les zones prisées des voyageurs sac au dos. Il est fortement conseillé de refuser.

Santé

Il est vivement recommandé de souscrire une assurance voyage, particulièrement pour bénéficier du rapatriement d'urgence, car les accidents de la route ou autres ne sont pas rares.

Avant le départ

Mieux vaut consulter son médecin et son dentiste avant de partir. Aucune vaccination n'est obligatoire en Égypte, mais vérifiez que vos vaccins habituels sont à jour (diphthérie, tétanos, coqueluche, polio, rougeole, oreillons et rubéole), nombre d'entre eux nécessitant un rappel à l'âge adulte. Envisagez également les vaccins suivants :

Hépatites A et B Administrés ensemble ou séparément, au moins deux semaines avant le départ.

Rage Uniquement en cas de voyage dans des régions reculées et en contact avec des animaux.

Typhoïde Au moins deux semaines avant le départ.

Le ministère des Affaires étrangères (www.diplomatie.gouv.fr/voyageurs) effectue une veille sanitaire et met régulièrement en ligne des recommandations sur les vaccinations.

En Égypte

Les normes d'hygiène sont médiocres. Lavez-vous toujours soigneusement les mains avant et après avoir mangé, et choisissez des restaurants très fréquentés.

Les hôpitaux privés et universitaires suivent des normes rigoureuses, mais l'hygiène est inégale dans les autres. La qualité des soins dentaires varie beaucoup d'un cabinet à l'autre. Tous les frais médicaux et dentaires sont payables d'avance.

Il vous faudra peut-être vous procurer médicaments et pansements stériles en pharmacie. Les soins infirmiers peuvent être rudimentaires, car la famille et les amis sont censés s'en charger.

Pour les maladies bénignes, consultez d'abord

un pharmacien. Ils sont bien formés, parlent anglais et peuvent dispenser toutes sortes de médicaments.

Affections spécifiques

Insolation et coup de chaleur L'insolation n'est pas rare, faute d'ombre sur la plupart des sites touristiques et d'hydratation suffisante par peur de ne pas trouver de toilettes (rares sur les sites). Symptômes : maux de tête, étourdissements et fatigue, puis vomissements si le problème n'est pas traité. La solution : ne pas attendre d'avoir soif pour boire (idéalement des boissons énergétiques ou de l'eau additionnée de sels de réhydratation orale), porter un chapeau et profiter d'un hôtel climatisé si possible.

Bien plus grave, le coup de chaleur survient quand le mécanisme de régulation thermique du corps ne fonctionne plus, ce qui peut s'avérer mortel. La personne est en état de confusion mentale, ne transpire plus et perd conscience. Il faut rapidement abaisser la température du corps avec de l'eau et de la glace, et réhydrater la personne par voie intraveineuse.

Piqûres et morsures d'insectes Déplaisantes plutôt que dangereuses ; gardez-vous des phlébotomes sur les plages méditerranéennes et des moustiques. Toutes les piqûres pouvant s'infecter, mieux vaut les éviter en appliquant un produit répulsif.

Fièvre de la vallée du Rift (FVR) Fièvre hémorragique rare transmise par contact avec du sang contaminé, y compris celui d'animaux. Ses symptômes s'apparentent à ceux de la grippe, avec température et douleurs articulaires, et des complications plus graves peuvent surgir. Une guérison complète est possible.

Bilharziose Infection de l'intestin et de la vessie due à un ver d'eau douce, transmissible à travers la peau. Évitez les eaux

Trousse médicale de voyage

Veillez à emporter avec vous une petite trousse à pharmacie contenant quelques produits indispensables. Certains ne sont délivrés que sur ordonnance médicale. Attention, les liquides et les objets coupants sont interdits en cabine.

- des antibiotiques, à utiliser uniquement aux doses et aux périodes prescrites. Il n'est pas absurde de demander à votre médecin traitant de vous en prescrire pour le voyage
- un antidiarrhéique, en cas de forte diarrhée, surtout si vous voyagez avec des enfants
- un antihistaminique en cas de rhumes, allergies, piqûres d'insectes, mal des transports
- un antiseptique ou un désinfectant pour les coupures, les égratignures superficielles et les brûlures, ainsi que des pansements gras pour les brûlures
- de l'aspirine ou du paracétamol (douleurs, fièvre)
- une bande Velpeau et des pansements pour les petites blessures
- une paire de lunettes de secours (si vous portez des lunettes ou des lentilles de contact) et la copie de votre ordonnance
- un produit contre les moustiques, de l'écran total
- une pommade pour soigner les piqûres et les coupures et des comprimés pour stériliser l'eau
- une paire de ciseaux à bouts ronds, une pince à épiler et un thermomètre à alcool
- une petite trousse de matériel stérile comprenant une seringue, des aiguilles, du fil à suture, une lame de scalpel et des compresses
- des préservatifs (norme CE)

stagnantes, les canaux et les rivières à faible courant. La maladie se manifeste notamment par une fièvre passagère et une éruption cutanée, et, dans les cas plus avancés, par la présence de sang dans les selles ou l'urine. Un test sanguin permet de détecter les anticorps en cas d'exposition, et le traitement est simple et rapide.

Diarrhée La diarrhée et autres intoxications alimentaires mineures sont pratiquement inévitables en raison du manque d'hygiène alimentaire. Il faut se reposer, boire beaucoup (de préférence avec des sels de réhydratation orale, vendus sous la marque Rehydran en Égypte) et rester au frais. Il est fortement recommandé d'emmener avec soi un antidiarrhéique et un antiseptique intestinal (de type Ercefuryl). Si les symptômes persistent plus de 48 heures ou s'il y a présence de sang dans les selles, voyez un médecin car il pourrait s'agir de dysenterie.

Hépatite A La contamination est alimentaire : l'hépatite A se transmet par l'eau, les coquillages et, d'une manière générale, tous les produits manipulés à mains nues. Les symptômes en sont fièvre, fatigue, douleurs abdominales, nausées, vomissements, associés à la présence d'urines très foncées et de selles décolorées presque blanches. Hors vaccin, il n'y a pas de traitement médical ; il faut simplement se reposer, boire beaucoup, manger légèrement et s'abstenir totalement de toute boisson alcoolisée pendant au moins six mois.

Hépatite B Elle se transmet par voie sexuelle ou sanguine (piqûre, transfusion). Évitez de vous faire percer les oreilles, tatouer, raser ou de vous faire soigner par piqûres si vous avez des doutes quant à l'hygiène des lieux. Les symptômes de l'hépatite B sont les mêmes que ceux de l'hépatite A.

Rage Très répandue, cette maladie est transmise par un animal contaminé. Morsures, griffures ou même simples coups de langue d'un mammifère doivent être nettoyés immédiatement et à fond. Frottez avec du savon et de l'eau, puis nettoyez avec de l'alcool. S'il y a le moindre risque que l'animal soit contaminé, allez immédiatement voir un médecin.

Tuberculose Affection respiratoire répandue en Égypte, mais bien moins qu'en Afrique subsaharienne. Elle se propage par contact proche et à l'occasion par des produits laitiers non pasteurisés. Risque d'infection très peu élevé pour les voyageurs.

Typhoïde Propagée par de la nourriture ou de l'eau contaminée, la typhoïde se caractérise par de la fièvre ou une éruption cutanée rose sur l'abdomen.

VIH/sida La transmission de cette infection se fait : par rapport sexuel, d'où l'impérieuse nécessité d'utiliser des préservatifs à titre préventif ; par le sang, les produits sanguins et les aiguilles contaminées : évitez, s'ils ne sont pas stérilisés, tous les instruments de chirurgie, les aiguilles d'acupuncture et de tatouage, ainsi que les instruments utilisés pour percer les oreilles ou le nez.

Eau du robinet

Règle d'or : ne buvez jamais l'eau du robinet (même sous forme de glaçons). Les bouteilles d'eau sont bon marché et vendues partout, même dans les petites localités du pays.

Pour stériliser l'eau, la meilleure solution est de la faire bouillir durant 15 minutes. Si vous ne pouvez faire bouillir l'eau, traitez-la chimiquement avec des comprimés ou des gouttes, comme le Micropur (vendu en pharmacie) très efficace.

Santé au féminin

Grossesse

La plupart des fausses couches ont lieu pendant les trois premiers mois de la grossesse. C'est donc la période la plus risquée pour voyager. Pendant les trois derniers mois, il vaut mieux rester à distance raisonnable de bonnes infrastructures médicales. Les femmes enceintes doivent éviter de prendre inutilement des médicaments. Cependant, certains vaccins et traitements préventifs restent nécessaires. Mieux vaut consulter un médecin avant de prendre quoi que ce soit.

Problèmes gynécologiques

Une nourriture pauvre, une résistance amoindrie par l'utilisation d'antibiotiques contre des problèmes intestinaux peuvent favoriser les infections vaginales lorsqu'on voyage dans des pays à climat chaud. Respectez une hygiène intime scrupuleuse, et portez jupes ou pantalons amples et sous-vêtements en coton.

Les champignons, caractérisés par une éruption cutanée, des démangeaisons et des pertes, peuvent se soigner facilement. En revanche, les trichomonas sont plus graves ; pertes blanches et sensation de brûlure lors de la miction en sont les symptômes. Le partenaire masculin doit également être soigné. Il n'est pas rare que le cycle menstruel soit perturbé lors d'un voyage.

Voyager avec des enfants

Bien avant le départ, assurez-vous que les vaccinations des enfants sont à jour, et sachez que certains vaccins ne conviennent pas aux enfants de moins de 1 an.

Toute blessure doit être parfaitement nettoyée et tenue au sec. Soyez particulièrement vigilant en évitant de boire l'eau du robinet et en ne prenant aucun risque concernant la nourriture et les boissons. Pensez à emporter des poudres réhydratantes à utiliser avec de l'eau bouillie si votre enfant est sujet à des vomissements ou à des diarrhées. Demandez conseil à votre médecin. Afin d'éviter les risques de rage ou d'autres maladies, les enfants doivent être tenus à l'écart des chiens et des mammifères en général.

Téléphone

Indicatif pays de l'Égypte	☎ 20
Indicatif pour appeler l'étranger	☎ 00
Service des renseignements	☎ 140 ou ☎ 141

Lorsque vous appelez un numéro égyptien depuis l'étranger, omettez le zéro initial de l'indicatif local.

Téléphones portables

Le réseau GSM de l'Égypte (sur la bande de fréquence 900 MHz/1 800 MHz) possède une bonne couverture, du moins en zone urbaine. Les trois compagnies de téléphonie mobile : Vodafone (la plus importante), Orange Égypte et Etisalat, vendent des cartes SIM pour 15 £E que l'on trouve dans la plupart des kiosques (passeport parfois demandé), tout comme les recharges. Pour profiter des forfaits de données prépayés (environ 5 £E/ jour ou 50 £E/mois), souscrivez un abonnement dans une agence de la compagnie de votre choix.

Conseils en matière de sécurité

- Soyez vigilant en ville, tenez-vous à l'écart des grands rassemblements publics ou des manifestations.
- Coopérez poliment lors des contrôles de sécurité et aux postes de contrôle routiers.
- N'entamez pas de conversations véhémentes de nature politique avec des inconnus.
- Ne photographiez pas d'installations militaires.
- Placez votre passeport et votre portefeuille dans un endroit sûr.
- Évitez de conduire hors des villes le soir : la majorité des accidents de la route ont lieu la nuit.
- Soyez conscients du fait qu'en tant que touriste, vous paierez parfois plus que les résidents.

Voyager seule

L'Égypte ne compte pas parmi les pays les plus tranquilles pour voyager seule si l'on est une femme. En 2013, un rapport des Nations unies soulignait un pourcentage impressionnant (99,3%) de femmes égyptiennes confrontées, d'une manière ou d'une autre, au harcèlement. Les attitudes évoluent lentement et, depuis juin 2014, le harcèlement sexuel constitue une infraction pénale en Égypte.

Comment s'habiller

L'Égypte étant un pays très conservateur, ce n'est pas l'endroit où étrenner son dernier minishort ! Vous passerez davantage inaperçue en adoptant une tenue ample couvrant les épaules, le décolleté et les genoux : hauts à manches longues ou au coude, pantalons longs, jupes longues. Outre d'éviter les regards importuns, une tenue en accord avec celle des femmes égyptiennes vous permettra d'entrer plus aisément en contact avec elles.

Les bikinis et autres maillots de bain occidentaux sont réservés aux plages privées des hôtels. Sur les plages publiques et dans les sources chaudes du désert, enfilez au moins un T-shirt et un short par-dessus votre maillot de bain.

Attitudes et précautions

- Attendez-vous à un déluge de questions concernant votre état matrimonial et votre progéniture, et si vous êtes célibataire et sans enfant, sur les raisons de cet état de fait. Il est parfois plus facile de prétendre que vous avez un mari et des enfants dans votre pays.
- Ayez toujours un foulard sur vous pour vous couvrir la tête dans les mosquées.
- Ne montez que dans les voitures réservées aux femmes dans le métro du Caire et évitez les bus urbains aux heures de pointe. Dans tous les transports en commun, asseyez-vous si possible près d'une autre femme et jamais sur le siège passager avant.
- Ignorez la majeure partie du harcèlement verbal, marchez et agissez avec assurance. Les lunettes de soleil contribuent aussi à détourner l'attention.
- Ne vous rendez pas seule dans un *baladi* (bar de quartier).
- N'allez pas dans la rue à la nuit tombée les soirs de l'Aïd el-Séghir (fête marquant la fin du ramadan).
- Faites provision de protections et autres articles d'hygiène féminine avant de partir.

En cas d'urgence

En cas d'incident plus sérieux et de harcèlement physique, ne craignez pas de faire une scène. Criez *haraam aleik !* ou *ayb aleik !* (qui signifient tous deux "honte à vous !") ou plus simplement *imshi !* ("allez-vous en !"). Cela désarme le plus souvent le harceleur.

En cas d'agression, si vous avez besoin d'aide, d'accompagnement psychologique et d'assistance juridique, contactez l'une des organisations égyptiennes défendant les droits des femmes, **El Nadeem Center for Victims of Violence and Torture** (☎010-0666-2404 ; info@elnadeem.org) ou **Nazra for Feminist Studies** (☎010-1191-0917 ; info@nazra.org).

HarassMap (www.harassmap.org/en) est aussi d'excellent conseil.

Transports

Depuis/vers l'Égypte

Entrer en Égypte

Les procédures d'entrée et de sortie d'Égypte sont très rapides pour les touristes arrivant à un aéroport international.

Avertissement

Les informations contenues dans ce chapitre sont particulièrement susceptibles de changements. Vérifiez directement auprès de la compagnie aérienne ou de l'agence de voyages les modalités d'utilisation de votre billet d'avion. N'hésitez pas à comparer les prestations. Les détails fournis ici doivent être considérés à titre indicatif et ne remplacent en rien une recherche personnelle attentive.

Il est possible d'acheter votre visa électronique avant d'arriver sur le site Internet officiel du gouvernement (www.egyptvisa.com).

Votre passeport doit être valide au moins 8 mois à partir de votre date d'entrée dans le pays.

Contrairement à d'autres pays du Moyen-Orient, les visas israéliens (ou même un passeport israélien) ne posent aucun problème.

Voie aérienne

L'Égypte est très bien desservie par voie aérienne (vols intérieurs et vols internationaux).

Aéroport international du Caire (informations sur les vols depuis une ligne fixe au ☎0900 77777 ; depuis un téléphone mobile au ☎27777; www.cairo-airport.com ; wifi). Point d'entrée principal en Égypte, desservi par la plupart des compagnies internationales.

Aéroport Borg el-Arab (☎03 459 1484 ; http://borg-el-arab.airport-authority.com). L'aéroport d'Alexandrie accueille principalement des vols en provenance du Moyen-Orient et d'Afrique du Nord.

Aéroport d'Hourghada (☎065 346 2722 ; route principale). Accueille surtout des vols charters internationaux.

Aéroport de Louxor (☎095 232 4455). Très peu de vols internationaux directs.

Aéroport international de Charm el-Cheikh (☎069 362 3304 ; www.sharm-el-sheikh.airport-authority.com ; Peace Rd). Un très bon point d'entrée pour les voyageurs en quête de vols à bas prix, desservi par quelques compagnies aériennes européennes bon marché. Depuis la catastrophe du vol 9268 de Metrojet en 2015, la plupart des vols internationaux directs ont été suspendus, mais l'amélioration des conditions de sécurité devrait changer la donne.

EgyptAir (www.egyptair.com) est la compagnie aérienne nationale, membre de Star Alliance. Les billets sont en général d'un bon rapport qualité/prix. Pas d'alcool servi en vol. Les avions effectuant des vols internationaux sont de qualité et un officier de la police de l'air est systématiquement présent à bord. En 2016, le détournement vers Chypre d'un de ses vols (aucun otage blessé) et le crash de son vol 804 Paris-Le Caire (causant la mort des 66 passagers et du personnel de bord) ont poussé la compagnie à améliorer la sécurité à bord de ses avions.

Depuis la France

Air France et EgyptAir proposent des liaisons quotidiennes entre Paris et Le Caire (4 heures 30). Selon la période, comptez entre 350 et 500 € l'aller-retour.

Air France (☎36 54, 0,12 €/min ; www.airfrance.fr)

Nouvelles Frontières (☎0 825 000 825, 0,15 €/min ; www.nouvelles-frontieres.fr)

Voyageurs du Monde (☎01 84 17 19 01 ; www.voyageursdumonde.fr ; 55 rue Sainte-Anne, 75002 Paris). Nombreuses agences en province.

Depuis la Belgique

EgyptAir propose des vols directs entre Bruxelles et Le Caire (4 heures 30). Les prix varient, selon la période, de 300 à 500 € l'aller-retour.

Airstop (☎070-233 188 ; www.airstop.be)

Connections Bruxelles (☎070 23 33 13 ; www.connections.be)

Gigatours/Éole (☎02 672 35 03 ; www.voyageseole.be)

Depuis le Canada

Il n'existe pas de vols directs entre le Canada et l'Égypte.

Un aller-retour pour Le Caire démarre autour de 1 100 $C.

Air Canada (☎1-888 247 2262 ; www.aircanada.ca)

Expedia (☎1 888 397 3342 ou 1 613 780 1386 ; www.expedia.ca)

Travelcuts (☎1 800 667 2887 ; www.travelcuts.com)

Depuis la Suisse

Swiss et EgyptAir proposent des vols entre Genève et Le Caire (4 heures). Selon la période, comptez entre 600 et 800 FS l'aller-retour.

Swiss International Air Lines (☎0848 700 700 ; www.swiss.com)

STA Travel (☎058 450 49 49 ; fr.statravel.ch).

Voie terrestre

Israël et les Territoires palestiniens Taba est le point de passage principal entre l'Égypte et Israël. En principe, il est seulement possible d'y obtenir un visa pour le Sinaï, le visa pour l'Égypte doit avoir été obtenu en amont. Dans les faits, le visa égyptien peut être obtenu en s'acquittant de frais supplémentaires auprès d'une agence de voyages de Taba. L'introduction de la procédure de visa électronique depuis 2017 facilite l'obtention du document. La taxe de départ depuis Israël est de 100 ILS ; celle au départ de l'Égypte de 75 £E. Les formalités d'entrée côté Égypte peuvent se réveler un peu chaotiques.

Libye Le poste-frontière d'Amsaad est officiellement ouvert mais, pour des raisons de sécurité, voyager en Libye est déconseillé.

Soudan Les 2 postes-frontières terrestres entre l'Égypte et le Soudan ont rouvert en 2014. Plusieurs compagnies de bus soudanaises font le trajet Assouan-Wadi Halfa-Khartoum. Le poste-frontière de Qustul sur la rive ouest est le plus souvent emprunté, contrairement à celui d'Arqin sur la rive est, bien moins fréquenté.

Voie maritime

Jordanie AB Maritime (www.abmaritime.com.jo) propose un ferry rapide et un lent par jour entre Nuweiba (Égypte) et Aqaba (Jordanie).

Arabie saoudite La traversée se fait entre Hourghada en Égypte et Douba en Arabie saoudite. Elle peut aussi se faire depuis le port de Safaga.

Soudan La Nile River Valley Transport Corporation propose deux traversées par semaine entre Assouan et Wadi Halfa.

Circuits organisés

La majorité des touristes visitent l'Égypte dans le cadre de circuits organisés. Le programme est en général assez serré et laisse peu de temps de libre, mais les guides sont souvent excellents. De plus, l'effet de groupe dissuade les racoleurs sur les marchés et vous évite les tracas quotidiens que peuvent connaître les voyageurs indépendants.

Circuits culturels

Comptoir des voyages (☎0892 239 339, 0,34€/min, 01 53 10 30 15 ; www.comptoir.fr ; 2-18 rue Saint Victor, 75005 Paris). Également agences à Lyon, Toulouse et Marseille.

Voyageurs du Monde (www.voyageursdumonde.fr ; France ☎01 42 86 16 00 ; 55 rue Sainte-Anne, 75002 Paris ; Belgique ☎02 543 95 50 ; 23 chaussée de Charleroi, 1060 Bruxelles ; Suisse ☎022 518 04 94 ; 19 rue de la Rôtisserie, 1204 Genève). 12 autres agences en France.

Agences en ligne

Vous pouvez réserver votre vol via une agence en ligne ou vous renseigner auprès d'un comparateur de vols :

- www.bourse-des-vols.com
- www.ebookers.fr
- www.expedia.fr
- www.govoyages.com
- www.illicotravel.com
- www.kayak.fr
- www.opodo.fr
- www.skyscanner.fr
- voyages.kelkoo.fr
- www.oui.sncf
- www.partirou.com

Tourisme fluvial

Fleuves du Monde (☎01 44 32 12 80 ; www.fleuves-du-monde.com ; 17 rue de la Bûcherie, Paris 75005)

Randonnées et voyages sportifs

Allibert (www.allibert-trekking.com ; France ☎04 76 45 50 50 ; 37 bd Beaumarchais, 75003 Paris ; Belgique ☎02 318 32 02 ; Suisse ☎022 519 03 23). Agences également à Chapareillan, Nice, Toulouse et Chamonix.

Atalante (www.atalante.fr ; Paris ☎01 55 42 81 00, 18 rue Séguier, 75006 Paris ; Lyon ☎04 72 53 24 80, 36 quai Arloing, 69009 Lyon ; Belgique ☎02 627 07 97, rue César-Franck 44A, B-1050 Bruxelles)

Océanes (%04 42 52 82 40 ; www.oceanes.com)

Ultramarina (% 0 825 02 98 02, 0,15 €/min ; 29 rue de Clichy, 75009 Paris). Agences à Nantes, Lyon, Marseille, en Suisse et en Belgique.

Agences en Égypte

Même si vous arrivez en Égypte sans avoir déjà prévu un circuit organisé, sachez que vous pourrez le faire sur place si vous avez envie de confier l'organisation de quelques jours de votre voyage à d'autres. Les circuits organisés les plus fréquemment réservés sont la croisière sur le Nil et l'excursion en felouque. La plupart des excursions courtes se réservent auprès des agences se trouvant près des sites à visiter mais vous trouverez au Caire des agences fiables auprès desquelles organiser vos diverses escapades.

Egypt Panorama Tours (☎02-2359-0200 ; www.eptours.com ; 6 Road 81, Ma'adi, Le Caire ; guide privé à partir de 60 $/jour ; ⏲9h-17h dim-jeu). Situé juste au sud de la station de métro Maadi, cette agence est une des mieux implantées du Caire. Elle peut vous fournir des guides privés, vous proposer des excursions journalières en groupe pour visiter la ville ainsi que des sorties plus longues. S'occupe aussi de réserver des croisières sur le Nil et au lac Nasser. L'agence peut aussi vous dénicher des promotions pour les hôtels 4 et 5 étoiles.

Misr Travel (☎02-2396-4012, 02-3903-1977 ; www.misrtravel.net ; 1 Sharia Talaat Harb, centre-ville, Le Caire ; ⏲10h-18h). Agence de voyages officielle du gouvernement égyptien. Elle dispose de bureaux dans la plupart des hôtels de luxe.

International Travel Bureau of Egypt (☎02-3760-1370 ; www.facebook.com/itbe2016 ; app 97, Orman Tower, 48 Sharia Al Giza, Doqqi, Le Caire ; ⏲9h-17h). Petite agence de voyages très fiable. Elle sert principalement une clientèle haut de gamme amatrice de voyages sur mesure.

Comment circuler

Avion

EgyptAir est la principale compagnie pour les vols intérieurs. Nile Air propose également des liaisons à partir du Caire vers les villes principales, mais elles sont moins fréquentes. Les deux proposent parfois des tarifs étonnamment bas (aller simple pour un vol intérieur sur EgyptAir à partir de 650 £E).

Pour obtenir le meilleur tarif pour un vol intérieur sur le site Internet d'EgyptAir, indiquez systématiquement l'Égypte comme lieu de résidence (en haut de la page). Les prix s'afficheront alors en livres égyptiennes et ils seront souvent moitié moins élevés.

Bateau

Il n'y a pas de voyage en Égypte sans croisière sur le Nil. De nombreux bateaux de catégorie moyenne à haut de gamme naviguent entre Assouan et Louxor. Assouan est en général le point de départ des excursions de plusieurs jours en felouque (bateaux à voile égyptiens). Pour plus de renseignements concernant les croisières sur le Nil, voir p. 144.

La compagnie **High Jet** (www.highjet-eg.com/en/marine) propose un service de navire à grande vitesse "La Pespes" 3 fois par semaine entre Charm el-Cheikh et Hourghada.

Bus

Les bus desservent la plupart des villes et villages d'Égypte à prix modique. C'est la meilleure solution (et parfois la seule) pour les longs trajets au-delà de la vallée du Nil. Les bus ne sont pas particulièrement rapides pour autant ; si vous partez du Caire ou arrivez à la capitale, vous perdrez au moins une heure dans les embouteillages. Les retards sont fréquents, surtout en fin de journée.

Changement climatique et voyage

Tout mode de transport fonctionnant aux hydrocarbures dégage du CO_2, principal rejet responsable du changement climatique induit par l'homme. Les modes de transport modernes moins gourmands en carburant par km et par tête que les voitures et l'avion sont encouragés de nos jours, mais ne permettent pas d'aller aussi loin. L'altitude à laquelle un avion émet des gaz (CO_2, notamment) et des particules a également une incidence sur le changement climatique. De nombreux sites Internet proposent des "calculateurs de carbone" qui permettent d'obtenir une estimation du volume de carbone émis lors d'un voyage. Ceux qui le souhaitent peuvent également compenser l'émission de gaz à effet de serre en aidant à recenser les initiatives respectueuses de l'environnement entreprises partout dans le monde. Lonely Planet compense l'empreinte carbone de tous ses collaborateurs et auteurs.

Compagnies

Go Bus (www.gobus-eg.com). Nouvelle compagnie de bus qui étend le réseau routier du Nord de l'Égypte et le long de la mer Rouge jusqu'à Charm el-Cheikh, et de Louxor à Hourghada. Les prix dépendent de la catégorie de bus mais tous sont climatisés. Les billets et les sièges sont réservables en ligne.

Super Jet Effectue les principaux trajets dans le pays ainsi que des trajets internationaux. Plutôt efficace et fiable, avec des sièges confortables. Les bus sont très climatisés, prévoyez une petite laine ou une couverture.

Les 3 plus grandes compagnies régionales sont gérées par la même entité mais couvrent différentes parties du territoire et offrent différentes qualités de service :

East Delta Travel Co Relie Le Caire, le canal de Suez et le Sinaï. Les bus sont vieux mais plutôt en bon état et la climatisation fonctionne. Préférez plutôt Super Jet.

West & Mid Delta Bus Co Dessert Alexandrie et la côte méditerranéenne. Ces bus se sont, de loin, révélés les pires lors de notre passage (pannes très fréquentes).

Upper Egypt Bus Co Bus en assez bon état desservant la vallée du Nil.

Bus deluxe

Les bus "deluxe" avec air conditionné relient les principales destinations du pays. La plupart sont totalement non-fumeurs. Certains ont des sanitaires à bord (en cas de longs trajets), mais ils sont rarement propres. La règle en vigueur impose des arrêts de 15-20 min toutes les trois heures environ.

Des vidéos sont généralement diffusées à plein volume sonore : prévoyez des bouchons d'oreille si vous voulez dormir, ainsi qu'une épaisseur en plus pour les bus de nuit qui sont souvent très climatisés.

Bus standards

Ces bus sont un petit peu moins chers et roulent sur de plus courtes distances que les bus deluxe. Ils sont nettement moins confortables, bondés, bruyants et font de fréquents arrêts. Pour les trajets de deux heures environ, préférez les minibus.

Billetterie

Réservez vos billets bien à l'avance. Gardez vos tickets jusqu'à votre arrivée ; un contrôleur est souvent présent à bord pour les vérifier. Ayez votre passeport sur vous car le bus s'arrête souvent au poste de contrôle militaire pour des vérifications d'identité aléatoires. Ces dernières sont notamment fréquentes entre Assouan et Abou Simbel.

Train

Le réseau ferroviaire égyptien, hérité des Britanniques, compte plus de 5 000 km de rails reliant presque toutes les grandes villes du pays.

Sachez que le réseau est vétuste, les trains sont souvent sales et usés et de graves accidents se sont produits ces derniers temps, dont une collison entre deux trains en août 2017 à Alexandrie qui a fait au moins 41 morts et 179 blessés.

Seules les deux lignes principales (Le Caire-Alexandrie et Le Caire-Assouan) ont été modernisées. À moins d'être un véritable passionné du rail, mieux vaut prendre les bus deluxe. Toutefois, pour les trajets aux alentours du Caire, le train est plus rapide que la voiture ou le bus, pris dans d'énormes embouteillages.

Pour connaître les horaires des trains et acheter vos billets, consultez le site Internet d'Egyptian Railways (https://enr.gov.eg).

Classes

1re *(darga ula)*. À privilégier quel que soit le trajet. Les trains sont climatisés *(takiif)*, les sièges rembourrés, les toilettes assez propres, thé et en-cas sont proposés aux passagers.

2e *(darga taniya)*. Sièges en vinyle usé. Si la climatisation est une option payante, ne la prenez pas (elle fonctionne rarement). La propreté des toilettes laisse à désirer.

3e *(darga talta)*. Des bancs de mauvaise qualité tiennent lieu de sièges. Trains très lents et bondés mais beaucoup d'animation à bord. En tant que touriste, attendez-vous à être l'attraction du wagon.

Trains de nuit

Itinéraire La compagnie privée **Watania Sleeping Trains** (☎02-3748-9488 ; www.wataniasleepingtrains.com ; Ramses Train Station, Midan Ramses, centre-ville du Caire ; ⊙9h-20h), aussi appelée Ernst, propose plusieurs trains de nuit par jour du Caire à Louxor et à Assouan.

Billets Ils coûtent un prix raisonnable et deux repas sont inclus en général. Il faut réserver son billet avant 18h le jour du départ mais le mieux est de s'y prendre quelques jours à l'avance.

Compartiments Les compartiments comportent deux couchettes : les sièges sont transformables en lit et on abaisse la couchette supérieure pour en faire un lit. Des draps propres, oreillers et couvertures sont fournis. Petit lavabo avec eau courante dans le compartiment. Les couchettes sont un peu courtes. Les compartiments du milieu de wagon (les plus éloignés des portes) sont un peu plus calmes. Les toilettes partagées sont propres en général et pourvues de papier toilette. La nuit, la climatisation est parfois trop puissante.

Repas Des plateaux-repas pratiques sont servis dans les compartiments pour le petit-déjeuner et le dîner. Un membre du personnel passe servir des boissons (il y a parfois de l'alcool). Wagon-bar dans le train.

Transports locaux

Bus municipaux

La plupart des grandes villes égyptiennes disposent d'un réseau de bus. En pratique, vous verrez surtout des bus au Caire et à Alexandrie. Les bus ne sont pas faciles à prendre pour les touristes, les numéros de ligne sont affichés en chiffres arabes, les itinéraires ne sont pas consultables et les bus sont souvent ultra bondés.

On ne monte pas dans le bus en faisant la queue de manière ordonnée. Aussi, les bus marquent rarement l'arrêt de manière nette, que ce soit pour embarquer ou débarquer des passagers. Si vous arrivez à prendre un bus, un contrôleur présent à bord viendra à vous pour vous faire payer le ticket.

Métro

Le Caire est la seule ville du pays à posséder un réseau de métro.

Microbus

Les microbus (prononcer "microbas"), souvent simplement appelés micros ou minibus, sont des vans de marque Toyota, la plupart du temps, et peuvent accueillir 14 passagers. Ils appartiennent à des particuliers et ne comportent pas d'indications de direction

Apprendre les chiffres en arabe

Connaître les chiffres en arabe vous facilitera grandement le séjour en Égypte. Vous en aurez besoin pour comprendre les numéros des bus et des trains, les horaires et autres informations cruciales afférentes aux transports. Notez-les sur un papier pour vous y retrouver.

en général. Leurs itinéraires sont souvent calqués sur ceux des bus, mais le voyage à leur bord coûte un peu moins cher. Aussi, ils s'arrêtent au point de votre choix sur le trajet et ramassent des passagers le long de la route en fonction des sièges disponibles. Dans certaines parties du pays (dans le sud de la vallée du Nil, par exemple), les étrangers ne sont pas autorisés à emprunter les minibus pour se rendre d'une ville à l'autre.

Services

Les "services" (taxis-services) sont les prédécesseurs des microbus (minivans) et fonctionnent selon le même principe : on paye pour un siège et la voiture démarre quand elle a fait le plein de passagers. Les services sont souvent des Peugeot 504 accueillant 7 passagers, mais on en voit de moins en moins en circulation. Comme les microbus, les services attendent près des gares ferroviaires et routières. Libre à vous de payer des sièges supplémentaires pour avoir plus de place ou accélérer le moment du départ.

Taxis

Vous trouverez des taxis dans toutes les villes, même les plus petites. Ils constituent un moyen de transport peu cher et efficace même si dans certains endroits, les voitures ne sont pas de la première jeunesse.

Prix Les taxis avec compteur sont légion au Caire, ailleurs, le prix des courses est prédéterminé et les locaux le paient sans vraiment négocier. Renseignez-vous auprès d'eux pour avoir une idée des prix (ces derniers varient en fonction de ceux du pétrole).

Héler une voiture Mettez-vous sur le bas-côté et levez la main, cela devrait suffire à faire arrêter une voiture. Il faut annoncer sa destination au chauffeur avant de monter : en fonction du trafic et de la distance, il acceptera la course ou non.

Négocier le prix Essayer de fixer le prix d'une petite course trahira votre ignorance du fonctionnement des taxis locaux. En revanche, pour les courses plus longues (de l'aéroport au centre ville, par exemple), vous devez convenir d'un prix avec le chauffeur avant de monter à bord et vérifier que vous vous êtes bien compris : certains chauffeurs ont tendance à annoncer un prix différent à l'arrivée.

Taxis collectifs Il se peut qu'un taxi comportant déjà des passagers s'arrête pour vous prendre ou que votre taxi prennent d'autres passagers. Si vous êtes un homme et que cela ne vous dérange pas, prenez place à l'avant à côté du chauffeur et laissez la banquette arrière pour les autres passagers (il est assez mal vu que les femmes s'asseyent à l'avant).

Tramways

Le Caire et Alexandrie sont les seules villes à disposer d'un réseau de tramways. Il est assez dense, mais lent, à Alexandrie tandis qu'il se limite à quelques lignes dans la capitale.

Tuk-tuk

Ces scooters pratiques équipés de sièges qu'on trouve partout en Thaïlande et en Inde ont fait leur apparition en Égypte. Les locaux les appellent aussi *tuk-tuk* et les utilisent très largement dans les petites villes. Une course à leur bord coûte environ la même chose qu'en taxi ou un peu moins cher (comptez par exemple 15 £E pour une course de 15 minutes), la musique *chaabi* (musique populaire) entêtante en cadeau. Les tuk-tuk sont souvent conduits par de jeunes (voire trop jeunes !) chauffeurs qui aiment personnaliser leurs engins avec des enceintes puissantes et autres accessoires peu discrets. Il est avisé de négocier le prix avant de prendre place dans le tuk-tuk.

Vélo

Le tourisme à vélo est rare à cause des grandes distances et des fortes chaleurs. Cela pourrait être envisageable en hiver mais même au printemps et en automne, il faut partir à l'aube et finir son trajet en début d'après-midi pour éviter la chaleur.

Emportez avec vous un kit de réparation, il y a peu de pièces de rechange. Cela dit, certains Égyptiens sont d'excellents "mécaniciens improvisés".

Le club Cycle Egypt (www.cycle-egypt.com) au Caire dispose d'une page Facebook très bien alimentée. C'est un bon début pour une prise de contact local et pour glaner des conseils avisés sur vos achats et matériels.

Voiture et moto

Soyez prudent : conduire au Caire n'est pas une mince affaire. S'il est moins éprouvant de conduire au Caire plutôt que dans le reste du pays, c'est aussi plus dangereux. Évitez de conduire de nuit. Certains voyageurs intrépides préfèrent conduire leur propre voiture plutôt que de visiter le pays dans un bus touristique.

La moto est une bonne option en Égypte, mais il faudra apporter la vôtre ; les formalités administratives sont toutefois fastidieuses et la conduite peut être plus dangereuse qu'en voiture. Renseignez-vous sur les réglementations en vigueur auprès de votre pays et de l'ambassade d'Égypte.

On trouve facilement de l'essence et du diesel à très bon prix (les pénuries arrivent parfois). Les stations-service sont rares en dehors du Caire, faites donc le plein quand vous en croisez une.

Permis de conduire

Le permis de conduire international est obligatoire pour conduire en Égypte. À défaut de le présenter, vous risquez une forte amende. Assurez-vous d'avoir également tous les papiers du véhicule sur vous.

Location de voiture

Il est quasi impossible de faire une bonne affaire dans une agence de location locale. Mieux vaut réserver sur Internet et s'adresser à des agences internationales. Lisez les conditions d'assurance avec attention et vérifiez s'il vous est interdit d'emprunter les routes en mauvais état.

Code de la route

On conduit à droite. La vitesse est en général limitée entre 70 et 90 km/h en dehors des villes et à 100 km/h sur les autoroutes.

En cas d'infraction, la police confisquera votre permis de conduire. Il vous faudra le récupérer au poste du contrôle de la circulation local.

L'autoroute Le Caire-Alexandrie et le tunnel sous le canal de Suez sont payants. Les postes de contrôle sont nombreux ; gardez vos papiers d'identité et votre permis à portée de main.

En ville, l'automobiliste qui vous précède (même de quelques centimètres) est prioritaire. Faites attention aux personnes et au bétail sur les routes de campagne.

Il existe un risque de vol de voiture, en particulier sur les routes de la vallée du Nil et de nuit.

En cas d'accident, rendez-vous au plus vite au poste de police le plus proche pour déclarer votre sinistre.

Langue

L'arabe est la langue officielle du pays. Sachez qu'il existe une différence nette entre l'arabe standard moderne (arabe littéral, langue véhiculaire du monde arabe) utilisée dans l'enseignement, l'administration et les médias, et l'arabe dialectal parlé dans la vie quotidienne et propre à chaque région. De tous les dialectes arabes, l'égyptien (présenté dans ce chapitre), répandu grâce à la télévision égyptienne et le cinéma, est sans doute le plus familier pour les arabophones.

L'arabe se lit de droite à gauche. L'écriture de chaque lettre dépend de sa place dans le mot (début, milieu ou fin) et de de sa liaison à une autre lettre ou non.

Pour être compris, fiez-vous à la transcription phonétique proposée en alphabet latin. La lettre **a** se prononce à mi-chemin entre le a et le è, **a** se prononce comme un a long (insister sur la voyelle), e se prononce è, **ii** est un i long, **gh** se prononce comme un r grasséyé, **r** est un r roulé, **kh** se prononce comme le ch allemand, **zh** se prononce j. L'apostrophe (') indique un coup de glotte (lorsque vous la voyez, bloquez la voix pendant une fraction de seconde, puis repartez). Les syllabes accentuées sont indiquées en italique.

Formules de base

Bonjour.	أهلا	*ah*·lan
Au-revoir.	مع السلامة	ma' sa·*la*·ma
Oui/Non.	لأ/أيوة	*ay*·wa/la'
S'il vous plaît.	لو سماحت	law sa·*maht* (m)
	لو سمحتي	law sa·*mah*·tii (f)
Merci.	شكراً	*shou*·kran
Excusez-moi.	عن إزنك	'an *'iz*·nak (m)
	عن إزنِك	'an *'iz*·nik (f)
Pardon.	متأسف	mou·ta·*'as*·if (m)
	متأسفة	mou·ta·*'a*·si·fa (f)

Pour en savoir plus

Pour connaître plus de phrases en arabe, consultez le *Guide de conversation arabe égyptien* de Lonely Planet.

Comment allez-vous ?
إزيّك؟/إزيِّك؟ iz·*ay*·ak/iz·*ay*·ik (m/f)

Bien, merci. Et vous ?
كويّس./كويّسة. *kway*·is/kway·*is*·a (m/f)
الحمدلله؟ il·*am*·dou·li·lah

Comment vous appelez-vous ?
إسمَك أيه؟ *is*·mak ay (m)
إسمِك أيه؟ *is*·mik ay (f)

je m'appelle ...
إسمي ... *is*·mii ...

Parlez-vous anglais ?
بتتكلم/بتتكلمي bi·tit·*ka*·lim/bi·tit·ka·*lim*·ii e
إنجليزي؟ in·ji·*lii*·zii (m/f)

Je ne comprends pas.
مش فاهم. mish *fa*·him (m)
مش فهمة. mish *fah*·ma (f)

Puis-je prendre une photo ?
ممكن أصوّر؟ *moum*·kin a·*saw*·ar

Hébergement

Où se trouve ...?	فين ...؟	fayn ...
le camping	المخيّم	il·mou·*khay*·am
la pension	البنسيون	il·ban·sii·*yon*
l'hôtel	الفندق	il·*foun*·dou'
l'auberge de jeunesse	بيت شباب	bayt sha·*bab*

Avez-vous une chambre ...?
عندَك/عندِك *'an*·dak/*'an*·dik
أوضة ...؟ *o*·da ... (m/f)

simple	لواحد	li·*wa*·hid
double	للإتنين	lil·it·*nayn*
avec lits jumeaux	بسريرين	bi·si·rii·*rayn*

Combien par ...?
بكم ...؟ bi kam ...

nuit	الليلة	il·*lay*·la
personne	الشخص	i·*shakhs*

Puis-je avoir une autre (couverture) ?

عايز/عايزة (بطنية) *'a*·iz/*'ai*·za (ba·ta·*nii*·ya)
تنية من *ta*·nya min
فضلَك/فضلِك. *fad*·lak/*fad*·lik (m/f)

La (climatisation) ne fonctionne pas.

(التكييف) مش شغال. (i·tak·*yiif)* mish sha·*ghal*

Indications de direction

Où se trouve ...?	فين ...؟	fayn ...
la banque	البنك	il·*bank*
le marché	السوق	is·*sou'*
le bureau de poste	البسطة	il·*bous*·ta

Pourriez-vous m'indiquer (sur la carte) ?

ممكن تورّيني *moum*·kin ti·wa·*rii*·nii e
(على الخريطة)؟ ('al il·kha·*rii*·ta)

Quelle est l'adresse ?

لعنوان أيه؟ il·'oun·*wan* ay

Pourriez-vous l'écrire s'il vous plaît ?

ممكن تكتبه؟ *moum*·kin tik·ti·*bouh* (m)
ممكن تكتبيه؟ *moum*·kin tik·ti·*biih* (f)

Est-ce loin ?

كم كيلو من هنا؟ kam *kii*·lou min *hi*·na

Comment m'y rendre ?

أروح إزّاي؟ a·*rouh* i·*zay*

Tournez à gauche.

حود شمال. *haw*·id shi·*mal*

Tournez à droite.

حود يمين. *haw*·id yi·*miin*

Cela se trouve ...	هو ...	*hou*·wa ... (m)
	هي ...	*hi*·ya ... (f)
derrière ...	ورا ...	*wa*·ra ...
devant ...	قدام ...	'ou·*dam* ...
près de ...	قريب من ...	'ou·*ray*·ib min ...
à côté de ...	جمب ...	gamb ...
sur	على	*'a*·lal
à l'angle	الناصية	*nas*·ya
en face de ...	قصاد ...	*'ou*·saad ...
tout droit	على طول	*'a*·la toul

Se restaurer et boire

Pouvez-vous me conseiller /un ...?

ممكن *moum*·kin
تقترحلي/ tik·ti·*rah*·lii
تقترحيلي ...؟ tik·ti·ra·*hii*·lii ... (m/f)

Interrogations

Quand ?	إمتى؟	*im*·ta
Où ?	فين؟	fayn
Qui ?	مين؟	miin
Pourquoi ?	ليه؟	lay

bar	بار	baar
café	قهوة	*'ah*·wa
restaurant	مطعم	*ma*·ta'·am

Je voudrais une table (pour 4), s'il vous plaît.

عايز/عايزة تربيزة *'a*·iz/*'ai*·za ta·ra·*bay*·za
(لأربع) من (li·*ar*·ba') min
فضلَك/فضلِك. *fad*·lak/*fad*·lik (m/f)

Quel plat conseillez-vous ?

تقترح أيه؟ tik·*tar*·ah ey

Quelle est la spécialité locale ?

الأطباق المحلية أيه؟ il at·*baa'* il ma·ha·*lii*·ya ay

Avez-vous des plats végétariens ?

عندَك/عندِك *'an*·dak/*'an*·dik
أكل نباتي؟ akl na·*ba*·tii(m/f)

Je voudrais ..., s'il vous plaît.

عايز/عايزة *'a*·iz/*'ai*·za
... من ... min
فضلَك/فضلِك. *fad*·lak/*fad*·lik (m/f)

l'addition	الحساب	il·hi·*sab*
la carte des boissons	لستة مشروبات	*lis*·tat mash·rou·*bat*
le menu	المنيو	il·*men*·you
ce plat	التبق ده	il·*ta*·ba' da

Pourriez-vous préparer un plat sans ...?

ممكن تعمل *moum*·kin *ta'*·mil
أكل من akl min
غير ...؟ ghayr ...

beurre	زبدة	*zib*·da
œufs	بيض	bayd
bouillon de viande	شربة لحمة	*shor*·bit *lah*·ma

Je suis allergique...

عندي *'an*·dii
حساسية لـ ... ha·sa·*sii*·ya li ...

aux produits laitiers	الألبان	al·*ban*
aux noix	مكسّرات	mi·ka·sa·*raat*
aux fruits de mer	أسماك البحر	as·*mak* il·*bahr*
au café ...	قهوة ...	*'ah*·wa ...
au thé ...	شاي ...	shay ...
au lait	مع لبن	*ma·'a la*·ban
sans sucre	بدون سكّر	bi·*doun sou*·kar

bouteille/verre de bière	إزازة/كباية بيرة	i·*za*·zit/kou·*bay*·it *bii*·ra
jus d'orange	عصير (برتقان)	*'as·iir* (bour·tou·*'aan*)
boisson sans alcool	حاجة ساقع	*ha*·ga *sa·'a*
(eau minérale)	ميّة (معدنية)	*ma*·ya (ma'·da·*nii*·ya)
vin...	نبيذ ...	ni·*biit* ...
rouge	أحمر	*ah*·mar
pétillant	شمبانيا	sham·*ban*·ya
blanc	أبيض	*ab*·yad

Urgences

À l'aide !	إلحقني!	il·*ha'*·nii
allez-vous en !	إمشي!	*im*·shii

Appelez ...!	إتصل ب..!	i·*tas*·al bi ...
un docteur	دكتور	douk·*tour* (m)
	دكتورة	douk·*tou*·ra (f)
la police	البوليس	il·bou·*liis*

Je suis perdu(e).

أنا تايه.	*a*·na *tay*·ih (m)
أنا تهت.	*a*·na touht (f)

Où sont les toilettes ?

فين التواليت؟	fayn i·tou·wa·*liit*

Je suis malade.

أنا عيّان.	*a*·na ay·*an* (m)
أنا عيّانة.	*a*·na ay·*an*·a (f)

J'ai mal ici.

بيوجعني هنا.	bi·yiw·*ga'*·nii *hi*·na

Je suis allergique aux (antibiotiques).

عندي حساسية من (مضاد حيوي).	*'an*·dii ha·sa·*sii*·ya min (mu·*daad ha*·ya·wiie)

Panneaux

Entrée	مدخل
Sortie	خروج
Ouvert	مفتوح
Fermé	مغلق
Information	إستعلامات
Interdit	ممنوع
Toilettes	دورة الميّة
Hommes	رجال
Femmes	سيّدات

Achats et services

Où puis-je trouver ...?

	فين ...؟	fayn ...
un grand magasin	محل	ma·*hal*
une épicerie	بقّال	ba·*'al*
un bureau d'information	بايع جرايد	bay·*aa'* ga·*ray*·id
un magasin de souvenirs	محل تذكارات	ma·*hal* i·tiz·ka·*raat*
un supermarché	سوبرماركت	sou·bir·*mar*·kit

Je cherche ...

أنا بدوّر على ...	*a*·na ba·*daw*·ar *'a*·la ...

Puis-je jeter un œil ?

ممكن أشوفه؟	*moum*·kin a·*shou*·fouh (m)
ممكن أشوفها؟	*moum*·kin a·*shouf*·ha (f)

En avez-vous d'autres ?

فيه تاني؟	fii *ta*·nii e

L'objet est défectueux.

مش شغّال.	mish sha·*ghal*

Combien cela coûte-t-il ?

بكم؟	bi·*kam*

Pourriez-vous écrire le prix ?

ممكن تكتب/تكتبي الثمن؟	*moum*·kin *tik*·tib/tik·*ti*·bii e i·*ta*·man (m/f)

C'est trop cher.

ده غالي قويز.	da *gha*·lii *'aw*·ii

Quel est votre meilleur prix ?

الاحسن سعر كم؟	il·*ah*·san si'r kam

Il y a une erreur sur l'addition.

فيه غلطة في الحساب.	fii *ghal*·ta fil his·*ab*

Où puis-je trouver ...?

	فين ...؟	fayn ...
un bureau de change	صرّاف	sa·*raaf*
un DAB	بنك شخسي	bank *shakh*·sii

Quel est le taux de change ?
نسبة التحويل كم؟ *nis*·bit i·*tah*·wiil kam

Où se trouve le café Internet ?
فين كفاي إنترنت؟ fayn ka·*fay* in·ter·*net*

Combien coûte l'heure ?
الساعة بكم؟ i·*sa*·'a bi·*kam*

Où se trouve le téléphone public le plus proche ?
فين الاقرب تليفون؟ fayn il *a'*·rab ti·li·*fon*

J'aimerais acheter une carte téléphonique.
عايز/عايزة أشتري *'a*·iz/*'ai*·za ash·*ti*·ri
كرت تليفون. kart ti·li·*fon* (m/f)

Heure et date

Quelle heure est-il ?
لساعة كم؟ is·*sa*·'a kam

Il est (une) heure.
لساعة (واحدة). is·*sa*·'a (*wa*·hi·da)

Nombres

1	١	واحد	*wa*·hid
2	٢	إثنين	it·*nayn*
3	٣	ثلاثة	ta·*la*·ta
4	٤	أربعة	ar·*ba'*
5	٥	خمسة	*kham*·sa
6	٦	ستة	*si*·ta
7	٧	سبعة	*sa*·ba·'a
8	٨	ثمانية	ta·*man*·ya
9	٩	تسعة	*ti*·sa'·a
10	٠١	عشرة	*'a*·sha·ra
20	٢٠	عشرين	'ish·*riin*
30	٣٠	ثلاثين	ta·laa·*tiin*
40	٤٠	عربعين	ar·ba·*'iin*
50	٥٠	خمسين	kham·*siin*
60	٦٠	ستين	si·*tiin*
70	٧٠	سبعين	sa·ba·*'iin*
80	٨٠	ثمنين	ta·ma·*niin*
90	٩٠	تسعين	ti·sa·*'iin*
100	١٠٠	مئة	*mii*·ya
1000	١٠٠٠	ألف	alf

À la différence des lettres, les chiffres arabes se lisent de gauche à droite.

Il est (deux) heures.
الساعة (إثنين). is·*sa*·'a (it·*nayn*)

Il est (deux heures) et demi.
الساعة (إثنين) و نص. is·*sa*·'a (it·*nayn*) wi nous

À quelle heure...?

	إمتى ...؟	*im*·ta ...
hier ...	إمبارح ...	im·*ba*·rih ...
demain ...	بكرة ...	*bouk*·ra ...
matin	الصبح	is·*soubh*
après-midi	الظهر	ba'd·*douhr*
soir	بالليل	bi·*layl*
lundi	يوم الإثنين	yom il·it·*nayn*
mardi	يوم الثلاث	yom it·ta·*lat*
mercredi	يوم الأربع	yom il·*ar*·ba'
jeudi	يوم الخميس	yom il·kha·*miis*
vendredi	يوم الجمعة	yom il·*jou*·ma'
samedi	يوم السبت	yom is·*sabt*
dimanche	يوم الحد	yom il·*had*

Transports

Est-ce le ... pour (Assouan) ?

	... الى	... *i*·la
	(أسوان)؟	(as·*waan*)
bateau	دي المركب	dii il·*mar*·kib
bus	ده الأوتوبيس	da il·o·to·*biis*
avion	دي الطّيّارة	dii i·ta·*yaa*·ra
train	ده القطر	da il·*'atr*

À quelle heure est le ... bus ?

	... أتوتوبيس	... o·to·*biis*
	الساعة كم؟	i·*sa*·'a kam
premier	الأوّل	il *aw*·il
dernier	الآخر	il *a*·khir
prochain	الثاني	i·*ta*·nii

Un billet ... (pour Louxor), s'il vous plaît.

	تذكرة ...	taz·*ka*·rit ...
	(للقصر)	(li·*lou'*·sor)
	من فضلَك/	min *fad*·lak/
	فضلِك.	*fad*·lik (m/f)
simple	ذهاب	zi·*hab*
aller-retour	عودة	*'aw*·da

Combien de temps dure le voyage ?
الرحلة هي كم ساعة؟ i·*rih*·la *hii*·ya kam *sa*·'a

Le trajet est-il direct ?
الطريق مباشر؟ it·taa·*rii'* mou·*ba*·shir

Alphabet arabe

En fin de mot	En milieu de mot	En début de mot	Isolée	Lettre
ـا	ـاـ	اـ	ا	alif'
ـب	ـبـ	بـ	ب	'ba
ـت	ـتـ	تـ	ت	'ta
ـث	ـثـ	ثـ	ث	'tha
ـج	ـجـ	جـ	ج	djim
ـح	ـحـ	حـ	ح	'ha
ـخ	ـخـ	خـ	خ	'kha
ـد	ـدـ	دـ	د	daal
ـذ	ـذـ	ذـ	ذ	dhaal
ـر	ـرـ	رـ	ر	'ra
ـز	ـزـ	زـ	ز	'za
ـس	ـسـ	سـ	س	siin
ـش	ـشـ	شـ	ش	shiin
ـص	ـصـ	صـ	ص	saad
ـض	ـضـ	ضـ	ض	daad
ـط	ـطـ	طـ	ط	'ta
ـظ	ـظـ	ظـ	ظ	'dha
ـع	ـعـ	عـ	ع	aïn'
ـغ	ـغـ	غـ	غ	ghaïn
ـف	ـفـ	فـ	ف	'fa
ـق	ـقـ	قـ	ق	kouf
ـك	ـكـ	كـ	ك	kaf
ـل	ـلـ	لـ	ل	lam
ـم	ـمـ	مـ	م	mim
ـن	ـنـ	نـ	ن	noun
ـه	ـهـ	هـ	ه	'ha
ـو	ـوـ	وـ	و	waw
ـي	ـيـ	يـ	ي	'ya
ء				hamza
ـأَ	ـؤَ ـئَ	أَ	أَ	a
ـأُ	ـؤُ ـئُ	أُ	أُ	ou
ـإِ	ـؤِ ـئِ	إِ	إِ	i
ـأْ	ـؤْ ـئْ	أْ	أْ	(coup de glotte)
ـآ	ـآ	آ	آ	aa
ـوُ	ـوُ	أُو	أُو	ou
ـيْ	ـيْ	إِي	إِيْ	ii
ـوَ	ـوْ	أَوْ	أَوْ	aw
ـيَ	ـيْ	أَيْ	أَيْ	ay

Quelle est cette gare/Quel est cet arrêt ?

المحطة دي إسمها/ il·ma·*ha*·ta di is·*ma*·ha/
الموقف ده إسمه إيه؟ il·*maw*·if da is·*mouh* ay

Dites-moi quand nous serons à (Al-Minya) s'il vous plaît.

من فضلَك/فضلِك min *fad*·lak/*fad*·lik
ممكن تقول *moum*·kin ti·*'oul*·ii/
تقوليلي لمّا ti·'oul·*ii*·lii *la*·ma
نوصل (المنيا) *nouw*·sil (il·*min*·ya) (m/f)

Combien coûte le trajet jusqu'à ...?

بكم إلى ...؟ bi·*kam i*·la ...

Conduisez-moi à ...

عايز/عايزة أروح ... *'a*·iz/*'ai*·za a·*rouh* ...
من فضلَك/فضلِك. min *fad*·lak/*fad*·lik (m/f)

S'il vous plaît ...

من فضلَك ... min *fad*·lak ... (m)
من فضلِك ... min *fad*·lik ... (f)

Arrêtez-vous ici وقّف هنا *wa*·'if *hi*·na
Attendez ici إستنّى هنا is·*ta*·na *hi*·na

J'aimerais louer ...

عايز ... *'a*·iz a·*'ag*·ar ... (m)
عايزة ... *'ai*·za a·*'ag*·ar ... (f)

un 4x4 جيب djiib
une voiture عربية 'a·ra·*bii*·ya
avec chauffeur مع سوّاق ma' sa·*wa'*
avec climatisation بتكييف bi·tak·*yiif*

Combien coûte la location à la ... ?

بكم لإجار ...؟ bi·*kam* li·'ig·*aar* ...
journée يومي *yom*·ii
semaine أسبوعي ous·*bou'*·ii

Est-ce la route pour (la mer Rouge) ?

ده الطريق da i·taa·*rii'*
(للبحر الاحمر)؟ (lil·*bahr* il·*ah*·mar)

J'ai besoin d'un mécanicien.

محتاج/محتاجة *mih*·taj/*mih*·ta·ja
ميكانيكي. mi·ka·*nii*·kii (m/f)

Je suis à court d'essence.

البنزين خلص. il·ben·*ziin khi*·lis

J'ai crevé.

الكاوتش نائم. il·ka·*witsh nay*·im

Glossaire

abd – servant de
abaya – vêtement féminin
abou – père, saint
ahwa – café (boisson et établissement)
ain – puits, fontaine, source
al-jiil – un genre de musique rythmée par des claquements de main et des chants entraînants ; signifie littéralement "la génération"
aïd – fête islamique

ba'al – épicier
bab – porte
bakchich – pourboire
baladi – local, rural
beït – maison
bey – chef ; marque de respect
bir – source, puits
bourj – tour
boustan – jardin fermé

chicha – pipe à eau

dahabiyya – sorte de bateau de croisière
darb – voie, rue
deir – monastère, couvent
djebel – montagne
domina – dominos

emir – chef religieux musulman, commandant militaire ou gouverneur ; littéralement, "prince"

fellahin – (singulier, fellah) paysans ou ouvriers agricoles qui forment la majeure partie de la population égyptienne

galabeya – robe longue pour les hommes

Jezira – île

geneh – livre (monnaie)

hadj – pélerinage à la Mecque ; tout musulman devrait le faire au moins une fois dans sa vie

hammam – bain de vapeur
Hejira – exil de Mahomet de la Mecque à Médine en 622 ap. J.-C., marque le début du calendrier islamique

ibn – fils de

khamsin – vent chaud qui souffle du désert occidental
khan – autre nom pour caravansérail
khanqah – monastère soufi
khédive – nom donné au vice-roi d'Égypte pendant la domination ottomane
khwaja – étranger **kouttab** – école coranique

madrasa – école, souvent attenante à une mosquée
mahattat – gare
maristan – hôpital
moucharabieh – panneau de bois sculpté dans l'architecture islamique traditionnelle
matar – aéroport
midan – place de la ville
mihrab – niche dans un mur de la mosquée qui indique la direction de la Mecque
minbar – chaire dans une mosquée
Misr – Égypte (fait également référence au Caire)
mawlid – commémoration de la naissance du prophète Mahomet
muezzin – membre de la mosquée chargé d'appeler les fidèles à la prière
mugzzabin – nom donné aux fidèles soufis qui pratiquent les zikr (voir zikr)
muqarnas – éléments décoratifs en pierre ou en bois qui dégringolent en stalactite ; ornent les arches et plafonds dans l'architecture islamique traditionnelle

oum – mère de
oud – sorte de luth

piastre – monnaie égyptienne ; une livre égyptienne équivaut à 100 piastres

qasr –château ou palais

ramadan – Le 9e mois du calendrier lunaire islamique pendant lequel les musulmans jeûnent du lever au coucher du soleil
ras – cap

sabil – fontaine publique dont l'eau est potable
sandale – felouque modifiée
service – taxi-service
shaabi – musique populaire de la classe ouvrière
sharia – route ou rue
sharm – baie
souk – marché
soufi – adepte de tout ordre musulman mystique pratiquant les danses, chants et transes pour atteindre l'unité avec Dieu

tahtib – danse avec des bâtons exécutée par les hommes
tarbouche – couvre-chef appelé fez partout ailleurs
taoula – backgammon

wadi – cours d'eau traversant le désert, asséché en dehors de la saison des pluies
waha – oasis
wikala – nom désignant un caravansérail, c'est-à-dire une auberge pour les marchands

zikr – longues sessions de danses, chants et transes traditionnellement exécutées par les mugzzabins pour communier avec Dieu

En coulisses

Crédits

Données climatiques adaptées de Peel MC, Finlayson BL & McMahon TA (2007) "Updated World Map of the Köppen-Geiger Climate Classification", Hydrology and Earth System Sciences, 11, 1633-44.

Illustrations p. 88-89, p. 114-115 de Javier Zarracina.

Photo de couverture : Grande salle hypostyle, sanctuaire de Karnak, Louxor, Pablo Charlón/Getty images ©.

Un mot des auteurs

Jessica Lee

Un grand nombre de personnes m'ont donné des conseils, des informations et ont répondu à mes questions les plus insolites et obscures. J'adresse notamment un immense *shokran* à Salama Abd Rabbo, Sameh Tawfek, Salah, Asmail, Hisham, Wadia, Ben, Aisha et Mohammed. Également un grand merci à mon co-auteur Anthony et à mes compagnons de voyage Chris, Lou et Nat.

Anthony Sattin

Bien des gens ont contribué à la gestation de ce guide. Ils m'ont assisté, fourni des informations, conseillé sur les sites à voir et m'ont même aidé à m'orienter lorsque je m'égarais. Parmi eux figurent S. E. Khaled El-Enani et le personnel du ministère des Antiquités ; Mme Rasha Azaizi et le personnel du ministère du Tourisme ; Bahaa Gaber, Cecilia Udden, Mounir Neamatalla, Amr Khalil, Ghada Shahbender, Ahmed Shandawili, Selim Shawer, Wael Abed, Abdallah Baghi, Peter Wirth, Badr Abdalmoghny, Mohsen Abdelmonem, Galal, Zeina Aboukheir, Eleonore Kamir, Enrique Cansino et Mamdouh Sayed Khalifa.

À propos de ce guide

Cette 2e édition française du guide L'*Essentiel de l'Égypte* est la traduction-adaptation de la 13e édition du guide *Egypt* en anglais, actualisée et rédigée par Jessica Lee et Anthony Sattin. Le Dr Joann Fletcher a co-écrit le chapitre *L'Égypte pharaonique* et d'autres contenus sur le même sujet.

Traduction Naomi Defays, Doria Fouchel, Florence Guillemat-Szarvas, Laurence Stewart

Direction éditoriale Didier Férat

Coordination éditoriale François Capelani

Responsable prépresse Jean-Nöel Doan

Maquette Pierre Brégiroux

Cartographie Martine Marmouget (AFDEC)

Couverture Laure Wilmot

Remerciements à Agnès Poujol pour sa révision des textes et à Christiane Mouttet pour sa relecture. Merci également à Dominique Bovet et Dominique Spaety pour leurs conseils et leur soutien. Enfin merci à Glenn van der Knijff, Jacqui Saunders et Brad Smith du bureau Lonely Planet Autralie, et à Clare Mercer et Imogen Harrison du bureau de Londres.

Vos réactions ?

Vos commentaires nous sont très précieux et nous permettent d'améliorer constamment nos guides. Notre équipe lit toutes vos lettres avec la plus grande attention. Nous ne pouvons pas répondre individuellement à tous ceux qui nous écrivent, mais vos commentaires sont transmis aux auteurs concernés. Tous les lecteurs qui prennent la peine de nous communiquer des informations sont remerciés dans l'édition suivante, et ceux qui nous fournissent les renseignements les plus utiles se voient offrir un guide.

Pour nous faire part de vos réactions, prendre connaissance de notre catalogue et vous abonner à notre newsletter, consultez notre site Internet : **www.lonelyplanet.fr**

Nous reprenons parfois des extraits de notre courrier pour les publier dans nos produits, guides ou sites Web. Si vous ne souhaitez pas que vos commentaires soient repris ou que votre nom apparaisse, merci de nous le préciser. Notre politique en matière de confidentialité est disponible sur notre site Internet.

A — Z

Index

A

a'aish 276
Abbassides 251
Abdel Rahman Katkhuda, sabil-kuttab d' 51
Abou 176
Aboukir 252
Abou Shahin, maison 201
Abou Simbel 8, 172
Abydos 15, 156, 248
achats 19, 20
activités 20
Adawiyya, Ahmed 25, 273
aéroports 17, 297
Ahmosis 249
ahwa 21, 51, 73, 277
Aïcha Fahmi, palais d' 63
Aïd el-Kébir 23, 292
Aïd el-Séghir 23, 292
Akhenaton 247, 259
Akhetaton 247
al-Attarine, souk 19, 205
Al-Azhar, mosquée 52, 251
Al-Azhar, parc 53
Al-Ghouri, mausolée 52
Al-Ghouri, mosquée-madrasa 52
al-Ghouri, Wikala 52
Al-Hakim, mosquée d' 51
Al-Hakim, Tawfiq 272
Al-Manial, palais 63
Al-Maridani, mosquée 53
Al-Qahira 251, 252
Al-Quseir 236, **236**
Al-Rifai, mosquée 55
Al-Saddat Abdelaziz 273
Al-Sahaba, mosquée 237
Al-Sissi, Abdel Fattah 244, 256
Al-Tannoura Egyptian Heritage Dance Troupe 74
Alexandre le Grand 249, 259
Alexandrie 14, 27, 191, **193**, **206-207**, 249
  à voir 194, 198, 204
  achats 205
  activités 205
  bars 210
  circuits organisés 205
  hébergement 193
  itinéraires 192
  restaurants 208
  sorties 211
  transports 193, 211
ALEXploratorium 197
alimentation 284
Allemagne 253
Amada, temple d' 188
Amasyali, maison 18, 200
ambassades et consulats 284
Aménophis Ier 259
Aménophis II, tombe d' 120
Aménophis III 259
Aménophis IV, *voir* Akhenaton
Amon 260
Amon, temple d' (Karnak) 106
Amonherkhepshef, tombe d' 129
Amr ibn al-As 251
Amr ibn al-As, mosquée 59
An-Nasir Mohammed, madrasa-mausolée d' 51
An-Nasir Mohammed, mosquée 54
Ancien Empire 248
Ancien Empire, art de l' 14, 42, 93, 247
âne, promenade à dos d' 131
Animalia, musée 177
Antoine 250
Anubis 260
Apis 92
Aqaba, plage d' 231
Ar-Rashid, *voir* Rosette
arabe, langue 305, 309, 311
Arabes 249, 251, 269
Arabie Saoudite 299
architecture antique 258
architecture islamique 18, 48
argent 16, 284
arnaques 286
arts 261, 271
As-Salih Ayyub, madrasa-mausolée d' 51
As-Salih, sultan 251
Assouan 12, 18, 165, **167**, 180, **182-183**
  à voir 168, 172, 176, 180, 186
  achats 181
  activités 181, 189
  à voir 168, 172, 176, 180
  bars 185
  circuits organisés 181
  hébergement 167
  itinéraires 166
  restaurants 171, 177, 184
  sorties 185
  transports 167, 185
Assouan, haut barrage d' 170, 186, 255, 282
Assouan, îles d' 176
assurance 285
Assyriens 248, 249
Aton 249, 260
auberges de jeunesse 290
avion 17, 298, 300
Aÿ, tombe d' 121
Ayyubides 251

Références des **cartes**

B

Bab al-Futuh 51
Bab an-Nasr 51
Bab Zuweila 53
bakchich 269, 285, 293
Bakr, Salwa 272
Barqouq, madrasa-mausolée de 51
Barrameya 227
bars 21
bateau 299, 300
bateau de croisière 146
Bédouins 269
Bein al-Qasreen 18, 50
Beit al-Suhaymi 51
Beit el-Wali 187
Ben-Ezra, synagogue 59
Berbères 269
Bibliotheca Alexandrina 194
Biennale internationale du Caire 24
Birqash, marché aux chameaux de 97
Bleue, mosquée 53
Bonaparte, Napoléon 252, 253
budget 17, 284, 289
bus 17, 300, 302
Byzantins 250

C

campagne d'Égypte 252
Camp David, accords de 255
carrières de grès (Djebel Silsila) 163
cartes bancaires 16, 285
César 249
chaabi 273
Chahine, Youssef 25, 273
Chalcédoine, concile de 250

Références des **cartes**

chameau, promenade à dos de 6, 20, 85, 97, 131, 179, 227
chameaux, marché aux 97, 155,
Cham el-Nessim 22
Champollion, Jean-François 201
change 284, 285
Charm el-Cheikh 228, 237, **238**, **240**
  à voir 230, 231, 237
  activités 231, 237
  bars 240
  hébergement 219
  itinéraires 219
  restaurants 239
  transports 219, 239, 241
cheval, promenade à 20, 87, 97, 131, 239
chicha 21, 73, 291
chiites 251
christianisme 250, 269
cimetière militaire du Commonwealth 203
cimetière Nord 64
cinéma 25, 273
circuits organisés 299
citadelle (Le Caire) 54
citadelle, festival de la (Le Caire) 24
Cité des Morts, *voir* cimetière Nord
Cléopâtre 250, 260
climat **16**, 286
coptes 222, 250, 269
côte méditerranéenne 191, **193**
  à voir 200, 202
  itinéraires 192
  restaurants 201, 203
  transports 201, 203
coup de chaleur 294
crocodiles 155, 179, 280
croisière sur le Nil 7, 28, 144
cuisine 21, 275

D

D-CAF 22
DAB 16, 285
Dachour 19, 94
dahabiyya 147
Dakka, temple de 188
danse orientale 75, 274
daoud basha 276
Daraw, marché aux chameaux de 155
Darb al-Ahmar 53
Deir al-Medina 114, 127
démographie 245
Dendara 160
Derr, temple de 189
désagréments et dangers 286
désert 279
désert Arabique, *voir* désert Oriental
désert Occidental 279
désert Oriental 19, 226
déshydratation 32, 296
Diab, Amr 25, 273
diarrhée 32, 295
dieux et déesses 260
Djebel Silsila 19, 162
Djedkarê, pyramide de 99
Djeser 248, 259
Djeser, complexe funéraire de 14, 90
Djeser, pyramide à degrés de 90, 248, 258
drogue 293
Dunraven 230
dynasties, pharaoniques 258

E

eau 295
économie 244
Edfou 148
Église suspendue 58
El-Alamein 202
El-Aswany, Alaa 25, 272

El-Atrache, Farid 273
El-Faraoun, mastaba 98
El-Khaf 236
El-Qadim 236
El-Saadawi, Nawal 272
El-Sadate, Anouar 255
électricité 287
Éléphantine, île 176
enfants 32, 296
environnement 233, 279, 301
Esna 162

F

Faraj ibn-Barqouq, khandah-mausolée de 65
Farouk, roi 254
Fatimides 251, 252
faune 18, 280
felouque 33, 65, 131, 147, 179, 181
femme en voyage 295, 296
fêtes et festivals 22, 292
Fifi Abdou 274
film, festival international du (Le Caire) 24
flore 18, 280
formalités et visas 16, 288
forteresse ottomane (Al-Quseir) 236
fort romain (Le Caire) 58
foul nabed 276
Foustat 251
Frères musulmans 255, 256, 268
frontières 299

G

Ganzeer 274
Garden City 63, 71, 77
Gardens 230
Gezira 62
Gharb Sehel 179
Giftun, îles 220
Gizeh 82, **88-89**, **96**, 97
  à voir 82, **88-89**
  achats 97
  activités 97
  hébergement 81, 98
  itinéraire 80
  restaurants 87, 97
  transports 81, 98
Gizeh, pyramides de 6, 32, 82, 88, 246, 248, 258
Gota Abu Ramada 220
Gourna 115
Grande Bibliothèque (Alexandrie) 196, 250
Grande-Bretagne 252, 253
Grand Musée égyptien 47
Grecs 269

H

Hafez, Abdel Halim 273
handicap 289
harcèlement sexuel 270, 297
Hathor 260
Hathor, temple d' (Abou Simbel) 8, 175
Hathor, temple d' (Dendara) 160
Hathor, temple d' (Philae) 171
Hatshepsout 249, 259
Hatshepsout, temple funéraire d' 4, 114, 125
hébergement 289
Hekaib, tombe de 181
heure locale 16, 290
heures d'ouverture 17, 290
Hidden Bay, plage de 231
hiéroglyphes 201, 262
histoire 246, 257
Hittites 249
homosexualité 291
Horemheb, spéos d' 19, 163
Horemheb, tombe d' 119
Horus 260
Horus, temple d' (Edfou) 150
hôtels 290
Hourghada 220, 232, **234**
  à voir 220
  achats 232
  activités 221
  bars 235
  circuits organisés 232
  hébergement 218
  itinéraires 218
  restaurants 221, 232
  sorties 235
  transports 218, 235
Hussein, Taha 272
hypogée 258

I

Ibn-Touloun, mosquée 55
Idris, Youssef 272
Imhotep 90
Imhotep, musée 90
Impressions d'Alexandrie 197
indépendance 254
Inherka, tombe d' 127
insolation 294
internet (accès) 292
internet (sites) 17
Ipouy, tombe d' 127
Isis 260
Isis, temple d' (Dendara) 161
Isis, temple d' (Philae) 171
islam 250, 269
islamisme 255
Ismaïl, khédive 253
Israël 254, 299
itinéraires **26-31**, 36, 80, 102, 142, 166, 192, 218, 219

J

jardin botanique (île Kitchener) 178
jeel 273
Jolanda Reef 231
Jordanie 299
jours fériés 292

K

Kagemni, mastaba de 93
Kalabsha, temple de 186
Kalsoum, Oum 25, 273
Kam em-Waset, tombe de 130
Karnak, sanctuaire de 4, 104, 258
Kertassi, temple de 187
Khan al-Khalili 15, 19, 50
Kheops 248, 259
Kheops, barque solaire de 86
Kheops, pyramide de 6, 84, 88
Khephren 259
Khephren, pyramide de 86, 88
Khnoum, temple de (Esna) 162
Khonsou, Ouserhat et Benia, tombes de 126
Kippour, guerre du 255
Kitchener, île 178
Kom al-Dikka 199
Kom ash-Shuqqafa, catacombes de 199
Kom Ombo 152
Koti 177
kunafa 277
kushari 275, 278

L

Lac salé 231
langue 305, 311
Le Caire 26, 27, 30, 35, **38-39**, **60-61**, **64**, **66-67**, **77**
  à voir 40, **43**, 48, 56, 62
  achats 68, 97
  activités 65
  bars 74
  circuits organisés 68
  hébergement 37, 77
  itinéraires 36
  restaurants 53, 59, 70
  sorties 74
  transports 37, 76
Le Caire copte 56
Le Caire, environs 79, **81**, **88-89**, **96**
  à voir 82, **88-89**, 90, 94, 98
  activités 97
  hébergement 81, 98
  itinéraires 80
  restaurants 87, 97
  transports 81, 98, 99
Le Caire islamique 48, 73, 77
Lesseps, Ferdinand de 212
Libye 299
Libyens 249, 269
littérature 25, 271
Livre des morts 262, 265
livre, salon international du (Le Caire) 22
Louxor 4, 19, 26, 28, 101, **103**, **114-115**, **128**, **132-133**
  à voir 104, 110, **114-115**, 116, 126
  achats 134
  activités 130
  bars 137
  circuits organisés 134
  hébergement 103
  itinéraires 102
  restaurants 121, 123, 135
  transports 103, 139
Louxor, marathon de 22
Louxor, temple de 110

M

Maât 260
Maharraqa, temple de 188
Mahfouz, Naguib 25, 271
mahraganat 273
mahshi 275
Main Beach (parc national Ras Mohammed) 231
maison de repos du roi Farouk 85
maison du canal de Suez 214
Mamelouks 251, 252, 269
Manasterli, palais 63
Mangrove Channel 231
marchandage 20
marché aux tentes 53
Mawlid an-Nabi 24, 292
Mawlid d'Abou el-Haggag 23
médias 291
Médinet Habou 114, 122
Méditerranée, mer *voir* côte méditerranéenne
Méhémet Ali 253, 254
Méhémet Ali, mosquée 54
Memnon, colosses de 114, 122
Mémorial allemand 203
Mémorial italien 203
Memphis 99, 246
Menna, Nakht et Aménémopé, tombes de 126
Merenrê, pyramide de 99
métro 76, 302
mezze 275
microbus 302
Midan al-Hussein 50
Midan Salah ad-Din 55
Midan Tahrir 65, 256
Mikhou et Sabni, tombes de 181
Mit-Rahineh, *voir* Memphis
mode de vie 267
molokhiyya 275, 276
momies 44, 47, 113, 261
momies d'animaux 47
momies gréco-romaines 47
momies royales 44, 90
monachisme 225, 250
monastères coptes 11, 222
Monde de Shadi Abdel Salam 197
Mons Claudianus 226
Mons Porphyrites 226
Montazah, palais et parc de 205

Références des **cartes**

montgolfières 130
Morsi, Mohamed 256
moto 304
Moubarak, Hosni 244, 255, 256
Mounir, Mohammed 25, 273
Mout, temple de (Karnak) 109
Moyen Empire, art du 47
muhalabiyya 277
multiculturalisme 269
musée Animalia 177
Musée copte 58
musée d'Art islamique (Le Caire) 53
musée d'Art moderne égyptien 62
musée d'Assouan 177
musée de l'Histoire des sciences (Alexandrie) 197
musée de la Barque solaire de Kheops 86, 88
musée de la Guerre 202
musée de la Momification 33, 113
musée de la Police 55
musée de Louxor 112
musée de Rachid 201
musée des Antiquités (Alexandrie) 197
musée des Manuscrits (Alexandrie) 197
musée du Crocodile 154
Musée égyptien 13, 14, 40, **43**
musée en plein air (Karnak) 109
musée Gayer-Anderson 55
musée Mahmoud Saïd 204
Musée militaire (Port-Saïd) 215
Musée national d'Alexandrie 204
Musée nubien 180
Musée Oum Kalsoum 63
musique 25, 273
Mykérinos 259
Mykérinos, pyramide de 87, 88

N

Na'ama Bay 230, 237, **240**
Narmer 248, 259
Nasser, Gamal Abdel 253, 254
Nasser, lac 18, 165, **167**, 172, 186, **187**, 189
Nazlet el-Samman 83, 88
Néferrenpet et Nefersekherou, tombes de 129
Néfertari, tombe de 129
Néfertiti 42, 249, 259
Nicée, concile de 250
Nil 141, 247, 279, *voir aussi* Vallée du Nil
nilomètre du temple de Khnoum 177
nilomètre du temple de Satet 177
nilomètre (Le Caire) 64
Noire, pyramide 95
Nouvel Empire 249
Nubie 12, 180, 186, 188, 249, 269

O

Obélisque inachevé 180
offices du tourisme 292
"officiers libres" 254
Omar ibn al-Khattab 251
omm ali 277
opéra du Caire 75
Osiréïon 159
Osiris 260
Ottomans 249, 252, 253, 269
Ounas, pyramide d' 92

P

Pachedou, tombe de 127
parcs nationaux 231, 282
Pennout, tombeau de 189
Pépi Ier, pyramide de 99
Pépi II, pyramide de 99
Perses 249, 269
pharaons 248, 259
phare (Alxandrie) 205
Philae 168
plages 179, 203, 205, 231
planétarium (Alexandrie) 197
plongée 10, 18, 20, 205, 220, 230, 231, 236, 282
Pompée, colonne de 198
Port-Fouad 215
Port-Saïd 213
pourboire 285
Première Guerre mondiale 253
Printemps arabe 244, 256
protectorat 253
Ptolémée Ier 249, 250, 260
pyramides 82, 88, 90, 94, 99, 246, 248, 258
Pyramides, bataille des 252

Q

Qadesh, bataille de 249
Qaït Bey, fort (Alexandrie) 14, 204
Qaït Bey, fort (Rosette) 201
Qaït Bey, mosquée 18, 65
Qalaun, madrasa-mausolée de 18, 51
Qijmas al-Ishaqi, mosquée 53

R

Rakha, Youssef 272
ramadan 23, 276, 292
Ramesseum 114, 124
Ramose, Ouserhat et Khaemet, tombes de 126
Ramsès II 248, 249, 259
Ramsès II, ascension de 22
Ramsès II, grand temple de (Abou Simbel) 174
Ramsès II, naissance de 24
Ramsès II, temple de (Abydos) 159

Ramsès II, temple de (Wadi es-Sebua) 188
Ramsès III 259
Ramsès III, temple de (Karnak) 106
Ramsès III, temple funéraire de (Louxor) 122
Ramsès III, tombe de 119
Ramsès IV, tombe de 118
Ramsès VI, tombe de 118
Ramsès XI 248
Ras as-Sana 292
Ras Mohammed, parc national 10, 18, 231
Ras Um Sid 230
Ras Za'atir 231
Rê 260
Reines, pyramides des 85, 88
relations sexuelles 270
religion 269
république d'Égypte 254
restaurants 21, 278, 284
révolution de 2011 65, 244, 256
Rhomboïdale, pyramide 95
Roda 63
Rome 249, 250, 269
Rommel, Erwin 253
Rosette 18, 200
Rosette, pierre de 201
Rouge, mer 10, 18, 30, 33, 217, **219**
  à voir 220, 222, 226, 228, 236, 237
  achats 232
  activités 236, 237
  bars 235, 240
  circuits organisés 232
  hébergement 218, 219
  itinéraires 218, 219
  restaurants 221, 225, 232, 237, 239
  sorties 235
  transports 218, 219, 235, 237, 241
Rouge, pyramide 19, 94
ruz bi 277

Références des **cartes**

S

Saber, Mohamed 273
saint Antoine 225, 250
Saint-Antoine, grotte de 225
Saint-Antoine, monastère 11, 224
saint Marc 250
saint Paul 225, 250
Saint-Paul, monastère 11, 225
Saint-Siméon, monastère 181
Saints-Serge-et-Bacchus, église 59
Saladin 251
salata baladi 276
santé 293
Saqqarah 90, 98, 246
Sarenpout II, tombe de 181
Sayyidna al-Hussein, mosquée 50
Seconde Guerre mondiale 202, 253
Sehel, île 178
Selim Ier 252, 253
Senedjemib-Inti, tombe de 85, 88
Sennedjem, tombe de 127
Sennefer et Rekhmirê, tombes de 127
Serapeum (Alexandrie) 198
Serapeum (Saqqarah) 92
services 303
Seth 260
Séti Ier 247, 249, 259
Séti Ier, temple de (Abydos) 15, 158
Seti Ier, temple de (Louxor) 122
Séti Ier, tombe de 121
Séti II, temple de (Karnak) 106
Sha'ab al-Erg 221
Shaat al-Hanna 203
shai 277
Sharia al-Muizz 50, 53
Shark Observatory 231
Shark Observatory Clifftop 231
Shark Reef 231
Sharm El-Luli 226
Shedwan, île 221
shorba ads 276
Sidi Abdel Rahman 203
Siou 177
sites romains antiques (Alexandrie) 198
Six-Jours, guerre des 254, 256
Siyul Kebira 221
Snéfrou 259
snorkeling 10, 20, 33, 220, 228
société 267
sorties 20
Soudan 299
Soueif, Ahdaf 272
souks 15, 19, 20
spectacles son et lumière 85, 107, 171, 175
Sphinx 6, 87, 88, 259
Sphinx, allée des 107
Stanley, plage de 205
Suez, canal de 212, **213**, 253, 254
Suez, crise du canal de 254
sultan Ashraf Barsbey, complexe du 65
sultan Hassan, mosquée-madrasadu 8, 55
sunnites 251

T

ta'amiyya 275
tabac 291
Tanis 46
taxi 303
téléphone 296
téléphone portable 16, 296
Tell el-Amarna 42, 249
temples 258

Territoires palestiniens 299
terrorisme 255, 256, 286
Téti, pyramide de 93
Textes des pyramides 262
Textes des sarcophages 262
théâtre de marionnettes du Caire 75
théâtre expérimental, festival international du 24
Thèbes 247, 249
Théodose, empereur 250
Thistlegorm 230
Thomas Reef 230
Thoth 260
Thoutmosis III 249, 259
Thoutmosis III, tombe de 120
Tî, mastaba de (Saqqarah) 93
Titi, tombe de 130
tombes 116, 126, 127, 129, 258
tombes des Artisans 114, 127
tombes des Nobles (Assouan) 180
tombes des Nobles (Louxor) 114, 126
tour du Caire 62
tourisme 245, 255, 281
Toutankhamon 249, 259
Toutankhamon, tombe de 121
Toutankhamon, trésor de 45
train 17, 302
Trajan, kiosque de 171
tramways 211, 303
transports 17, 297
trousse médicale 294
tuk-tuk 303
Tulunides 251

U

Umm Qamar 220
Umm Sultan Sha'aban, mosquée-madrasa 53
us et coutumes 277

V

vaccins 33, 293
Vallée des Reines 114, 129
Vallée des Rois 114, 116
vallée du Nil 141, **143**, 156
à voir 144, 148, 152, 160, 162
hébergement 143
itinéraires 142
restaurants 151, 155, 159
transports 143, 162, 163
végétariens 278
vélo 33, 304
vie éternelle 257
villa des Oiseaux 199
visas 16, 288
voiture 17, 304
voiture, location de 304
vols 286

W

Wadi es-Sebua 188
Wadi Hammamat 19, 227
Wissa Wassef, centre culturel 97

Z

Zamalek 62, 72, 77

Comment utiliser ce guide

Ces symboles vous aideront à identifier les différentes rubriques :

- À voir
- Activités
- Cours
- Circuits organisés
- Fêtes et festivals
- Où se restaurer
- Où prendre un verre
- Où sortir
- Achats
- Renseignements et transports

Ces symboles vous donneront des informations essentielles au sein de chaque rubrique :

- Adresses écoresponsables
- GRATUIT Sites libres d'accès
- Numéro de téléphone
- Heures d'ouverture
- Parking
- Non-fumeurs
- Climatisation
- Accès Internet
- Wi-Fi
- Piscine
- Bus
- Ferry
- Tramway
- Train
- Menu en anglais
- Végétarien
- Familles bienvenues

Choisissez des lieux sur mesure grâce aux symboles suivants :

- Petits prix
- Gastronomie
- Prendre un verre
- Vélo
- Sports
- Art et culture
- Fêtes et festivals
- Sites photogéniques
- Paysages
- En famille
- Excursion
- Détour
- Randonnée
- 100% local
- Histoire
- Sortir
- Plages
- Café
- Faune et flore
- Scène LGBT
- Hébergement
- Transports
- Activités aquatiques
- Infos pratiques

À voir

- Cave/vignoble
- Château
- Église
- Monument
- Mosquée
- Musée/galerie/édifice historique
- Plage
- Réserve ornithologique
- Ruines
- Synagogue
- Temple bouddhiste
- Temple confucéen
- Temple hindou
- Temple jaïn
- Temple shintoïste
- Temple sikh
- Temple taoïste
- Zoo/réserve animalière
- Autre site

Achats

- Magasin

Activités

- Bodysurfing
- Canoë/kayak
- Cours/circuits organisés
- Plongée/snorkeling
- Randonnée
- Sentô (bain public)
- Ski
- Snorkeling
- Surf
- Piscine/baignade
- Planche à voile
- Autres activités

Où se loger

- Camping
- Hébergement

Où se restaurer

- Restauration

Où prendre un verre

- Bar
- Café

Où sortir

- Salle de spectacle

Renseignements

- Banque
- Ambassade/consulat
- Hôpital/centre médical
- Accès Internet
- Police
- Bureau de poste
- Centre téléphonique
- Toilettes
- Office du tourisme
- Autre adresse pratique

Géographie

- Aire de pique-nique
- Cascade
- Col
- Montagne/volcan
- Oasis
- Parc
- Phare
- Plage
- Point de vue
- Portail
- Refuge/gîte

Transports

- Aéroport
- Bart
- Bus
- Ferry
- Gare/chemin de fer
- Métro/MRT
- Monorail
- Parking
- Piste cyclable
- Poste-frontière
- Station-service
- Subway
- T/T-Bane
- Taxi
- Téléphérique/funiculaire
- Tramway
- Tube
- U-Bahn
- Autre moyen de transport

Les guides Lonely Planet

Une vieille voiture déglinguée, quelques dollars en poche et le goût de l'aventure, c'est tout ce dont Tony et Maureen Wheeler eurent besoin pour réaliser, en 1972, le voyage d'une vie : rallier l'Australie par voie terrestre via l'Europe et l'Asie. De retour après un périple harassant de plusieurs mois, et forts de cette expérience formatrice, ils rédigèrent sur un coin de table leur premier guide, *Across Asia on the Cheap*, qui se vendit à 1 500 exemplaires en l'espace d'une semaine. Ainsi naquit Lonely Planet, dont les guides sont aujourd'hui traduits en 13 langues.

Nos auteurs

Jessica Lee

Le Caire, Pyramides de Gizeh et environs du Caire, Canal de Suez En 2011, Jessica a tiré un trait sur sa carrière de responsable de circuits aventures pour se lancer dans l'écriture de guides et récits de voyage. Depuis, ses pérégrinations pour Lonely Planet l'ont menée à travers l'Afrique, en Asie et au Moyen-Orient. C'est là qu'elle vit depuis 2007 et tweete sous le nom @jessofarabia. Jessica a contribué aux guides Lonely Planet *Égypte*, *Turquie*, *Chypre*, *Maroc*, *Marrakech*, *Moyen-Orient*, *Europe*, *Afrique*, *Cambodge* et *Vietnam*. Ses écrits ont été publiés dans les magazines *Wanderlust* et *BBC Travel*, dans le *Daily Telegraph* et l'*Independent* et sur le site Internet lonelyplanet.com.

Anthony Sattin

Alexandrie et la côte méditerranéenne, Louxor, Vallée du Nil, Assouan et le Lac Nasser, Mer Rouge Cela fait plusieurs décennies qu'Anthony parcourt le Moyen-Orient ; il a vécu au Caire et dans d'autres villes de la région. Il est l'auteur de plusieurs ouvrages, dont *Lifting the Veil*, *A Winter on the Nile* et *The Gates of Africa*. Le plus récent, *Young Lawrence*, examine les cinq années que T. E. Lawrence passa au Moyen-Orient jusqu'en 1914. Anthony est ravi de passer plusieurs mois par an le long du Nil et cherche toujours un terrain où il pourra construire sa maison. Il tweete sur l'Égypte et le voyage sous le nom @anthonysattin. Il a également rédigé les parties *Avant le départ*, *En savoir plus* et *Carnet pratique*.

Contribution

La professeure Joann Fletcher a contribué à la rédaction du chapitre *L'Égypte pharaonique*. Titulaire d'un doctorat d'égyptologie, elle enseigne l'archéologie égyptienne à l'université d'York. On la voit régulièrement à la télévision anglaise ; elle a contribué au site historique en ligne de la BBC et écrit plusieurs ouvrages.

L'essentiel de l'Égypte
2e édition
Extrait, traduit et adapté de l'ouvrage *Egypt, 13th edition, July 2018*

92 avenue de France, 75013 Paris

Dépôt légal Janvier 2019
ISBN 978-2-81617-902-6

Imprimé par Pollina, Luçon, France - 46484
Réimpression 05, mai 2023

En Voyage Éditions | un département édi8